跨学科视野下的世界史研究

KUA XUEKE SHIYE XIA DE
SHIJIESHI YANJIU

姜 南 张文涛 主编

河南人民出版社

图书在版编目(CIP)数据

跨学科视野下的世界史研究 / 姜南,张文涛主编. ——郑州：河南人民出版社,2021.10
 ISBN 978-7-215-12680-0

Ⅰ.①跨… Ⅱ.①姜… ②张… Ⅲ.①世界史-研究 Ⅳ.①K107

中国版本图书馆 CIP 数据核字(2021)第 206264 号

河南人民出版社 出版发行

(地址：郑州市郑东新区祥盛街 27 号 邮政编码：450016 电话：65788055)

新华书店经销　　　　河南新华印刷集团有限公司印刷

开本　710 毫米×1000 毫米　　1/16　　印张　22

字数　314 千字

2021 年 10 月第 1 版　　2021 年 10 月第 1 次印刷

定价：59.00 元

序

跨学科研究指运用两个或者两个以上学科的知识与方法进行学术研究。人类历史包罗万象,所以历史学天然适合进行跨学科研究。就史实的挖掘、梳理而言,借用考古学、人类学、人口学、数学、物理学等学科的知识与方法经常是题中应有之义。就历史现象之间因果关系的解释而言,借用哲学、逻辑学、政治学、经济学、法学、心理学等学科的知识与方法经常是题中应有之义。就总结历史的经验教训,为当代提供借鉴、启迪,解决现实问题而言,借用社会科学、自然科学多个学科的知识与方法经常是题中应有之义。

中国史学研究的传统源远流长,尽管古代并没有近代以来从西方引进的学科概念,但是,如果用现代学科概念衡量的话,我国史学的跨学科研究方法也古已有之。比如,司马迁写《史记》,难道没有借用今天意义上的天文学、地理学、档案学等方面的知识与方法吗?到了当代,随着信息技术的广泛深入普及,随着史学的大众化,专业的史学研究越来越偏重于立足当代需要解释历史、创造思想。由于自然科学与社会科学各个学科的应用成果都深入到了人类生活的每一个领域,所以,立足当代需要解释历史、创造思想的史学研究工作,须臾也离不开跨学科知识与方法了。

正是在这样的形势下,中国社会科学院世界历史研究所于2011年3月成立了世界史跨学科研究室。本论文集的作者与译者都是该室成员。我们这个新兴的研究室在跨学科研究领域进行了多方面的探索。

首先,是提高科研人员的跨学科研究素质。主要集中在两个方面:一是扩充跨学科知识。我们要求自己必读大量非史学专业书籍与文章,必听非史学专业讲座。二是关注当代中国与世界的政治、经济、文化。我们要求自己每日关注中国与世界各个领域发生的重要事件,在思想上同当代中国与世界紧密地联系起来,其中重要的一点是培育家国情怀、社会责任意识。

其次,是开展系列跨学科学术活动。团队每个人都要做讲座,本室成员共举办了21次跨学科讲座,内容涉及文学、电影、诗歌、中文字音、宗教等方面,成为学科建设中的一个亮点。研究室很注重与非史学专业的研究人员进行交流和探讨,中科院自然科学史研究所的方在庆研究员、英国伦敦大学Richard Drayton教授、中科院古脊椎动物与古人类研究所付巧妹研究员、中科院自动化研究所类脑智能研究中心曾毅研究员、北京大学考古文博学院王幼平教授等中外学者均应邀来研究室举办跨学科的学术报告,内容涉及自然科学史、人文学科中的跨学科研究、类脑智能,以及全球视野下的人类起源与演化等。研究室积极开展国情调研,了解中国的基本国情和基层状况,本室成员先后参加了十余项国情调研活动。此外,研究室还开展学术调研,同高校进行学术交流。我们先后与华东师大、上海师大、福建师大、南开大学、湖南师大、甘肃社科院丝绸之路研究所、西北师范大学、张掖河西学院、扬州大学、陕西师范大学、云南文物与考古研究所、浙江大学跨学科社会科学研究中心等十几个高校和研究机构的同仁进行学术交流,受益匪浅。

最后,是从事跨学科史学研究。我们团队成员的研究领域涉及历史哲学、史学理论、西方思想史、西方科学史、拜占庭史、国际共运史、欧盟史、德国史、波兰史,等等。所有研究都运用了跨学科知识与方法。

2019年1月,中国历史研究院成立。同年11月,世界历史研究所进行研究室改组工作,撤销跨学科研究室,并在跨学科研究室的基础上组建全球史研究室。这个调整,只涉及研究内容、研究对象,而跨学科研究的方法并不会被抛弃。试想,研究纷纭复杂的全球史,怎么能够离开跨学科知识与方法?

作为一个专门性的研究机构,跨学科研究室从建立到撤销,走过了8年历程(2011—2019)。尽管跨学科研究室不存在了,但是,我们深感8年中在跨学科史学研究领域里的探索是有成就的。它不但提高了我们作为人文学者的基本素养,也开阔了我们的学术视野,更增强了我们的学术创新能力。

这本薄薄的文集,收录了我们这个小小的团队在跨学科研究室工作期间的部分成果,记录了团队成员从传统的世界史研究向跨学科研究迈进的历程,算是对那些不平凡日子的纪念吧。

姜 南

2021年6月25日

目　录

历史的观念

黑格尔与兰克历史认识论之辩 ··· 景德祥　3
启蒙时代历史哲学的科学起源 ··· 张文涛　21
日本明治维新史编撰与叙述中的史观问题 ································· 李文明　34
历史学与马克思主义 ················ 菲利普·沙菲尔德　著／李春放　译　56
晚近历史哲学中的进步观念 ········ G.G.伊格尔斯　著／张文涛　译　68

跨学科理论与方法

跨学科史学的回顾 ·············· T.C.R.霍恩　哈里·里特　著／姜　南　译　81
跨学科研究的现实与意识形态：在比勒费尔德跨学科研究中心的
工作经验 ······································ 于尔根·科卡　著／景德祥　译　103
论历史学跨学科研究的必要性
　·· 安杰伊·M.韦尔瓦　著／何　风　译　116
俄罗斯跨学科研究的历史与现状
　——访俄罗斯通讯院士罗丽娜·彼得罗夫娜·列宾娜 ··········· 国春雷　130
艺术史料中的8世纪末罗马政治史
　·· M.A.格拉福娃　著／国春雷　译　141
2015—2018年《爱西斯近期科学史书目》评析 ························· 李文靖　149

专题史

18世纪英国同情的理论与实践 …………………………… 姜　南　161

近代俄国旧礼仪派的形成及其影响 ………………………… 国春雷　177

比利时社会主义运动：从棉花起义到制服革命 …………… 邓　超　194

波美拉尼亚的"格里芬"——波兰卡舒比人刍议 ………… 何　凤　208

法德英关系与欧洲一体化(1945—1993) ………………… 姜　南　223

日本《华夷通商考》及其增补本中的海上贸易 ………… 李文明　239

鸦片战争后日本知识分子的世界认识
　　——以《坤舆图识》《坤舆图识补》为例 ………… 李文明　250

历史人物

翁贝格——站在炼金术与现代化学交界处的化学家 …… 李文靖　263

青年兰克与普鲁士国家 …………………………………… 景德祥　286

对普列汉诺夫评价的几点思考 …………………………… 邓　超　307

论阿克顿的历史哲学 ……………………………………… 张文涛　322

附录：
学术交流报道 ……………………………………………………　339

历史的观念

黑格尔与兰克历史认识论之辩

景德祥

【提要】 相关历史文本的考察显示,黑格尔与兰克在历史认识论领域曾发生过激烈的思想交锋。黑格尔代表着从理论或概念出发研究与书写历史的哲学学派,而兰克则代表着从史料或史实出发研究与书写历史的历史主义学派,两者之间存在着十分尖锐的对立,各自都在坚持理论或史实在历史研究与书写中的主导权。但在具体的史学实践中,两人也都有不自觉地走向自我原则的反面的表现。总起来看,就理论与史实的关系而言,从理论出发来研究历史,既不可避免,也是值得提倡的。关键在于不能将理论强加于历史事实,而是必须赋予后者对前者的最终检验者的角色。

【关键词】 黑格尔 兰克 历史认识论 理论与史实

一

黑格尔(Georg Wilhelm Friedrich Hegel,1770—1831)是19世纪德国影响最大的哲学大师,兰克(Leopold von Ranke,1795—1886)则是同世纪德国最著名的史学巨匠。就历史研究方法论而言,前者代表着从理论或概念出发研究历史的哲学学派(或称"史观派"),后者则代表着从史实或史料出发的实证主义或历史主义学派(或称"史料派")。这两个学派之间的争论,从19世纪延续到20世纪,从德国传播到世界各国,在不同的文化、政治、社会条件下以各种方式不断地重演,至今难分伯仲。但鲜为人知的是,两大学派之间的较量不仅是抽象原则的众多追随者之间的争议,就是黑格尔与兰克本人之间也曾经有过一段尖锐的思想交锋。两人所发表的观点具有经典意义，即便在21世纪的今天也没有过时，值得我们仔细回味。

黑格尔与兰克虽然早已成为著名学派与思潮的代表符号，但他们不是虚无缥缈的"思想幽灵"，而是具体的历史人物。他们的人生轨迹有所交集，尽管时间不长，但影响深远。这种交集是如何发生的？

黑格尔比兰克年长25岁，完全可以算是兰克的父辈。1789年法国大革命爆发时，兰克还没有出生，而黑格尔已经是19岁的热血青年了，他欢呼这场大革命是"壮丽的日出"（ein herrlicher Sonnenaufgang），是新时代的到来。1806年10月，拿破仑军队与普鲁士军队鏖战于耶拿与奥尔斯泰德战役，生活在离战场近30公里的维厄、年仅11岁的兰克曾在家乡眺望远方的战火硝烟。而时任耶拿大学教授的黑格尔则在街头亲眼看到了骑在高头大马上进驻耶拿的拿破仑（称他为"马背上的世界灵魂"，Weltseele auf Pferde）。1818年，毕业于莱比锡大学的兰克受聘于偏僻的奥德河畔的法兰克福一所中学，在那里担任历史教师。同年，已经名满德意志学术界的黑格尔由海德堡大学北上，应聘于柏林大学，继任费希特的哲学讲席。1824年，中学老师兰克出版了处女作《罗曼与日耳曼诸民族史1494—1535》及其附本《近代史家批判》，在学术界声名鹊起，于次年被聘为柏林大学历史学副教授。由此，兰克与黑格尔工作在同一所大学，从1825年4月到1831年11月黑格尔去世，两人"同事"的时间有6年多。但两人的学术与社会地位却有着天壤之别：一个是如日中天的哲学大师、1829—1830年的大学校长，一个还是地位卑微且不稳定的副教授。

虽然年龄与进入学术界的时间相差整整一代，黑格尔与兰克涉足历史领域的时间却是很相近的。如前所述，兰克是1818年开始担任中学历史教师的。而黑格尔明确涉及历史的论述，即其"世界历史哲学"的思想最早出现在1817年出版的《哲学全书纲要》，并在1821年的《法哲学纲要》中得到了拓展。① 自1822—1823年冬季学期起（具体时间是

---

① 参见［德］黑格尔：《世界史哲学讲演录1822—1823》，刘立群等译，商务印书馆2015年版，中文版前言，第1页。

1822年10月31日),黑格尔开始在柏林大学讲授"世界历史哲学"的课程,以后每隔一年重讲一次,到1831年年初共讲了5次。因此,黑格尔与兰克开始涉足历史领域的时间大致都在1817—1818年,而两人的历史著述都是在1820年代开始闻名于学术界,他们的史学理念也是从此发生冲突的。

本文试从黑格尔的"世界历史哲学"讲义入手,分析他与兰克在历史认识论上的分歧与争辩。因此对该讲义文本的考察十分重要。这里首先需要强调的是,黑格尔自1822年10月底起在柏林大学讲授的是"世界历史哲学"(Philosophie der Weltgeschichte)或"哲学的世界历史"(philosophische Weltgeschichte),而非一般意义上的"历史哲学"(Philosophie der Geschichte或Geschichtsphilosophie)。长期以来,尤其在国内学术界,人们把黑格尔在历史领域的著述称之为"历史哲学"。例如,王造时的相关译著就以"历史哲学"①为名。2015年,商务印书馆又推出了黑格尔的《世界史哲学讲演录1822—1823》的中译本②,给人黑格尔在历史领域有两部著作(一部为《历史哲学》,一部为《世界史哲学》)的模糊印象。这种模糊印象在德国学术界也因不同名称著作的流行而存在着。但是比较一下这些带有不同名称的著作,就会发现,它们的主题与内容都是相同的,都是"世界历史哲学"。尤其在著作开头,黑格尔都是开门见山地指出,他讲的课程的内容是"世界历史哲学"。也就是说,黑格尔从来就没有讲过一门名称为"历史哲学"的课程,而只讲过"世界历史哲学"这门课。

"历史哲学"的名称是在黑格尔身后才出现的。黑格尔于1831年11月去世后,其生前的学生(以"友人"的名义)整理出版其全集,其中包括还未成书的约10门课程的内容。在编辑出版其关于"世界历史哲学"的讲义时,可能是为了与其他学科(如自然哲学、宗教哲学等)的讲义整齐划一,黑格尔的学生爱德华·冈斯(Eduard Gans,或译"干斯""甘斯")就于1837年以"历史

---

① [德]黑格尔:《历史哲学》,王造时译,该译本目前有三个版本:商务印书馆1936年版、三联书店1957年版、上海书店出版社2001年版。
② [德]黑格尔:《世界史哲学讲演录1822—1823》,刘立群等译,商务印书馆2015年版。

哲学"的名称首次出版了"世界历史哲学"的讲义卷(作为第 9 卷)。① 1840 年黑格尔的儿子卡尔(Karl Hegel)也以"历史哲学"的名称修订与再版了此书。② 该版本及其书名也被弗里茨·布伦斯泰德(Fritz Brunstäd)1907 年的再版本所沿袭。③ 直到 1917 年,格奥格·拉松(Georg Lasson)才正式以"世界历史哲学讲义"的书名出版了该讲义。④ 1955 年,约翰内斯·霍夫麦斯特(Johannes Hoffmeister)又修订与再版了拉松版的《世界历史哲学讲义》。⑤ 但此后仍然存在着《历史哲学讲义》与《世界历史哲学讲义》两个不同版本并行的状况。例如,自 1969 起,苏尔康普(Suhrkamp)出版社在再版黑格尔全集时,仍然使用"历史哲学"的名称出版了其《世界历史哲学讲义》。⑥ 而莱茵—威斯特法伦科学院在整理出版黑格尔全集(即所谓的"科学院版")时,则直接使用"世界历史哲学讲义"的原名,并且把黑格尔本人的备课手稿与学生课堂笔记分别出版在手稿与笔记两个大类里。⑦ 另外,承担"科学院版"

---

① *Georg Wilhelm Friedrich Hegel's Vorlesungen über die Philosophie der Geschichte*, herausgegeben von Dr. Eduard Gans, Neunter Band, Berlin 1937.
② *Georg Wilhelm Friedrich Hegel's Vorlesungen über die Philosophie der Geschichte*, herausgegeben von Dr. Eduard Gans, zweite Auflage, besorgt von Dr. Karl Hegel, Neunter Band, Berlin 1840.
③ Georg Wilhelm Friedrich Hegel, *Vorlesungen über die Philosophie der Geschichte*, mit einer Einleitung von Theodor Litt, herausgegeben von Fritz Brunstäd, Stuttgart 1907, Nachdruck 1961, 2016.
④ Georg Wilhelm Friedrich Hegel, *Vorlesungen über die Philosophie der Weltgeschichte*, herausgegeben von Georg Lasson, *Hegels Sämtliche Werke*, Band VIII: *Philosophie der Weltgeschichte*, Erster Halbband: 1. Einleitung des Herausgebers: *Hegel als Geschichtsphilosoph*; 2. *Die Vernunft in der Geschichte*. Verlag von Felix Meiner in Leipzig, 1. Auflage 1917, 2. Auflage 1920; Zweiter Halbband: 1. *Die orientalische Welt*; 2. *Die griechische und die römische Welt*; 3. *Die germanische Welt*, Verlag von Felix Meiner in Leipzig, 1. Auflage 1919; 2. Auflage, 1923; neuster Nachdruck 1988 mit Literaturhinweisen.
⑤ Georg Wilhelm Friedrich Hegel, *Vorlesungen über die Philosophie der Weltgeschichte*, Band I. *Die Vernunft in der Geschichte*, herausgegeben von Johannes Hoffmeister, fünfte abermals verbesserte Auflage, Hamburg 1955.
⑥ Georg Wilhelm Friedrich Hegel, *Vorlesungen über die Philosophie der Geschichte*, Werke Band 12, auf Grundlage der Werke von 1832 – 45 neu edierte Ausgabe. Redaktion Moldenhauer und Karl Markus Michel, Frankfurt/M. 1970.
⑦ 该科学院 2015 年最新出版的依据学生笔记整理的"世界历史哲学"讲义见 Georg Wilhelm Friedrich Hegel, *Vorlesungen über die Philosophie der Weltgeschichte*, *Gesammelte Werke*, Band 27. 1. Nachschriften zu dem Kolleg des Wintersemesters 1822/23. Herausgegeben von Bernadette Collenberg-Plotnikov, Hamburg 2015.

黑格尔全集出版业务的德国麦内尔出版社又于1996年自行组织出版了"黑格尔的讲义系列",而关于"世界历史哲学"的讲义也使用了其原名。①

德国出版界在出版黑格尔历史著作方面的复杂情况也影响到了中国学界对黑格尔著作的翻译与介绍。如1936年王造时的《历史哲学》中译本是以英国学者约翰·西贝利(John Sibree)1857年的英译本为依据的,而后者又是以卡尔·黑格尔1840年的版本为基础的。2015年商务印书馆出版的《世界史哲学讲演录1822—1823》则是以麦内尔出版社1996年出版的版本为基础的。② 也就是说,黑格尔的世界历史哲学讲义,在1837、1840年被以《历史哲学》的名称在德国整理出版后,首先是通过英译本于1936年由王造时译介给中国学术界的。③ 而以"世界历史哲学"命名的版本则到2015年才正式出现在中国学术界。不过,就内容而言,我们还很难说,《世界史哲学讲演录1822—1823》的版本比《历史哲学》的版本更好。因为旧版本的《历史哲学》整合了1822—1831年黑格尔五次讲课的备课手稿与学生笔记,其内容是比较完备的,尽管其中手稿、笔记与出版者润笔之间的界限不是很清楚。而《世界史哲学讲演录1822—1823》则只是黑格尔第一次授课时三位学生的笔记,不包括黑格尔本人的手稿以及后几次授课中讲述的新内容。到目前为止,1996年以前的,具体地说是1917年的拉松版,尤其是1955年霍夫麦斯特版的《世界历史哲学讲义》还没有受到国内学术界的足够关注。除了其他变动以外,拉松版与霍夫麦斯特版都将黑格尔本人的手稿与学生笔记通过不同的字体区别开来,手稿部分在拉松版中为大字号,在霍夫麦斯特版中为斜体,但霍夫麦斯特版还为黑格尔手稿标出了具体的年代。而就在更为仔细的霍夫麦斯特版本

---

① Georg Wilhelm Friedrich Hegel, *Vorlesungen über die Philosophie der Weltgeschichte* (Berlin 1822 –1823) Vorlesungen. Ausgewählte Nachschriften und Manuskripte Band 12, herausgegeben von Karl-Heinz Ilting, Karl Brehmer und Hoo Nam Seelmann, Hamburg 1996.

② 不过,该版本译者认为,此书会在未来正式编入"科学院版"的《黑格尔全集》,见[德]黑格尔:《世界史哲学讲演录1822—1823》,刘立群等译,商务印书馆2015年版,第9页。但莱茵—威斯特法伦科学院2015年推出了自己的版本,且其编辑人员与麦内尔出版社的完全不同,可见这两个版本应该是相互独立的。

③ 这一点也可以通过布伦斯泰德1907年版的最新重印本(2016)与王造时译《历史哲学》2001年修订版内容上的对照得到验证。虽然其中隔着两道语言屏障,但还是可以看出它们属于同一版本。

中,我们可以发现黑格尔与兰克之间思想交锋的蛛丝马迹。

二

现在我们试以霍夫麦斯特的版本为依据,来分析黑格尔"世界历史哲学讲义"的内容及其与兰克的关系。在讲授其"世界历史哲学"核心内容之前,黑格尔首先以"历史书写的种类"为标题,对西方史学史上各种不同的历史书写方法进行了评论,然后又在"世界历史哲学"导论部分的开头详细阐述与论证了他自己的所谓"哲学的"历史研究与书写方法。[①] 黑格尔主要区分三种历史研究与书写法:原始的、反思的与哲学的历史研究与书写。所谓"原始的历史写作",其实也就是我们今天所说的"当代史"。其特征在于历史书写者的境界与他所书写的对象属于同一个时代,历史书写者只是把他看到与听到的人物与事件转述为文字。而在所谓的"反思的历史写作"中,历史书写的对象已经超过了历史书写者所在的时代,他必须回望远离本时代的过去。反思的历史书写又分四种:1.通史写作,即关于一个民族的或全世界的全部历史的汇编式的写作。2.实用性的历史书写,即对历史事实联系现实进行反思的写作,目的是以史为鉴。黑格尔认为这种历史书写是徒劳的,因为各个时代的情况差异太大,人们永远不会从历史中学到什么。3.批判性的历史书写,这种历史书写的主要内容不是历史本身,而是对以往历史写作的批评。4.局部史或专门史的写作,主要指带有普遍性视角的艺术史、法律史与宗教史。

在介绍前两种历史书写形式的过程中,黑格尔已经对它们的不足之处进行了诸多批判。在讲到反思的历史写作的第一类,即概述或汇编式的通史历史写作时,黑格尔批评这种历史书写法或多或少地放弃了历史现实的个体化叙述,代之以抽象的概括,使历史叙述变得枯燥无味,缺乏鲜活性。而作为这种概括性的历史写作的反面,黑格尔提到了另外一些历史学家,

---

① Die Arten der Geschichtsschreibung, in: G. W. F. Hegel, *Vorlesungen über die Philosophie der Weltgeschichte*. Band I, *Die Vernunft in der Geschichte*, herausgegeben von Johannes Hoffmeister, Felix Meiner Verlag, Hamburg 1955, Nachdruck 1994, S. 2 – 22.

他们力图生动而如实地叙述所有细节，不是通过自己的加工再现旧时代，而是通过细心的、对历史细节的"忠实"呈现而提供历史时代的一幅图像。"他们到处收集它们。这些丰富多彩的细节、细小的利益、士兵的行动、私人物件，它们对政治利益没有影响，——不能认识整体、一个普遍的目的。"在霍夫麦斯特的版本中，在"他们到处收集它们"句子之后的括弧里写着"Ranke"的名字，并附以注释"g"。在该注释里，霍夫麦斯特指出，这是黑格尔著作中唯一提到兰克姓名的地方，并认为，拉松在其1920年的第二版中，把黑格尔手稿中的Ranke误读为Ränken（阴谋）。① 霍夫麦斯特版在手稿开头有两个日期：[Begonnen] 31. X. 1822；[wiederholt] 30. X. 1828。这表明该手稿内容是在1822年10月31日开讲，并于1828年10月30日重讲。②

笔者认为，既然霍夫麦斯特确定黑格尔在该手稿内容中提到了兰克的名字，那么手稿的相关内容就不可能是1822—1823年冬季学期的，而只能是1828—1829年冬季学期的备课手稿，因为兰克最早的两本著作《罗曼与日耳曼诸民族史1494—1535》《近代史家批判》是在1824年出版的。黑格尔在1822—1823年不可能得知兰克的姓名，即便得知也没有理由把他当作某种历史研究与书写方法的代表人物。而到1828年年底，兰克已经因前两本书在柏林大学被聘任为历史学副教授，在学术圈内小有名气，又在1827年出版

---

① 原文是"[Sie] lesen diese allenthalben her zusammen (Ranke g). Die bunte Menge von Detail, kleinlichen Interessen, Handlungen der Soldaten, Privatsachen, die auf politischen Interessen keinen Einfluss haben, —unfähig, ein Ganzes, einen allgemeinen Zweck [zu erkennen]."方括号里文字是霍夫麦斯特整理手稿时附加的，Georg Wilhelm Friedrich Hegel, *Vorlesungen über die Philosophie der Weltgeschichte*. Band I, *Die Vernunft in der Geschichte*, herausgegeben von Johannes Hoffmeister, Felix Meiner Verlag, Hamburg 1955, Nachdruck 1994, S. 15. 比较一下拉松1920年版（1917年初版的第2版）对黑格尔手稿同段文字的整理（S. 256 - 257），确实可以发现一些不同之处："Sie lesen diese allenthalben her zusammen, die bunte Menge von Details. Von kleinlichen Interessen, Ränken, Handlungen der Soldaten, Privatsachen, die auf die politischen Interessen keinen Einfluss haben, unfähig, ein Ganzes, Allgemeines, Zweck [aufzufassen], eine Reihe von Zügen wie in einem Walter Scottschen Roman überall—dergleichen Züge kommen in der Geschichtsschreibung vor —fleissig und mühselig zusammenzulesen."

② Georg Wilhelm Friedrich Hegel, *Vorlesungen über die Philosophie der Weltgeschichte*, Band I, *Die Vernunft in der Geschichte*, herausgegeben von Johannes Hoffmeister, Felix Meiner Verlag Hamburg 1955, Nachdruck 1994, S. 3.

了《16 与 17 世纪南欧的君主与民族》,黑格尔对兰克的著作应该有所听闻或涉猎。① 但黑格尔对兰克所代表的历史学家显然并不欣赏,正如前文所述,黑格尔认为他们呈现的都是一堆各色各样的细节,细小的利益、行为、个人事件,这些细节对政治利益没有影响,不能使人认识到整体以及普遍性目标。用今天的话来说,黑格尔把兰克看成是一个"碎片化"历史研究的代表人物。

黑格尔对兰克本人整体上也不看好,认为兰克"不行"(Nein, mit dem Ranke ist es nichts),是一个"平庸的历史学家"(ein gewöhnlicher Historiker)。② 依据恩斯特·西蒙(Ernst Simon)的研究,黑格尔对兰克的这一负面评价是在有人建议让兰克参与其主编的《柏林学术批判年鉴》(*Berliner Jahrbücher für wissenschaftliche Kritik*)的相关工作时作出的。西蒙于 1928 年出版的博士论文《兰克与黑格尔》不仅对黑格尔与兰克的学术理念进行了系统的比较,而且详细描述了 1820—1830 年代柏林大学的学术生态。在当时的柏林大学,存在着以黑格尔为首的哲学学派与以神学家施莱叶马赫(Friedrich Schleiermacher)、罗马史学家尼布尔(Barthold Georg Niebuhr)为首的历史学派的尖锐对立。兰克虽然属于历史学派,但因资历浅,并不处于两派斗争的第一线。因此,黑格尔对兰克的负面评价应该更多的是依据对其学术著作的印象而作出的。

仔细阅读一下兰克 1824 年出版的《罗曼与日耳曼诸民族史 1494—1535》的前言,我们或许可以更好地理解黑格尔对兰克的反感。虽然是年仅 29 岁的中学历史老师,兰克在其前言里阐述的观点与立场,完全可以被视为

---

① 兰克于 1827 年 9 月离开柏林,开始了一场长达 3 年多的广泛收集历史资料的南欧旅行。黑格尔是否对此有所耳闻,因而写到那些到处收集历史细节的历史学家时想起兰克的名字,则不得而知。

② 参见 Ernst Simon, *Ranke und Hegel*, München und Berlin 1928, S. 82。兰克与黑格尔于 1931 年夏有过一面之缘,兰克在次年 4 月给弟弟海因里希的信中谈到对黑格尔的个人印象,称他"挺好,很有思想"(doch gut und geistreich),参见 Wolfgang Hardtwig und Philipp Müller (Hg.), *Die Vergangenheit der Weltgeschichte. Universalhistorisches Denken in Berlin 1800 – 1933*, Göttingen 2010, darin: Ulrich Muhlack, Das Problem der Weltgeschichte bei Leopold Ranke, S. S. 143 – 171, S. 161。

一篇后来被称之为"历史主义学派"的学术宣言。① 与以后的各种繁琐的诠释不同,在这里,"历史主义"是可以在字面上得到理解的。"历史主义"就是一种别无他顾,只追求历史本来面目的研究态度。第一,兰克解释了他为什么选择"罗曼与日耳曼"的概念,而没有使用"普遍的基督教世界"(Eine allgemeine Christenheit)、"欧洲统一体"(Einheit Europa's)以及"拉丁基督教世界"(lateinische Christenheit)这三种含义相近的概念中的一个:因为这些概念都不适合他的研究对象。"普遍的基督教世界"必须包括亚美尼亚人;"欧洲统一体"牵涉土耳其与俄罗斯,要透彻地理解它们的历史就必须涉及全亚洲的历史;"拉丁基督教世界"又包括斯拉夫、拉脱维亚、马扎尔部落,它们有着该书不涉及的独特性。因此,兰克决定只选择讲述部落起源上接近的民族(stammverwandte Nationen)的历史,即起源于纯日耳曼或日耳曼—罗曼部落的民族的历史。他同时认为,这些民族的历史是近代历史的核心。另外,兰克强调,他提供的只是"一些历史,而不是那个历史"(Nur Geschichten, nicht die Geschichte)。可见,兰克对概念是十分挑剔的,他不愿意使用过于笼统、庞大,超越史实范围的大概念,也谦逊地说自己只是提供了部分历史,不是历史的主体。② 但他也不经意地透露出罗曼与日耳曼民族的历史是近代史核心的观点。第二,兰克在前言中表达的,就是后来众所周知的对历史书写的道德评判与教育功能的拒绝:以往人们赋予了历史学评判过去、为了未来教育同代人的职责,但他的这次尝试不敢承担如此崇高的责任,它只想显示历史的本来面目(er will blos zeigen, wie es eigentlich gewesen)。③ 第三,兰克交代了该书研究的资料基础:首先是那个历史时代的回忆录、日记、信件、使馆报告以及见证人的原始叙述,也就是黑格尔所说的那些"到处收集起来的细节"。然后是引自上述原始材料或因某一独特的

---

① 参见 Leopold von Ranke, *Geschichten der romanischen und germanischen Völker von 1494 bis 1535. Erster Band*, Leipzig und BerCin, 1824, Vorrede, S. V - VIII.
② 德语单词"Geschichte"既有"历史",也有"故事"的含义,特别是作为复数"Geschichten"时,更可以理解为"几个故事"。19世纪初期被普遍认为是欧洲历史观念从复数的"历史"向单数的"历史"过渡的时期,但兰克却在这里逆流而上,选择了复数"历史"观念。
③ 兰克名言"er will blos zeigen, wie es eigentlich gewesen"中的 blos 是兰克本人的独特写法,一般应该写成 bloss。

认识可以被视为同等可信的材料。该书的每一页都要展示所引用的材料。并且,如前所述,兰克同时出版了一本名为《近代史家批判》的附本,对前人在本领域的成果作出了细致的评价,尤其是对圭恰尔迪尼文学创作式的历史写作进行了尖锐的批判。① 第四,与这种对演义式的历史写作的批判相一致,兰克也拒绝读者对史学著作的文学艺术性的期待:"对事实的严谨的叙述,不管它有多么局限与丑陋,无疑是最高的准则。"他也拒绝在开篇概述欧洲各民族的总况,而只是在每个民族、国家、个人真正介入历史进程时才详细论述到它们。总之,兰克的写史原则是只求真、不求全、不求美,只追求他所呈现的历史是真实的,哪怕它只是片段、局部。兰克知道他这种做法的缺陷,估计人们可能会认为他的叙述太"生硬、不连贯、无色彩、令人疲倦"。但他坚信自己的路子是正确的,并为失败做好了心理准备。

兰克在当时虽然是个"小人物",但是其史学理念代表着当时德国兴起中的历史主义思潮,代表着历史学对启蒙哲学的进步理念的质疑与抵抗。而黑格尔在其世界历史哲学讲义的导论中对西方史学史上常见的历史研究书写方法进行的系统批判,目的就在于论证其"哲学的历史研究与书写"(philosophische Geschichte)的合理性。对于历史学家直接或间接表达的对历史学的特殊性与独立性的坚持以及对哲学家"侵犯"历史学的质疑,黑格尔显然是十分恼怒的,其导论也可以说是对这种质疑的总清算。在黑格尔的论述中,我们能够看到这位哲学大师的敏锐与犀利,但也可以看到他的霸气以及学理上的窘迫。他首先要面对的质疑是,哲学家把"先验的"、非历史的概念带入了历史研究。对此质疑,黑格尔并没有作出令人信服的回答,只是霸气十足地认为,哲学带入历史学的唯一思想,是理性的思想,即关于理

---

① 耐人寻味的是,黑格尔在批判以兰克为代表的那些收集与呈现琐碎的历史细节的历史学家时,曾把他们的著作与当时在欧洲十分流行的苏格兰历史小说家沃尔特·司各特(Walter Scott)的书籍相提并论。但兰克自己并不这么认为,他在1886年去世前几周内与其处女作的英译本译者见面时,明确与司各特划清了界限。当然,黑格尔所指的兰克与司各特著作的共同点是其琐碎性,而兰克嫌弃的是司各特著作的虚假性。参见[德]利奥波德·冯·兰克:《拉丁与日耳曼民族史 1494—1514》,付欣、刘佳婷、陈洁译,马庆林校,广西师范大学出版社2015年版,英文版译者序,第2页。有趣的是,在该书英译本的书名(History of the Latin and Teutonic Nations(1494 - 1514))中还是出现了兰克在考虑原著书名时刻意回避的"拉丁"概念。

性主导着世界,也主导着世界历史的进程的思想。这一思想是观察历史的先提条件,但不是哲学的先提条件,哲学不需要它,因为它已经被思辨哲学所证明了。① 对于听课的学生,他可以说进行了一种"信仰的胁迫",先是要求他们对理性抱有信仰,但又觉得这是不妥的,与学术规范相违背的,于是就说他的关于理性主导着世界历史进程的思想,不是他从外部带来的理念,而是他研究世界历史所得出的结论,只不过为了方便学生的理解作为概论先放在前面讲了。② 最后他又退缩到(一般无人质疑的)对上帝的信仰的保护壳里,认为既然上帝的意志可以显现在自然界的万事万物里,那么它也应该出现在世界历史之中。理性就是上帝意志的体现。哲学虽然不依靠宗教信仰的真理,但也没有必要回避它。既然人们在宗教上信仰上帝,也就应该在知识领域相信上帝无所不在的威力。黑格尔甚至认为,其世界历史哲学的目的,就在于论证一个万能且公正的上帝的存在(Theodizee),坚定人们关于世界历史的进程是一个有意义的、善良压过邪恶的过程的信念。③

在黑格尔的这些论述中,我们也可以看到其与兰克的思想交锋,乃至语句上的"接茬"。如前所述,兰克曾表示,他的著作只是试图显示历史的本来面目(er will blos zeigen, wie es eigentlich gewesen)。而黑格尔则在其世界历史哲学的导论里这样叙述时人关于历史学与哲学的对立的印象:哲学家是带着哲学的思想来研究历史,把它当作材料,不是把它按原样处理(lassen sie nicht, wie es ist),而是按照思想来组织它,正如人们所说的那样,先验地构建它。历史学只是去理解现在与过去所存在的事件与行动(Die Geschichte hat nur das rein aufzufassen, was ist, was gewesen ist, die

---

① Georg Wilhelm Friedrich Hegel, *Vorlesungen über die Philosophie der Weltgeschichte*, Band I, *Die Vernunft in der Geschichte*, herausgegeben von Johannes Hoffmeister, Felix Meiner Verlag, Hamburg 1955, Nachdruck 1994, S. 28.

② Georg Wilhelm Friedrich Hegel, *Vorlesungen über die Philosophie der Weltgeschichte*, Band I, *Die Vernunft in der Geschichte*, herausgegeben von Johannes Hoffmeister, Felix Meiner Verlag, Hamburg 1955, Nachdruck 1994, S. 30.

③ Georg Wilhelm Friedrich Hegel, *Vorlesungen über die Philosophie der Weltgeschichte*, Band I, *Die Vernunft in der Geschichte*, herausgegeben von Johannes Hoffmeister, Felix Meiner Verlag, Hamburg 1955, Nachdruck 1994, S. 47–48.

Begebenheiten und Taten)①，而且越是贴近事实，就越真实，那么哲学的任务与这种研究法之间就存在着矛盾，而这一矛盾以及从中产生的对思辨的指责应该在这里得到解释，并被驳斥。在布伦斯泰德1907年的，也就是卡尔·黑格尔1840年的版本中，黑格尔的相关语句与兰克的说法更为相近。②

黑格尔与兰克关于历史学任务的语句上的相似性，是否是笔者的过度解读呢？应该不是，因为恩斯特·西蒙也觉察到了这一点。但他认为，这是偶然的，黑格尔的这些话在1822年第一次讲课时就说了，是在兰克处女作《罗曼与日耳曼诸民族史1494—1535》出版之前，因此不可能是受了兰克的影响，而兰克也不是受了黑格尔的影响才那么说的。③ 西蒙的依据是拉松1920年版的黑格尔手稿内容。④ 而该版本并没有标出该手稿的年份，我们在2015年商务印书馆出版的《世界史哲学讲演录1822—1823》中也看不到类似的话。但我们可以在霍夫麦斯特1955年版本及其重印本中看到，黑格尔的语句"Die Geschichte hat nur das rein aufzufassen, was ist, was gewesen ist, die Begebenheiten und Taten"是出于1830年的手稿，而此时兰克的处女作早已出版。因此，我们虽然不能肯定黑格尔的相关语句是受了兰克的影响，但也不能排除这种可能性。

在强调自己关于理性主导了世界历史进程的观点不是先验的，而是研究世界历史后得出的结论之后，黑格尔又作了战略收缩，说出了又一句与兰克名言相似的话："而历史，我们必须如实地接受它，必须历史地、依据史实

---

① Georg Wilhelm Friedrich Hegel, *Vorlesungen über die Philosophie der Weltgeschichte*, Band I, *Die Vernunft in der Geschichte*, herausgegeben von Johannes Hoffmeister, Felix Meiner Verlag, Hamburg 1955, Nachdruck 1994, S. 27.

② 参见 Georg Wilhelm Friedrich Hegel, *Vorlesungen über die Philosophie der Geschichte*, mit einer Einleitung von Theodor Litt, herausgegeben von Fritz Brunstäd, Stuttgart 1907, Nachdruck 2016, S. 48: Da die Geschichte nun aber bloss aufzufassen hat, was ist und gewesen ist, die Begebenheiten und Taten...

③ Ernst Simon, *Ranke und Hegel*, München und Berlin 1928, S. 126.

④ 西蒙所指的黑格尔语句可见于 Georg Wilhelm Friedrich Hegel, *Vorlesungen über die Philosophie der Weltgeschichte*, herausgegeben von Georg Lasson, *Hegels Sämtliche Werke*, Band VIII: *Philosophie der Weltgeschichte*, Erster Halbband, 2. *Die Vernunft in der Geschichte*. Verlag von Felix Meiner in Leipzig, 2. Auflage 1920, S. 3.

来开展研究。"(Die Geschichte aber haben wir zu nehmen, wie sie ist; wir haben historisch, empirisch zu verfahren.)然后他反戈一击,开始攻击德国历史学家。他呼吁学生们不要受专业历史学家的蒙蔽,因为他们,尤其是那些权威的德国历史学家自己还在做着他们指责哲学家的事情,即在历史中进行先验的捏造(apriorische Erdichtungen)。他指出了罗马史方面的不实传说,矛头直指当时的罗马史权威尼布尔。对于兰克,黑格尔也有进一步的间接的批判。可以说,其犀利程度不亚于后现代史学对兰克史学的批判。黑格尔认为,像"如实""理解"这些概念也存在着许多猫腻。哪怕一个"平庸的历史学家"(ein gewöhnlicher und mittelmässiger Historiker)也会说,他只是在接受历史,只是投入到客观的历史之中,但他的思想也不是被动的,他也是带着他的范畴来观察历史的,并透过它们来观察所存在的历史事实的。①

　　黑格尔主张明确地把世界历史当作上帝意志实现的过程、上帝的杰作进行阐述与肯定,并且将其发展阶段具体落实到各民族的历史之上。对于那些声称信仰上帝及其无所不在的作用力,但不愿意以一种具体的历史理论来论证上帝的作用的历史学家,黑格尔揭示了他们内心深处可能存在的私念:他们拒绝以明确的历史理论来论证上帝的存在,目的无非是给自己主观的历史解释留下更大的空间,以满足自己的虚荣心。②

　　黑格尔这样说,无疑是把对上帝的信仰与他个人的世界历史哲学捆绑在一起。但无论如何,兰克确实反对"历史哲学"及其进步史观,不管是否带

---

① Georg Wilhelm Friedrich Hegel, *Vorlesungen über die Philosophie der Weltgeschichte*. Band I, *Die Vernunft in der Geschichte*, herausgegeben von Johannes Hoffmeister, Felix Meiner Verlag, Hamburg 1955, Nachdruck 1994, S. 30 – 31.
② 参见 Georg Wilhelm Friedrich Hegel, *Vorlesungen über die Philosophie der Weltgeschichte*. Band I, *Die Vernunft in der Geschichte*, herausgegeben von Johannes Hoffmeister, Felix Meiner Verlag, Hamburg 1955, Nachdruck 1994, S. 41。在布伦斯泰德的版本里,相关言辞更为激烈:und die fromme Demut, indem sie sich die Erkenntnis Gottes vom Leibe hält, weiss sehr wohl, was sie für ihr Willkür und eitles Treiben damit gewinnt,参见 Georg Wilhelm Friedrich Hegel, *Vorlesungen über die Philosophie der Geschichte*, mit einer Einleitung von Theodor Litt, herausgegeben von Fritz Brunstäd, Stuttgart 1907, Nachdruck 2016, S. 55。

有宗教的外衣。早在1830年代，兰克就对此发表了个人的意见。① 他认为，历史哲学是一种"不成熟的哲学"，其关于人类历史是逐步实现自我完美的进步史观是不可信的。首先，哲学家们对此并没有达成一致意见；其次，这种进步史观只是以几个民族的历史为基础，其他民族的历史则被视为不存在或是无关紧要的附属品。但只要关注一下世界各民族的历史梗概，就可以发现，它们自始至终处于极其不同的状态之中。世界历史的书写，不能依靠这种历史哲学，而是要依靠专注于个体，但同时注意普遍性问题的专业历史研究。

在上述对进步史观的批判中，兰克还是以费希特的理性概念为例的，没有点到黑格尔的大名。到1854年，在其给巴伐利亚国王所作的关于近代史的演讲中，兰克对进步史学以及黑格尔的"主导精神"(leitender Geist)则有了更为明确与深刻的批判。② 其思路的清晰与思想的深刻程度足以给兰克带来一位理论家的声誉。首先，他质疑其"进步"概念。他认为，如果说整个人类是从一个原始状态向一个积极的目标发展的话，那么可以用两种方式来想象这一过程：要么，有一个普遍的主导意志在推进人类从一个点向另一个点发展；要么，在人类中有一种精神特征，它带着必然性将事物推向一个确定的目标。兰克认为，这两种观点在哲学上站不住脚，在历史上也得不到证实。因为，在哲学上，它在第一种情况下等于取消了人的自由，把人当成了无意志的工具，而在另一种情况下，人要么是上帝，要么什么都不是。从历史的角度看，这些观点也得不到证实。兰克认为，虽然在日耳曼民族那里有着持续的精神上的发展，但在其他民族那里就很难说了。他以亚洲为例（实指中国），认为在古代，亚洲的文化很繁荣，但在蒙古人入侵后，亚洲的文化"就完全灭绝了"。另外，他还举例欧洲艺术史：15至16世纪上半叶是欧

---

① 参见 Fritz Stern und Jürgen Osterhammel(Hg.), *Moderne Historiker. Klassische Texte von Voltaire bis zur Gegenwart*, München 2011, S.95-98。德国学者吕森与约尔丹把兰克这篇文章的撰写时间定在1831年，参见[德]利奥波德·冯·兰克：《近代史家批判》，孙立新译，北京大学出版社2016年版，编者导言，第10页。因黑格尔于该年11月14日去世，我们大致可以推定，兰克撰写此文时黑格尔还在世。

② Leopold von Ranke, *über die Epochen der neueren Geschichte. Historisch-kritische Ausgabe*, hg. von Th. Schieder und H. Berding, München und Wien 1971, S.53-67.

洲的艺术最为繁华的时期,但在17世纪末与18世纪的前四分之三世纪,欧洲的艺术最为没落,因此就单个领域而言,也不存在一个持续几百年的发展与进步时期。兰克认为,人类历史上确实存在着某种持续向前的内在运动。这种内在运动是一种宏大的具体的精神趋势,在它占主导地位时,别的趋势就退居后位,它的出现又会引发另一种主导趋势。但兰克反对关于人类一代接一代向前发展的进步史观,认为这等于就把最后一代视为最佳,把中间世代只是视为下一代的阶梯,它们本身是没有价值的。兰克坚持认为,每个时代都是直达上帝的,其价值不在于它的结果是什么,而是其存在本身。在上帝面前,人类的所有世代都是平等的,而历史学家也必须这么看。

就黑格尔所谓的历史上的"主导观念"(leitende Idee),兰克也提出了异议。如果兰克不是还在强调上帝的观念的话,我们可以说,他的批判已经达到了唯物主义的边缘。他认为,按照黑格尔学派的观点,只有观念才拥有独立的生命,所有人都只是成了被赋予精神的影子。那种认为世界精神几乎可以通过欺骗而创造事物,利用人们的激情以实现其目的的观点,其基础是一种使得上帝与人类毫无尊严的想象。它最终也只能导致泛神论。在那种想象中,人类犹如一个形成中的上帝,他通过一个其本质中拥有的精神的过程,产生了自我。兰克最多同意将所谓的"主导观念"称为"主导趋势"(leitende Tendenzen)。但他认为,这些趋势只能被描写,而不能彻底地总结于一个概念。人类历史就是多种趋势的综合体,"从上帝观念的角度出发,我只能这样想象,人类包含着无限的发展的多样性,它们逐步地并且按照我们还不认识的规律显现出来,比我们的想象更神秘、更伟大"。

显然,与黑格尔不同,兰克虽也认为,历史是上帝的杰作,但上帝的意志隐藏在历史的表象后面,只是偶然露面,历史学家不可预先知晓与指定,只能在与历史材料接触的时刻发现上帝的足迹,揣摩上帝的意志。就文学、历史与哲学三大近邻学科的关系而言,兰克作为现代历史学的代表,十分坚决地与文学以及哲学"分了家",为历史学独立了门户,将文学与哲学(但不是宗教)驱逐出了历史学,尽管他本身的历史写作还存在不可摆脱的"隐文学"或"隐哲学"元素。当然,黑格尔可以恶意地说,这只不过是把对上帝的诠释权留给历史学家自己,是虚荣与专横的表现。

三

黑格尔世界历史哲学是一种用宏观的历史理论解释世界历史进程的空前尝试。但从本质上来说,这种历史理论是以哲学的真理(理性主导着世界)为后盾的,而哲学的真理又是以宗教的真理(上帝的意志主导着世界)为后盾的。这一点恰恰在黑格尔进行自我辩护时暴露无遗。一种其可信度必须由哲学的真理以及宗教的信仰来支撑的历史理论,总归不是一种接地气的历史理论。这不仅在唯物主义者看来是行不通的,即便在信仰上帝的兰克看来也是不可信的。而兰克与黑格尔在历史认识论上的根本分歧,不是宗教信仰上的分歧,而是学理上的宏观理论与具体史实之间的矛盾的体现。在兰克看来,黑格尔的进步史观是千疮百孔、不堪一击的,随意就可以举出几个击垮其理论大厦的历史反例。上帝的意志虽然无处不在、无时不在,可以作为世界历史的最终解释钥匙,但不可明确为一种研究前就形成,然后在研究中强加给历史事实的宏观理论。应该说,不预先提出宏观理论,这在研究与书写策略上也不失为一种"智慧的"选择,可以避免理论与史实无法融合之尴尬。不过,历史学者其间可能存在的,以上帝的名义任意解释历史事实的私念,并没有逃过黑格尔的法眼。

如果真如黑格尔有时说的那样,其世界历史哲学不是先验的,而是其对世界历史进程进行具体研究所作出的结论,只不过是出于教学的目的先交代给学生,那么像兰克那样不事先亮出宏观结论的历史学家的行为就不一定是对上帝虔诚的表现,反而有些学术懦弱的嫌疑了。因为,不管历史学者是否可以使用先验的理论来研究历史事实,在成书后把结论放在书前事先告知读者总是可以做到的。但作为一部《世界历史》的作者,纯粹在具体的史实研究的基础上得出宏观的结论,又是何等的艰难。黑格尔的世界历史哲学,其实是一种宏观理论与具体史实的混合体,但其结合是不成功的。黑格尔1822年开讲世界历史哲学时,还谈不上对世界历史的具体研究,却抱着"理性主导了世界历史进程"的坚定信念,企图以此融会贯通整个世界历史进程。但在涉及具体的各民族的文化与历史时,黑格尔又十分重视他能得到的历史资料与细节。① 如果只是看其关于具体历史事实的描述,我们也可以把他视为尊重史实的历史主义者。问题在于,其宏观理论与具体史实之间的结合不是有机的,在具有内在逻辑的宏观理论与基本尊重材料的史实陈述之间,只存在着一条脆弱的纽带。

恩斯特·西蒙有一句十分耐人寻味的论断:黑格尔思想虽然有许多空想成分,但他仍然是德国唯心主义哲学家中与材料以及事实接触最密切(der stoffreichste und empirischste)的哲学家,而兰克则是德国客观主义历史学家中最执着地寻找他的那些事实似乎在暗示的思想的一个。② 黑格尔与兰克在历史认识论上的分歧,集中代表了人类在理论与史实关系问题上必然存在的矛盾。这种矛盾存在于每一位学者的内心。哪怕是一位某一极端立场的坚持者,在遇到具体问题时,只要其理性思维还没有完全泯灭,另一极端思路的成分又会不自觉地显现出来。黑格尔是如此,兰克也是如此。在黑格尔那里,是对世界各民族历史文化的具体研究与阐述,扰乱了其世界历史哲学的预设思路。在兰克那里,当他不顾耄耋高龄投入多卷本的《世界史》写作的时候,他也不得不与黑格尔一样,以一种宏观的历史哲学来规划与论证自己的世界史写作。兰克心目中的世界历史是一部人类各民族的交往与关联的历史,但因知识结构的局限与根深蒂固的欧洲中心主义,这部《世界史》呈现的只是与欧洲以外的世界(主要是中东地区)沾点边的世界历史。早已闻名于世的古代中华文明被视作停滞不前、与其他文明无重要交往而被完全忽视。因此,兰克的世界史写作与黑格尔的世界历史哲学一样,也存在着"理论先行"所带来的缺陷。

那么理论与史实之间的关系问题,究竟应该如何处理?应该说,从理论的角度出发来研究历史,既是不可避免的,也是可行的。说不可避免,是因

---

① 恩斯特·西蒙认为,黑格尔在其世界历史哲学中是一位很不错的历史学家,以至于许多人认为其著作的历史叙述部分与哲学思考部分风格迥异,未能构成一个有机的关联,参见 Ernst Simon, *Ranke und Hegel*, München und Berlin 1928, S.156。笔者认为,对于黑格尔在世界历史哲学中关于古代中国文化的叙述,虽然有着许多合理的批评,但我们还是不能说它完全不符合历史事实。不管是在历史细节上,还是在理论见解上,今天的中国读者都可以从中有所受益。

② Ernst Simon, *Ranke und Hegel*, München und Berlin 1928, S.68。

为人们总是试图利用已经获得的知识来理解未知的事物,以免一无所依或一切都从头做起,产生重复劳动。而这种已经获得的、被认为大致适合下一个认识对象的知识,就可以被视为理论。这种理论的来源与种类又不能过于局限化,即便是宗教、哲学乃至数学与自然科学领域的理论都应该有入选历史研究方法的资格。因为一方面,所有现象本质上是属于同一个世界,历史领域的问题也是其他学科研究的问题。而另一方面,就如黑格尔所说的那样,即便一个平庸的、宣称只接受与投入历史事实的历史学家也会带着自己的范畴去观察与研究历史。理论的使用,不管明确与否,都在进行着,因此最好在阳光下公开进行。但关键在于,理论的使用不应该是以理论强制史实,而应该是一个以历史事实检验理论的过程。各种理论都应该有被检验的资格,但最终的"否决权"(das Vetorecht)应该掌握在史实手中。研究的过程应该是否定错误理论,完善有缺陷的理论,形成更符合历史事实的新理论的过程,当然也是正确的理论得到论证的过程,因此它可以坦然接受史实的检验。如此,理论与史实可以各得其所,发挥各自应有的功能,而以黑格尔为代表的哲学学派与以兰克为代表的历史主义学派之间的对立也可以得到化解。

(原载《江海学刊》2018年第4期)

启蒙时代历史哲学的科学起源

张文涛

【提要】历史哲学是对人类自身命运的沉思与探索。这种沉思与探索,始终伴随人类前进的每一个步伐。启蒙时代的历史哲学,是在16—17世纪科学革命的影响下产生的。弗朗斯西·培根明确提出了科学研究的目标,并改进了研究方法。伊萨克·牛顿则是科学实践的一个辉煌典范。正是由于培根与牛顿等人的影响,人们开始了对于自身命运的大规模深入性研究,取得非凡成就。然而培根的方法与牛顿的经典力学,并非启蒙时代人们通常认为的那样具有普遍适用性,而是存在自身的局限性。20世纪的科学进展,使人们认识到问题的复杂性所在。新的科学进展并非对培根与牛顿学说的否定,而是一种更高程度的完善。如何在我们时代将各具体学科的进展整合为对于人类历史过程的普遍性认识,依旧是一项有待努力、也值得努力的艰巨任务。

【关键词】启蒙时代　历史哲学　科学起源

按照康德1784年在《答复这个问题:什么是启蒙运动》一文中的理解,启蒙运动是人类摆脱自己加之自己的不成熟状态的运动。康德同时承认他生活的时代是一个启蒙运动的时代,而不是一个启蒙了的时代。尽管这里主要是从政治哲学的角度进行阐释,但在同年发表的另一篇文章,即《世界公民观点之下的普遍历史观念》中,康德阐发自己对于历史哲学的理解时,一方面提出"把普遍的世界历史按照一场以人类物种的完美的公民结合状态为其宗旨的大自然计划加以处理的这一哲学尝试,必须看作是可能的,并且甚至还是这一大自然的目标所需要的"(命题九);另一方面对于自己理解的"不成熟状态"同样始终有着清醒而谦逊的意识。他说,我们是否可以成功地找出一条这样一部历史的线索,需要留待大自然本身去产生出一位有条件依据它来撰写这部历史的牛顿式人物。①

康德以降的200多年来,许多人作过尝试。黑格尔、孔德、马克思、斯宾格勒、汤因比、福山等人的学说,在不同时期曾激发起人们的热烈讨论,然而他们中没有一位可以与物理学中的牛顿相提并论。与此同时,怀疑主义、相对主义、虚无主义思潮却前赴后继,持续侵蚀瓦解着启蒙时代以来人们逐步累积的希望与信心。不仅如尼采、卡尔·波普、哈耶克、米歇尔·福柯、海登·怀特、理查德·罗蒂等人文社会科学领域内的学者,为人们提供了火力强劲的弹药,自然科学领域似乎也在为认识的不确定性不断供给更为强大的科学支撑,如相对论、测不准原理、哥德尔定律、多世界理论、混沌学。今天的历史哲学,境遇与物理学中的统一场理论类似,少数人面对一堆瓦砾,试图建立远古时代所梦想的通天塔。这种分歧,正说明了历史哲学至今仍处于不成熟状态。

历史哲学是对人类自身命运的沉思与探索。这种沉思与探索,始终伴随人类前进的每一个步伐。从远古时期的神话、巫术与宗教,到今日的各类知识体系,无一不是这种沉思与探索的产物。当然,要从整体上对历史进程进行所谓科学的描述,依旧困难重重。启蒙时代已知的各类尝试性解释,也是破绽百出。然而,主题的困难性以及已知学说的缺陷性,并不应当成为阻挡我们进行思考与探索的障碍。自古至今,人们对于命运的兴趣从来不曾减弱。这就要求研究者不断贡献与时代相应的智慧。重新回顾启蒙时代历史哲学,或将能为之开辟新的道路。我们希望弄清楚的是启蒙时代的历史哲学,在方向与方法上,是否误入歧途。或换而言之,我们是否可能有其他途径,增进对于自身命运的认知与把握。

一、科学还是宗教

在关于17—18世纪历史哲学起源问题的讨论中,卡尔·洛维特是一位

---

① [德]康德:《历史理性批判文集》,何兆武译,商务印书馆1997年版,第22—31页。

有代表性的人物。1949年,卡尔·洛维特在《世界历史与救赎历史》一书中,对于以进步观念为代表的启蒙时代历史哲学作出批评,认为其是对基督教神学教条的拙劣仿效,因而蕴含着自我解构的逻辑。洛维特说,"历史哲学"这个术语表示以一个原则为导线,系统地解释世界历史,借助于这一原则,历史的事件和序列获得了关联,并且与一种终极意义联系在一起。如果这样理解,则一切历史哲学都毫无例外地依赖于神学,即依赖于把历史看作救赎历史的神学解释,但这样一来,历史哲学就不可能是科学。① 洛维特还特别对"未来观"进行了驳斥,认为未来是不确定的,预见未来是不可能的。"现代人,如果他不迷信的话,却不相信任何指导,既不信任命运的指导,也不信仰天意的指导。他自以为能够由他自己创造未来。他之所以把未来看作是不可认识的,乃是因为他要自己创造未来。"②

洛维特的论证与卡尔·波普类似。在二战期间完成的《历史决定论的贫困》与《开放社会及其敌人》两部著作中,波普认为人类未来的命运受到知识支配,知识是不确定的,因而未来也是不确定的。我们既可以写一部进步的历史,也可以写一部衰落的历史。

1966年,汉斯·布鲁门贝格发表《现代的合法性》,对洛维特的观点提出挑战。布鲁门贝格认为,进步观念的产生,并非源自基督教中的弥赛亚降临预言。恰恰相反,正是在基督教与世界关系的巨大危机中,科学方法的累积效应与现实世界的发展过程,才使得进步观念深入人心。现代性不是基督教模式的变型。③

将科学与宗教进行对立,是长期以来被广为接受的历史解释模式。这种模式认为,古希腊人的科学思维,在基督教兴起以后受到抑制。文艺复兴以后,宗教的衰落是科学兴起的前提条件。洛维特与布鲁门贝格的解释,均没有摆脱这个框架。其实,早在此前,哲学家怀特海在《科学与近代世界》

---

① [德]卡尔·洛维特:《世界历史与救赎历史》,李秋零、田薇译,商务印书馆2016年版,第4页。
② [德]卡尔·洛维特:《世界历史与救赎历史》,李秋零、田薇译,商务印书馆2016年版,第16页。
③ Hans blumenberg, *The Legitimacy of the Modern Age*, The MIT Press 1966.

中,就提出科学与宗教并非完全对立关系,科学发展本身亦得益于宗教的思维。

2015年,牛津大学教授彼得·哈里森在《科学与宗教的领地》一书中,对这种陈词滥调式的历史解释模式提出了批评。哈里森认为,对于科学与宗教关系的对立性理解,主要是19世纪后期以来的看法。在17、18世纪,二者之间的关系远非传统解释所说的那样紧张。在这个时代,人们对于什么是科学、什么是宗教甚至都没有形成固定的与统一的认识。① 这种说法并非没有道理。毕竟在17—18世纪,科学进展的主要贡献,来自于教徒,而不是无神论者。即便在通常被称为"黑暗的中世纪",教会也主要是科学研究的推动者,而不是压制者与妨碍者。被誉为实验科学的鼻祖弗朗西斯·培根,在提出科学的目标时,明确提出"服务于神的荣耀",以及"增进人类的福祉"。牛顿在《自然哲学的数学原理》中,也提出"这个最为动人的太阳、行星和彗星体系,只能来自一个全能全智的上帝的设计和统治"。"一切物体都包含在他之中并且在他之中运动;但却不相互影响:物体的运动完全无损于上帝:无所不在的上帝也不阻碍物体的运动。"②

哈里森的著作,对于我们认识历史哲学的起源,是一种有益的参考。其实,历史哲学并不会因仿效宗教而是一种非法的存在,也并不会因对宗教的抛弃而获得一种合法性的存在。否则,虔诚天主教徒维柯在《新科学》中交织神意与人为的叙述,将变得令人费解。要紧的是,这种新的解释方式,在方法与主要目标上,毕竟是与宗教的理解有所不同,而非迥然相异。事实上,正是16—17世纪科学革命的出现,特别是弗朗西斯·培根与伽利略、牛顿等人的伟大贡献,才刺激了17—18世纪历史哲学的蓬勃发展。

二、弗朗西斯·培根:科学的目标与方法

按照爱德华·威尔逊的看法,培根是启蒙运动的总设计师。这种说法

---

① [英]彼得·哈里森:《科学与宗教的领地》,张卜天译,商务印书馆2016年版。
② [英]牛顿:《自然哲学的数学原理》,王克迪译,北京大学出版社2006年版,第348页。

并不为过,正是培根明确提出了科学研究的目标,并改进了研究方法。在这两个方面,我们至今依旧生活在培根思想的光芒之下。

培根认为,以往人们研究学问,最大的过失是误解或者错置了知识最终或者最大的目的。一般人之所以求知求学,有时是出于天生的好奇心和打破砂锅问到底的嗜好,有时是为了给心灵带来变化和愉悦,有时是为了光荣和名誉,有时是为了在智力上折服他人,但多数时候还是为了得到钱财与好职业。他们并不想寻找一座收藏丰富的仓库,来彰显造物主的荣耀,改善人类的境况。① 这里,培根明确提出了学问的两种目标,一是彰显造物主的荣耀,二是改善人类的境况。但培根的重点显然在于后者,因为他明确表示,"就上帝而言,我们并不能得到完美的知识,只有奇迹,只能称作破碎的知识"②。在《新工具》中,他再次强调:"大凡走路,如果目标本身没有摆正,要想取一条正确的途径是不可能的。科学的、真正的、合法的目标说来不外是这样:把新的发现和新的力量惠赠给人类生活。"③或者也可用人们更加熟悉的那句名言来表达:"知识就是力量。"

这种颇有些功利主义的号召,看似与以往讨论永恒真理的学问之道有些距离,但却是人类知识史上的一个伟大转变,起码有三重深远含义:一、它提醒人们,命运是可以通过自身努力得到改善的。在人们普遍臣服于自然、君主与上帝安排的生活时代,这种号召有着鼓舞人心的思想解放作用。二、它告诉人们,知识是改善命运的重要途径,这是对知识主题的一种强调。此后,各类知识特别是人文科学与新兴的社会科学,将对现实生活予以更大关注,促进众多学科门类的繁荣。尤其是以霍布斯与洛克为代表的政治学说、以斯密为代表的经济学说、以圣西门和孔德为代表的社会学说,无不深深受到这种号召的影响。三、它又一次激发了人们关于什么是好的生活的讨论。这是近代伦理学勃兴的强大推动力量。

当然,如果仅仅只是具有目标,并不能将培根与此前诸多思想者与宗教家们的理想远景区分开来。正如培根所言,即令目标摆对了,如果选取的道

---

① [英]弗朗西斯·培根:《学术的进展》,刘运同译,上海人民出版社2006年版,第30页。
② [英]弗朗西斯·培根:《学术的进展》,刘运同译,上海人民出版社2006年版,第6页。
③ [英]弗朗西斯·培根:《新工具》,许宝骙译,商务印书馆1984年版,第58页。

路是走不通的,结果依旧枉然。培根的做法是借助一种布置井然的实验程序,从感官出发为人类的理解力开辟道路。用他的说法是"我们必须把人们引导到特殊的东西本身,引导到特殊的东西的系列和秩序;而人们在自己一方面呢,则必须强制自己暂把他们的概念撇在一边,而开始使自己与事实熟悉起来"①。培根进一步对这种方法作了解释:"真正经验的方法是首先点起蜡烛,然后借蜡烛为手段照明道路;这就是说,它首先从适当地整列过和类编过的经验出发,而不是从随心硬编的经验或者漫无定向的经验出发,由此抽获原理,然后再由业经确立的原理进行至新的实验。"②这就是培根的科学归纳法。

培根特别提出了人类理解力的四种误区,这就是著名的"四假象"说:分别是族类的假象、洞穴的假象、市场的假象与剧场的假象。族类的假象是普遍人性本身所自带的,即不论感官或者心灵的一切觉知总是依个人的量尺,而不是依宇宙的量尺。人类的理解力正如一面凹凸镜,他接受光线既不规则,于是就因在反映事物时掺入了他自己的性质,而使得事物的性质变形和褪色。洞穴的假象是各个人的假象。因为每一个人都各有自己的洞穴,使自然之光屈折和变色。市场的假象是人们在交往和联系中形成的。人们是靠谈话来联系的,而所利用的文字则是依照一般俗人的了解。因此,选用文字之失当害意就惊人地障碍着理解力。剧场的假象是从哲学的各种各样的教条以及一些错误的论证法则移植到人们心中的。一切公认的学说体系不过是许多舞台戏剧,表现着人们自己依照虚构的布景的式样而创造出来的一些世界。

由此可见,培根对于认识论中怀疑主义与相对主义的传统,保持着清醒的认识。培根承认,正如怀疑主义与相对主义所言,确定性不容易获得。但那些主张与他所倡导的途径,在最初起步时,有一些一致之处,但二者在结局上却远远地分开了,并且相互反对。"主张那种学说的人们只是简单断言,一切事物都是不可解的;而我固然也断言,若用现所通用的方法,则对自

---

① [英]弗朗西斯·培根:《新工具》,许宝骙译,商务印书馆1984年版,第17页。
② [英]弗朗西斯·培根:《新工具》,许宝骙译,商务印书馆1984年版,第60页。

然中的事物确是不能了解多少。但是由此,他们却进至根本破除感官和理解力的权威;而我呢,则进而筹划供给它们以帮助。"①

培根特别强调认识过程的循序渐进性,不允许理解力由特殊的东西跳到和飞到一些遥远的、接近最高普遍性的原理上,并把它们当作不可动摇的真理而立足其上,进而以它们为依据去证明和构成中级原理。他区分了三种原理:最低的原理、中级公理与最普遍的原理,认为唯有从低到高逐步推进,科学才能有好的希望。最低的原理与经验相差无几,最高的原理则又是概念性的抽象的、没有坚实性的。唯有中级公理却是真正的、坚实的和富有活力的,人们的事务和前程正是依靠它们,也只有由它们而上,到最后才能有那最普遍的原理。因此,理解力不可被赋予翅膀,倒要被系以重物,以免其跳跃和飞翔。②

固然,培根的经验方法,还并不很完善,在其同胞约翰·洛克那里,这一方法得到了更为系统的研究和表述。然而,正如黑格尔所言,"我们需要用一个名字、一个人物作为首领、权威和鼻祖,来称呼一种作风,所以我们就用培根的名字来代表那种实验的哲学思考,这是当时的一般趋向"③。

培根所倡导的目标与方法,对于其后历史哲学的发展,有着长久的影响。无论是英国式的伦理学倾向、法国式的社会学倾向,都基本坚持了从简单事实出发进行归纳这一做法,并大致保持着对于最高原理的敬畏之心。被誉为历史哲学之父的意大利人维柯说,培根在学术领域中俨然像庞大帝国的政治领袖,"指明我们应该如何开拓新艺术和新科学,来增进我们已有的艺术和科学;我们应该如何耕耘我们现在已有的学科,使人类的智慧能够臻于完善"④。这种赞誉名副其实。

三、伊萨克·牛顿:科学实践的一个典范

按照科学叙事的经典说法,牛顿是受到一个苹果落地的启发,进而归纳

---

① [英]弗朗西斯·培根:《新工具》,许宝骙译,商务印书馆1984年版,第17页。
② [英]弗朗西斯·培根:《新工具》,许宝骙译,商务印书馆1984年版,第81页。
③ [德]黑格尔:《哲学史讲演录》,贺麟、王太庆译,商务印书馆2014年版,第34页。
④ [意]利昂·庞帕编译:《维柯著作选》,陆晓禾译,商务印书馆1997年版,第64页。

出统治万物的万有引力定律的。其后的科学观测,证明了牛顿力学的确实性。这在某种程度上印证了培根与洛克所倡导的经验性方法的可行性。但这种说法无论如何是靠不住的。牛顿的天才发现,是科学史上一个令人难解的谜题。不过,牛顿定律向人们表明,培根所向往的原理或者规律,在这里有了确定性的表述。牛顿是培根科学思想在实践中的一个典范。

牛顿本人并未对人类社会的原理表现出足够的兴趣,但他的确是激励各种人文社会科学蓬勃发展的榜样。伏尔泰说,整个欧洲的学术界都是牛顿的门徒,这一点并没有夸张。作为法国启蒙运动的榜样,伏尔泰本人就是一个典型的牛顿信徒。彼得·盖伊说:"启蒙运动的宣传家们是法国人,但其守护神和先驱是英国人。"①这是事实。伏尔泰自英国访问后写就的《哲学通信》中,对于培根、洛克、牛顿等人的学说与思想,作了不遗余力的宣传。一些批评者给伏尔泰等人起了一个嘲讽的称号"崇英狂"。伏尔泰愤然回应道,成百上千的人在大声疾呼,斥责崇英狂,倘若这些演说者想把像英国人那样研究、观察和思考的愿望说成一种犯罪,那就大错特错了。法国启蒙时代的最后一位思想巨人孔多塞说,人们终于第一次认识到了全宇宙的一条物理定律,而迄今为止它仍然是独一无二的,正如揭示出它来的那个人的光荣乃是独一无二的。他进一步评述道,"或许牛顿对人类精神的进步所做的事,要比发现了自然界的那条普遍的定律还更多;他教给了人们在物理学中要仅只承认那些精确计算的理论,而且还说明了它的数值、它的范围"②。

我们知道,历史哲学之父维柯的雄心是要创建一种人类社会的科学,这种科学在"民族世界"这个主题上,要做到伽利略和牛顿等人在"自然世界"所取得的成绩。在《新科学》出版后,维柯曾经向牛顿寄出本书样书,以期获得这位科学巨人的认可。不过,他对于人类社会科学的确定性是持审慎态度的。因为在他看来,人类事务的主宰是机会与选择,这与人类本性密切关联,因而是不易确定的。

但孔多塞不同,他对于道德科学的确定性深信不疑。1782年1月,孔多

---

① [美]彼得·盖伊:《启蒙时代》上册,刘北成译,上海人民出版社2015年版,第9页。
② [法]孔多塞:《人类精神进步史表纲要》,何兆武译,生活·读书·新知三联书店1998年版,第154页。

塞当选法兰西学院院士。2月,他在公开会议上发表入选演说。演说的主题之一,是将准确科学应用于一种新的科学,这种新科学的对象是人本身,其直接目的是人的幸福。孔多塞的目标是使社会科学——他称之为道德科学——具有同实验科学一样的确定性。孔多塞从数学借用分析方法,向自己提出要研究迄今被置于科学领域之外的一个新的研究对象:政治和社会现象。① 针对可能的质疑,他反问道:"如果说人们能够以几乎完全的确凿性来预言他们已经知道了其规律的那些现象,如果说即使是它们尚未为人所知,他们也可以根据过去的经验,以很大的概率预见到未来的事件;那么为什么以某种或然性,根据人类历史的结果来追踪人类未来命运的史表,就应该被看成是一桩虚无缥缈的事业呢?在自然科学中,信仰的唯一基础乃是这一观念:即驾驭着宇宙现象的普遍规律乃是必然的和不变的;然则有什么理由说,这一原则对于人类思想的和道德的能力的发展,就要比对于自然界的其他活动更不真确呢?"②

如果说孔多塞表达的更多是对道德科学的一种展望,圣西门则视道德科学为一种已经达成的现实。他直接宣称:人类理性的进步已经达到这样的地步:政治问题的最重要论据已经可以并且应当从高级科学和物理科学方面获得的知识产生出来。出于对牛顿的狂热崇拜,他认为:"物理科学和精神科学的一般理论,都可以建立在万有引力观念的基础上,万有引力是神用来支配和管理宇宙的规律。"③他还用上帝显圣的口气说:"我已经把牛顿安置在我的身边,我委托他教育和指挥一切星球上的居民。"④

四、集体性尝试:成就与问题

培根曾将知识领域划分为神学、自然哲学与人文学科三个方面。正是

---

① [法]巴丹特尔:《孔多塞传》,何兆武译,商务印书馆1995年版,第107页。
② [法]孔多塞:《人类精神进步史表纲要》,何兆武译,生活·读书·新知三联书店1998年版,第176页。
③ [法]圣西门:《圣西门选集》,董果良、赵鸣远译,商务印书馆2010年版,第135页。
④ [法]圣西门:《圣西门选集》,董果良、赵鸣远译,商务印书馆2010年版,第23页。

在培根与牛顿等人科学思想的影响下，启蒙时代思想家群体开始了对于人文学科探索的集体性尝试。如果我们接受本文开头的界定，即历史哲学是对于人类对于自身命运的沉思与探索，那么这个时代思想家们各方面的著作，无论是隶属于神学、政治学、法学、历史学，抑或隶属于哲学、伦理学、社会学、人口学等，都可以被视为对历史哲学的局部研究。事实上，启蒙时代思想家们的著作问世时，许多今日被划分得秩序井然的学科还并不存在。在启蒙思想家那里，无论是用人文学科，还是用人的科学、道德科学、精神科学、社会科学，抑或马克思、恩格斯所说的"历史科学"，尽管论述侧重点有所不同，但表达的是同样的关切，追求的是同样的目标，都是对人类自身命运的沉思与探索。

如此一来，今日关于历史哲学的种种讨论，如果过于专注于维柯、赫尔德、孔多塞、孔德、康德、黑格尔、马克思等人关于人类普遍原理的论述，显然是不够充分的。我们还应当将霍布斯的《利维坦》、格劳秀斯的《战争与和平法》、洛克的《政府论》、弗朗西斯·哈奇森的《道德哲学体系》、亚当·斯密的《国富论》、大卫·休谟的《人性论》、亚当·弗格森的《文明社会史论》、孟德斯鸠的《论法的精神》、卢梭的《社会契约论》《论人类不平等的起源与基础》、康德的《道德形而上学探本》、马尔萨斯的《人口论》、潘恩的《人权论》等一大批著述同样纳入考察视野。这些著述，难道没有增进我们对于人类发展的认识吗？难道没有推动社会的改善吗？难道没有增加我们对于未来命运的预见性吗？在启蒙时代思想者们开辟的道路上，19世纪与20世纪的更多学科，如统计学、经济学、环境学、生物学、心理学、认知科学等也汇入到这个科学探索的洪流中。我们或许还应将对于人类群体命运的考察扩大到包括自然科学在内的一切知识领域。这些领域内的沉思与探索，都应当成为历史哲学的智力资源。

然而，如果回溯启蒙时代这些人文科学的智力成就，我们会发现20世纪的许多指责也并非全然虚妄。以自然科学为范式的人文社会科学，患上了一种被哈耶克称之为"唯科学主义"的通病。哈耶克说："唯科学主义观点不同于科学观点，它并不是不带偏见的立场，而是一种带有严重偏见的立场，它对自己的题目不加思考,便宣布自己知道研究它的最恰当的方式。"①这种看法可以说触及到了启蒙时代人文社会科学的要害。具体来说,这个时代的历史哲学存在两个方面的问题:一是没有认识到培根科学方法的局限性,二是没有认识牛顿经典力学的局限性。考虑到后者更大的影响力,我们可以先从后者说起。

在很长一段时间内,牛顿被视为神一般的存在,经典力学被视为支配宇宙万物的普遍性原理,这种对于科学的片面性认识,使人们误以为最高的普遍性原理是容易获得的。然而以今天的眼光看,这全然不是事实。人们现在知道,宇宙中有四种基本的力:万有引力、强核力、弱核力与电磁力。万有引力只是其中一种。即便是在对这四种力有很多了解的基础之上,科学家们还是没有能够建立可以统一解释的最高原理。即便如爱因斯坦这样的科学巨子,耗费数十年时间思考统一场理论,也并未解决这个问题。换而言之,牛顿力学的统一性,只是特定力的统一性。与此同时,由于20世纪量子力学的发展,人们发现在微观粒子世界,经典力学并不起作用,粒子是以概率的方式,而非确定性的方式存在的。牛顿力学的普遍性,也只是局部范围的普遍性。综合以上二者,可以得出这样的认识,经典力学也并不是宇宙的最高原理。那种激励人文社会科学的信念,是一种不成熟的信念。

其实对于人文社会科学最高原理的难以获得这一点,启蒙时代的一些思想家已经有了某些认识,如哲学家大卫·休谟说:"如果这种不能解释终极原则的情形被认为是人学的一个缺陷,那我也可以大胆断言,这是这种科学与一切科学以及我们所从事的一切艺术的共有缺陷,不论它们是各个哲学学派所发展出来的,还是最微不足道的工匠作坊所实践着的。它们全都不能超过经验之外,或者建立不以这个权威为基础的原则。"②休谟的看法是有道理的。

在方法论层面,尽管培根倡导的科学归纳法仍旧在广泛使用,但人们也逐步认识到,正如牛顿力学存在条件性与局限性一样,培根的科学归纳法也

---

① [美]哈耶克:《科学的反革命》,冯克利译,译林出版社2003年版,第6页。
② [英]休谟:《人性论》引论,关文运译,商务印书馆2014年版,第5页。

存在自身的局限性。培根的方法，从认识论角度来说，是典型的科学还原论方法。这种方法认为，通过对于事物局部性认识的逐步累积，可以达到对于整体性的把握。用培根的话来说，即首先要认识初级原理，然后逐步认识中级原理，最终是认识最高原理。尽管培根对最高原理保持着高度审慎，但他对于这种从个别到一般，从局部到总体的认识过程是高度自信的。

圣西门的门徒们曾对于这种实证主义的方法提出过批评，指出其存在两个问题：一是归纳需要假设作为先导，而这种假设是无穷的；二是归纳所考察的事实，始终是有限的。由于以上二者，科学归纳法始终是有限性归纳，对于认识整体性与连续性是不够充分的。[①] 不得不说，圣西门主义者的看法是非常敏锐的。

20世纪，一种被称为突现论的理论得到人们越来越多的重视。所谓突现论，强调事物的整体有着不同于部分的独特性质，因而难以通过无限细分的还原方法加以认识。举例来说，物理学中，水分子由2个氢原子与1个氧原子构成，但无数水分子的结合却可以有三种基本的存在形态：液态、固态与气态，三种形态各有不同的物理特性。在生物学中，每一只蚂蚁的生理结构都是简单的，但蚁群的特性无法从单只蚂蚁的特性得到解释。在社会学中，个体的思维与行动，要受到其他个体的影响与干扰。如此种种，不一而足。这类关于集体组织原理的系统性研究，通常被称为系统科学。系统复杂性的问题，成为挑战科学研究的艰巨课题。人们提出了系统论、信息论、控制论、混沌理论、协同论、突变论等各种理论。这些理论使得人们对于诸如宇宙、生命、社会等复杂性巨系统的运行与变化有了更多新的认识。启蒙时代的确定性、统一性、普遍原理等科学观念无一不受到根本性挑战。当然，这些科学理论与方法的新进展，并不是对培根与牛顿等人科学思想的完全否定，而是说明，16—17世纪科学革命时代的一些认识是不够充分的。

概而言之，培根与牛顿等人的科学工作，大大激励并推进了人们对于自

---

① ［法］巴扎尔、安凡丹、罗德里格：《圣西门学说释义》，王永江等译，商务印书馆2011年版，第71—77页。

身命运的探索与思考。尽管他们的认识存在局限性,但在方向与方法上,无疑是为历史哲学的发展奠定了可供持续讨论的基础,为未来开辟了道路。后现代主义对于历史哲学的拒斥,常常要么是出于对特定文本的不满,要么是出于对局部历史过程的纠缠,进而上升到对于历史趋势与原理的否认,尽管不乏深刻的洞见,但忽略了更多显而易见的现象。难道这数百年的历史潮流、这数百年的知识发展,不过是无数偶然性的结合？历史进程毕竟表现出某些可以辨识的趋向,如对个体权利的日渐重视,权利内涵的日益增大,人类已经从简单劳动中逐步解放出来,知识与财富的积累,等等。这些趋势就是人类能动性的具体体现。在整个人类历史进程中,这种能动性从未缺席过,尽管未必都能达成理想的效果。回顾历史,我们完全可以说,启蒙时代的历史哲学,在方向与方法上,并没有误入歧途。人们已经在各个具体学科中取得长足进步,但要将这些学科的进展整合为对于人类历史过程的普遍性认识,依旧是一项有待努力的艰巨任务。

(原载《甘肃社会科学》2017 年第 2 期)

日本明治维新史编撰与叙述中的史观问题

李文明

【提要】 史观对历史的编撰与叙述影响深刻。明治时期出现的王政复古史观、萨长史观主导了1945年以前日本的官方历史编撰,勤王旧藩史观影响了日本地方史志的编撰。萨长史观与勤王旧藩史观都是由王政复古史观分化而来。在这些史观影响下的历史编撰有着浓重的倾向性。近年,日本又出现了一些同情幕府的"幕府史观",这类史观也是需要加以辨析的。1945年以后的日本史学界,唯物史观史学、实证主义史学在明治维新史研究上取得很大进展,一定程度上纠正了1945年以前王政复古史观、萨长史观对历史编撰的影响。

【关键词】 明治维新　王政复古史观　萨长史观　唯物史观

1968年,明治维新一百周年之际,日本学者远山茂树曾对"特定的历史观"感到忧虑。[①] 50年后的2018年,日本学者苅部直、三谷博又以《对谈:只有萨摩和长州是伟大的吗?"佐幕""勤王"的对决史观应该结束了》为题,对有关明治维新的历史观进行再反思。[②] 明治维新一百周年与一百五十周年之际,日本学者都提到审视历史观问题,足见史观问题对于如何认识明治维新史十分重要。因为史观透过历史编撰影响着人们对历史的认识。

国内学术界一直很重视对日本近代以来错误史观的批判,且批判的对象多集中于"皇国史观"。然而,"皇国史观"并不是专门解释明治维新的史

---

① 遠山茂樹:『戦後の歴史学と歴史意識』,岩波書店、1968年、第2—3頁。
② 苅部直、三谷博「対談薩摩と長州だけが偉いのか「佐幕」「勤王」の対決史観はもうやめよう」、『中央公論』2018年第4期。

观。它是以所谓"皇国思想"解释整个所谓日本"国史"的史观。① 在如何解释明治维新史的问题上,1945年以前的日本,出现过"王政复古史观""萨长史观""勤王旧藩史观"三种史观。"王政复古史观"是以"恢复王政"的模式解释明治维新史的史观,它强调的是天皇权威的回归。② "萨长史观"主张:"幕末的倒幕派,也即萨长两藩的'维新志士'带领日本进行了史无前例的明治维新大变革。萨长的倒幕派是使日本变革为近代国民国家的最大贡献者,是新生日本的'建国之父'。萨摩出身的西乡隆盛、大久保利通和长州出身的木户孝允三人被称为'维新三杰'的说法便是这种历史观下的典型话语。"③"勤王旧藩史观"虽"标榜中立",但实质是以"勤王"的"旧藩"为中心书写明治维新史的史观。④ 三种旧史观,尤其是"王政复古史观"与"萨长史观"对日本过去的官撰明治维新史影响十分深刻,因此对日本的史观问题,仅关注"皇国史观"是不足以了解史观问题是如何影响明治维新史的编撰与叙述的。而对于这些有关明治维新的旧史观,国内学术界尚较缺乏系统辨析。战后,随着实证主义史学对幕府史料解读的深入,德川幕府曾进行过的近代化尝试越来越多地被学术界所认识。这种背景下,日本又出现了同情幕府、为幕府辩护的历史解释和历史观。这类历史观虽然批判"萨长史观",但其本身也存在美化幕府、忽视历史客观规律的问题。这种史观虽然较"新",但也是一种有失偏颇、需要辨析的史观。日本最早对"王政复古史观""萨长史观"提出理论批判的是堺利彦、羽仁五郎等唯物史观学者。战后,以远山茂树、井上清为代表的唯物史观学者继续对战前的"王政复古史观"等旧史观进行批判。但正如远山茂树在《战后的历史学与历史意识》中所说的

---

① 周启乾:《怀念永原庆二先生——兼谈他对"皇国史观"、"自由主义史观"的批判》,《日本学刊》2006年第2期。
② 大久保利谦:「王政復古史観と旧藩史観・藩閥史観」,『法政史学』1959年第12号。
③ 大越哲仁:「近代日本における戊辰戦争の意味「公儀政体派」史観による近代の日本史」,『会津史談』2000年第74号。
④ 本文"勤王旧藩史观"的概念参考了大久保利谦论文《王政复古史观与旧藩史观・藩阀史观》『法政史学』1959年第12号中"旧藩史观"的概念及前田结成论文《"旧藩勤王派中心史观"的成立与展开——以姬路为事例》『神戸大学史学年報』2011年第26号中"旧藩勤王中心史观"的概念。

那样,战前的旧史观仍然在影响着战后的历史意识。① 马里乌斯·詹森在《剑桥日本史》第五卷中也指出,"1945年以前的日本历史学'正统'观点如今并没有完全消亡"②。因此,对"王政复古史观"等旧史观进行辨析,在今天仍是很有必要的。战后的日本,非马克思主义的历史学者也较关注明治维新的史观与历史编撰问题。史观问题相关研究中,大久保利谦的《王政复古史观与旧藩史观·藩阀史观》一文较具代表性。大久保在论文中,将战前有关明治维新的主要旧史观总结为"王政复古史观""藩阀史观""旧藩史观"三种,这也成为今天日本学界"王政复古史观""萨长史观""勤王旧藩史观"的概念基础。该论文中,大久保认为这三种史观是明治初期以岩仓具视为核心的"太政官"系势力、以明治功臣自居的藩阀势力萨长势力和"被挤出维新中央政权,成为没落分子"的"勤王旧藩"势力这三个政治派别的历史学"工具",是明治以后政治派别此消彼长,相互对抗在历史学上的表现。③ 这篇论文对三种史观本质上的一致性仅以"并非根本对立"简单带过④,过于简单地以政治脉络解释历史学脉络,把历史学现象纯粹地解释为政治角力的结果。为强调"史观"之间的对立性,大久保还缩小"王政复古史观"的概念内涵,存在将岩仓具视的"史观"等同于"王政复古史观"的倾向。譬如,大久保认为,岩仓具视希望确立"王政复古史观"是因为他极度惧怕立宪制会影响到他主张的天皇亲政论。⑤ 但事实上,无论是"萨长史观"还是"勤王旧藩史观",其存在都依附于"王政复古史观"。与大久保论文类似,宫地正人的论文《政治与历史学》也关注了明治以后政治势力变动对"史观"的影响。⑥ 由于他们阐释的侧重点主要在于"政治"与"史观"的关系,所以在"史观"对"历史编撰"影响的问题上分析得都不够充分。在明治维新史编撰问题的研

---

① 遠山茂樹:『戦後の歴史学と歴史意識』,岩波書店、1968年版、第2—3頁。
② Marius B. Jansen, *The Cambridge History of Japan*, Vol. 5, Cambridge Univiersity Press, 1989. p360.
③ 大久保利謙:「王政復古史観と旧藩史観·藩閥史観」、『法政史学』1959年第12号。
④ 大久保利謙:「王政復古史観と旧藩史観·藩閥史観」、『法政史学』1959年第12号。
⑤ 大久保利謙:「王政復古史観と旧藩史観·藩閥史観」、『法政史学』1959年第12号。
⑥ 宮地正人:「政治と歴史学」、西川正雄·小谷汪之編『現代歴史学入門』,東京大学出版会、1987年。

究中,三谷博的论文《明治维新的史学史——"社会科学"以前》较具代表性。该文系统梳理了战前日本明治维新史编撰历程,但论述上主要以时间为序,对史观问题涉及不多。与此类似的还有成田龙一的著作《近现代日本史与历史学》①。此外,近年日本还出现了一些批判"萨长史观",为幕府辩护的书籍。如武田镜村的《萨长史观的正体》②。这类书籍在批判"萨长史观"的同时,也建立自己的"史观"。而对于这一现象,学界尚较缺乏分析。

"王政复古史观""萨长史观""勤王旧藩史观"之间究竟是因政治角力而互相对立的,还是有着杂糅一体、互为补充、本质一致的关系,它们各自对历史编撰有着怎样的影响,近年出现的为"幕府"辩护、翻案的史观又是如何产生的,这些便是本文所要辨析的问题。

一、"王政复古史观"的思想根源及其对历史编撰的影响

上述有关明治维新史的史观,从时间顺序上讲,最早出现的是"王政复古史观"。这一史观产生于明治政权成立之初,是明治新政府解释明治新政权正当性、绝对性的历史理论基础。③ 就思想根源而言,"王政复古史观"是德川幕府末期"尊皇倒幕"思想的延伸与进一步发展,同时也是树立明治新政权、否定德川政权法统性的历史理论需要。德川幕府时期,日本存在着"皇"与"幕"两个共生的矛盾性政治核心。"皇幕"矛盾的最终结果是1867年10月末代将军德川庆喜将"大政奉还"于天皇朝廷,进而明治新政权在1868年1月"王政复古政变"中建立。④ 明治时期日本历史学界的"王政复古史观"也随之产生,"王政复古史观"的最主要特征是以天皇的正统性、绝对性作为价值判断标准来解释"倒幕"与"维新"的历史,并以这样的解释为"倒幕"以及明治新政权的建立提供历史依据。

"王政复古史观"是在两种现实需要的意识下产生的。第一,围绕"皇"

---

① 成田龍一:『近現代日本史と歴史学』、中央公論新社、2012年。
② 武田镜村:『薩長史観の正体』、東洋經濟新聞社、2017年。
③ 大久保利謙:「王政復古史観と旧藩史観・藩閥史観」、『法政史学』1959年第12号。
④ 井上勝生:『幕末維新政治史の研究』、塙書房、1994年、第349—368頁。

"幕"问题的思想论争一直存在并贯穿整个德川时期。虽然德川中后期开始,"尊皇"思想逐渐有了更广泛的影响,但为幕府统治合理性与正统性辩护的"正名"思想也一直存在,比如曾辅佐德川家宣的新井白石,就主张德川氏的权力渊源乃是"我神祖以神武宾服天下"①。他曾提出"国王复号论",主张幕府首领对外径直使用"日本国王"称号。②即便是与幕府思想对立的熊泽蕃山也仅勉强用"积善余庆"来解释天皇存留的合理性。③甚至1868年政权变革之际,新政府军队在鸟羽、伏见打响倒幕枪声后,拥护幕府的势力仍然声称"有德者,王天下。有之德者兼有之兵者持国。于我日本,有大德者德川氏也,其亦有兵亦持国。日本之帝,固德川氏也。如天朝天皇朝廷,有名而无实,虽云万代不易之宝祚,实乃日本之私言,非万国通用之理"④。可见,德川幕府的法统性并非全然没有思想基础。而明治新政府要扫除德川幕府的法统性,树立"倒幕维新"的必要性以及明治新政府法统性,就需要一种史观对一切妨碍天皇绝对性的思想进行"历史学的"清除。而"王政复古史观"正是否定"幕府政治",树立"天皇政治"绝对法统性的历史理论依据。

第二,在倒幕维新运动过程中,日本存在"王政复古"天皇旗号下倒幕思想与"公议政体"诸侯合议思想的论争。虽然他们都以"尊皇"为旗号,但表现在政治上,"王政复古派"要求"王政复古,挽回国威"⑤,"废绝武家政治,恢复古代王政"⑥。而"公议政体派"则主张"'皇国'大权集于一统,天下协同会商,尽全国之力建并立海外万国之大业"⑦。"公议政体派"虽也"尊皇",但主张在天皇名义下再置一个由各"藩"组成的"议事院","原先幕府担当的大任移交给议事院"⑧。这种主张可以让德川幕府时期的各个封建势力得以合法存续,而幕府首领作为最大的领主在议事院中仍具有强大的发言力与

---

① 新井白石:「読史余論」,『日本思想大系』第35卷、岩波書店、1975年、第428頁。
② 大川真:『近世王権論と「正名」の回転史』、御茶の水書房、2012年、第80—90頁。
③ 玉懸博之:「熊沢蕃山の歴史思想」、『東北大学日本文化研究所研究報告』1981年第17号。
④ 井上勲:『王政復古』、中央公論新社、2010年、第292—293頁。
⑤ 吴廷璆:《日本史》,南开大学出版社1994年版,第362页。
⑥ 大久保利謙:「王政復古史観と旧藩史観・藩閥史観」、『法政史学』1959年第12号。
⑦ 徳川慶喜:「慶応三年十月十四日政権奉還ノ上表」、渋沢栄一輯『徳川慶喜公伝』史料編卷三、龍門社、1918年、第183頁。
⑧ 井上勲:『王政復古』、中央公論新社、2010年、第175—179頁。

处事权。①"公议政体派"本质上是在"尊皇倒幕"压力下,包括德川幕府部分势力在内的封建势力相互妥协,共同维护自身权力的产物。最终,明治新政府在"王政复古派"武装倒幕取得胜利的基础上建立。因此,新政府在意识形态上不仅要强调"尊皇",且要排除"公议政体"式的"尊皇",从而排除旧的封建藩阀在新政权中的影响,因此他们需要一种既强调"尊皇"又否定"公议政体"的史观来解释幕末维新变革的历史,而"王政复古史观"的"恢复大权集中于天皇"的主张正可排除"公议政体"式的"尊皇"。而1868年变革之际,"政治方向由'公议政体'转变为'王政复古'是骤然、急促发生的。新政权为了让倒幕得到广泛的支持与认可,十分需要为倒幕树立一个合理化的名义需要通过思想舆论把倒幕与恢复'王政'等同起来。因此,明治新政权一建立即十分强调'王政复古史观'"②。

"王政复古史观"最直接的影响是明治初期的官修史书。由于"王政复古史观"是明治政府解释自身法统性的历史理论依据,因而它几乎贯穿了明治时期日本官方修史的始终。1869年(明治二年),明治政府设立"史料编辑国史校正局",以三条实美为修史总裁。③ 三条实美的"任官诏书"中写道:"今政务振兴,镰仓以降武门专权之弊已有革除。故欲开史局,继祖宗之芳躅,大施文教于天下。任尔总裁之职,须速正君臣名分之谊。"④由此可见,明治政府设置史料编辑国史校正局的目的就是以修史"速正君臣名分",把天皇与幕府首领的关系以官修史书的形式定性为君臣关系,用官修正史来阐释"王政复古"的正当性。"史料编辑国史校正局"收集了明治维新前后所有"华族的家记文书类及志士事迹手记"用于编撰《复古记》。⑤《复古记》不仅在名称上渗透着浓重的"王政复古"思想,在编撰过程中对"家记"也以"王政复古"的标准进行了选择。据奈仓哲三的考证,《酒井忠宝家记》《南部利恭家记》等史料由于出现了类似"萨贼"等"与复古精神相悖的词句,因而被

---

① 家近良樹:『徳川慶喜』、吉川弘文館、2014年、第212—213頁。
② 大久保利謙:「王政復古史観と旧藩史観・藩閥史観」、『法政史学』1959年第12号。
③ 桑原伸介:「復古記を中心に明治初年の官撰修史事業」、『参考書誌研究』1979年第17号。
④ 史料編纂掛:『史料編纂始末』、東京大学史料編纂所写本00011196第6丁。
⑤ 史料編纂掛:『史料編纂始末』、東京大学史料編纂所写本00011196第21丁。

《复古记》的编撰者有意识地筛除不用",《森川俊方家记》虽然被《复古记》所引用,但记载中对倒幕派不利的部分也有所隐没。① "史料编辑国史校正局"名义上虽是要修撰"国史",但事实上该机构编撰的体系性历史书籍仅有记录明治政府建立过程的《复古记》与《明治史要》。② 《复古记》与《明治史要》是以"王政复古"的价值标准编撰的,尽管如此,维新重臣岩仓具视仍认为书中没有写清楚"王政复古"的必然性,容易让"后世之人感到大政复古乃是偶然间从天而降的一时至侥幸之事"③。为了给"王政复古"加上大势所趋的"必然性",在岩仓具视的推动下,明治政府又于1883年在宫内省中设立编撰局,以岩仓具视为总裁官编撰另一部维新变革史籍《大政纪要》。④ 该书下篇总论对"王政复古"的必然性、天皇权威的绝对性进行了如下论述:"明治维新之业,破文治以来七百年因袭之迹,复王政之古,并变振古未有之国势。今稽其缘由,盖我邦特有国体名分之义……建国以来,皇统一系。主权在乎一人。天下万姓仰皇上如天日。"⑤ 可以说,《复古记》《明治史要》《大政纪要》等明治初期的官修明治维新史完全是按"王政复古史观"的模子编写出来的。此外,政权变革前后重要人物的"实录类"书籍《三条实美公年谱》(1899年)、《孝明天皇纪》(1905年)、《岩仓具视公实记》(1905年)等也都是在"王政复古史观"的价值取向下由宫内省编纂局编撰出来的。这些历史类书籍,虽是日本的官修"正史",其中也不乏有价值的史料,比如《复古记》基本具有史料集成类书籍的特征,但需要十分注意的是,这些明治初期成书的"正史"是在强烈的"王政复古史观"之下编写的,在史实叙述与史料使用上都有着特定的价值取向。

"王政复古史观"对历史编撰的影响并不仅限于明治初期的官修"正史"。由于日本国家的思想统制,"王政复古史观"成为1945年以前除唯物史观学者以外的日本历史学界编撰、叙述明治史的当然大前提。也就是说,当时的日本书籍只要论述到明治维新,都须以所谓王政复古为大前提来论

---

① 奈倉哲三:「『復古記』不採録の諸記録から探る江戸情勢——「家記」慶応三年分の記事を中心に」,『跡見学園女子大学文学部紀要』2013年第48号。
② 大久保利謙:「王政復古史観と旧藩史観・藩閥史観」,『法政史学』1959年第12号。
③ 史談会:『近世史料編纂事業録——附史談会設立顛末』,史談会,1893年刊,第18頁。
④ 大久保利謙:「明治憲法の制定と国体論」,『歴史地理』1954年第85号。
⑤ 岩倉具視輯:『大政紀要』,興亜院,1938年印本,第135頁。

述。甚至连末代幕府首领"德川庆喜在其回忆录以及其授权撰写的传记中也成为一个尊王攘夷派人物"①。在"王政复古"的框架下,明治中后期,日本又产生了"萨长史观"以及"勤王旧藩史观"。这两种史观都以"王政复古"为前提,但并不再围绕"复古"问题展开立论。

二、"萨长史观"与"勤王旧藩史观"的分化及其对历史编撰的影响

明治新政权的成立是"各种分散的,甚至彼此对立的社会力量得以最大限度地凝集在一起",在"尊皇"与"王政复古"的旗号下以政变及武装倒幕的形式实现的。②这些倒幕的力量主要由三部分政治势力构成,即京都天皇朝廷的倒幕派公卿,萨摩、长州等雄藩的武装倒幕派以及在"勤王"旗号下参与倒幕的其他"勤王旧藩"。新政府建立后,政治势力发生分化,萨长藩阀势力主张自己是"维新功臣",其他"勤王"的藩阀也标榜自己"咸与维新",于是在"王政复古"的大框架下,历史界与思想界中分化出了"萨长史观"与"勤王旧藩史观"。关于其分化的原因,远山茂树指出:"维新变革并不是一场与过去历史的完全诀别,它没有立即在新的社会中创造出新的社会秩序。而这就是统治者们总要为自己的序列、地位寻求历史根据的结构性原理所在。"③但无论是"萨长",还是"勤王旧藩"其所寻求的"历史根据"都在于"王政复古",因此,"萨长史观""勤王旧藩史观"的出现并不意味着"王政复古史观"被取代。同时,由于"萨长史观"与"勤王旧藩史观"都是以"王政复古史观"为前提,因此两者之间虽有"分化",但并非"决裂"。

众所周知,倒幕维新过程中,萨摩、长州两藩是倒幕各藩中的主力。明治新政府建立后,萨、长出身的大久保利通、西乡隆盛、木户孝允、大村益次郎等都进入政权中枢。因此,明治中后期开始,日本的"议政坛上又出现明

---

① Marius B. Jansen, *The Cambridge History of Japan*, Volume 5 The Nineteenth Century, Cambridge Univiersity Press, 1989, p. 361.
② 武寅:《论尊皇思想在日本现代国家政权诞生过程中的作用》,《世界历史》1991年第1期。
③ 遠山茂樹:『明治維新』、岩波書店、1972年、第2頁。

治维新的遂行、明治时代的存在都是萨长诸藩努力的结果的主张"①。也就是说,居于政权中枢的萨摩、长州政治势力越来越强调自身在倒幕维新中的关键作用与领导地位。以萨摩、长州为中心讲述明治维新的史观便在这种政治、思想舆论背景下产生,这种史观被战后日本学者总结为"萨长史观"或"萨长中心史观"②。颂扬萨摩、长州政治人物,强调萨长雄藩是倒幕维新的核心是"萨长史观"的最主要特征。"萨长史观"的出现与新政权中萨摩、长州等"藩阀势力的确立相并行"。③ 但是,"萨长史观"并不是要取代"王政复古史观",它仅仅是萨长中心主义的"王政复古史观"。"萨长史观"的影响很大。日本学者舟泽茂树指出,现在一般人多把幕末维新史理解为以萨摩、长州为核心的讨幕派与维护德川政权的佐幕派的对决史。④ 这种普通人印象中"萨长"与幕府"对决"的历史范式就是"萨长史观"影响历史编撰的结果。

明治初期的人物传记类书籍中首先表现出了"萨长史观"。1878年,在西南战争中被作为叛乱者剿灭的西乡隆盛离世不久,岩村吉太郎便编写《皇国三杰传》,将西乡隆盛与大久保利通、木户孝允并列为所谓"维新三杰"。⑤1892年内山正如编的《维新元勋三杰诗文集》中又将三人评价为"盖明治复古鸿业伟绩之首,三氏忠诚无尚,故以明治维新之三杰世称云"⑥。众所周知,西乡隆盛、大久保利通是萨摩出身,而木户孝允是长州出身。除"维新三杰"的说法外,1884年山胁之人的《维新元勋十杰论》还把西乡隆盛(萨摩)、大久保利通(萨摩)、小松带刀(萨摩)、大村益次郎(长州)、木户孝允(长

---

① 羽仁五郎:「明治維新史解釈の変遷」、史学会編『明治維新史研究』、富山房、1929年、第783—784頁。
② 大越哲仁:「近代日本における戊辰戦争の意味「公儀政体派」史観による近代的日本史」、『会津史談』2000年第74号。
③ 大久保利謙:「王政復古史観と旧藩史観・藩閥史観」、『法政史学』1959年第12号。
④ 舟沢茂樹:「書評三上一夫著『公武合体論の研究——越前藩幕末維新史分析』」、『若越郷土研究』1979年第24号。
⑤ 岩村吉太郎:『皇国三傑伝』日本国立国会図書館諲本、請求番号特58—822、東京岡田伴治刊、1879年、第1頁。
⑥ 内山正如:『維新元勲三傑詩文集』日本国立国会図書館諲本、請求番号71—160、東京堂、1888年、凡例第1頁。

州)、前原一诚(长州)、广泽真臣(长州)、江藤新平(肥前)、横井小楠(肥后)、岩仓具视(京都公卿)并列为"维新十杰"。① 十人之中,三人萨摩,四人长州。可见,"维新三杰"和"维新十杰"的说法都是萨长中心主义式的人物评价,是对萨长两藩维新人物的颂扬与褒美,也有着浓厚的历史英雄主义色彩。"维新三杰"等称法被后来日本官方编写的维新史书所承袭。

1909年,长州出身的伊藤博文、山县有朋、井上馨,萨摩出身的大山严、松方正义、黑田清纲、奈良原繁等明治政府要人组织建立史料整理团体"彰明会",商讨编修明治维新史。② 在彰明会政治人物推动下,1911年,日本政府"经议会协赞,公布文部省所管的维新史料编纂会官制,并设掌理该会事务之维新史料编纂事务局。以彰明会的井上馨为编纂会总裁"③。文部省维新史料编纂会是一个正式的政府机构,成为"官府维新史研究的中央核心"④。

1931年,这个在萨长"维新元勋发意下"设立的维新史料编纂会按编年体例初步完成《大日本维新史料稿本》。⑤《大日本维新史料稿本》对历史编撰与历史叙述产生了极大影响。由于史料编纂会是国家机构,它将大量的一手资料收集了起来,但编撰会在整理史料时又有所甄别选择,而并没有将全部原始材料供与学界。关于这一点,曾经的亲历者,战前在史料编纂会担任过编纂官补的远山茂树指出:"包括明治维新史在内的日本近代史之所以成为最没有得到开拓的荒野,其最大的理由之一就是基础史料未得到充分的公开。并且,即便是被公开的少数史料,其中大多数也都是被史料收藏者故意甚至是恣意地加以选择过的。"⑥当初,日本议会在审议设置维新史料编纂会预算案时,在野党的岛田三郎就曾批判史料编纂会是要"为萨、长制作

---

① 山脇之人:『維新元勲十傑論』日本国立国会図書館迎本、請求番号 NDC281、東京山脇之人刊、1884 年版、第 1—5 頁。
② 牧野伸顕:『松濤閑談』、創元社、1939 年、第 108—118 頁。
③ 日本文部省維新史料編纂会:『概観維新史』、明治書院、1939 年、序文第 2—3 頁。
④ 遠山茂樹:『明治維新』、岩波書店、1972 年、第 10 頁。
⑤ 三谷博:「明治維新の史学史——「社会科学」以前」、『ヨーロッパ研究』2010 年第 9 号。
⑥ 遠山茂樹:『明治維新』、岩波書店、1972 年、第 1 頁。

歌功颂德表"①。从成稿的《大日本维新史料稿本》的内容构成上看,也的确存在偏重萨长倒幕一方、忽视幕府一方史料的问题。而这种偏重萨长的史料编纂惯性一直持续到战后。1945年以后,文部省史料编纂会改组编入东京大学史料编纂所,编纂会的工作人员组建了日本史籍协会,"史料编纂所在战后虽然出版了井伊家族的史料,但史料整理的偏向性仍然持续了下来,勤王的大名及人物的资料仍是日本史籍会丛书的主体,幕府一侧的谱代诸藩、旗本等相关史料依然没有得到补充"②。

维新史料编纂会除编纂史料外,还出版了《概观维新史》(一卷一册,1939年)与《维新史》(正五卷、附录一卷,1938—1940年)两部官撰历史书。《概观维新史》是《维新史》的简略版。以《概观维新史》为例,在讲述倒幕维新背景时有题为"雄藩的国事周旋"的一章,标题中的"雄藩"指的就是萨摩和长州,这一章中仅对萨长两藩进行了讲述,没有涉及其他参与倒幕的大藩。③ 在"新政府成立"这一章节中,对西乡隆盛、大久保利通、木户孝允单列小标题讲述,并加以赞美"隆盛胸怀大度,声望高于一世利通沉毅方正,处事果敢孝允秉性俊敏,以规划之才见长。称维新之三杰,不世之功,当享永世之赞"④。很显然,这样的章节安排与人物评价充满着浓重的"萨长史观"。在官方编撰的历史书的影响下,1945年以前日本编写的明治维新史书籍,很多都是"萨长史观"的产物。马里乌斯·詹森在《剑桥日本史》中写道,"西乡隆盛、大久保利通、岩仓具视、伊藤博文,以及所有吉田松阴的弟子门人都被描绘为充满殉难精神的忠义之士……在浓厚国家主义氛围中编写的历史著作中,对他们的反对派也产生了强烈的偏见"⑤。

1945年以前,在"王政复古"的大前提下,"萨长史观"成为战前日本明治史领域的主流史观,不过当时从"王政复古史观"还分化出了另一种并不算是主流的史观——"勤王旧藩史观"。"勤王旧藩史观"也以"王政复古"

---

① 遠山茂樹:『明治維新』、岩波書店、1972年、第10頁。
② 三谷博:『明治維新を考える』、岩波書店、2012年、第196—197頁。
③ 日本文部省維新史料編纂会:『概観維新史』、明治書院、1939年、第378—405頁。
④ 日本文部省維新史料編纂会:『概観維新史』、第833頁。
⑤ Marius B. Jansen, The Cambridge History of Japan, Vol. 5, p. 360.

为大前提,但它强调的是"勤王的旧藩"在维新变革中的作用与地位。

1889年幕府时期的旧大名联合起来成立"幕末维新史调查"团体——"史谈会"。① 与萨长政治人物希望设置官方修史机构一样,1891年"旧藩"的首领伊达宗政、池田茂城等人向宫内省大臣提议设立"明治中兴史编辑局",立建言书中写道:"明治中兴乃先帝夙夜睿虑……陛下圣明睿虑之伟业。而内命降下之嘉永癸丑以来至明治辛未间,各藩于国事鞅掌之实迹当予录纂以呈圣上……今某等熟议建言曰:于宫内省中设明治中兴史编辑局,立一定之规,置职员,以皇族为之总裁,郑重其事以示天下。"②在人事方面,他们建议以皇族为总裁,从而回避了萨长的政治人物主导编修。在编写方面,他们强调录纂"各藩于国事鞅掌之实迹",主张所谓"举国勤王",借以此冲淡萨长的影响。在"史谈会"的影响下,日本的历史学界又出现了"彰显勤王旧藩"所谓"功绩"的"勤王旧藩史观"。③

"史谈会"创建自己的官方修史机构的愿望最终未能实现。因此在日本没有出现过体现"勤王旧藩史观"的官修"国史"。但由于"勤王旧藩史观"也是"王政复古史观"框架下的历史观,所以"勤王旧藩史观"也有一定的存在空间。与"萨长史观"影响明治维新的"国史"编撰相对,"旧藩勤王派史观"主要影响了乡土史、地方史的编撰。20世纪初,日本各地相继编撰乡土史,这类书籍中全部以所谓"勤王大义"为旗号,强调地方各藩在"勤王"过程中的作用。④ 可以说,1945年以前日本编撰的乡土史、地方史除萨摩、长州中涉及倒幕维新的部分,一般都采用了"勤王旧藩史观",而这一影响也延续到1945年以后,甚至当代。比如,1952年出版的《姬路城史》在讲述倒幕维新过程时便利用了战前基于"勤王旧藩史观"编撰、整理的史料与旧地方史,而1974年出版的《兵库县史》、2004年出版的《兵库县的历史》和《姬路市史》

---

① 大久保利谦:「王政復古史観と旧藩史観・藩閥史観」,『法政史学』1959年第12号。
② 史談会:『近世史料編纂事業録附史談会設立顛末』,史談会1893年刊、第55頁。
③ 关于"勤王旧藩史观"的概念,大久保利谦称之为"旧藩史观"。前田结城认为,大久保的"旧藩史观"的概念稍显模糊,称之为"旧藩勤王派史观"。本文为与"萨长史观"对应,称之为"勤王旧藩史观"。
④ 高木博志:「「郷土愛」と「愛国心」をつなぐもの」,『歴史評論』2005年第659号。

在讲述相关内容时,又几乎是对1952年版《姬路城史》相关部分的踏袭。①可见,"勤王旧藩史观"不仅影响了战前地方史的编撰,也在一定程度上影响了战后日本地方史的编写。与"萨长史观"把西乡隆盛等人树立为"英雄"类似,"旧藩勤王史观"树立了不少自己的"明治英雄"。比如,《市制施行三十年纪念姬路市史》便把河合总兵卫塑造成当地的所谓"勤王志士"与"明治英雄"。② 如同"萨长史观","勤王旧藩史观"也以"王政复古"思想为必要前提。"勤王旧藩史观"与"萨长史观"均以"尊王"为价值判断标准,二者之间只有强调谁更"尊王"之别。由于"勤王旧藩史观"在日本战前的影响主要集中于地方史编写,因此某种意义上讲,"勤王旧藩史观"是"王政复古史观"在地方史编撰上的表现。

虽然如大久保利谦所说,"勤王旧藩史观"是在"勤王"的"旧藩"与萨长藩阀势力对抗的意识下产生的③,但由于"勤王旧藩史观"事实上主要影响了地方史志的编撰,而"萨长史观"主导的则是整体性的"明治史"编撰,再加上"萨长史观"之下的"国定"《维新史》中并未对"勤王旧藩"进行贬低和攻讦,"勤王旧藩史观"主导下的地方史志亦没有出现对萨长"功业"的诋毁,因此,"勤王旧藩史观"与"萨长史观"的分化并非"分道扬镳"。

三、"实证主义史学"的发展与"幕府史观"的出现

1945年是日本明治维新史研究的分水岭。在日本旧体制下,"历史是'忠君爱国'教育的支柱"。④ 半藤一利在《幕末史》序言中回忆道:"昭和十八年(1943年)到日本投降的1945年正是我念初中的时候。这两年里我们被灌输了战前'皇国史观''萨长史观'体系下的历史认识……'国史'课告诉我们,萨摩、长州、土佐的勤王志士们是正义的一方,他们击溃了'皇国'仇

---

① 前田結城:「〈旧藩勤王派中心史観〉の成立と展開——姫路を事例に」,『神戸大学史学年報』2011年第26号。
② 播磨史談会:『市制施行三十年記念姫路市史』,姫路市1919年刊行、諸緒言第1—4頁。
③ 大久保利謙:「王政復古史観と旧藩史観・藩閥史観」,『法政史学』1959年第12号。
④ 遠山茂樹:『戦後の歴史学と歴史意識』,岩波書店,1968年、第4—5頁。

敌德川家的贼军,从而再造了'皇国'。"①"1945年日本投降后,政治上和学术上对绝对主义进行批判终于成为可能",明治维新史的研究出现了新的局面。② 新局面下,一方面,原来既已存在的"实证主义史学"不必再受战前政治框架的局限;另一方面,对幕末史的重新认识也不再被视为"禁忌"。

1877年日本创办东京大学后,德国"兰克学派"史学传入日本,在此基础上,日本出现了把历史研究定位为"实证科学",注重史料实证研究的"实证主义史学"。③ 不过,1945年以前的日本历史学界,由于受到"王政复古史观""萨长史观"的制约,"实证主义史学"的"视野被限于'尊王攘夷还是佐幕开国''尊王倒幕还是尊王敬幕'等封建统治者内部政争等问题上。他们没有关注幕府与雄藩、上级武士与下级武士斗争背后的本质,因此就连幕末政争的错综复杂的关系也没能得到系统的整理"④。

1945年以后,非马克思主义史学之中,"实证主义史学"首先在史料编纂上突破了"王政复古史观"与"萨长史观"。1959年,东京大学史料编纂所开始陆续出版《大日本维新史料井伊家史料》,至今共刊行29册。⑤ 井伊家族是德川幕府的首席重臣,在德川晚期政局中扮演了重要角色。井伊家族史料的整理,有助于学界更加全面地研究幕末维新的历史。所以说《大日本维新史料井伊家史料》的出版是日本战后对明治维新史再认识的一个重要标志。由于萨、长的史料在战前已经得到了系统整理,而幕府方面的史料整理在战后才渐成规模。因此,战后很长一段时间内"实证主义"的明治维新史研究仍集中于对萨摩与长州的分析,"这样的情况一直到20世纪90年代中期才有所变动……让人有恍若隔世之感"⑥。20世纪90年代以后日本的明治维新史学界出现了很多让人耳目一新的"实证主义史学"研究成果,这些新研究改变了很多明治维新史上的"历史常识"。比如井上勝生的《幕末维

---

① 半藤一利:『幕末史』、新潮社、2012年、第10頁。
② 遠山茂樹:『明治維新』、岩波書店、1972年、第2頁。
③ 羽田正:『新しい世界史へ』、岩波書店、2011年、第7頁。
④ 遠山茂樹:『戦後の歴史学と歴史意識』、岩波書店、1968年、第6頁。
⑤ 東京大学史料編纂所編:『大日本維新史料井伊家史料』、東京大学出版会、1959—2016年。
⑥ 家近良樹:「敗者の側から幕末維新史を振り返る——会津藩や徳川慶喜はなぜ敗れたのか」、『經濟史研究』2015年第18号。

新政治史研究》①、藤野保的《江户幕府崩溃论》②从幕府的权力架构角度分析了德川幕府灭亡的原因,改变了过去单纯地从明治新政府角度分析历史的模式。神谷大介的《幕末军事技术基础的形成》③对幕府在军事上效仿西欧的改革努力进行了考证研究。家近良树在《幕末政治与倒幕运动》《江户幕府崩溃:孝明天皇与"一会桑"》④中对"王政复古政变"前后的各派政治势力的分化组合进行了梳理,在德川家族内部分化问题上的考证尤其详细,比如松平家庆⑤在政变前疏远了曾经的盟友德川庆喜,参加了新政府成立的"御前会议",而德川宗室"御三家"之一的尾张德川家则派兵参加了打倒德川幕府的武装斗争。在"实证主义史学"对历史细节进行考证研究的基础上,20世纪90年代以后,日本的明治维新史研究出现了向"进步史观"史学转变的动向。有别于明治时期福泽谕吉、田口卯吉的史论型"文明进步史",20世纪90年代以后日本"进步史观"的明治维新史研究更注重历史的连续性。比如,三谷博的《佩里来航》从外交角度对幕末明治史的"连续性"所进行的研究是这一新动向较早的开创性研究⑥。苅部直的《"维新革命"之路——追求"文明"的十九世纪日本》通过思想史的考察,将明治维新的变革总结为"漫长革命"(long revolution)。⑦ 长期以来,日本的明治维新史研究多强调明治维新的"突变性""革新性",而新的"进步史观"研究则从经济、外交、思想、文化等角度强调德川至明治历史的连续性。⑧

"实证主义史学"对幕府文献的历史考证,"进步史观"对历史连续性的强调给日本当代思想界带来很大冲击。日本思想界出现了是否可以不经过明治维新,直接由德川幕府改革完成近代化的思考。在这样的思考中又产生了一些同情幕府、为幕府辩护、为德川庆喜"翻案"的思想动向。大越哲仁

---

① 井上胜生:『幕末維新政治史の研究——日本近代国家の生成について』、塙書房、1994年。
② 藤野保:『江戸幕府崩壊論』、塙書房、2008年。
③ 神谷大介:『幕末期軍事技術の基盤形成:砲術・海軍・地域』、岩田書院、2013年。
④ 家近良樹:『幕末政治と討幕運動』、吉川弘文館、1995年;《江户幕府崩溃:孝明天皇与"一会桑"》、講談社、2015年。
⑤ 德川家康,原姓松平。德川时期,德川家族的宗系以德川为姓,旁系以松平为姓。
⑥ 三谷博:『ペーリ来航』、吉川弘文館、2003年。
⑦ 苅部直:『「維新革命」への道—「文明」を求めた十九世紀日本』、新潮社、2017年。
⑧ 日本経済新聞編集部:「江戸後期からの文明開化」、『日本経済新聞』2017年10月21日。

的论文《戊辰战争对于近代日本的意义公议政体派史观的日本近代史》是这种动向的典型代表。论文中，大越哲仁从历史理论和历史脉络两方面对1868年的"王政复古政变"进行了否定，论证了幕府主导日本近代化的可能性。大越哲仁将他的历史观命名为"公议政体派史观"，而"公议政体"思想正是明治维新时期"王政复古"思想的对立面，为褒扬幕府，大越还以与"萨长史观"类似的方式拔高幕府人物的历史地位，比如他认为幕府臣僚大久保忠宽是日本提出"设立国会、制定宪法"主张的第一人，而德川庆喜是日本"宪政第一人"。① 这类书籍在褒扬幕府人物的同时，还对"萨长史观"树立起来的"英雄"进行了贬低。比如，星亮一的《伪造的明治维新》引用原皇族成员竹田恒泰的访谈录以及明治天皇外祖父中山忠能的日记，描述了倒幕派用"天花痘"毒杀孝明天皇（明治天皇之父），从而实现拥立幼主、把持朝政的"历史过程"。② 原田伊织在《明治维新之过》中将"萨长史观"下的"思想先觉"吉田松阴描述为煽动祸乱的"恐怖分子"。③ 他们褒扬一派、贬低一派的"历史书法"与"萨长史观"如出一辙。"萨长史观"的"英雄"在他们的笔下变成了阴险狡诈的投机家，而"萨长史观"之下顽固"朝敌"德川庆喜变成日本"宪政第一人"。武田镜村的《萨长史观的正体》将目前思想界所有颂扬幕府、贬低萨长的观点和论述进行了汇总，以"揭露历史真相"之名对"萨长史观"进行了反转性的否定。④ 武田镜村将自己的历史观称为"反萨长史观"。⑤ 但是，无论是武田镜村自称的"反萨长史观"，还是大越哲仁自称的"公议政体派史观"本质上都是为幕府辩护、美化幕府的史观。因此，笔者认为可以将这类站在幕府立场，为幕府辩护的史观依其褒贬立场称为"幕府史观"。

"幕府史观"的著述有的虽也以学术论文、学术专著的形式出现，但它们在史料选择上偏袒幕府，缺乏客观性。因此日本当代的"幕府史观"只能算

---

① 大越哲仁：「近代日本における戊辰戦争の意味」，『会津史談』2000年第74号。
② 星亮一：『偽りの明治維新』、大和書房、2008年、第152—154頁。
③ 原田伊織：『明治維新という過ち』、毎日ワンズ出版社、2015年、第113—126頁。
④ 武田鏡村：『薩長史観の正体』、東洋経済新聞社、2017年、第1—3頁。
⑤ 武田鏡村：『薩長史観の正体』、東洋経済新聞社、2017年、第1頁。

是一种社会现象，而不能被视为纯粹的历史学。客观来说，大久保利通、西乡隆盛等人对于明治维新，对于日本近代化是有着重要贡献的，过度美化他们的"萨长史观"不可取，但丑化他们的这类"幕府史观"显然也有失公允。不过，"幕府史观"虽不是纯粹的历史学，但在历史思考上也有一定的积极意义。比如大越哲仁就认为"萨长史观"与"萨长政府"给日本带来了军国主义，同时也消灭了德川改革和平稳健近代化的可能性。①

四、辩证唯物史观学者对各种史观的辨析与批判

1945 年以后的日本历史学界，"实证主义史学""进步史观"史学在一定程度上纠正了"王政复古史观""萨长史观"影响下的历史认识，但对二者进行彻底的理论批判的是日本的辩证唯物史观学者。"实证主义史学""进步史观"的历史研究在战后才摆脱"王政复古史观""萨长史观"的影响，而日本的辩证唯物史观学者早在 20 世纪 20 年代就已经对它们进行了批判。

1921 年，堺利彦在杂志《解放》上发表论文《资产阶级的维新——经济视角下维新前后的社会》。堺利彦提出，"维新改革就是资本家的革命。与十七、十八世纪的英国革命、法国革命一样，日本的维新改革也是一种资产阶级革命"②。这样就从理论上根本否定了"王政复古史观"的历史解释模式。不仅如此，为破除日本官方史观的影响，堺利彦还对"王政复古"等史观的本质进行了辨析。堺利彦指出，"王政复古在字面上没有废绝封建制度的含义……有人说王政复古是表面上的大义名分，而雄藩与幕府的对决才是实质。但其实，雄藩的革新运动也只是外在的表象，维新的本质并不在此"③。堺还指出"王政复古"与"雄藩与幕府对决"即萨长史观这两种解释都是"不同立场背景下的产物"。④ 也就是说，"王政复古""雄藩与幕府对

---

① 大越哲仁：「近代日本における戊辰戦争の意味」、『会津史談』2000 年第 74 号。
② 堺利彦：「ブルジョアの維新」、『堺利彦全集』第 5 卷、中央公論社、1933 年、第 246—256 頁。
③ 堺利彦：「ブルジョアの維新」第 5 卷、中央公論社、1933 年、第 246—256 頁。
④ 堺利彦：「ブルジョアの維新」第 5 卷、中央公論社、1933 年、第 246—256 頁。

决"的历史解释模式都只是以现象解释现象,明治维新史的本质并未得到揭示。日本学者大久保利谦对堺利彦的研究评价说:"堺的议论……是如此富有学术创建性,也展现了他深邃的洞察力。"①羽仁五郎指出堺利彦的研究预示着以历史唯物主义研究明治维新史的"新时代到来,具有开拓性意义"。②不过,堺利彦论文的原文中没有直接使用"萨长史观"一词,他把萨摩、长州中心主义的历史观称为"雄藩史观"。关于这一点,羽仁五郎在《明治维新史解释的变迁》中指出,堺所说的"雄藩是特有所指的",堺论述的重点就是萨摩和长州的政治活动。③ 因此,堺论文对"雄藩史观"的批判就是对"萨长史观"的批判。

与堺利彦的研究相似,羽仁五郎在研究明治维新性质时也首先对错误史观进行了批判。羽仁在《明治维新——现代日本的起源》中指出,"那些认为明治维新是由少数功臣缔造的,而民众只是袖手旁观的看客的史观无视了国民民众是真正的历史原动力的事实,这些史观甚至与维新以前封建旧时代的思想如出一撤"④。而明治时期的日本之所以出现萨长中心主义的历史观,羽仁认为"明治年间的政治经济领域,萨长等雄藩居于支配地位",在这样的背景下,日本政论界出现了"'正是由于萨长等雄藩,所以明治维新才得以遂行,明治时代才得以出现'的主张",这种时代社会背景投射到历史领域,便出现了"萨长土肥史观"。⑤ 羽仁论文中的"萨长土肥史观"概念与堺论文中的"雄藩史观"名称上虽有不同,但内涵是相同的。⑥ 堺利彦与羽仁五郎是日本以辩证唯物主义史观研究明治维新史的早期学者,所以十分重视对"雄藩史观""萨长土肥史观"的"封建属性"的批判。1945年日本投降之

---

① 大久保利謙:「王政復古史観と旧藩史観・藩閥史観」,『法政史学』1959年第12号。
② 羽仁五郎:「明治維新解釈史の変遷」,史学会編『明治維新史研究』,富山房、1929年、第783—784頁。
③ 羽仁五郎:「明治維新解釈史の変遷」,史学会編『明治維新史研究』,富山房、1929年、第775頁。
④ 羽仁五郎:『明治維新——現代日本の起源』,岩波書店、1956年、第55—56頁。
⑤ 羽仁五郎:「明治維新解釈史の変遷」,史学会編『明治維新史研究』,富山房、1929年、第784頁。
⑥ 大久保利謙:「王政復古史観と旧藩史観・藩閥史観」,『法政史学』1959年第12号。

前,"由于天皇制这一重大禁忌的存在,妨碍了自由研究"①,历史唯物主义的研究受到严重压制。"通过对明治维新史研究的批判整理,指明了科学研究方向的羽仁五郎"②在1945年3月遭到当局的逮捕。③ 1945年10月,"治安维持法""国防保安法"被废止,同时政治犯获得释放。在日本战后"历史学再出发"的过程中④,明治维新史研究也翻开了新篇章。在远山茂树、井上清、石母田正等学者影响下,唯物史观的历史研究逐渐成为当时日本历史学界的主流,到20世纪80年代"完全不受唯物史观影响的历史学者几乎很难找到"⑤。唯物史观学者在建立辩证唯物主义的日本历史解释体系的同时,也十分重视对各种非马克思主义史观的批判与辨析。比如,远山茂树在他的经典著作《明治维新》(初版1951年)中对有关明治维新的各种史观、史学流派进行了较为系统的批判和辨析。

远山茂树将有关明治维新史编撰的史观或史学流派分为两大类。一类是"王政复古史观"等主导日本官修"正史"的史观,另一类是"资产阶级的文明史观"及"实证主义史学"。对于王政复古史观等主导日本官修"正史"的史观,远山的批判重点在于解释其非科学的主观属性。在《明治维新》中,远山指出"明治维新后,用以展现王政复古的历史编纂便经太政官之手大规模开展起来……随后政府从教学政策的立场出发,几次对明治维新的'正史'进行编述,但是这些都与学问毫无关系,这些历史只是供与统治者之间政争的工具,统治者们按照自己的需要恣意地中止或复活某些历史的编纂……由于明治维新过程中,藩阀之间产生了复杂的利害关系,而这些利害关系又与现实紧密相关,所以从统治者的立场来看,他们不可能对明治维新有批判的客观认识,也就是说对明治维新进行科学的研究是不可能的"⑥。

---

① 遠山茂樹:『明治維新』、岩波書店、1972年、第1頁。
② 遠山茂樹:『明治維新』、岩波書店、1972年、第11頁。
③ 羽仁五郎:『明治維新——現代日本の起源』、史学会編『明治維新史研究』、富山房、1929年、第ⅱ頁。
④ 遠山茂樹:『戰後の歷史学と歷史意識』、岩波書店、1968年、第25頁。
⑤ 家永三郎:「序に代へて現代日本史学における二つの学風」、『現代史批判』、和光社、1953年、第16頁。
⑥ 遠山茂樹:『明治維新』、岩波書店、1972年、第2—3頁。

这样,远山从历史理论的逻辑性上对王政复古史观等主导官修明治史的各种史观进行了否定。远山认为,由于这类史观之下编写的"正史"仅仅是统治者的政争工具,因此不可避免地具有反映统治者意志的主观属性。这类史观的主观属性也决定了其主导下的"正史"是不可能客观、科学地解释明治维新这一历史现象中的本质历史规律的。对于"资产阶级的文明史观"及"实证主义史学",远山则指出了这两种史观或史学具有明显的局限性。明治时期,基佐的《欧洲文明史》、贝克尔的《英国文明史》等"进步史观"的历史著作传入日本,并影响了福泽谕吉、田口卯吉等日本的"文明史家"。① "在大正年代的民主气氛中,文明史观与所谓的文化史结合了起来。在古代史、中世史领域产生了不少清新的收获",但是"大正时期的资产阶级学者在古代史与中世史领域创建了自己的历史体系,但在与他们最直接相关的近代史领域,他们却放弃了创建历史学体系的任务",因此,"资产阶级的文明史观"及其所创建的历史体系"终究是有着与绝对主义政权相妥协的局限性的"。② 对于"实证主义史学",远山茂树认为,日本的实证主义史学由于回避史观问题,最终陷入了"对个别史实的考证之学"的境地。③ 而这种"对个别史实的考证之学"也就不可避免地缺乏对历史客观规律的思考,对历史也自然而然地缺乏辩证统一的整体认识。在明治维新史问题上,远山指出"实证主义史学"缺乏理论思考,未能透过"幕府与雄藩、上层士族对下层士族之间斗争"的现象,看到其背后的本质,因此患上了"无法厘清幕末迂回曲折的历史脉络的不孕症"。④

尽管远山茂树在《明治维新》中已指出了"实证主义史学"的症结所在,《明治维新》"出版之后的二三十年里,日本维新史学的主流正是在这本书所提出的理论框架下,围绕着政治史与社会经济史的结合问题以实证的方式而展开的"。⑤ 但是,20 世纪 90 年代以后,日本历史学中依然呈现的是"经

---

① 张经纬:《试论 19 世纪末 20 世纪初的日本史学》,《史学理论研究》2009 年第 3 期。
② 遠山茂樹:『明治維新』、岩波書店、1972 年、第 4—5 頁。
③ 遠山茂樹:『戦後の歴史学と歴史意識』、岩波書店、1968 年、第 7 頁。
④ 遠山茂樹:『明治維新』、岩波書店、1968 年、第 6 頁。
⑤ 三谷博:『明治維新を考える』、岩波書店、2012 年、第 193 頁。

济史、政治史、文化史、社会史各个领域之间越来越缺少整体性统一性,并逐渐分化的倾向","问题意识的缺失让日本近年的维新史研究出现停滞"等现象。① 问题意识与理论思考的缺乏所导致的不仅是"研究出现停滞",可以说为幕府辩护的"幕府史观"的出现也是对历史缺乏理论思考的结果。

结　语

史观对历史的编撰与叙述影响深刻。透过历史编纂与历史叙述,史观又"与国民的政治意识密切关联"②。在明治维新史的编撰与叙述上,战前的日本曾出现过"王政复古史观""萨长史观"以及"勤王旧藩史观"三种史观。前两者影响了战前整体"明治史"的编撰,后者则影响了地方史的编撰。"萨长史观"与"勤王旧藩史观"在历史编撰与叙述上虽各有偏向性,但这两种史观实质上是"王政复古史观"的变种。在整体性的"明治史"中,"王政复古史观"与"萨长史观"是糅合一体的;在地方史志中,"王政复古史观"也是"勤王旧藩史观"的编撰前提。从20世纪20年代开始,堺利彦、羽仁五郎等唯物史观学者已开始对这些旧史观进行批判,战后的唯物史观学者继续对这类史观进行批判。同时,伴随"实证主义史学"研究的进一步发展及幕府、佐幕各藩资料的发掘,再加上"进步史观"等史观的多元化,明治维新史研究也逐渐突破"王政复古史观""萨长史观"的框架。但由于二战前维新史料的收集、整理等主要在"王政复古史观"指导下进行,并形成了大量的研究成果,直到今日很多资料及研究成果还在时为引用,在一定程度上影响着战后的日本近代史研究。并且,明治以后,教科书、电影、电视剧、小说等一遍又一遍地将旧史观之下的历史解释"输入国民的头脑,以致于日本国民对这些幕末'常识'百分之百地深信不疑"③。前文也曾提到,时至今日,日本历史学界仍在呼吁"'佐幕''勤王'的

---

① 三谷博:『明治維新を考える』、岩波書店、2012 年、第 192—193 頁。
② 遠山茂樹:『戦後の歴史学と歴史意識』、岩波書店、1968 年、第 2 頁。
③ 家近良樹:「敗者の側から幕末維新史を振り返る——会津藩や徳川慶喜はなぜ敗れたのか」、『経済史研究』2015 年第 18 号。

对决史观应该结束了"①。然而,在摆脱"王政复古史观""萨长史观"等旧史观叙史框架的过程中,日本近年又出现了同情幕府、为幕府辩护的"幕府史观"。"幕府史观"虽然反对"萨长史观",但其历史评价、人物褒贬的手法与"萨长史观"类似,因此这种史观也并不属于纯粹的历史学范畴。

---

① 苅部直、三谷博:「薩摩と長州だけが偉いのか/「佐幕」「勤王」の対決史観はもうやめよう」、『中央公論』2018 年第 4 号。

历史学与马克思主义[①]

菲利普·沙菲尔德 著／李春放 译

从马克思的著作中产生的经济决定论基本模型，为历史学家提供了一种有吸引力的诠释工具，可以特别有效地运用于研究19世纪末以来出现的新课题。社会史学家和经济史学家，在其国家主义前辈尚未觉察的地方，发现了马克思的用处或对马克思的需求。一种"庸俗的马克思主义"鼓励历史学家考虑用经济决定论的观点来解释历史。反过来，与决定论马克思主义的接触和冲突也促使历史学家坚持阶级斗争作为历史动力的重要性，对过去的看法也逐渐改变，至少对一些似乎有时被认为是不太成熟的历史学家更加宽容。诸如此类的情况标志着聚焦于生产关系的正统马克思主义与"文化马克思主义"或社会主义人道主义的区别开始显现，后者我们将在下面讨论。对19世纪后期的历史学家而言，"庸俗的马克思主义"的关键信条的影响被描述为"浓缩的知识炸药包"，而对后代历史学家而言，马克思的历史唯物主义可能会产生一种"解放效应"。[②] 马克思主义在知识方面向历史学家提供的可能性，无论作为供运用的模式，还是作为供验证的发展理论，至少激励了三代历史学家，历史学家们不仅作为仿效者和发展者，而且作为回应者和批判者。本文特别强调，西方尤其是英国的马克思主义历史学家，从20世纪中期开始是用什么方式卓有成效地促进历史学科发展的。与此同

[①] 原文"History and Marxism"载 Making History: An Introduction to the History and Practices of a Discipline, edited by Peter Lambert and Phillipp Schofield, Routledge, London and New York, 2004.

[②] E. Hobsbawm, "What Do Historians Owe to Karl Marx?", in idem, On History, London, Weidenfeld and Nicolson, 1997, p.147.

时,东欧对马克思主义历史编撰学的运用与西方大相径庭。关于这一点,我们还将简要论述。

20世纪中期以前,尽管"职业化的"马克思主义历史编撰学在西方并非显而易见,首次将马克思的思想运用于历史学的当属马克思本人,这并不令人感到惊讶。例如,为了研究资本主义的兴起,就需要用广阔的视野审视长时段的历史发展。对工作日时间长度变化的考察就是如此,它为了解14世纪至19世纪的社会经济变化框架内的劳动立法指明了方向。(《资本论》第3卷第5章)尽管这些历史观点被归入更广泛的经济问题的讨论,马克思同样也撰写比较狭义的历史。正如恩格斯在其第三版前言中所说,《路易·波拿巴的雾月十八日》"是对当代鲜活历史的杰出理解"。事实上,恩格斯在这方面比马克思有过之而无不及,后来马克思的评论者和研究者也将历史视角融入他们的分析之中。[1] 用于研究历史变化和基于生产关系决定论的马克思主义正统观念,在下一代作者中也非常明显,其中当然包括列宁和托洛茨基这样重要的政治人物。[2]

正统的马克思主义辩证法是基于一系列经济"方式"预言历史发展的一种模式,其演进可以用过渡机制,尤其是阶级斗争来加以解释。19世纪后期和20世纪初期,这种理论模式被派上用场,俄国作者倾向于将其用于俄国历史的特定历史背景。[3] 普列汉诺夫的著作及随后列宁的著作(《资本主义在俄国的发展》)就是依据马克思主义历史观对俄国农村人口的变化状况进行考察的。正如我们将在下面看到的那样,马克思主义历史学家的工作与苏维埃国家的建立及其宣称的自身身份和合法性早就存在密切关系,这预示着苏维埃国家出于自身的需要终究会以最咄咄逼人的方式对历史研究课题

---

[1] E. Breisach, *Historiography. Ancient, Medieval and Modern*, Chicago, University of Chicago Press, 1983, p. 298.

[2] Though they also, of course, brought their own novelties; see, for a recent short discussion of Trotsky's contribution, M. Perry, *Marxism and History*, Basingstoke, Palgrave, 2002, pp. 66 – 72.

[3] And this despite Marx's own denial, for Eastern Europe, of a model of historical materialism which posits the emergence of capitalist production and a process of expropriation, T. Shanin(ed.), *Late Marx and the Russian Road. Marx and "the Peripheries of Capitalism"*, London, Routledge and Kegan Paul, 1983, pp. 105, 124, quoting draft replies to Vera Zasulich.

发号施令。在20世纪20年代的俄国,与相对中立的或"资产阶级"的历史主义残存的联系最终被断绝,代之以激烈的意识形态的课题。

与此形成对照,在19世纪末的西方,马克思主义的历史发展观实际上在职业化的历史编撰学中并不存在。它反而在学术界之外发展起来,如在劳工教育协会(WEA)的课堂上。20世纪初,在东欧和俄国之外,马克思主义辩证法确实在主流历史编撰学中找到了立足之地。俄国历史学家频繁地引入这种方法,提供了对不同历史经历进行比较和理论介入的视角。科斯明斯基在20世纪二三十年代对中世纪英格兰农村的经济和社会所做的研究,为马克思列宁主义的历史理论运用于一个特定的非俄国的过去的社会提供了良好的范例。[1] 科斯明斯基研究13世纪英格兰的封建生产方式,并考察封建主义在何种程度上显露出前封建关系的特征。对他来说最重要的,是"新的关系的萌芽,在封建主义内部朝着新的生产方式——资本主义生产方式——发展变化的迹象"[2]。因此,对科斯明斯基而言,作为"生产关系"的地租形式的演化,反映了变化中的"生产方式"。科斯明斯基在其《英格兰土地史研究》的英译本前言中清楚地表明了他之前的研究目的和方法。尽管英国的马克思主义者所做的工作"在某种程度上使英国的读者熟悉了这些术语……我感觉还是必须就某些基本术语的含义多讲一些"[3]。

20世纪中期的数十年间,在西方学术界,运用"资产阶级"历史编撰学同样的研究、教学和传播方法的一代历史学家,确实开始在主流历史学中提出马克思主义理论主张。例如,早在20世纪20年代,经济和社会历史研究就在希腊活跃起来,在专业历史学家中引发了大量的马克思主义的评论,但这个进程在第二次世界大战后初期在英国特别明显。[4] 在那儿,大致属于同时

---

[1] E. A. Kosminsky, *Studies in the Agrarian History of England in the Thirteenth Century*, Oxford, Blackwell, 1956.

[2] E. A. Kosminsky, *Studies in the Agrarian History of England in the Thirteenth Century*, Oxford, Blackwell, pp. vi – vii.

[3] E. A. Kosminsky, *Studies in the Agrarian History of England in the Thirteenth Century*, Oxford, Blackwell, p. vi.

[4] For Greece, see E. Gazzi, *Scientific National History. The Greek Case in Comparative Perspective (1850 – 1920)*, Frankfurt, Peter Lang, 2000, p. 133.

期的一代历史学家,希尔、霍布斯鲍姆、希尔顿、托马斯和汤普森,共同培育了新的研究议程。到20世纪60年代,这些研究议程如果说还没有主导英国的历史编撰学的话,那么肯定已经成为历史编撰工作中的显著特征了。①

就20世纪中期英国的历史编撰学而言,马克思主义历史学家的著作在重要性和活力方面确实是最突出的。在第二次世界大战后至20世纪70年代早期的二三十年间,马克思主义历史学家从探究宏观历史变化过程开始将研究兴趣越来越集中于那些影响这些变化或发展并受其影响的人的生活。将研究重点转向一些历史工作者所描述的"自下而上的历史",为历史学家提供了广阔的分析框架,但也使新的研究议程受到限制。就出版物而言,1952年由马克思主义者创刊但并非马克思主义的杂志——《过去与现在》,迅速取得与《英国历史评论》和《经济史评论》同等的地位,如今仍然是得到广泛承认的最重要的三份英国历史学杂志之一。与此同时,第一代马克思主义历史学家进入了学术界的象牙塔。1968年,即学生革命运动前夕,霍布斯鲍姆在思考此事时写道:"20世纪50年代,能够撰写被广泛阅读的著作和在学术生涯中占据高级职位的马克思主义者,通常是20世纪三四十年代的激进学生,他们此时正好达到了职业生涯的高峰。"②那时,已经有一些马克思主义教授在英国主要大学的历史系任教,包括牛津大学(托马斯)、伦敦大学(霍布斯鲍姆)、剑桥大学(希尔)、伯明翰大学(希尔顿)和沃维克大学(汤普森)。

在西方,没有任何一个国家像英国那样,在战后初期产生如此众多的批判性历史编撰学著作。历史学家,作为个人和群体,在历史学界为自己找到了用武之地,他们能够与马克思主义辩证法的问题接触,并且在某些情况下在国际学术界引起辩论。比如,多布1946年出版的《关于资本主义发展的研究》所引发的关于从封建主义向资本主义过渡问题的讨论,运用马克思主

---

① But see the comments of Hilton regarding the cool reception of Maurice Dobb's *Studies in the Development of Capitalism* (1946), R. H. Hilton, "Introduction", *The Transition from Feudalism to Capitalism*, London, Verso, 1976, p. 10.

② E. Hobsbawm, "What Do Historians Owe to Karl Marx?", in idem, *On History*, London, Weidenfeld and Nicolson, 1997, p. 156.

义的正统理论,考察历史阶段之间的发展进程。这些阶段被它们各自占主导地位的生产方式所界定。为了回应多布关于封建主义的崩溃可以用其内部矛盾来解释的主张,意大利、法国、英国和美国的历史学家,包括马克思主义者和非马克思主义者,参加了这场具有浓厚理论色彩的辩论。

20年后,美国马克思主义者罗伯特·布伦纳进一步发起冲击,他也将注意力集中于诠释欧洲封建社会后期和资本主义初期的长时段变化,催生了类似的激烈辩论。这场辩论再次引起国际马克思主义和非马克思主义的历史学家的兴趣。① 但是,到布伦纳辩论时,马克思主义已经在西方历史编撰学中引起了另一种变化,即强调阶级形成中的经历,布伦纳的著作提供了"自下而上的历史"的范例。社会主义—人道主义的方法从20世纪60年代中后期开始影响许多研究,该方法的起源与E. P.汤普森的关系最密切。②

正如我们将会看到的那样,由于存在过多问题,马克思主义历史编撰学的这种活力没有能够延续到21世纪。从20世纪80年代起,激进化的历史学议程的指挥棒已经传递给新一代社会历史学家、女性主义历史学家、性别问题历史学家以及文化历史学家。然而,认为这些新情况与早期马克思主义历史学家的著作相悖是不恰当的。在西方,马克思主义历史编撰学第一波浪潮之后,新一代历史学家在此类著作中看到了需要回应和修正的东西。正如司各特和克拉克那样,他们突出马克思主义历史学著作中对性别问题的有限意识,其中也包括主张"自下而上的历史"的历史学家的著作。③ 这种情况无疑是存在的。然而,同样明显的是,那些主张研究男女劳动者状况的历史学家也作出了重要贡献。

如果我们要讲解马克思主义历史编撰学在20世纪左右走俏的过程,显

---

① R. H. Hilton, *The Transition from Feudalism to Capitalism*, London, Verso, 1976.
② T. H. Aston and C. H. E. Philpin(eds), *The Brenner Debate: Agrarian Class Structure and Economic Development in Pre-Industrial Europe*, Cambridge, Cambridge University Press, 1985. On "history from below", see, for instance, the discussion by Jim Sharpe, "History from Below", in P. Burke(ed.) *New Perspectives on Historical Writing*, Cambridge, Polity, 1991.
③ J. W. Scott, *Gender and the Politics of History*, New York, Columbia University Press, 1988; A. Clark, *The Struggle for the Breeches: Gender and the Making of the British Working Class*, Berkeley, University of California Press, 1995. See also T. Koditschek, "The Gendering of the British Working Class", *Gender and History*, 1997, vol. 9.

然辨别不出其中单独的或主要的推动力,尤其因为实际上确认单独的"马克思主义的"历史编撰学是不可能的。然而,以下两点也是显而易见的。至少我们需要对资本主义西方的马克思主义历史编撰学和东欧共产主义集团的马克思主义历史编撰学加以区别。我们也许还想要区别两类历史学家:一类是促进正统马克思主义的、将生产方式置于中心地位的历史学家;另一类是社会主义—人道主义历史学家,他们的著作避免过于贴近马克思主义的宏大理论,而是聚焦于阶级斗争的特定细节。

拉斐尔·塞缪尔关于英国马克思主义传统兴起的论述,突出了有助于其产生的多个相互补充的和相互抵触的因素。它们包括历史辩证法的知识根源、与非马克思主义者和较早时期历史学家的接触(这些人尽管不是马克思主义者,但认同马克思主义者后来提出的历史问题或开拓的研究领域)、不遵从国教的新教传统、政治行动主义的传统和激进无神论的传统。首先,20世纪的政治沧桑显然在马克思主义历史编撰学的发展中发挥了不亚于在历史学科其他分支发展中的作用。在回顾英国马克思主义历史学家早期活动出现时,霍布斯鲍姆曾经思忖:"倘若没有在年轻时经历过战争、革命和萧条以及法西斯主义和反法西斯主义,我们作为知识分子会身处何地、成为什么样的人呢?"[①]当然,第二次世界大战前后数十年,人们对共产主义以及共产主义国家政权的作用的看法发生了显著变化。与这些事态发展相关联,政治风尚也发生了变化,马克思主义历史编撰学兴起后即便没有消亡,也在走向衰落。

对于在西方的马克思主义历史学家而言,早期与政治的遭遇是通过家庭实现的。20世纪头数十年出生的英国马克思主义者几乎都有这样的家庭背景特征,即一种激进自由主义的传统,它往往因与社会主流意识形态不合而逐渐形成。还有的是通过大学,尤其是20世纪30年代的牛津大学,一个政治化的学生组织在那儿目睹了大萧条和法西斯主义的兴起。作为共产主义政治转向的产物,他们还经历了人民阵线思潮。正如不止一个评论家所指出的那样,该思潮在历史编撰学中影响了其自身的发展:尤其引人注目的

---

① E. Hobsbawm, "The Historians' Group of the Communist Party", in M. Cornforth (ed.) *Rebels and their Cases. Essays in Honour of A. L. Morton*, London, Lawrence and Wishart, 1978, p.26.

是,它将普通男女的历史与"不懈努力追求解放"联系起来。① 在西方,赞成马克思和马克思主义的历史学家很可能是活跃的共产党员。他们的政治交往制约了他们的历史研究。人民阵线运动时期,欧洲各地的共产党试图确保与非马克思主义的社会主义者结盟,在议会民主制国家支持民族主义,探寻民族民主传统,并使他们的历史学家撰写那种方法更加完善的历史。克里斯托弗·希尔终身从事"英国革命"研究,该研究通过剖析激进主义组成部分得以延续,可以追溯到人民阵线思潮所造就的氛围。在其他第二次世界大战期间及前后进入史学界的共产党员的著作中,类似灵感也很明显。②

如果说共产党是一个制约因素,它也可能为英国马克思主义历史学家的工作提供动力,尤其是1949—1956年通过共产党历史学家小组的集体活动。在此期间,该小组刚刚成立,其贡献是开创性的。作为对早期英国马克思主义者和非马克思主义者的著作的反应,共产党内的历史学家,在包括莫里斯·多布和唐纳·托尔在内的第一代历史学家的影响下,被动员起来研究历史次阶段背景下的马克思主义辩证法。罗德尼·希尔顿(1916—2002)就是受此综合影响的一个明显例子。他出生于一个政治上活跃的社会主义者家庭,在曼彻斯特文法学校和牛津大学接受教育。1935—1939年,他在牛津大学学习历史,专攻中世纪问题。在牛津大学期间,他还加入了共产党,而且是其历史学家小组的积极分子。

除了家庭、教育和党员身份的作用,战争和冷战政治的经历也极大地影响了东方和西方的马克思主义历史学家。许多马克思主义历史学家在第二次世界大战中亲身参加了反法西斯主义的斗争。E. P. 汤普森(1924—1993),是《英国工人阶级的形成》一书的作者,出生于一个自由主义者的家庭,毕业于剑桥大学,1930年代后期加入共产党,曾在于意大利和法国作战

---

① R. Samuel, "British Marxist Historians I", *New Left Review*, 1980, vol. 120, pp. 41 – 2.
② G. Eley, *Forging Democracy. The History of the Left in Europe*, 1850 – 2000, Oxford, Oxford University Press, 2002, p. 266, where he notes that Popular Frontism prompted, in Britain, work on Chartism and the Levellers'. See also Samuel, "British Marxist Historians I", p. 41, C. Hill, *The English Revolution*, London, Lawrence and Wishart, 1940; idem, "From Lollards to Levellers", in Cornforth(ed.) *Rebels and their Causes*. Note also, for example, R. H. Hilton, "Peasant Movements in Medieval England", *Economic History Review*, 1949, 2nd series, vol. 2.

的英军中服役。此后,他作为志愿者在南斯拉夫和保加利亚待过一段时期,帮助这两个国家重建。人们不由产生联想,汤普森的战时经历也许在共同的挫折、胜利和恐怖之中激发了一种平等感,这种情感一直贯穿于他后来为没有话语权的人仗义执言的活动中。① 战后一系列事件——共产主义实验在东方的失败、1956 年匈牙利起义和 1968 年苏联入侵捷克斯洛伐克——使他产生了怀疑。一些马克思主义者,包括希尔顿和汤普森,退出了英国共产党及其历史学家小组,并重新考虑其对正统的马克思列宁主义理论模式的运用。美国也经历了西方其他地方经历的政治进程,虽然强度相形见绌,也对马克思主义历史编撰学造成了相当大的冲击。例如,埃里克·方纳曾经写道,共产党领导的对南北战争前奴隶制性质的活跃研究,受到国家政权咄咄逼人的反共姿态的挑战,但并未被挫败。方纳的父亲和叔叔,两人都是纽约城市学院的历史学家,在 20 世纪 40 年代早期都因其共产党员身份而被拒绝给予讲师职位。②20 世纪五六十年代政治风向的变化,同样使随后的史学界与正统共产主义意识形态保持距离。这种倾向自 1989 年及东欧共产主义失败后加快了。

吊诡的是,这种"疏离"也在不同的关键时期促进了同马克思主义的另一种"接触"。"自下而上的历史"既反对秉承社会民主主义传统的主流历史学家的粗俗的经济马克思主义,也反对以几乎是排他性地强调党作为革命胜利的唯一保证者为特征的共产主义历史编撰学。例如,希尔顿对 1381 年农民起义的论述,就试图将前工业社会的农民,尤其是中世纪社会的农民,置于与现代工业无产阶级同等的地位,将其视为社会运动的必要基础。希尔顿为此深度考察了 1381 年起义的社会结构,包括对起义参加者的详细的传记分析。这是一种旨在表明运动的阶级基础以及阶级为改善自己的条件而进行集体奋斗的方法。③ 更强调与过去社会的接触——描述工人、奴隶和农民起义者的生活的愿望——在相当大的程度上是马克思主义知识分子对

---

① Samuel, "British Marxist Historians I", London, Lawrence and Wishart, 1940, p. 27.
② E. Foner, *Who Owns History? Rethinking the Past in a Changing World*, New York, Hill and Wang, 2002, pp. 4, 6. See also above, pp. 112–13(Chapter7).
③ R. H. Hilton, *Bond Men Made Free. Medieval Peasant Movements and the English Rising of 1381*, London and New York, Methuen, 1973; for a modernist's example of the same approach, see E. Acton, *Rethinking the Russian Revolution*, London, Edward Arnold, 1990.

20世纪50年代的共产主义试验和20世纪60年代新左派影响增加的不安和失望的结果。① 此外,从20世纪60年代后期到七八十年代,其他新的有影响力的"社会—政治运动"的兴起,尤其是妇女运动与和平运动在西方的蓬勃发展,也导致了史学界与共产主义意识形态的疏离。

先前几代马克思主义历史学家的著作受政治纪律的影响远甚于此。在西方,共产党内的马克思主义历史学家在某种程度上受党的期望的制约。例如,霍布斯鲍姆曾经写道,共产党历史学家小组的成员在20世纪40年代后期着手准备为工会读者和成人教育编撰关于英国工人运动的丛书。② 最终,党的领导层的意图与党内历史学家的想法之间存在难以克服的紧张关系,"因为",正如霍布斯鲍姆所言,"斯大林问题本身就是一个历史问题"。③ 1956年,当历史学家的职业良心和对工人阶级的同情与对党的忠诚的要求发生冲突的时候,结果是共产党的历史学家小组成员大批退出。

在东方集团,党和国家的政治对历史学家提出的要求要大得多。1931年,斯大林对关于布尔什维主义的历史的一场争论进行干预,使未来共产党统治下的俄国历史编撰学的主题具体化了。④ 其实,革命后10年中,当老一辈俄国历史学家被用来为马克思列宁主义的理论模式提供历史基础时,那些主题已经显现。在斯大林的统治下,这种旧的和新的历史主义的协作被摒弃,那些代表资产阶级历史编撰学的历史学家也被清洗。伊格尔斯认为,尽管人们设想马克思列宁主义独裁国家内部存在统一的指导思想,规避和思想独立的空间受到的限制并不一定像最初想象的那样严格。⑤ 然而,20世纪30年代,在斯大林统治下,甚至那些率先严格按照马克思主义叙述俄国历

---

① See for instance, R. Johnson, "Edward Thompson, Eugene Genovese, and Socialist – humanist History", *History Workshop Journal*, 1978, vol. 6.

② E. Hobsbawm, "The Historians' Group of the Communist Party", in M. Cornforth(ed.) *Rebels and their Cases. Essays in Honour of A. L. Morton*, London, Lawrence and Wishart, 1978, pp. 28 – 9.

③ E. Hobsbawm, "The Historians' Group of the Communist Party", in M. Cornforth(ed.) *Rebels and their Cases. Essays in Honour of A. L. Morton*, London, Lawrence and Wishart, 1978, p. 41.

④ E. Breisach, *Historiography. Ancient, Medieval and Modern*, Chicago, University of Chicago Press, 1983, p. 351.

⑤ G. G. Iggers, *Historiography in the Twentieth Century:From Scientific Objectivity to the Postmodern Challenge*, London, Wesleyan University Press, 1997, p. 83.

史的史学家也容易遭受批判,这确有其事。波克罗夫斯基于1920年运用正统马克思主义的唯物主义撰写了《俄国简史》,是革命后初期学术界的一个关键人物。但是,到20世纪30年代初期,他的马克思主义被迫为让位于斯大林主义,正如无产阶级主义的范式被经济决定论的范式所取代一样。①

1945年,为了解释纳粹主义的兴起和颂扬德国历史中的积极方面,包括民主和革命的丰富遗产,德国共产党领导层用几乎同样的方式开始实施一项重新诠释历史的纲领性计划。为了促进这方面的教育工作,党和国家还在柏林成立研究机构,并召集一批历史学家,准备用马克思列宁主义的理论撰写德国史和劳工史的概览。那时,随着一党专政逐渐确立,东德被斯大林化,"德国社会主义道路"受到批判,学术界也进行了清洗,非马克思主义者被马克思列宁主义历史学家所取代,其中一些人为掌握必要的技能只接受了仓促的培训。此外,社会统一党,即德国共产党的继承者,为了指导历史学家更好地满足国家的需要,专门成立了历史学委员会(Council for History)。②

尽管马克思主义历史学家采用的方法和承诺的任务是在各种层面的"政治"烈火中锻造的,马克思主义历史学家,颇像他们经常写作的对象那样,当然不只是一袋袋马铃薯,唯命是从,不能自行其是。他们的方法是集体主义的,有时是公开如此:项目的一部分要迎合若干互不关联议题的期望。他们的典型做法与其说是将马克思主义带入历史学,不如说是将他们的历史学带入马克思主义。马克思主义的理论著作提供了一种至关重要的诠释模型。与此种观念类似,在马克思主义历史学家中存在一种信念,即提出正确的问题和探讨合适的课题的历史叙述会有助于为他们的政治目的服务。③

---

① B. Williams, "Soviet Historians and the Rediscovery of the Soviet Past", in W. Lamont(ed.) *Historical Controversies and Historians*, London, UCL Press, 1998, pp. 227 – 8.

② A. Dorpalen, *German History in Marxist Perspective. The East German Approach*, London, Tauris, 1985, pp. 46 – 54.

③ Thus, for instance, Hobsbawm, "What Do Historians Owe to Karl Marx?", pp. 142 – 3, even by the modest standards of the human and social sciences, history was... an extremely, one might say a deliberately, backward discipline. Its contributions [sic] to the understanding of human society, past and present, was negligible and accidental. Since an understanding of society requires an understanding of history, alternative and more fruitful ways of exploring the human past had, sooner or later to be found.

到20世纪50年代初期,这些信念也延伸到与非马克思主义历史学家的接触中,两者之间的对话证明对于学科来说极具建设性。正如我们所指出的那样,在东方集团和西方,一些早期马克思主义历史学家的著作利用了当时和前辈非马克思主义历史学家的劳动成果。第二次世界大战后数十年间,马克思主义的传播也有赖于马克思主义和非马克思主义历史视角的交融。例如,《过去与现在》杂志由英国共产党历史小组的成员倡议于1952年创刊,但该杂志不是由这个小组出版的,其编辑委员会成员也不全是马克思主义者。《过去与现在》源于马克思主义和非马克思主义历史学家之间的接触,他们都试图超越传统主义的历史观和历史研究。尽管此项集体事业有助于引导下一辈历史学家确立研究课题和开拓能够吸引马克思主义和非马克思主义历史学家的潜在研究领域,它也引发了关于运用马克思主义理论的进一步讨论,而这实在是该项史学事业的性质之所在。

希尔顿在其《从封建主义向资本主义过渡》的导言中愤怒谴责了19世纪的史学传统。他用一种对其视为"权势集团"的史学方法感到持续失望的语气写道:

> 无论如何,自19世纪末以来,英国的学术传统偏好精确和细致的学术成果,倾向于堆砌经过考证的史料。对历史学家的训练不在于探讨能够解释重大历史发展的假设,更不在于试图洞察社会政治结构的"主要动力"的实质。[①]

如果我们允许将英国马克思主义作为马克思主义历史编撰学的范例,那么我们就不能不被其要求视野广阔的历史观的方式所触动,即使在处理历史研究的细节时也是如此。尽管存在某种差异,这种特征也反映在马克思主义传统在其他国家的事例中。其精髓在于重新陈述历史动因的形式和性质,明确否定先前的目的论。这种目的论,正如在本书中已经讨论过的那样,处于19世纪历史编撰学传统的核心。霍布斯鲍姆曾经欣喜地记述他如

---

① Hilton, "Introduction", *Transition from Feudalism to Capitalism*, London, Verso, 1976, p. 10.

何在 1950 年首次会见伟大的年鉴派历史学家费尔南·布罗代尔的情况。布罗代尔是一个真正的国际性人物,他想知道他的英国同事所谈论的纳米尔实际上是何许人也。对霍布斯鲍姆而言,这证实了马克思主义者所反对的"'旧式'政治—宪法史或口述史"已经靠边站,使用人物传记方法研究议会史的刘易斯·纳米尔教授就是其代表。① 取而代之的是另一种历史研究方法,它在理论上可能引起激烈反应,这取决于远离档案馆和阶梯教室的政治激情。尽管与政治风尚变化密切相关,削弱了马克思主义历史编撰学的持续贡献能力,但其坚持理论和自下而上研究历史的必要性意味着马克思主义历史编撰学的遗产仍然至关重要。

---

① Hobsbawm, "Historians' Group", p. 38. For Braudel, see also above, pp. 84 – 6.

晚近历史哲学中的进步观念

G.G.伊格尔斯 著／张文涛 译

过去几十年中,历史哲学的方法论与历史意义概念经历了深刻的危机。

自启蒙运动以来,两个普遍接受的假定成为历史思想的标志。其一,能够通过经验理性的方法来理解人类历史。其二,历史研究揭示了人类进步发展的连续性。近几十年,这两者正受到越来越多的质疑。

进步观念与经验理性的方法,这两个假定虽然逻辑上毫不相关,却在时间上有着相互关联的起源。毫无疑问,作为进步学说的一个基本要素,线性的历史观念起源于犹太教与基督教所共有的救世思想,这种思想与希腊循环学说形成鲜明对照,将整个人类历史看作是一个宏大的目的论戏剧。或许除在约阿希姆主义千禧年说的情况下,基督教历史观念很难被看作进步的哲学学说,因为其在世俗历史中排除了原罪人类的任何定性发展。历史中进步观念与经验理性的方法,只是随着17世纪西方知识世俗化与近代科学的兴起,才占据了主流地位。

不同的历史哲学尽管在界定进步的范畴、本质、结果及其产生的方式等方面各不相同,但一致认为,时段通常必然与定性的增长有关系,现代文明是能够用科学手段追溯到原始人状态的人类存在直接发展的最高点——尽管从来不是严格地进行的。从17世纪晚期古今之争起直到孔多塞为止的启蒙哲学家们认为,人的完美性主要在于本性知识化,其是意识知识化的结果,而不纯粹是固有的社会因果关系。现世的乌托邦所以可能,不在于是历史力量不可避免的结果,而在于理性个体有意识的工作,个体由于不断开化,能够将社会建筑于人的理性所揭示的自然法则基础之上。浪漫主义理论家在抛弃源自抽象原则的蓄意行动的效力时,除在少数极端情况之外,并未拒斥进步的社会变迁这一事实。柏克、赫尔德或萨维尼等人宁愿按照有机成长看待社会变迁,视之为固有因果的产物。智力不再被视为历史过程的主要动因,而仅仅被当成整个社会的一个方面。不过,即便历史研究的合适单位是特定社会而非人类总体,人类历史的连续性作为一个有意义的整体,其可能性也未必遭到抵制,如在黑格尔那里就是如此。

统治了19世纪历史哲学、同时也受到一些抵制的进步观念,其本质是浪漫主义运动观念与启蒙运动观念的结合。概言之,进步主义的理论家不限于哲学家或历史学家,包括神学家、社会科学家以及自然科学家,从孔德到马克思、丁尼生与斯宾塞,他们接受了浪漫主义运动的社会有机性观念与社会变化内在性观念,同时接受了启蒙运动对我们称之为经验理性方法的信心与终结观念的信心。结果,进步学说被当成科学。这种关于人类历史的一般观念,不仅是哲学家持有的理论,也不仅是流行的观念,而且是甚至连务实的历史学家都坚持的一种基本假定。这在显然非哲学的《剑桥近代史》导言中得到阐述,编者解释道:"我们必须假设人类事务的进步,将之作为撰写历史的科学前提。这种进步不可避免地指向某种结局。"[1]

即使在19世纪,人们也并非毫无异议地接受这些历史解释。雅各布·布克哈特指出了历史哲学的不可能性。历史的意义超出了人类知识范围。历史学家只知道相对,只能研究"周期的、持续的、典型的东西"[2]。

针对方法与认识论的批评与针对进步观念的批评紧密相连。布克哈特、狄尔泰与克罗齐都指出,历史不是一门科学。因此科学方法并不充分。布克哈特在阐释一个时代的精神时,采用了艺术形式。狄尔泰将"如实直书"与自然科学加以区别,认为前者处理结局与价值问题,并充当自身的功能性理解,后者目的仅仅是描述与概念化。理解不可避免地卷入主观因素。这种对知识非理性来源的强调,在尼采与柏格森那里也可见到,成为欧洲20世纪早期相当大一部分知识分子的共同特性。

正是在这种知识氛围下,循环主义理论家们开始写作。我们这里不是

---

[1] *Cambridge Modern History* (New York, 1902), I, 4.
[2] Jacob Burckhardt, *Force and Freedom: Reflections on History*, trans. James H. Nichols (New York, 1943), p. 81.

指一种运动,而是指除丹尼列夫斯基与布鲁克·亚当斯外,过去40年中的一群作者。撇开彼此之间的巨大差异,使他们成为一体的是,他们努力超越对进步观念与科学历史学的批评,试图按照重复性法则而不是线性增长法则来对历史作出新的解释。奥斯瓦尔德·斯宾格勒与阿诺德·汤因比是他们中的佼佼者,当然还可以提到已故的19世纪亲斯拉夫主义者尼古拉·丹尼列夫斯基、彼第里穆A.索罗金、尼科莱·别尔嘉耶夫以及桑巴特。

在本文短短几页纸内,任何调查和分析的努力都显得肤浅。我们要做的是指出他们基本概念上显而易见的共性,并指明某些可能的问题。

即使他们不否认建构系统历史哲学存在可能性,以上作者的第一个共同的假定,是认为经验理性的方法在历史研究中不适用或不精确。这种反理性主义最为激进的形式,出现在斯宾格勒与别尔嘉耶夫那里。历史不容易服从于理性调查,尤其不容易服从于自然科学法则。在斯宾格勒看来,历史学家"贯彻因果客观联系"的传统努力没有意义,因为历史中发生的不是因果必要性,这是"理解与被理解的逻辑",历史中只有命运,即"所有存在物有机的……启发性的梦中真实(dream-sure)逻辑"。一切精确的知识都没有意义。在最终分析中,世界历史是"一个无所不包的象征"。作为历史研究的客体,历史的"内在形式与逻辑"有一个深于意识层面的最终意义,其只能通过符号获得解释。[1] 根本不存在客观有效的科学,所有知识,甚至数学,都是由特定文化的主要符号决定的。[2] 别尔嘉耶夫同样认为,"历史不是经验的数据库",而是一个"迷思"。只有通过"与历史客体间建立内在深邃的神秘联系",历史理解才成为可能。[3] 丹尼列夫斯基[4]、索罗金、汤因比不那么激进,他们相信历史中科学方法的可能性,虽然只有汤因比在《历史研究》前六卷中,认为突出的经验性方法是可能的[5]——这是他在后四卷中又加以抨击

---

[1] Oswakd Spengler, *The Decline of the West*, (New York, 1926 - 1928), Ⅰ, 7, 117, 121, 163, 378.
[2] 斯宾格勒坚持每种文化都有自己的科学,所有科学都预设了一个宗教的世界图景,不存在数学的数字,有几种数字世界,就有几种文化,就有几种数学。科学史的术语是个矛盾。
[3] Nicolas Berdyaev, *The Meaning of History*, trans. George Reavey (London, 1936), pp. 21. 22.
[4] N. J. Danilevsky, *Russland und Europa*. trans. Karl Notzel (Stuttgart, 1920), pp. 41 ff. , 87.
[5] Cf. Arnold Toynbee, *A Study of History* (London: 1934 - 54), Ⅰ, 441 ff.

的立场。索罗金表达了对其他循环主义理论家的赞同之意,承认"a,十九世纪流行的纯粹感官经验的与理性实证的认识方法有巨大局限;b,直觉在认识与创新中有极为重要的作用……"①

第二个共识是拒绝线性的进步。布克哈特早就抵制把"世界历史描述为一个理性过程"的可能性。我们的作者也拒斥把历史看作理性过程的观点。但与布克哈特不同的是,布克哈特避免系统化并否认有意义的历史哲学存在可能性,他们则用许多这类过程取而代之。

按照丹尼列夫斯基的说法,近代历史学家未能理解欧洲文明并不等同于一种不存在的、普遍的人类文明,而仅仅是一种文明或"文化历史形态",不能将其基本原则传递给任何其他文明。② 因此,将人类历史按照远古、中世纪、近代来划分阶段没有意义。斯宾格勒写道,"由于这种简单的直线进步式框架,我们不能理解西欧这块土地上,从日耳曼罗马帝国时期以来的历史在更高人类普遍史中的真正地位"。需要有一种将我们文明看作许多文明之一的"哥白尼式"的观点。事实上,"人类"这个术语没有历史意义。它仅仅是"动物学的表达,或者说一个空洞的词汇"。为了取代"线性历史的空洞臆造",斯宾格勒将历史看作"是一系列强大文化构成的戏剧,每一种都带有其土壤的原始力量,在整个生命周期中都受到其约束;每一种都用自己的图像在其物质上留下烙印;每一种都有自己的热情、自己的生命、意志与感觉,自己的死亡"。与之相比,"职业历史学家……将历史看作是一个绦虫,勤奋地将一个时代接另一个时代进行累加"③。按照索罗金的理解,"历史研究的单位是一种巨大的文化实体,或文化体系,或文明,其像一个真实的实体那样存在与运行"④。对汤因比而言,他在《历史研究》前六卷中写道,"历史研究能被理解的单元既不是民族国家,也不是……整体的人类,而是一种特定的人群,我们可以称之为社会"⑤,是一个能被"孤立"地进行研究的"能

---

① Pitirim A. Sorokin, *Social Philosophies of an Age of Crisis* (Boston, 1950), p. 309.
② Danilevsky, *Russland und Europa*. trans. Karl Notzel (Stuttgart, 1920), pp. 35 ff.
③ Oswakd Spengler, *The Decline of the West*, (New York, 1926 – 1928), I, 16, 18, 25, 21, 22.
④ Pitirim A. Sorokin, *Social Philosophies of an Age of Crisis* (Boston, 1950), p. 275.
⑤ Toynbee, *A Study of History*, Abridgement of Volumens I-VI by D. C. Somervell (New York, 1947), p. 11. Cf. unbridged edition, I, 44 – 45.

被理解的领域"①。

意味深长的是,除去将文化理解为整体的与可清晰界定的单位,我们的作者在对文明数量的理解以及对各个文化的描绘方面,并不相同。② 亲斯拉夫的丹尼列夫斯基列举出 10 种创造性的文明。③（他认为俄国与西方的对抗根源,在于俄国在欧洲的或日耳曼罗马式的文明中没有身份。）而斯宾格勒提到 8 种文化,包括欧洲的或浮士德的文化④,如同丹尼列夫斯基⑤与桑巴特⑥提到俄国出现的可能性一样。汤因比辨识出 26 种文明,包括 5 种已经凝固,10 种还活着的文明——有东正教的俄国支流、伊斯兰、印度、远东社会——除西方文明外,其他文明早已全部垮掉。⑦ 索罗金独自承认西方文明从远古以来的连续性,但区分了 3 种社会文化形态——观念的文化、理想主义的文化与知觉的文化——它们周期性地统治西方文明,尽管或许有一些不相关的价值与传统同时存在。桑巴特区分出 4 种有节奏地相随的文化形态:一种是和谐的,如我们的中世纪;一种是普罗米修斯般英雄式的,如 16 世纪以来日耳曼罗马从属的西方;一种是苦行僧式的;一种是救世主约翰式的。每一种都经历一个或多或少被严格界定的周期。对丹尼列夫斯基与斯宾格勒而言,文化的生命周期严格地遵从生长与衰亡模式,类似于有机物。索罗金虽然不反对周期观念,但反对生物学的类比。汤因比批评斯宾格勒

---

① Toynbee, *A Study of History*, Abridgement of Volumens I-V by D. C. Somervell (New York, 1947), 340.
② Pitirim A. Sorokin, *Social Philosophies of an Age of Crisis* (Boston, 1950), p. 214.
③ 丹尼列夫斯基的 10 种文明是:(1)埃及文明;(2)中国文明;(3)亚述—巴比伦—菲尼基文明;(4)印度文明;(5)伊朗文明;(6)希伯来文明;(7)希腊文明;(8)罗马文明;(9)新闪米特文明;(10)日耳曼罗马或欧洲文明。
④ 斯宾格勒的八种文化是:印度文明,巴比伦文明,中国文明,埃及文明,阿拉伯或古波斯文明,墨西哥文明,古典或阿波罗神的文明,西方或浮士德文明。
⑤ Danilevsky, *Russland und Europa*. trans. Karl Notzel (Stuttgart, 1920), p. 278 ff.
⑥ Walter schubart, *Russia and Western Man*, trans. Amethe von Zeppelin (New York, 1950), p. 36 and passim.
⑦ 21 种文明是:埃及文明,安第斯文明,中国文明,克里特文明,苏美尔文明,玛雅文明,尤卡坦文明,墨西哥文明,希提文明,叙利亚文明,巴比伦文明,伊朗文明,阿拉伯文明,远东大陆文明,远东日本支流文明,印第安文明,印度文明,希腊文明,正教大陆文明,正教俄罗斯支流文明,西方文明。五种停滞的文明是:爱斯基摩文明,土耳其文明,游牧文明,斯巴达文明,波利尼西亚文明以及三种流产的文明。

的模式是"不能使人获得教益的教条主义与决定论"。"照斯宾格勒看来,文明的发生、发展、衰落与沉没不变地服从一个既定的时间表,没有任何理由。"① 而且,文明的形成与成长是由于少数有创造性的杰出人物对连续性挑战的成功应对,文明的倒塌则是对新的挑战应对失败的结果。倒塌在文明史中早就开始了,例如希腊化或希腊—罗马化世界中的公元前431年,我们的情况或许是16世纪的宗教战争。倒塌比成长更遵循标准化的模式。

最后,这些作者都相信近代文明面临着危急状况——这是一种对所有人而言都具有反理性反民主含义的危机。后文艺复兴世界人文主义——人道主义的、经验主义的、个人主义的传统正在接近尾声,它将被一个以信任、阶层与社会团结为特征的新时代所继任。丹尼列夫斯基认为,"精确的尤其是实用的应用科学"优势表明了欧洲文化迟暮的、已过秋季的特性,其领导地位将很快落在东正教的俄国手中,"民族的俄罗斯元素"拥有"较个人、个体更为巨大的优势"。② 斯宾格勒认为,城市的知识与金钱是凌驾于乡村之上、凌驾于贵族与僧侣所代表的基本力量之上的霸权,城市的兴起标志着文化的衰落,并在19世纪导致了文明的出现,这是以大都市、知识分子与重商主义为表征的"文化宿命"。人们开始不再讨厌货币经济,就预示着"血统权力"反抗都市理性主义时代的降临。恺撒主义击败了民主与货币经济学。"当文明开始缓慢地不易觉察地进入非历史阶段,时间划分不再意味着任何东西",出现了另一种"虔敬"。③ 汤因比看到,西方社会"麻烦的时代"紧随着其他文明的模式:首先,改革后的宗教战争预示着最初的衰败;随后是以18世纪启蒙运动"可忍受的原则"为标志的暂时喧嚣,这是一种基于"幻灭、忧惧、玩世不恭"之上的负面原则④;而且,自法国大革命的再次衰败以来,民族主义战争被民主与工业主义抬升到前所未有的残暴高度。留给自己的是,我们的社会必须期盼"麻烦的时代"在20世纪的普遍国家中终结,这是

---

① Toynbee, *Civilization on Trial* (New York, 1948), p. 10.

② Danilevsky, *Russland und Europa*. trans. Karl Notzel (Stuttgart,1920), pp. 98, 129.

③ Oswakd Spengler, *The Decline of the West*, (New York,1926-1928). II,327 ff; I,31; II,464, 465; I, 108, 409; II,310, 435.

④ Toynbee, *A Study of History*, Abridgement of Volumens I-V by D. C. Somervell (New York, 1947), VI, 317.

社会自我摧毁性一击的结果,将无法从中恢复。"如果我们……带着一颗破碎的心在悔悟中请求",只有上帝才会恩赐给我们社会一个缓刑令。① 别尔嘉耶夫认为(他接受了斯宾格勒"文明"的概念,将之视为文化的老迈状态),我们的世纪标志着正从衰亡的人道主义—世俗化阶段向新的中世纪转变。桑巴特认为,英雄的普罗米修斯式的或后文艺复兴的文化,正在迈向命运的终点。索罗金认为,我们似乎在两个时代的中间:正在死去的知觉文化与正在到来的观念文化,前者在过去 500 年一直统治着西方文化,后者的例证是基督教的中世纪。

一种很强的反人道主义的与专制的调子出现了。桑巴特看到了理性、药物与普遍福利的失败。斯宾格勒谴责指向福利、自由、人道理想的"琐碎肤浅的趋势",谴责"为了最大多数人最大限度幸福"的学说,从战争中看到了"一切活着之物的主要政见"。别尔嘉耶夫在国际主义中看到了"对普救说的可鄙嘲讽",像斯宾格勒②一样将自由主义、议会主义与宪政主义看作是历史的反动。索罗金温和地看到了内在观念自由取代了知觉自由,"主要兴趣在于对社会的、经济的与政治的处境进行外部重建——目的在于保证言论、出版与思想的自由",很少对"政治的与公民的权利感兴趣"③。汤因比对待民主的态度也很难说是积极的。④

《历史研究》前六卷(研究文明的起源、生长与衰落)与后四卷之间的主

---

① 汤因比充满希望地认为,西方社会如果能通过建立世界政府的宪政的、合作的体系,寻找在自由企业与社会主义之间的折中,更为重要的是将世俗上层建筑长期放回宗教基础之上,就能成功地应对内部战争、内部与非西方的社会不公以及世俗化的挑战,西方社会就能得救。
② 在《西方的没落》中,斯宾格勒将民主看成是金钱统治文明的现象,认为民主将不可避免地导向恺撒主义。议会主义在全面腐烂中,在二十世纪将成为"空洞的虚饰"。《西方的没落》潜藏的政治主题是含蓄地反民主。文化衰落历史的标志就是政治权力从乡村最好的阶层、贵族与僧侣手中转移到金钱与知识的新贵手中。非阶层对政治事务的干预,如法国大革命,标志着文化向文明的转变。
③ The Crisis , PP. 173 ff; see chap. 5, "The Crisis of Contractual Family, Government, Economic Orgnization, Liberty, and International Relations", ibid. ,pp. 167 ff.
④ 虽然汤因比在早期的一卷中指出,工业时代的民主加剧了战争与民族主义的兴起,但他认为民主的实质是"一种友爱精神,其不知道约束,只知生命本身的爱",尤其是"人道主义的"与"普世的",而不是"战争的"与"狭隘的"。当这个有效的精神动力转向一个狭隘国家的体制时,民主变成了一种"恶意的监督"力量,因而堕落进民族主义中去。

要原则存在显著差别。后四卷是在8年之后的1954年出版,汤因比在此讨论了文明瓦解的方方面面,如普遍国家、教会、不同文明之间的联系。我们在后四卷可以看到,汤因比除受到深度心理学的冲击外,他与新正统运动的新教神学家的亲密关系,与其说在其调和的神学中,不如说在他的方法观念与进步观念中。与循环主义理论家一样,神学家巴特、布鲁纳、尼布尔与蒂利希都拒绝将简单的理性当作解读历史意义的钥匙。① 尽管只有别尔嘉耶夫接受循环主义思想②,他们也像循环主义理论家那样,拒绝"由进步获得的救赎观念",取而代之的是,他们用时间与永恒的二元观点来看待历史。③ 只有当历史被看作救赎史时,历史才有绝对意义。作为世俗历史的一个完整部分,邪恶或恶魔的存在,排除了有意义的总体进步的可能性,或者在历史自身中理解历史的可能性。能力与权力之间的张力不可能在世俗历史中得到克服。基督教的来世论盼望历史的终结,自然史的状况在终结中就被理想化了。

　　在后四卷中,汤因比从早期经验主义的立场急剧移开,这曾是循环论理论家中独一无二的立场。他仍然认同"调查的经验性方法,通常导致产生科学知识认可并确定的附加物",但汤因比坚持"近代西方科学没有给人增加任何关于人的知识"。"既然是潜意识而非智力才是人精神生活好坏的元件",这个领域的知识就必须通过直觉来获得。"自然法"的内在稳定性与持久性,使它们容易通向由人类集体智力实施的进步性探测过程。除自然法外,还有一个有效的"上帝法",它由精神的自由所激发。精神的自由正是自然必要性的对立面,其规避了具体的知识。说到进步,当自然法明显描述无

---

① Reinhold Niebuhr, *Faith and History*(New York,1949), pp. 49,58 - 59,140. cf. "The Problem of Historical Knowledge" in *The Self and the Dramas of History*(New York,1955), pp. 53 ff. ; Paul Tillich, *The Interpretation of History*, trans. N. A. Rasetzki and Elsa L. Talmey (New York, 1936), pp. 117 - 118, 143, 146 ff. idem, "Reinhold Niebuhr's Doctrine of Knowledge," in *Reinhold Niebuhr,His Religion, Social, and Political Thought*, ed. Charles W. Kegley and Robert W. Bretall (New York,1956), pp. 35 ff.

② Niebuhr, *Faith and History*, p. 1; Emil Brunner, *Chirstianity and Civilization*(New York 1949), pp. 36 - 37.

③ Karl Barth, *The Epistle to the Romans*, trans. Edwyn C. Hoskyns (London,1950), pp. 77 - 78. Niebuhr, *Faith and History* pp. 136 ff;.

意义的循环时,"上帝法揭示了个性智力与意志坚定追求的单一持续目标的规则性"①。原罪的影响没有为世俗人性留下任何道德进步的余地,文明不过是原罪薄薄的掩饰。不过,"就通过世俗生活为现阶段的灵魂增加精神机会而言,现实世界肯定存在着无尽进步的可能性"。因此,历史有着比文明兴衰更深刻的意义。汤因比承认,这还没有开始出现。他曾不加批评地断言,"获得他们自己的成就……目的是为羽翼丰满的更高信仰的诞生提供机会"。

本文对这几位作者的评价,必须限定在对某些关键词汇的检验上。科学方法无疑产生出比孔德、马克思与斯宾塞所认识到的更为有限的知识。对历史事件意义的理解尤其是时代精神的理解,需要采用非理性的认识形式,比如说移情。我们的作者所遇到的基本困难,不在于他们为之付出努力的目标,而在于他们试图在非科学的、直觉的基础之上建立科学体系——斯宾格勒与丹尼列夫斯基如此,汤因比同样如此。很难不做出这样的结论,在他们以忽略或误用经验的方式对世界历史的系统化解释中,循环主义理论家试图使他们对近代后文艺复兴世界人道主义价值与自由主义价值的拒斥合理化,这个时代对这些价值越来越没有把握。

历史不仅仅处理人类运动,还要处理价值与观念。正如克罗齐所指出,历史部分地是一种艺术形式,因此需要有比理性或经验观察更为广泛的认识基础。但我们的作者并不满足于研究上千种形式相对的真、善、美,如布克哈特那样。他们力图构建客观有效的体系,视之为严格的法则,如斯宾格勒那样。即使他们有时承认非经验因素的作用,如科学思维中的洞见,这一点也仍然需要加以证实。证实——比如针对生命周期观念——必须是可沟通的、可测试的。直觉作为证实手段,而非认识形式,需要被明确地表述——主观之间可理解的表述。

汤因比声称其体系是建立在科学基础之上,由此规避了这个问题。不过与此同时,汤因比与其他作者一样,忽略了社会学方法。在阐述一般规律

---

① Toynbee, *A Study of History* (New York, 1947), VII, 487, 490, 500; IX, 171, 172 (Cf. p. 395), 174.

时(如环境变得艰难但还不是过于严酷,其对文明的刺激越来越强),汤因比在案例中没有检查其他因素,这些因素或许刺激了社会,或许激发起如下好奇心:为什么其他在类似地理环境中的社会没有做出类似的反应?汤因比认为,硬地的马萨诸塞与普鲁士在文化上优于软地的狄克西与莱茵河地区。他忽略了经济的、宗教的、政治的、历史的以及其他多方面的因素,这些使得新英格兰社会不同于狄克西。在普鲁士案例中,他将政治的伟大与文化的创造性混同,忘记了莱茵文化在整个德国史中的伟大贡献。这样,由于"创造力的报应:短暂的自我偶像化"法则——即一度创造伟大的人们或社会不能逃脱成为过去囚徒的命运,汤因比在许多案例中用此解释北卡罗莱纳优于南卡罗莱纳与弗吉尼亚,忽略了社会学或经济学因素,最终导致未能解释人们如何将这些州想象成一个社会的整体。

循环主义理论家的第二个矛盾,在于尽管他们不喜欢19世纪的科学与社会学,但还是接受了许多科学的与社会学的假定。他们对进步观念的主要批评,不是基于对其与进步哲学逻辑或经验不一的检验上,而是基于拒绝进步的连续性以及人类和价值的统一性上——比如科学的态度、理性、人道主义、技术——这是进步观念理论家认为在历史中呈现出来的。事实上,循环主义理论家与进步观念哲学家都相信,历史服从于简单的法则,不过循环主义者用多线取代了单线发展。因此,对进步观念哲学家的逻辑批评同样适用于批评循环主义理论家。

我们的许多作者——丹尼列夫斯基、斯宾格勒、汤因比、桑巴特、亚当斯——从浪漫主义那里,更主要是从19世纪的社会学家那里,继承了他们关于社会或文明是封闭的、有意义体系的观念。倘若检查丹尼列夫斯基、斯宾格勒与汤因比所界定的文明,我们会发现,这些文明的空间疆域常常与语言群体、宗教或国家一致,只代表了总体文化的一定相位。既然西方文明从天主教教派到罗马天主教与正教中获得身份,波兰农民就与好莱坞公关经理属于同一种文明,在精神上与白俄罗斯农民所从属的文明很不一样。同样,由于时间限制,我们将看到,对斯宾格勒与汤因比而言,托马斯·阿奎那与尼采都是共同西方文明或浮士德文明的成员,而阿拉伯的亚里士多德学派属于袄教或伊斯兰文明。对汤因比而言,奥古斯丁属于希腊文明的晚期阶段。不过,比界定文明界限更为困难的问题是建立其统一性。索罗金指出(《危机时代的社会哲学》,循环主义理论家出版物中最好的概览),文明是有必然意义的体系,这个观念是丹尼列夫斯基、斯宾格勒、汤因比的"致命错误",也是他自己未能彻底逃脱的错误。而且,他们所区分的任何一种文明,除包含一堆没有联系的材料外,还包含着大量不同的系统,从最简单的系统到特定的超级系统。因此,在文明中有大量不同时间或空间界限的系统——如犹太教、德系犹太教、美系犹太教、改革派犹太教;口语、英语、英国文学、当代诗歌、这一代的美国诗歌等。这些系统或许可以编织进边界大小不等的大系统中去。在中西部农场主中,人们能发现以下体系同时存在:英语、新教主义、共和党、孤立主义、特定的大众口味等。我们是否仍然能够按照因果关系谈及这些体系,是很成问题的。

这样,我们就遇到了历史哲学是否可能的问题。如果像黑格尔或斯宾格勒那样,只是意味着将历史过程作为整体来进行有意义的解释,我们同意布克哈特的观点,按照目前人类能力与人性而言,历史哲学超出了人类的知识。与19世纪的理论家将变化归结为一种或几种因素(如种族、经济环境)相比较,我们要更清楚社会变化的高度复杂性。不过,以更有限定的方式对历史与历史哲学进行研究,不仅是可能的,也是重要的。如果从科学的立场出发接近历史,我们看到的不是人性的确定性,而是对人性更广泛的理解,不论如何折中与具有尝试性。历史作为一种艺术,哲学地靠近之,仍然能引导我们通向有启蒙性与启发性的真、善、美。

跨学科理论与方法

跨学科史学的回顾

T. C. R. 霍恩　哈里·里特　著／姜　南　译

I

用20世纪80年代的观点看,20世纪专业化历史研究最值得关注的事情之一,似乎是这样一种趋势:史学研究在范围上逐步变得越来越广泛,在观念和方法上更具实验性和折衷主义性质。变化已经发生了,看来可能还要继续发生。这些变化多以历史学家使用的概念和技能为基础,而这些概念和技能却是其他学科的学者们生产出来的。一般说来,这个趋势开始于从"社会科学",即社会学、经济学、政治学、心理学和人类学吸取新思想,然后转向统计学和数学。在较小的程度上,历史学家也转向"人文的"学科,如语言研究、诗歌、文学评论和哲学,去寻找新思想。在这篇文章中,我们将讨论这个运动的缘起、发展和现状的一些方面。

但是,首先必须承认,对于作为整个学术的一个分支的历史学的发展具有极其重要意义的这些变化,仅仅只是非常深刻地影响了少数历史学家的思想和成果。英国历史学家杰弗里·巴勒克拉夫说得对,"当下,抗拒变化的力量至少与促成变化的力量一样强大,甚至未来完全可能更加强大……今天出版的至少百分之九十的史学著作在方法、题材和概念上都是传统的"[①]。形容词"跨学科的"一词有时成为了一个时尚的词语;而在一些圈子

[①] Geoffrey Barraclough, "History" in Jacques Havet (ed.), Main Trends of Research in the Social and Human Sciences, Pt. 2, *Anthropological and Historical Sciences, Aesthetics and the Sciences of Art* (Paris, 1978), p. 435; see also C. Vann Woodward, "History and the Third Culture", *Journal of Contemporary History*, 3(1968): 23 – 4.

中又变成了过时的词汇,同 20 世纪 60 年代末和 70 年代初风靡了学术界的对创新的着迷相比,成为了落伍的文物。此外,在历史学科内有一群人,专注于历史学的"专业身份"①,在与科学领域和学术领域的其他学科,尤其是定量研究的学科交往时,坚决捍卫历史学的"自治性"。② 在很大程度上,20 世纪史学的历史就是两派斗争的历史。一派捍卫建基于 19 世纪的传统史学态度——19 世纪时,历史学家宣布他们已经从文学和思辨哲学中独立出来了。另一派是改革派。他们自觉地对历史学进行革命性改造。迄今为止,保守派——尽管并不像大多数极端分子那样顽固——在人数上仍然占有优势。

II

"跨学科史学"意味着运用除历史学之外的一个或多个学科的方式或概念的历史学学问。在"教学的一个门类;学问或知识的一个分支"意义上的"学科"一词,是一个很古老的英语词汇。《牛津英语词典》最早收录的"学科"一词,引自乔叟的《约曼故事》(1386 年)一书的序言。原文是:"当我不在的时候讲这个学科和这门精巧的科学。"这个术语来源于"disciple"一词(拉丁文是 disciplina),其含义是"给门徒或学者们的指导"。在 20 世纪学术界的词汇中,这个词一般是指大学课程中的专门授课和研究领域。③ "跨学科"一词出现于较晚近的年代。《牛津英语词典》定义"跨学科"是"属于两个或更多的学科门类;有贡献于或者得益于两个或更多的学科"。该词典认为此词最早出现在 1937 年发表的一篇社会学的文章中。④

---

① Woodward,"History and the Third Culture":27.
② E. g., Carl Bridenbaugh,"The Great Mutation", *The American Historical Review*, 68 (Jan. 1963):315-31; Jacques Barzun, *Clio and the Doctors* (Chicago,1974).
③ On the rise of the modern system of compartmentalization of knowledge in American universities, see Alexandra Oleson and John Voss, *The Organization of Knowledge in Modern America*, 1860-1920 (Baltimore, MD, 1979).
④ Suppl., vol. 2, 1976. See also H. Holzhey,"Interdisziplintr" in Joachim Ritter and Karlfried Grinder (eds.), *Historisches Worterbuch der Philosophie*, 4 (1976):476-7.

现在,"跨学科"一词已经成为每一个学科的普遍用词了。在经历了无数次的讨论后,它已经变得耳熟能详,常常被用来说明某些人们向往的事物,某些值得去教学和探究的事物。由于害怕学科专门化会严重地使那些在自己的学科里从事教学和研究的人的知识前景狭窄化,它已经变成了一个很热门的词。这个词代表了改变这个状况的一个号召,去抵制过分专业化的有害结果。可是,很明显,不那么专业化也不是一个可能的解决办法。因为从19世纪初开始就在不断地专业化。专业化现在已经在所有的学术领域给了我们很准确的知识。知识的增加依赖于越来越复杂的信息的不断累积,而这些信息又是越来越复杂的分析方法的结果。这一切都表明,跨学科的教学和研究不应该被理解成取代专业化的途径,而是一种新的专业化——集聚和整合不同学科的专业化。

美国培养的历史学家至少从20世纪50年代早期就开始使用"跨学科"这一术语了。① "跨学科史学"的表达方式在20世纪60年代就已经很流行了。而且随着1970年《跨学科史学杂志》的创刊(此前,在方法论上同该杂志有关的《社会与历史比较研究》杂志,已经在1958年创刊了),它正式得到了专业性的认同。但是,跨学科史学的概念先于这个术语的使用。回顾19世纪建立的历史学的传统治学模式,有助于理解跨学科史学这一概念的兴起和发展。

19世纪的史学研究,虽然允许出现如雅各布·布克哈特(Jacob Burckhardt)的名著《意大利文艺复兴文明》这样的例外,但是非常强烈地、严密地以政治为主导,注重制度演变、政治家们政治个性的作用和孤立事件的叙述。这种史学传统被世纪之交的法国学者保罗·拉孔布(Paul Lacombe)称之为"事件的历史"。这一情形被巧妙地反映在E. A. 弗里曼(E. A. Freeman)的著名看法中。他认为历史仅仅是"过去的政治"。尽管历史学家并没有完全忽略历史上社会结构和社会发展的非政治方面,比如文化事件、思想的历史等;但是,他们却倾向于"把它们至多也只是当作令人印象深刻

---

① E. g., David M. Potter, *People of Plenty: Economic Abundance and the American Character* (Chicago, 1954), p. xxvi.

的简单粗陋的'舞台背景'而已,在这个背景下,政治事件才是主角。"①把史学与描述政治事件等同起来的传统,当然是古老的。它起源于修昔底德(Thucydides)和波利比乌斯(Polybius)建立的史学理论模式;起源于希腊—罗马的这种观念:历史学的主要目的是为未来的政治家提供政治经验;起源于亚里士多德的《诗学》对史学的理解。根据这种理解,(同诗歌和哲学这些较高级的职业相比)史学只是处理特殊事情,而不是普遍真理。这个神圣的传统在19世纪早期被大力加强了。就在那个时候,史学把自己造就成了一个学术职业,而不再是贵族们用于闲暇消遣或者成为积极的或退隐的政治家的一种手段。这种学术性的史学职业,最早出现于德国和法国的大学和档案馆,它建立在对文字资料的仔细分析基础之上。像利奥波德·冯·兰克(Leopold von Ranke)和甫斯特尔·德·库朗日(Fustel de Coulanges)这样的史学"角色典范"们最容易得到的文字资料都是政治方面和外交方面的。这就自然地限制了他们写作的历史只能够是政治史。

此外,这些为后来英国和美国的史学职业化设置了标准的欧洲大陆的早期历史学家们都是官僚。其工作就是为他们的国家提供历史的系谱和民族英雄。所以他们的著作聚焦于政治和制度是不令人吃惊的。而追随在像兰克和福斯特尔这样的先驱身后的普通学者们,对他们新科学正在面临的认识论的问题并不感兴趣。他们致力于收集和组织事实,就一些精选的题目出版学术专著。让史学研究富有生气与活力的史学家们的执着、严谨和注重事实的经验主义精神,在1876年法国学者加布里埃尔·莫诺(Gabriel Monod)的话语里得到了很好的说明:

> 我们已经懂得了在条件不成熟时就进行归纳总结,以及宣称要建立一个涵盖一切和解释一切的先验体系的危险。我们感觉历史应该是一个慢条斯理的调查的过程,从个别到一般,从具体到整体地进行调查;在历史学那里,所有晦暗不明的事实点都被连续地说明,最终为了

---

① Barraclough, "History" in Jacques Havet (ed.) , *Main Trends of Research in the Social and Human Sciences*, Pt. 2, *Anthropological and Historical Sciences, Aesthetics and the Sciences of Art* (Paris, 1978): 283.

获得事物的全貌,并且把难于证明的普遍结论建立在大量确凿的事实基础之上。①

在19世纪晚期,一些德国哲学家如威廉·狄尔泰(Wilhelm Dilthey)、威廉·文德尔班德(Wilhelm Windelband)和海因里希·李凯尔特(Heinrich Rickert)提出了有关历史知识的新唯心主义理论。这些理论在一定程度上与那些反对理论的、主张"实干的"历史学家的看法相吻合。这种理论以"自然的"和"文化的"科学之间的根本区别为基础。② 根据温德尔班德和李凯尔特的经典构想,自然科学是"注重规律的",也就是关注物理自然界的一般法则的系统搜寻。而文化科学(尤其是历史)却是"注重单个事物的",也就是说,他们寻求在独特的、不可重复的历史环境下去理解已经发生的人类事务,而不是运用归纳和规则去理解。历史的终极任务是对过去的特定和独特事件、情景和个性的直觉的、具有移情作用的理解。因此,历史学被清楚地同自然科学区分开了。这种区分迎合了历史学家把历史学作为一个独特的、"自立的"学科的感觉。历史学仍然被认为是"科学",是一种与化学和物理不一样的科学。尽管把知识区分为"注重普遍规律的"和"注重单个事实的"两种形式的做法现在广受怀疑,但这种理论仍然在对今天许多历史学家的自我形象产生着影响。③

III

我们正是要在这种背景下来理解跨学科史学概念的兴起。在19世纪和20世纪之交,跨学科意识的关键表现,在德国是卡尔·兰普雷希特(Karl Lamprecht)(1856—1915)的研究工作;在法国是亨利·贝尔(Henri Berr)

---

① Cited in Henri Berr, "About Our Program" [1900], in Fritz Stern (ed.), *The Varieties of History* (New York, 1972), p.251.
② See H. P. Rickman, "Geisteswissenschaften", in *The Encyclopedia of Philosophy*, 3–4 (1967), pp.275–279.
③ 除了其他原因,严格说每一件事情是"独特的",不管它发生在"物理的"还是"人文的"领域。

(1863—1954)奠基的史学综合运动;在美国是詹姆斯·哈维·鲁滨逊(James Harvey Robinson)(1863—1936)领导的向"新史学"进军活动。在每一个例子中,我们都发现对以下这些正统史学定义的有意识的反对:历史学家基本上是对发生在过去的特定事件的叙述者;历史学是对孤立事件的调查,其调查的方法、目的和目标与自然科学的不同。每一个反对者都宣称历史学必须借用其他领域的思想,尤其是借用19世纪80年代和90年代定型的那些新的实验社会科学的思想。值得注意的是,世纪之交对跨学科研究的每个主张,尤其是贝尔的主张,都直接或间接地得益于"实证主义"的精神影响。实证主义与19世纪中期法国社会理论家奥古斯特·孔特(August Comte)特别有关。孔特和他的理论追随者(特别是英国的H.T.巴克尔)相信,历史可以,而且应该,被置于与自然科学一样的方法论基础上。孔特把自然科学理想化为可以通过对个别事实的观察和研究寻找到普遍法则。在19世纪晚期,孔特的哲学在历史学家和包括新唯心主义哲学家在内的其他学者中都广受怀疑,但是他关于所有知识的路径在本质上都是相同的信念却被保持下来,而且变成第一代跨学科史学家的基本假说。

卡尔·兰普雷希特是一个与众不同的、多产得让人惊讶的德国历史学家。他从1891年开始直到1915年去世都在莱比锡大学任教。兰普雷希特使用了"文化史"作为他研究历史的综合方法的一个标签。他的研究以传统的历史学、经济学、艺术史和心理学——尤其是威廉·冯特(Wilhelm Wundt)和西奥多·利普斯(Theodor Lipps)的心理学为基础。这个莱比锡学者属于那批19世纪晚期的知识分子。他们面对着不断发展的专业化,"感到需要将所有新知识和历史学家们的形形色色的研究兴趣系统化和综合化";他的基本问题是"怎样才能把人类的各种活动的历史纳入一个统一的范畴和知识结构之中呢?"[①]他把心理学看得尤其重要,把他的文化史定义为"对社会—心理发展因素的比较史"[②]。尽管心理学对历史学家是真正有用的,但

---

① Karl J. Weintraub, *Visions of Culture* (Chicago, 1966), pp. 162 – 163.
② Cited in Annie M. Popper, "Karl Gotthard Lamprecht (1856 – 1915)", in Bernadotte E. Schmitt (ed.), *Some Historians of Modern Europe: Essays in Historiography* (1942; repr. Port Washington, NY, 1966), p. 223.

是,他相信,必须把只关注个体心理的心理学转换成关注集体的"社会心理"的心理学。在1905年,他系统地阐述了他的定位原则:"现代历史科学首先是社会心理科学。"①兰普雷希特把这个原则同18世纪的"民族精神"概念(他把它重新命名为"民族心理")结合起来,使之成为他的研究的根本目标。他的巨著,21卷的《德意志史》(1891—1915)旨在追寻从古至今的德国集体心理的发展过程。他相信,就人类的心理发展写一部通史,并展示一个普遍的模式是完全有可能的;但是,当下的历史学家将不得不从研究单个民族的民族心理发展的历史开始。

兰普雷希特的非正统思想在一战前的德国历史学家中激起了猛烈的、常常不具有启发意义的"关于方法论的讨论"。人们怀疑这一思想是"折衷主义的无聊之言"。② 只是从20世纪60年代开始,西德新一代有意识地反对传统思想的历史学家们,才对兰普雷希特的理论重新产生了兴趣。但是,即使现在,他的方法甚至在本质上仍然被视为一个怪异的事物。现在大家普遍同意,就那个时代能提供给他的方法来说,兰普雷希特的视野实在是太疏阔了(比如,当时的社会心理学和统计学仍然在发展的幼年时期)。他的独创性的眼光过于宏大,他的概念模糊,并且建基于受时代局限、现在已经不可信的假设之上,他的著作没有仔细推敲事实的准确性就出版了。现在,人们认为,兰普雷希特感兴趣的心理学学说已经被颠覆了。甚至兰普雷希特追随使用了其许多思想的那个冯特(Wundt)都认为,"作为一个心理学家,(兰普雷希特)只是在他自己的道路上行走……他笃信的心理学并不是通过分析去解释精神现象之间的联系,而只是艺术家的直觉的心理学"③。

兰普雷希特在德国并没有留下持久的遗产,但是他的思想在美国影响很大,激励了在一战前夕盛行一时的所谓"新史学"。这个从大约1912年

---

① Cited in Hans-Josef Steinberg, "Karl Lamprecht", in Hans-Ulrich Wehler (ed.), *Deutsche Historiker* (Gtittingen, 1971), p.64.
② Cited in Hans-Josef Steinberg, "Karl Lamprecht", in Hans-Ulrich Wehler (ed.), *Deutsche Historiker* (Gtittingen, 1971), p.58.
③ Cited in Popper, "Karl Gotthard Lamprecht", in Bernadotte E. Schmitt(ed.), *Some Historians of Modern Europe: Essays in Historiography*(1942; repr. Port Washington, NY, 1966), p.236, n.43.

（詹姆斯·鲁滨逊出版《新史学》的时间）到20世纪30年代中期十分活跃的学说的关键特征是呼吁"与社会科学的热情结合"。① 用鲁滨逊典型的美国式术语表述的新史学最重要的主张是：

> 历史学取得进步和取得成效的机会依赖于它不把自己作为一个孤独的学科，不致力于保卫自己免受那些时不时会出现在史学领域的看似敌对的科学的侵犯……人类进行的学术研究和思考的学科边界本来就是暂时的、不确定的和变动的；而且，这种边界无可奈何地在互相交织……每一个所谓的科学或学科都总是依赖于其他科学和学科。它靠它们获得活力，有意无意地依赖它们而获得大部分进步的机会。②

这个新方法的另一位旗手，哈里·埃尔默·巴恩斯（Harry Elmer Barnes），致力于使历史学者与各种社会科学领域的发展并肩前进。③ 其他在不同时期与这个运动有联系的人是查尔斯·比尔德（Charles Beard）、詹姆斯 T. 肖特威尔（James T. Shotwell）、科尼尔斯·里德（Conyers Read）、弗里德里克 J. 特加特（Frederick J. Teggart）和克兰·布林顿（Crane Brinton）。对这些人来说，所谓"新史学"变成了战斗的呐喊，它运用一种"综合的"、为现实服务的、实用主义的方法去面对过去。这种方法同19世纪晚期那种"政治拜物教"史学思想之间经常发生极其尖锐的冲突。④

新史学对美国历史研究的影响比孤独的兰普雷希特的思想对德国史学理论的影响大得多。不过，事实是，作为革新者的标签，新史学在20世纪30年代中期就失去了热度，那时这个运动由于与现代主义、相对主义和"任意折衷主义"的联系而受到怀疑。⑤ 自从1945年起，对这一运动的许多评论就

---

① John Higham, *History* (Englewood Cliffs, NJ, 1965), p. 113.
② James Harvey Robinson, *The New History*: *Essays Illustrating the Modern Historical Outlook* (New York, 1912), p. 73.
③ E. g., Harry Elmer Barnes, *The New History and the Social Studies* (New York, 1925); H. E. Barnes and Howard and F. B. Becker, *Contemporary Social Theory* (New York, 1940).
④ E. g., Harry Elmer Barnes, *The New History and the Social Studies* (New York, 1925); p. 11.
⑤ Higham, *History*, p. 119.

带有批评和讽刺的口吻①,而且事实有可能是,新史学的成就更多地表现于发宣言和提口号方面,而不表现于生产反映实际思想的著作。不过,新史学毫无疑问地帮助人们重新定位了思想,并且为1945年以来那种更加宏观、在方法论上更加折衷主义的历史观铺平了道路。的确,当巴恩斯在他的《历史写作的历史》著作第二版(1962)中声称新史学的原则,尤其是跨学科的原则已经在事实上取得胜利了的时候,他并不完全是错的。

世纪之交跨学科史学理论的第三个高潮,在某些方面也是最重要的高潮,在哲学家和合作研究的热心倡导者亨利·贝尔领导下,出现在法国。贝尔1900年创办了《史学综合评论》。他把"史学综合"计划描述成"在社会科学家和历史学家之间的更大合作的基本诉求"②。他的方法的核心反映在他1900年的陈述中:"史学综合……意在……促使……不同的团队聚集在一起。每一个团队都执行其特有职能。凭借大家完成一个共同任务的更加清晰的意识,彼此间更好地互相协助。"③

贝尔的《综合评论》成为在各个领域——心理学、社会学、人类学、哲学和历史学——讨论新理论和新研究方法的国际论坛。社会学家埃米尔·涂尔干(Emile Durkheim)、哲学家本尼德托·克罗齐(Benedetto Croce)和前面提到的历史学家兰普雷希特都在上面发表过文章。贝尔用达尔文主义的观点反击那些说他的改革太野心勃勃的批评:

> 在现存的种子中,只有一小部分发展起来了。同样,在思想中,不可避免的选择过程发生了;一个方案要想内容足够地丰富,它就必须是内容过于丰富的。从《评论》的发展我们可以看到,什么是注定要繁盛的,什么是没有未来的。④

---

① E. g., David Gross, "The New History: A Note of Reappraisal", *History and Theory*, 13 (1974): 53–58.
② Martin Siegel, "Henri Berr's Revue de Synthèse Historique", *History and Theory*, 9 (1970): 332.
③ Henri Berr, "About Our Program", in Stern, *Varieties*, (New York, 1972) p.253.
④ Henri Berr, "About Our Program", in Stern, *Varieties*, (New York, 1972) p.250.

贝尔坚信,研究工作的组织和协调是一个关键的任务,像兰普雷希特一样,他对历史学和心理学的结合尤其有兴趣：

> 似乎(他写道)通过史学综合合并起来的这些不同的工作,必然最后都归于心理学。对社会的比较研究必然导致社会心理学,导致一种有关人类基本需求的知识——各种社会制度以及它们不断变化的形式就是对这些需求的回应。①

由《综合评论》激起的跨学科的势头帮助创造了一种氛围。在此氛围下,目前著名的法国史学理论"年鉴学派"起源了。由吕西安·费弗尔(Lucien Febvre)和马克·布洛克(Marc Bloch)(1929年《经济社会史年鉴》的共同创办人)领导的这个运动,建基于这样的一个观念：

> 历史学必须广泛地对其他学科——地理学、经济学、社会学和心理学——的成果和方法开放,而且同时必须抵御……把它自己分成很多"专业领域"(经济史、观念史等等),每一个专业领域都有其独特路径的诱惑。②

原来是贝尔圈子里的一个成员的费弗尔强调,"我们需要的是灵敏的、创新的、灵活的头脑,用来寻找盟友;当这些头脑遇到任何一个精神成果的时候,就问自己……'尽管这个成果不是为我而产生的,但是,我还能够利用它吗?'"③从20世纪30年代以来,年鉴学派就成为法国史学理论的前沿。的确,现在它实际上是居统治地位的正统流派。它的领导人"倡导这样一种历史观：历史学存在于所有人文学科和社会科学的密切结合之中,历史学家

---

① Henri Berr, "About Our Program", in Stern, *Varieties*, (New York, 1972) p. 253.
② Barraclough, "History" in Jacques Havet (ed.), Main Trends of Research in the Social and Human Sciences, Pt. 2, *Anthropological and Historical Sciences, Aesthetics and the Sciences of Art* (Paris, 1978): 264.
③ Lucien Febvre, "History and Psychology" [1938], in Peter Burke (ed.), *A New Kind of History: From the Writings of Lucien Febvre* (New York, 1973), pp. 10 – 11.

在其中的特殊贡献是《时间的感觉》这部著作"①。1947年,费弗尔被任命为法国高等研究院新组建的"第六部"的主席。该机构的目的是"促进经济学和社会科学领域最先进的研究和教学工作"②以及鼓励跨学科的团队工作——贝尔曾经以个人身份领导过这个工作。在费弗尔和他的继任者的指导下,"第六部"成为世界上特有的在跨学科理论方面、方法论创新【尤其在数量或"系列"分析、历史人口统计学和集体心理的历史研究(心理状态)等领域】方面、研究工作方面和出版成果方面最重要的中心。到20世纪60年代,年鉴学派的国际声誉——人们可能甚至会用"奥秘"一词来形容——已经发展到了这样的程度:它成了在西德、东欧、英国和美国倡导跨学科史学的灵感的主要来源。

IV

至少对于我们的话题来说,诸如兰普雷希特、鲁滨逊、贝尔,甚至布洛赫和费弗尔这样一些人物的重要性,主要在于逐渐创造了一种对跨学科探索的可能性进行开放的思想氛围。但是,尽管他们在理论上强调跨学科研究工作的重要性,而从方法论上来看,他们自己的出版物却惊人的传统。贝尔实际上是个政论家,不是一个历史学者;尽管兰普雷希特的理论是真诚的激进主义的,但他的《德意志史》却充满了"平淡的历史叙述",有许多"史料是从他人的著作中借用的"③。费弗尔一方面倡导以团队方式写作"理智"的社会心理史和集体的"心理状态"史,而另一方面,他实际上又是很传统的观念历史学家。他运用历史悠久的文本批评的方法研究历史。他孤独的工作令人印象深刻。布洛赫或许在方法论方面是更具创新意义的,然而,他也是一个个体学者而非一个团队工作者。甚至在今天,无疑地,谈论跨学科史需求的人比实际从事跨学科著作生产的人还是要多。

---

① David Thomson, "The Writing of Contemporary History", *The Journal of Contemporary History*, 2 (1967): 33.
② Emmanuel Le Roy Ladurie, *The Territory of the Historian* (Chicago, 1979), p.17.
③ Weintraub, *Visions of Culture*, (Chicago, 1966), p.176.

就兰普雷希特和贝尔这些先驱者而言,问题是在某种程度上,他们去做他们想做的事所用的方法和概念并不存在。社会心理学仍然处在发展的幼年时期,计算机革命还需等到二战结束。① 事实是,迟至1945年以来,特别是从1955年以来,朝跨学科研究方向的有意识的转变才开始发生。这在很大程度上得益于统计技术的精炼化,得益于其他定量研究方法的发展,得益于计算机技术。对1945年以来跨学科史学研究成就的详尽分析,需要另写一篇冗长的文章;这里只可能简要地概述西德、美国和法国的经典研究的一些特点。

考虑到一战以前,兰普雷希特的思想在德国受到坚决的反对,所以1945年以后西德对跨学科工作的兴趣生长得很慢就不令人吃惊了。1945年以来,西德历史学行业的许多能量都用在了培育这样的历史作品:它们在思想上是修正主义的,但是在方法论上,仍然是传统的外交和政治史——重新评价德国在20世纪事务中的作用。经典的例子是弗里茨·菲舍尔(Fritz Fischer)的现在著名的著作《德国在第一次世界大战中的目标》(1961)。该书在抨击诸如弗里德里希·迈内克(Friedrich Meinecke)和格哈德·里特(Gerhard Ritter)这样的传统主义的学者的爱国的和为国家服务的史学的时候,是激进的;但是,其方法却完全是传统的。对计量方法较大的兴趣也只是到20世纪70年代才发展起来,而且仍然还处在幼年时期。大多数跨学科著作都是受具有史学倾向的政治社会学的样板所激励而产生的。② 政治社会学主要源自与兰普雷希特同时代的马克斯·韦伯(Max Weber)、维尔纳·桑巴特(Werner Sombart)、格奥尔·齐美尔(Georg Simmel)和约瑟夫·熊彼特(Josef Schumpeter)所建立的本土的社会学传统。但是,这一传统在20世纪50年代以前都基本上被历史学家所忽视。因为,他们把"社会"史与"社会主义"史等同了起来。韦伯的方法是建基于运用现在熟悉的"理想的、典型的"概念,也就是,把社会群体、社会现象以及思想环境等的特征理想化。

---

① Barraclough, "History" in Jacques Havet (ed.), Main Trends of Research in the Social and Human Sciences, Pt. 2, *Anthropological and Historical Sciences, Aesthetics and the Sciences of Art* (Paris, 1978): p.229.

② E. g., Ralf Dahrendorf, *Society and Democracy in Germany* (Garden City, NY, 1967).

这些特征是从实际的历史情境中抽象出来的,用于历史比较分析。最知名的例子是韦伯自己的概念:"新教伦理""资本主义"和"官僚制度"。在德国,运用韦伯"理想的典范"的最近的例子是汉斯·罗森堡(Hans Rosenberg)的著作《官僚、贵族和独裁》(1958)。这是一本分析17和18世纪普鲁士官僚制度发展的书。此外,罗森堡使用了现在被普遍接受的社会学的方法即"个案研究"作为他进行归纳概括的出发点。18世纪中期的法学家塞缪尔·冯·科克采伊(Samuel Von Cocceji)为他提供了"具有代表性的"个人样本。他把此人当作18世纪普鲁士整个官僚制度的一个样本或"理想的典范"。罗森堡的确是在美国生活的时候写了这本书,但他在德国出生、接受史学训练。他的著作在建立战后西德具有社会学特征的史学的传统上有很大影响。

还值得注意的是对那些迄今被忽视的德国历史学家们著作的兴趣的回归,比如对埃卡特·凯尔(Eckart Kehr)(1902—1933)著作的兴趣的回归。此人的著作颠覆了过去把"外交政策"置于"国内政治"之上的做法。凯尔坚持强调国内紧张的局势、阶级冲突、社会和经济意识等在形成对德国外交政策的影响时的重要性,尤其在威廉时期。这样的研究鼓励了二战后德国史学朝社会经济史方向前进的史学运动和对社会科学方法的借用——这在法国和英美史学界早就流行了。比如,可以看看当代的西德历史学家汉斯－乌尔里希·韦勒(Hans-Ulrich Wehler)和于尔根·科卡(Jurgen Kocka)的著作。

最后,应该说,马克思的社会理论在西德已经很有影响,而且在20世纪70年代早期两个德国的外交关系正常化之后,东、西德历史学家之间的对话不断在增加。马克思的历史唯物主义直到最近才开始影响德国历史研究,这一事实表明那里的历史学家们多么坚持传统。而在德国之外,历史唯物主义早在19世纪90年代就开始发挥巨大影响了。但是,应该承认,马克思主义自身也是19世纪德国唯心主义和历史主义传统的一个产物,在20世纪经常激烈地反对所谓的"资产阶级社会科学",尤其是社会学。因此,马克思的影响有时是阻碍了跨学科的探讨的。但是,总的来说,它可能对跨学科研究有所帮助。人们可以概括说,今天西德的跨学科前沿的方法论是韦伯的社会学和马克思的社会理论的混合物。

在美国,人们对韦伯的思想有长时间的浓厚兴趣,他的著作在20世纪30年代由塔尔科特·帕森斯(Talcott Parsons)翻译介绍给了美国学者。就马克思而言,他的总是遭到争议的影响,早在世纪之交就在查尔斯·比尔德的著作中体现出来了。在1945年以后美国的革新者中,"最突出的特征"就是"稳定地推进历史学同社会科学或行为科学的结合"。① 这个趋势引发了激烈争论。它们热烈地反映在一系列报告之中。这些报告是由一些面向社会科学的历史学家为1946年、1954年和1963年的社会学科研究理事会准备的。尽管在最初遇到一些抵制,但是与其他学科交流的兴趣还是帮助哺育了20世纪50年代和60年代"区域研究"的思想。在区域研究中,不少学科的代表与机构一起研究世界上的特定地区(这也受到为外交政策服务的意识的鼓励;作为世界警察的新角色,美国政府促进跨越学科的团队工作来服务于它意识到的全球利益)。1958年跨学科杂志《社会历史比较研究》的创办是这些趋势的副产品。

最近美国的跨学科工作也许在数量研究领域的应用是最深入的。"……美国的杰出贡献依然在于",巴勒克拉夫写道,"它向世界显示了数据分析、定量分析、生态关连、计量经济学和其他复杂的概念工具是能够在历史学家的工作中起作用的。"② 尤其在经济史领域是如此。从20世纪50年代后期起,就已经有历史学和数量经济学的富有成效的交叉作用。在这一环境下,历史学家把与计算机有关的模型制作技能、统计预测的方法,以及理论经济学家发明的批判分析方法,用于对历史上的经济增长率和其他种种问题的研究之中。也许最好的一个例子是罗伯特·福格尔(Robert Fogel)和斯坦利·恩格曼(Stanley Engermann)的《十字路口的时间》一书对南北战争前美国南方奴隶制经济的研究。关于其方法,仍然是有争议的,甚至在20

---

① Barraclough, "History" in Jacques Havet (ed.), Main Trends of Research in the Social and Human Sciences, Pt. 2, *Anthropological and Historical Sciences, Aesthetics and the Sciences of Art* (Paris, 1978), p. 257.

② Barraclough, "History" in Jacques Havet (ed.), Main Trends of Research in the Social and Human Sciences, Pt. 2, *Anthropological and Historical Sciences, Aesthetics and the Sciences of Art* (Paris, 1978), p. 258.

世纪 60 年代它最热情的拥护者也调整了对它的看法。① 为什么不能否定"计量历史学"(或"计量经济史学")的重要性？至少有两个理由。第一，它很有说服力地认为，一切历史，即使是最传统的那种历史，在某种程度上都是定量的；对于历史学家或者其他任何想要研究历史的人来说，在使用如"更多""更少""决定性的""重要的""相对的"这一类对历史学家不可避免要使用的词汇和其他用于比较事物的词汇时，其数量估量的想法就已经是不言自明的了。第二，计量经济史对于验证传统的解释已经证明是成果丰硕的。一个很好的例子是福格尔使用批判的分析来挑战广为人接受的说法，即铁路的建设在 19 世纪对美国经济发展是很关键的。②

在离开美国之前，应该提到主要在美国发生的将弗洛伊德和后弗洛伊德的心理分析理论运用于历史学的努力，以及一个新的跨学科领域"心理史学"的创造。在美国，这方面的思想很早就发展起来了，如普里泽夫德·史密斯(Preserved Smith)对路德早期成长的心理分析研究著作早在 1913 年就出版了。随着埃里克·埃里克森(Erik Erikson)广受肯定的研究《青年路德》(1958)的出版而在 20 世纪 60 年代达到顶峰。该书使用了形容词"心理史的"来描写他自己的后弗洛伊德"自我心理学"的历史学应用。③ 不过，一直到现在，大多数历史学家还是特别怀疑这个运动的。其中两种反对意见很关键：一是心理分析学主要依赖于对压抑的儿童创伤的发现和解释，然而，关于大多数历史人物早年的资料要么极少，要么没有。二是心理分析学是 19 世纪末中欧的思想创造成果，尝试着把心理分析模式应用到较早历史时期，看来犯了史学的最大错误——搞错时代的错误，或者把对现在的假设的解读用于过去的时代。因此，跨学科学术的专业性权威地位现在"还没有确立"【不过，可以参见刘易斯·佩里(Lewis Perry)"心理史学的时代来到了

---

① E. g., Robert William Fogel, "The Limits of Quantitative Methods in History", *The American Historical Review*, 80 (April 1975): 329 – 350.
② Robert William Fogel, *Railroads and American Economic Growth: Essays in Econometric History* (Baltimore, MD, 1964).
③ Preserved Smith, "Luther's Early Development in the Light of Psychoanalysis", *American Journal of Psychology*, 24 (1913): 360 – 77; Erik K. Erikson, *Young Man Luther: A Study in Psychoanalysis and History* (New York, 1958).

吗?"《历史教师》,19/2(1986)—Ed.】,并且,心理史学"仍然处在社会科学家的理论讨论中,而不是处在历史学家的学术实践中"①。

转到法国来。法国在史学的定量研究的使用方面有显著的发展。它是高等研究院第六部的"主要工作"。② 在对没有大量的政府统计数据的近代早期经济史的研究中,情况尤其是这样。很多精力被花在研究17和18世纪的价格波动和中期的经济趋势("经济形势")上。因为价格波动和经济趋势对说明物质生活的一般环境是有帮助的。结果是,现在我们可以有一定把握从总体上谈论社会生活的物质环境。而在以前,知识基本上只局限于那样一些群体,也就是有文化的中等和上层阶级。大量文字记录都是为他们而保存的。不用说,甚至我们对这些群体的了解也因为对社会的定量研究而大大加深了。

同样地,在用定量方法进行研究的历史人口统计学新领域里,成就也是显著的,而且极大地拓宽了可能的社会史研究领域。20世纪50年代早期,法国学者发展了统计技术,在使用教区登记的基础上使近代早期的"家庭重组"成为可能。③ 这些技术使地区人口研究的整个系列工作成为可能:出生率和死亡率、家庭规模,等等。历史学家们也作出了很大努力来把费弗尔对于建立"心理"社会史——超出了那些相对较小圈子的政治精英和知识精英的自我意识——的号召变为定性的术语。也有一些对前工业化时期大众文学作品中使用的目录进行的定量分析,和对出版业的定量研究,等等。④ 最后,法国历史学家在开启与自然科学的对话上也带了头;这种跨学科交流在气候变化史的领域尤其有价值。⑤ 法国在跨学科史学方面令人振奋的工作

---

① Donna Arzt,"Psychohistory and Its Discontents", *Biography*, 1 (Summer, 1978): 1; Bernard Bailyn,"The Challenge of Modern Historiography", *The American Historical Review*, 87 (Feb. 1982): 20. See also David E. Stannard, *Shrinking History: On Freud and the Failure of Psychohistory* (New York, 1980), and Robert J. Brugger (ed.), *Ourselves/ Our Past: Psychological Approaches to American History* (Baltimore, MD, 1981).

② Le Roy Ladurie, *Territory*, (Chicago, 1979), p. 28.

③ See Richard T. Vann,"History and Demography", *History and Theory*, Beiheft 9 (1969): 64 – 78.

④ Robert Darnton, *The Business of Enlightenment* (Cambridge, MA, 1979).

⑤ Le Roy Ladurie, *Territory*, (Chicago, 1979), pp. 287 – 319.

成果现在可以方便地在用英语编写的一般历史读物——伊塞尔·沃洛克(Isser Woloch)的新教材《18世纪欧洲:传统与进步》(1982)——中了解到。该书附有一个带有注释的参考书目。

或许我们可以用这样一个评论来总结本文:法国和美国的跨学科工作的特点差别很大。在法国,由于强大的官僚传统的存在、第六部的创建和社会科学团队工作的传统,历史学家倾向于聚焦某些达成广泛一致的历史时期和问题,他们的研究工作给人以秩序、团结和共识的印象。而在美国,历史学家没有被组织在政府资助的研究机构中。他们以自由放任的方式聚焦于形形色色个人选择的问题。①

V

在这篇文章的开头,我们注意到历史学家普遍把跨学科史学在性质上看作是"社会科学的"。比如,巴勒克拉夫在最近对史学研究的调研中,就极其强调社会科学。本文现在将要大致关注一下使用在美国被认为是典型的"人文学科"的方法的"跨学科"研究工作。但是,必须看到,"社会科学"和"人文学科"学之间的分别,在许多方面是不必要的和误导人的。美国培养的历史学家花了很多时间去探讨历史是不是"社会科学",是不是"人文学科"之一,或者是完全独特的什么东西。毕竟,对社会科学与人文学科的区分只是英语世界独特的现象。人们可以疑问:为什么在传统意义上作为系统化了的知识的代名词的"科学",不能用作覆盖所有学术门类的标签呢?在欧洲大陆,这个词就是长期被这样使用的。E. H. 卡尔正确地表述说:"科学家、社会科学家和历史学家都在同一研究工作的不同部门工作:研究人和他的环境,人对他的环境的影响和环境对人的影响。"②

无论如何,在"人文的"跨学科研究中发挥先锋作用的是"观念史"学派。

---

① Isser Woloch, "French Economic and Social History", *The Journal of Interdisciplinary History*, 4 (Winter, 1974): 435 – 438; Michael Kammen, *The Past Before Us: Contemporary Historical Writing in the United States* (Ithaca, NY, 1980), p.26.

② E. H. Carr, *What Is History?* (New York, 1961), p.80.

这一学派是20世纪20年代和30年代由美国的阿瑟 O. 洛夫乔伊(Arthur O. Lovejoy)创立的,因20世纪40年代《观念史杂志》的创立而达到顶点。正如洛夫乔伊在杂志的第一期所说,心智史不能把自己限制在任何一个学科的主题里面,因为:

> 分门别类的——无论是以主题、时间、国籍还是语言来划分——思想史的研究,绝大多数都不能与并不分裂的研究对象相适应。人们的思维过程,不论是在历史中表现出来的个人的还是团体的思维过程,都不在那些与官方建立的大学学院门类相对应的封闭的通道里运行……①

洛夫乔伊的杂志变成了历史学家、政治理论学者、文学评论家、哲学家进行跨学科工作的一个论坛。"观念史"则帮助普及了美国史的"美国研究"方法。它把历史学家和面向历史学家的文学评论结合在一起。这个运动对20世纪50年代和60年代的大学课表有一些影响。当时有许多美国研究项目在这个国家到处创立起来。

当洛夫乔伊创办他的杂志时,在分析哲学中发生了一个变化,它对历史学,尤其是跨学科史学将起重要作用。这个作用还有待于充分发挥。这就是被称为"批判的历史哲学"的哲学分支的建立。它的诞生标志是两个研究成果的出版:莫里斯·曼德尔鲍姆(Maurice Mandelbaum)的著作《历史知识的问题》(1938)和卡尔 G. 亨普尔的论文《历史的规则与探索》(1942)。这些成果把历史哲学的讨论焦点从"思辨的"路径——即历史的"意义"问题(理解为整体的人类事件)转变到了"分析"的层面——即历史的认识论基础(理解为一个学术行为)。特别是亨普尔的文章引起了很多关于历史理性的性质的热烈讨论。讨论集中在历史学家对历史的解释是否最终依赖于(如亨普尔所认为的)对普遍法则的诉求。大多数历史学家忽略了这个讨论,因

---

① A. O. Lovejoy, "Reflections on the History of Ideas", *Journal of the History of Ideas*, 1 (Jan. 1940): 4.

为他们的成长环境决定了他们相信(部分地是受狄尔泰、温德尔班德、李凯尔特和克罗斯的著作的影响,更多是受所谓"兰克方法"中鄙薄理论的训练的影响),普遍法则在历史的任何层面上都没有位置。因为他们相信(有更多的正当理由)大多数分析哲学家并不熟悉历史学家的传统工作方式。或者因为他们相信,关于历史知识的基础这一总问题,与写出一部好的历史著作是不相干的。英国历史学家 G. R. 埃尔顿(G. R. Elton)表达过一个广为传布的观点,他说"对诸如历史知识的真实性或者史学思想的本质这类问题的哲学式的关注,只会妨碍历史学的实践"。他抱怨说,哲学式探究的问题在于它们"不会促进历史的写作"。①

不管人们对亨普尔的论断持什么态度,关于作为人类活动的历史的本质这一总体问题的哲学式讨论,却面临着不利的形势。其实,历史学家们传统上就是拒绝讨论这个问题的。C. 范·伍德沃德(C. Vann Woodward),一个属于少数严肃看待该问题的杰出历史学家之一的人,指出,下面的问题也属于历史学家"经久不衰的职业弱点":

> 他们的前提常常未加检验,他们的假设被错误定义,他们的概念模糊,他们的解释混乱。他们脑子里充满了关于他们的基本假设和原则的哲学话语的风暴②。

极少数严肃地看待批判的历史哲学的历史学家和哲学历史学家有时候会写出非凡的著作,如莫里 G. 墨菲(Murry G. Murphey)的《我们关于过去历史的知识》(1973),海登·怀特(Hayden White)的《元历史:19世纪欧洲的历史想象》(1973)。以我们的观点看,在史学史(即历史写作的历史)、批判的历史哲学和心智史重叠的领域,有很多跨学科探索的空间。

历史学家偶尔会从中吸收概念和方法的第三个领域,也是同批判的历史哲学在某些方面有关联的领域,是语言研究、语言学和诗歌的一般领域。

---

① G. R. Elton, *The Practice of History* (New York, 1967).
② C. Vann Woodward, "History and the Third Culture", *Journal of Contemporary History*, 3(1968): 24.

许多历史学家不愿意朝这个方向前进,因为这些领域与修辞学、文学有关,而就像哲学一样,历史学在19世纪才从它们的怀抱里分离出来。可是,不可避免的事实却是,历史学家实际上是书写者;一部史学著作,在最基本的意义上,是"……以叙述性的散文演讲的形式出现的文字结构"①。法国的评论家们,特别是罗兰·巴特(Roland Barthes),已经十分注意叙述的性质,包括历史的叙述的性质。一些学者鼓励把当代语言学和文体论应用到大规模的历史写作上。② 比如,在海登·怀特的《元历史》中,他设计了独创的、有时是不方便的、深奥的,但常常是天才的19世纪欧洲"历史想象"的模式——来自观念史、文学批评、结构语言学、诗歌、传统修辞学和批判的历史哲学的观念的混合物。

VI

我们似乎可以用这样一个问题来结束本文:跨学科史学在今天历史职业中多大程度上已经建立起来了? 衡量跨学科研究方法被人们接受的程度的一种方法,是读读最近得奖的那些书。如果我们挑出最近在历史领域出版的研究成果,然后考虑作者的同行们发现的其中最值得赞许的那些成果,我们就可以对历史撰写的最近趋势有一个大致的认识。例如,我们可以选择美国历史学会近年(1982)给杰出的出版物颁发的奖项。③ 这些奖项的颁出会很好地提示我们,什么成果才达到了历史学领域值得嘉奖的最高水平。

1982年,给古代、中世纪和近代早期欧洲史最优秀著作的赫伯特·巴克斯特·亚当斯奖,颁给了爱德华·缪尔(Edward Muir)(锡拉丘兹大学)的《文艺复兴时期威尼斯的民间礼仪》(普林斯顿大学出版社)。颁奖委员会表

---

① Hayden White, *Metahistory: The Historical Imagination in Nineteenth-Century Europe*, Baltimore: Johns Hopkins University Press, 1973.

② E. g., Nancy Struever, *The Language of History in the Renaissance* (Princeton, NJ, 1970); White, *Metahistory*; Lionel Gossman, "Augustin Thierry and Liberal Historiography", *History and Theory*, Beiheft 15 (1976): 3 – 83; see also the essays in Robert H. Canary and Henry Kozicki, *The Writing of History* (Madison, WI, 1978).

③ See *AHA Perspectives*, 21 (Feb. 1983): 8 – 9.

扬缪尔的书有想象力地运用人类学来说明历史现象。缪尔运用了人类学的概念来解释威尼斯人的神话、列队行进歌曲和假日,以阐明未被言说过、未被陈述过的威尼斯政治的那些方面,以及这个城市对自己的历史的重要性的认识。

1982年,给美国、加拿大或拉丁美洲历史最优秀著作的阿尔伯特J. 贝弗里奇奖,颁给了当时已故的沃尔特·罗德尼(Walter Rodney)的《圭亚那劳动人民的历史,1881—1905》(约翰·霍普金斯大学出版社)。颁奖委员会认为这本书"整合了物质条件、社会结构和政治,提供了殖民地背景下劳动阶级生活经历的总的画面",是最近注重"基层的历史"的趋向的杰出代表。给加拿大-美国关系和事件史最优秀著作的阿尔伯特B. 科里奖,颁给了吉尔多·卢梭(Guildo Rousseau)(魁北克三河流大学)的《魁北克文学中的美国形象,1775—1930》(Naaman版本)。颁奖委员会报告说,卢梭使用了大量的文学素材说明了150年间魁北克对美国的认识,集中地描写了加拿大人对美国态度的改变。

美国史研究成果的约翰H. 邓宁奖,颁给了戴维·杰里米(David Jeremy)(伦敦经济学院)的《跨大西洋的工业革命:英美之间纺织品技术的传播,1790—1830》(麻省理工大学出版社)。颁奖委员会认为这本书在技术和传播史上是"里程碑式的"著作,作者力图调查影响技术传播的更大的历史背景,从而给美国工业化的起源问题提供了新的视角。

意大利历史、意大利文化史或意大利-美国关系史领域最优秀著作的霍华德R. 马拉罗奖,颁给了埃里克·科克伦(Eric Cochrane)(芝加哥大学)的《意大利文艺复兴时期的历史学家和史学理论》(芝加哥大学出版社)。科克伦使用了大量的书面材料,许多是文学材料,极大地依赖于意大利语言和文学史中的重要著作。他的研究不仅对意大利史学理论领域是重要的贡献,而且对意大利文学通史也是重要的贡献。

这些获奖的著作证明了一个事实,即在最高的水平上,跨学科研究已经在当今的历史撰写中牢固地确立起来了。很显然,最好的历史学研究现在包括了大范围的主题事件;当今历史研究的实践使用了很多分析方法的成果。正如我们在一开始指出的,使用在其他学科发展起来的方法和概念,在许多职业圈子里,仍然被忽视或否认;但是,尽管如此,在最高的水平层次上,跨学科史学已经牢固地确立起来,这一点是很清楚的。这可能预示着用跨学科方法进行史学研究的观念已经超越了争论的阶段而向前进了。当然,历史学家的主题选择决定他将把多少注意力给予历史学之外的方法,给予整个学术界提供的信息。但是,即便是这样,传统的主题如政治史、外交史和军事史,如果没有社会学、经济学和人类学的一定视角,也不可被充分地理解了。好的外交史现在通常必定涉及国内政治、国家内的社会冲突、国内和国际的经济环境,等等。同样,今天撰写的最好和最深思的军事史【如麦克·霍华德(Michael Howard)和麦克·罗伯特(Michael Roberts)的著作】已经不再局限于描述战略、战术和战场上的军队运动了。这些著作引发的兴趣部分地在于它们讨论战争,讨论关于军备政策涉及的争论的政治和社会—经济问题,讨论军官团体和普通士兵的社会和政治构成,讨论军事力量的经济基础,甚至讨论战斗理论和战略的政治和意识形态背景。

原则上,历史学家是否应该使用其他学科的思想和方法已经不再是问题了。真正的问题倒是,历史学家怎样更好地选择和使用那些概念和技术。

跨学科研究的现实与意识形态：在比勒费尔德跨学科研究中心的工作经验[①]

于尔根·科卡 著／景德祥 译

以下我以自己与跨学科研究的相关经验为基础，就跨学科研究问题发表一些看法，我主要从两个工作领域来阐述跨学科问题：其一是我在比勒费尔德跨学科研究中心（Das Zentrum für interdisziplinäre Forschung Bielefeld）的工作经验，我曾经有几年是该中心主任部成员之一。其二是我在我的专业，即历史科学的，尤其是该专业的一个种类的工作经验，在这一种类里，社会史处于核心地位，它常常被贴上"历史社会科学"的标签。首先我对这两个工作领域作一些简要的解释。

比勒费尔德跨学科研究中心是比勒费尔德大学的一个相对独立的组成部分。它有着跨地区的任务，主要目的是推进跨学科研究，尤其是基础研究。它拥有一个为数不多的工作团队、自己的房子与一项独立的由北威州提供的预算，但这一预算自 1981 年在数字上固定不变，实际上在萎缩。该中心主要是由赫尔穆特·谢尔斯基（Helmut Schelsky）设计的，他也是其第一任主任。中心自 1968 年就开始部分工作，自 1975 年起开始全面工作。

比勒费尔德跨学科研究中心是德国第一个"高级研究所"（Institute for Advanced Study），第二个高级研究所，即柏林科学院（Das Wissenschaftskolleg

---

① 本文译自：Jürgen Kocka, Realität und Ideologie der Interdisziplinarität: Erfahrungen am Zentrum für interdisziplinäre Forschung Bielefeld, in: Akademie der Wissenschaften zu Berlin (Hg.), *Einheit der Wissenschaften: internationales Kolloquim der Akademie der Wissenschaften zu Berlin*, Bonn 25. 27. Juni 1990, Berlin/New York 1991, S. 127 – 144。文中的核心概念"Interdisziplinarität"的直译是"跨学科性"，这里将其意译为"跨学科研究"或"跨学科"。

zu Berlin)的情况,由沃尔夫·雷彭尼斯(Wolf Lepenies)来讲。类似于普林斯顿、斯坦福、耶路撒冷或瓦森纳的高级研究所,该中心邀请各个不同专业与不同国家的科学家,作为奖学金获得者或"同事",来进行或长或短的、最长为期一年的研究访问。该中心为客人们提供经费基础,让他们能够在本单位获得假期,如有需要也可与他们的家人一起,在中心的房子里居住较长一段时间,不受其他职责的影响,从事讨论与研究。与其他同类的机构不同,该中心要求来客参与广泛的每年更新的问题与专题的研究工作。邀请也按此要求发出。由此形成了紧密合作的、跨学科的研究小组(Forschungsgruppen);这些小组绝大多数由约20位在一起合作一年的科学家参加,他们来自不同的学科,绝大多数来自不同的国家;中心对这些小组的准备常常需要好几年的时间;这些小组的研究成果一般也以较大篇幅的出版物推广给公众。

这里只举几个例子:"人与动物行为个体发生学比较"研究小组在1977—1978年把自然科学家、社会科学家与人文科学家组合在一起。1981—1982年,社会学家、经济学家、法学家与政治学家在研究小组"公共部门的调控与成绩监控"里一起合作。1985—1986年,"复杂流体"("Complex Liquids")这一专题由化学家、物理学家以及其他自然科学家进行研究。目前,研究"精神与大脑:理论心理学与精神哲学的视野"专题的研究小组即将结项,该组试图更好地理解心理现象——思考、感觉、意愿、经历——与其物理的,尤其是神经的基础之间的关系。

研究小组处于比勒费尔德跨学科研究中心工作的核心位置。除此以外,自1968年起,还组织了约400个"工作团体"(Arbeitsgemeinschaften)。它们是时间较短的、为期只有几天的、但也是跨学科组成的会议,如关于氢弹的技术、社会学与人文科学层面,关于"语言学与人工智能"或者关于"国家支出的增长与法律调控能力的下降",这也仅是几个例子。

关于这些工作团体的建议绝大多数由外部人员向中心提出,中心协助它们的筹备工作并提供会议场所。前提是,这些工作团体研究的对象,必须是看似只有在多个学科同时参与的情况下才能得到解决的问题。在研究小组与工作团体之间,常常有着内容、人事与组织上的联系。

下面很简要地讲讲作为我跨学科研究思考的基础的第二个领域的情

况。"历史社会科学"把自己理解为历史科学的一部分,但强调其与系统的邻近科学,尤其是社会学、经济学与政治学的紧密合作与交流关系。这些科学的理论、方法、提问应被引入历史科学的研究,并在其中发挥作用。尤其是通过这一纲领性目标,在1960—1970年逐步成型的"历史社会科学"有别于其他种类的历史科学。许多内容只是停留在纲领阶段,但在一些研究、教学与讨论的项目里,历史学家与在相关领域工作的社会学家之间的合作达到了某种密切程度,以至于可以说是跨学科的——如果我们不把跨学科概念定义得太严格的话。

以下我讲四点想法:1.跨学科研究的概念;2.跨学科研究要求提出的几种格局;3.跨学科研究的收获、优势与成果;4.跨学科研究的困难及其解决办法。

一、跨学科研究概念

不存在一个被普遍赞同的、强制性的跨学科概念,因为没有一个被普遍赞同的学科(Disziplin)与学科性(Disziplinarität)概念。如果我们把专业(Fächer)等同于学科(Disziplinen),并以高校联合会早在20世纪70年代在德国高校的教学与科研中确定的包括4000多个专业的目录为依据,那么跨学科是一个很常见的、正常的、不需要额外推动的现象。人们已经把经济史学家与社会史学家之间的对话,把普遍史学家与政治史学家之间的对话或者外科医生与妇科医生之间的合作当作是跨学科研究的案例。

如果人们遵循海因茨·海克豪森(Heinz Heckhausen)的建议,把完全意义上的学科理解为整个专业集群(Fächergruppen),它们通过一个相近的理论类型或者理论方案区别于其他专业集群,那么只存在很少的学科或学科性。海克豪森认为有20至30个学科,他把所有使用诠释方法的人文科学都归纳为一个学科。因此,真正的跨学科研究很少有,例如只有在注重历史的人文学者与行为学家合作,或者法学家与注重经验的自然科学家以及数学家合作的时候才有。如此看来,比勒费尔德跨学科研究中心的许多研究工作就不是跨学科的,而是学科内部的合作,对于我指出的历史学与社会科学的合作来说当然更是这样。

比勒费尔德跨学科研究中心的日常工作,如该中心主任部在判断一个申请的工作团体是否属于跨学科研究时,走的是一条中间道路,我在本报告中也是这样。人们把跨学科研究理解为专业之间的研究,但绝大多数情况下不明确地——以一个宽泛的专业概念为基础。

例如,历史科学被视为一个专业,而宪法史或中世纪史则不是。这种处理方式有着很实际的原因。还有的理由是,机构上固化的专业之间的界限也是讨论或交流团体之间的界限,至少从趋势上是如此,尽管有许多例外。以这一界限特征为依据也显得特别有意义,因为如该中心想要做的跨学科研究的组织工作,也可以理解为在一般情况下相互孤立的科学家群体之间建立沟通桥梁,并且作为机构—组织方面的努力——恰恰是从科学家群体现有的分离化而获取其合理性的。

但是,将跨学科研究以此理由依附在现有的专业结构上,是有问题的。因为有时一个专业内部的论证与讨论群体没有这一专业的一些部门与邻近专业的一些部门之间那样紧密。

另外,一个专业或学科目前的规模与界限只能从历史的角度得到解释。而且专业的划分会发生变化。与此相应,跨学科的定义是历史性的,有时是偶然的。

还有一个定义的问题简要说一下。各专业的科学家之间的联系在频繁程度上与时间长短上都不同。在这一光谱里,有同事在共进午餐时点滴的、有启发意义的交流,有像比勒费尔德跨学科研究中心那样的为期一年的研究小组,还有相互融合的、长期的科研与青年培养计划,它们作为历史社会科学领域产生的例外,长远来看能够发展成为新的学科。下文提及跨学科研究、跨学科教学时,都假定它们具有最低程度的协调与连续性,超越了完全临时的、点滴的会晤。更准确的定义在目前既无必要也不需要。

二、跨学科研究要求出现的格局

总体来看,毋庸置疑,18世纪以来的科学史存在于与日俱增的功能性内部分支化、分工、趋向于越来越多且越来越狭小的子学科的专业化的规律之下。科学这一子制度与其他社会子制度如国家、宗教或艺术的日益区别化，是与其本身内部的区分化同时进行的，按照卢曼（Luhmann）与施迪施韦（Stichweh）的观点，两者是紧密关联的。反过来，科学从来就不缺少的、持续存在的与实践的联系，如参与培训学术上合格的专家或者它们在一个越来越细化的工作与经济制度中的技术性应用，又迫使它们作出进一步的专业化。效率标准与专业化旨趣在共同起作用。最后，仅就科学的增量而言：被外界交给科学处理的或者被科学宣布为其职责范围的任务越多，科学家、出版物、知识存量与学术机构越多，科学内部的专业化就越有可能。当学生、任务与资源超过一定量的时候，它才有可能。科学的增长使得其专业化成为可能，但也显得有必要，因为随着信息的增多，过去导致了、现在还导致着交流与处理系统的不堪重负。专业化提供了一个减压的出路。

因此外部与内部的因素要求科学的功能细化，外部因素似乎在开始要重要得多，而内部因素则随着时间的推移而更重要。

与此相反的关于跨学科合作与综合的要求的例子，可能在科学史上很久以前的时代也以其他名义出现过。在某种角度来看，可以将19世纪的大学或者其院系，还有传统的科学院，视为使跨学科合作成为可能的机构。因为它们把各个专业的科学家与学生放在一个屋脊之下，使它们能进行某些跨越专业界限的合作。毫无疑问，经济、社会与政治的实际需求在早期不仅推动了科学的专业化，而且反过来也强行推动了跨专业——应用性的研究：如自19世纪晚期以来的工程学、工业研究以及国家试验、审核与研究机构。

但是我们今天所说的跨学科研究，指的还是另一种东西，即有意识的、对以前发生的、广泛的与被感受为过度的专业化的融合性反应；对于在旧机构的躯壳里，尽管有着机构——尽管有大学与学者协会实现的并被感受为需要批判、纠正与平衡的专业化的反应。因此，跨学科的要求是一个现代现象，是20世纪的现象。

这里没有时间从科学史的角度系统地论述这些在其中跨学科要求不可忽视并有实际后果的格局。但我还是举出以下5个例子加以说明。

例如，有两个有意思的尝试，它们也以对专业进行跨学科的开放的要求来扩展与重新调整历史科学的传统范式。这在20世纪60年代批判传统的改革氛围中尤其明显,当针对专业的传统历史基本模式,即针对被视为过于狭隘的对国家与政治史的专注,针对其对诠释性理解与叙述并提出历史学家与社会学家进行合作的要求的时候,以进一步纳入社会世界,让历史更具有分析性与理论性,将注意力更强地引向结构与进程,而不是事件与行为。作为对本身的学科传统的批判要素与作为改革的工具,一部分历史学家提出了跨越界限走向社会科学,即一个跨学科导向的要求并进行了实践。

有意思的是,同样的模式在20世纪30—40年代,在完全不同的政治与意识形态的背景下就出现过。当时有一批年轻的、同样对传统持批判态度的、同时也有民族主义思想的历史学家,尝试着将历史学向民众、其家庭与定居结构、斗争与习俗的历史开放。这里不谈这一所谓"人民史"的,这一今天的社会史的不那么出名的前驱的功绩与局限性。要指出的是,这一革新尝试也借用了跨学科研究的力量。这些人民史学家与地理学家、民俗学家及语言学家紧密合作。他们向当时的汉斯·弗莱耶(Hans Freyer)、衮特·伊普森(Gunther Ipsen)以及其他人的"德意志社会学"的影响大大开放。他们对当时类似维纳·康策(Werner Conze)这样的年轻历史学家的影响很大,那套多卷本的《边疆与国外德意志文化手册》是一项巨大的各学科协调合作的成果。

而20世纪60年代中期比勒费尔德跨学科研究中心作为比勒费尔德大学的核心部分,与赫尔穆特·谢尔斯基建立时的局势则完全不同。谢尔斯基无疑有着多个动机,其中包括以著名的机构,如以法兰西学院与普林斯顿研究所为榜样,给予优秀的学者优待,让他们从当时扩建中的大学在快速增长的教育任务中解脱出来,可以短时间自由地在学术的、跨专业的对话中进行研究与创新。

但他还想实现更多的目标,否则不能解释,为什么他把该中心设计为一个有组织的跨学科研究的家园。众所周知,谢尔斯基把他所见到的大学的状态与他详细研究过的19世纪初的洪堡式大学作过比较。他看到并且感到遗憾的是,科研开始从大学撤出,而且学科分工专业化到了一个程度,以至于以往的科学统一的理想毫无希望地丧失了。谢尔斯基认为,科学的专业化不可避免,这为了科学的效率起见是有必要的,反正是不可逆转的。他也不寄希望于哲学,他不相信哲学能够把分化的科学融合起来。但他确信,有那么一种特殊的科学的合理性,它使得我们既有可能又有必要,在不懈的尝试中,而且是通过专业化的科学本身的有系统的结合,而不是科学之外的通俗流行的综合,进行跨学科的融合。谢尔斯基建议不断作出融合的努力与步骤,由此或许长远来看——他明确不排除这点——可以形成一种"科学对世界掌握与世界知识的物质的整体性"。

这里,在将他那个时代扩张同时又狭隘地专业化的大学与作为标准的洪堡式大学的对比中——同时作为引起公众关注的一个新机构的成立计划——谢尔基斯基提出了一个像企业一样组织的,在专题与问题上定期变化的,但能够保证一定稳定性的跨学科研究的方案。

再举出两个最近几年提出的跨学科研究要求的例子。主办本次研讨会的柏林科学院,在 20 世纪 80 年代下半期成立时的自我定位是,更加准确地、坚定地和与应用更紧密结合地实践跨学科研究。它将其研究工作专注于通过跨学科方法解决那些现代技术文化的问题,解决那些当代问题,即那些就如他们所说的,不愿意像我们所希望的那样,在现有科学的学科意义上自我组织的,而是需要许多学科的合作才能解决的问题。在跨学科组成的工作组里,柏林科学院研究环境问题、科技后果估量以及类似的复杂问题。

最后一个例子:在 1988—1989 年大学生罢课活动中,至少在柏林有人将跨学科研究的要求提到了中心位置。大学生们要求进行跨学科研究,作为对科学体系的纠正,这个体系在批评者看来太专业化与自我运转,不能做到大学生们认为应该做到的那样,即在当代指引方向。实际上,抗议的大学生对待科学的态度是很认真的。他们指出矛盾所在,在科学一方面,就其自己的受启蒙运动影响的要求而言也应该如此,必须就当代的问题提出批判性导向,但在另一方面,在现有状态下这方面能力却很有限。由此他们提出了跨学科研究的要求。这一要求的结果是大学设立了相应的辅导班与项目组。

考察一下这 5 个提出跨学科要求的格局,可以得出以下结论:跨学科要求是在非常不同的意识形态关联下提出的。

不过,人们经常在跨学科的要求里表达了批评:要么是针对一个应通过跨学科的开放而改变的科学传统状态的批评;要么是针对一种不能提供人们期待的具体的导向服务的教学与研究的学术体系的抗议,或者是作为对一个原则上认可的,但被认为需要补充的、专业化的科学体制的纠正。

对跨学科研究的呼吁,常常以关于在科学学科的结构与被视为亟待解决的实践与解释问题的结构之间差距的经历为理由。以历史科学为例,这句话可以落实到具体的历史事实上:19世纪的历史主义的历史科学,以其国家与政治导向、个体性原则以及理解性方法,在德国统一的时代是一个符合大多数受众的需求与问题意识的学科,而到了民族主义的20世纪30年代与对社会进行批判的20世纪60年代,就不再明确是那样。一个"问题发展与学科发展的不对称性"【米特施特拉斯(Mittelstrass)语】产生了。其原因是一方面科学以外的主流问题意识的变化,另一方面历史科学因内部的原因在此期间继续固化与专业化了。原来与时代合拍的学科导向随着时间的推移有着不合拍与过时的危险。关于跨学科研究的要求对此作出了回应。

正如比勒费尔德跨学科研究中心与柏林科学院所显示的那样,跨学科的要求可以作为新方法的理由,以论证新成立的机构,它们必须拿出一个特别的存在理由,在科学界与舆论界找到关注与支持。只有在学科的组织是常规的,而跨学科是例外的情况下,它才有成功的机会。

20世纪80年代中期,有声音指出,跨学科研究与20年前的情况相比,更常见与更能被接受了。有时跨学科本身转化成为一种新的专业化。有些期待落空了,以至于魔语"跨学科研究"的说服力在论证项目申请或新机构时降低了。但在最近几年里,对跨学科研究的兴趣似乎又增长了。

三、跨学科研究的收获、优点与成果

跨学科研究能够推动学科的进步。它能够提高按学科进行研究的科学家的问题意识与观察能力,使他们更加敏锐地看到本学科的局限性并补充他们的研究工具。但它也能导致对一个学科惯有的常规与理所当然的东西的批判,扩大与更新它们的观察方式。

即便这种更新成功,在科学学科的专业化及结构与科学应为其解决作出贡献的实际问题的结构及延伸之间,仍有可能一再存在不吻合性。跨学科的合作试图过渡性地弥补这一不吻合性,只要学科的范围还没适应新的问题,暂且跨学科所做的事情还未成为一个新学科。也就是说,跨学科研究关心的是还没有找到其学科的问题。从所有这些可以得出,一种特殊的跨学科研究方向常常在一段时间后失去其存在的理由,尽管且正因为它是成功的并在变动的学科系统中找到了其位置。但新问题会一再产生,这些问题至少暂时地只能通过跨学科的方式得到研究。所以对于跨学科研究来说,专题与问题的迅速变换,是其核心特征。跨学科研究的组织必须具有足够的弹性,以满足这些需求。比勒费尔德跨学科研究中心研究小组定期变化的特点的原因在于这一关联。

如果问及跨学科研究的成绩,就应该特别提到文化科学的导向与解释功能。过去人们或许会说科学有着来源于启蒙运动的教育功能。哈特穆特·冯·亨梯希(Hartmut von Hentig)在其关于科学的跨学科研究的思考中仍然是如此说法,但他得出了一个怀疑的判断。在他看来,因其极度专业化的大学式的组织形态,现代科学即便通过跨学科的方式相互联合,也不能发挥导向与教育功能。按照他的意见,或许拥有一些科学的基本知识,但只是以前科学的方式进行叙述、上课与教育的中学老师能够完成这一任务。人们确实可以怀疑,今天的科学的导向功能能有多大。但肯定人文与社会科学,特别是历史科学必须面对这些期待。而且人们可以提问,如果科学被确认不能,那么谁能承担这些批判性导向功能呢?人们肯定会拒绝太高的期待,不宣称能够解决科学不能解决的问题:根本的意义问题、道德规范的论证、世界之谜的破解。但同样肯定的是,提供导向知识与进行关于解释、其条件、含义与后果的讨论属于文化科学的任务,人们可以为它们的解决作出贡献,而不会过高估计自己的能力——至少很谦虚地,以马克斯·韦伯的方式。而且,跨学科合作肯定可以经常提高人文与社会科学这方面的,在科研中,特别是在教学方面的能力。

另一方面必须怀疑,跨学科研究能够为曾在19世纪初在其哲学的理念上,但不是在实践中存在过的科学统一性的重建做多少事情。即使是比勒费尔德跨学科研究中心最雄心勃勃的跨学科项目,仍然是局部的,将许多方面排除在外,产生了只是有限地可以连接上其他科学的看法与结论。我认为,通过跨学科研究重建科学的统一性的要求,是跨学科研究的一种意识形态。相反,跨学科合作的前提是科学原则上的统一性,但也只是在一个很形式的层面上,即科学合理性的原则。因共同坚持这些原则,各专业的科学家与学生才有可能进行合作。

四、跨学科研究的困难与解决办法

最后讲讲跨学科研究会遇到的一些困难,我同样是以比勒费尔德跨学科研究中心跨学科研究小组与工作团体的经验为基础。跨学科研究项目会遇到相关人员的不积极与不易招募等困难。因科学仍然基本是按学科组织起来的,学者与学生的成就——事业与分数,首先是由在学科内决定,至少一般是这样。在时间有限的现有条件下,学科框架以内的工作常常获得优先位置。跨学科工作是例外,它要求打破习惯,因此它也需要特别的激励。

跨学科研究经常碰到语言与理解困难,而且参与学科的领域越是庞杂,困难就越大。这需要耐心与时间,需要绕道而行——常常借助于日常生活语言。而且在跨学科对话中,人们事先也不知道,另一个专业的同事提出的看起来很愚蠢的问题,是交流困难的结果还是实际上是对自己误以为理所当然的东西的一个根本的质疑。跨学科研究需耗费更多的时间,也因为它要求参与者学习最基础的陌生的知识:其他专业的合作伙伴的研究与这些专业对于现有科研问题的专门的著述。这可能很繁琐,人们会问投入与结果是否匹配。

如果在理论上很不同的专业在一起合作,那么不相融的理论方案可能发生碰撞。人们常常只能让它们去碰撞,最多只能反思,因何种前理解、选择、科学传统与处理关联,理论与方法的"交配能力"不存在。只是有时候能够以理论的形式成功地建立两个理论类型之间的桥梁。例如,比勒费尔德跨学科研究中心的"公共领域的调控与成绩监督"研究小组报道说,他们借助于博弈理论成功地实现了经济学与社会学官僚制度理论之间的调节。一般来说,学科之间的协调困难迫使跨学科项目参与者,在较高的抽象层次进行讨论、加深其反思程度,并且加入繁琐的连接思考。由此产生了一个向外传播的特殊问题,至少对于也想被广大公众关注的文化科学是这样。随着内部的复杂性与反思程度的加深,向非学术公众的传播就更困难了。跨学科研究的结论很少可以用流畅、亮丽或美妙的语言来陈述,其成果常常给人生硬与沉重的印象。这会影响到它们产生人们所希望产生的广泛影响。

总的来说,弗朗茨-克扎瓦·考夫曼(Franz-Xaver Kaufmann)依据在比勒费尔德跨学科研究中心的工作经验所说的是对的,即跨学科研究只能"逆流而行"。或者,如哈拉德·崴因里希(Harald Weinrich)也是依据在这个中心的工作经验所说的那样,"我在这里不由得常想起埃里希·凯斯特讷(Erich Kaestner)一首著名的诗。这首诗的标题是《坐在椅子之间唱歌》。如果说这是一个不舒服的唱歌的位置,那么要在教授讲椅之间唱那些跨学科的歌又是多么难。但它们还必须被唱,因为坐在讲椅上虽然比较舒服,但有老是唱同一支歌的危险"。因此跨学科研究需要特殊的准备才能够达成。

人们不应寄予跨学科研究太多的期待。所参与的科学的完美与严谨的融合是稀有的例外,尤其是参与的专业范围扩大,其中占主导地位的科学在学科界限上特别分明与固定的情况下。这样的学科有自然科学或者还有法学,它们有别于历史科学,后者的方法实际上很折中,使用的是与日常用语相近的语言并且向许多方面开放。

跨学科研究失败的风险仍然很高。为了降低这一风险,如果研究的问题允许,可以将参与其中的一个学科作为主导学科,把它作为力图实现的可扩大的融合的基础,其他专业的代表可以朝着这一方向表态,哪怕是提出反对意见。

跨学科研究不是脱离学科方面的能力,而是以它为前提。只有通过在一个或两个学科的学习,才能学到所需要的能可靠地进行跨学科研究的技术、知识、扎实性。在学科以外的全才是不存在的。而另一方面,如果跨学科研究小组的参与者自己能带来一个专业以上的经验,而不是太固化,则是有用的。因此进行早期的跨学科教学有一定的道理,但这种教学只能是补充性的。跨学科的研究工作容易让学术新手无法胜任。

比勒费尔德跨学科研究中心为期一年的跨学科研究小组的方案是以不同的方式产生的。有几个小组是在共同专题的基础上形成的，如参与"19与20世纪初的法律与大企业的发展"项目的历史学家、社会科学家与法学家。其他的小组在它们对某一共同理论在各个不同的应用范围的兴趣中找到了共同点。例如1988—1989年的研究小组"行为科学中的博弈理论"就是这样产生的。成功的跨学科研究最容易实现的情况是，它产生于一个普遍性问题，这一问题被研究小组成员都认为需要得到解决，而其处理很显然需要不同专业的合作。

这样的只有跨学科才能解决的问题经常在实际生活中自动地冒出来，但问题的表达本身也可能是一个跨学科的讨论过程的结果。一旦一个跨学科研究的、带有不断变换的专题的机构框架成立了，它就会以其所拥有的资源，鼓励着新的亟待用跨学科方法解决的问题的提出。

与许多其他事情一样，跨学科研究也能够通过机制化获得进展，只要它能保证问题提出与专题选择方面的弹性与灵活性，以避免学科研究常有的典型的固化。对此，比勒费尔德跨学科研究中心20年来令人印象深刻的成绩单就是一个证据。

参考资料：

J. Kocka (Hg.), *Interdisziplinarität: Praxis-Herausforderung-Ideologie*, Frankfurt a. M. 1987 (本书也有在文中提及的 H. Hentig, H. Heckhausen und J. Mittelstrass 的论文).

J. Kocka u. G. Sprenger, "Das Zentrum fuer interdisziplinäre Forschung (ZiF) der Universität Bielefeld", *Jahrbuch zur Staats-und Verwaltungswissenschaft* 2 (1988), S. 367 – 386.

K. D. Bock, "Helmut Schelsky: Hochschulreformer 'auf eigene Faust': Zur Vorgeschichte der Bielefelder Universitätsgründung", in: *Helmut Schelsky-ein Soziologe in der Bundesrepublik*, hg. v. H. Baier, Stuttgart 1986, S. 167 – 181.

H. Weinrich, "Interdisziplinäre Forschung an der Universität Bielfeld", in: *Jahresbericht des ZiF* 1973, S. 9 – 21.

F. -X. Kaufmann, "Das Bielefelder ZiF: ein Ort interdisziplinärer Forschung", *Merkur* 37 (1987), S. 464 – 468.

Centre for Educational Research and Innovation (CERI), *Interdisciplinarity: Problems of*

Teaching and Reasearch in Universities(OECD, 1972).

Inter-disciplinaryty Revisited: Reasessing the Concept in the Light of Institutional Experience, hg. v. L. Levin u. I. Lind, Stockholm(OECD/CERI), 1985.

W. Vosskamp, "Von der wissenschaftlichen Spezialisierung zum Gespräch zwischen den Disziplinen", in:*Kindlers Enzyklopädie: Der Mensch*. Das zehnbändige Werk, Bd. 7(1984), S. 445 – 462(mit Literatur).

M. Carrier u. J. Mittelstrass, "Die Einheit der Wissenschaft", in: Akademie der Wissenschaften zu Berlin,*Jahrbuch* 1988, Berlin/New York 1989, S. 93 – 118.

论历史学跨学科研究的必要性

安杰伊·M. 韦尔瓦 著／何 风 译

"变革的精神即历史的精髓所在。"——J. G. 赫德尔

对过去的现象和过程的任何解读,其依据就是史料,即按照人类所谓的定义及其思想和行动的轨迹,所有可令我们再现过去时代人们生活画面的文物。[1] 我们可以借此溯源自然环境的变迁,以及人类及其共同体的生物和文化演进的路径,还有那些源自实践和劳动的行为,以及在特定的领土上,

---

[1] 关于历史渊源和历史学之间合作的概念,请参见:J. Topolski, *Metodologia historii*, wyd. 2, Warszawa: Państwowe Wydawnictwo Naukowe, 1984, pp. 193 – 211, pp. 401 – 425, pp. 473 – 515; J. Topolski, *Wolność i przymus w tworzeniu historii*, Poznań: Wydawnictwo Poznańskie, 2004; G. Labuda, "Próba nowej systematyki i nowej interpretacji źródeł historycznych", Studia źródłoznawcze 1, 1957, pp. 3 – 52; T. Buksiński, *Zasady i metody interpretacji tekstów źródłowych*, Poznań: Państwowe Wydawnictwo Naukowe, 1991. 考古资料详见 D. Ławecka, *Wstęp do archeologii*, Warszawa-Kraków: Wydawnictwo Naukowe PWN, 2003; W. Hensel, G. Donato, i S. Tabaczyński (red.) *Teoria i praktyka badań archeologicznych. Przesłanki metodologiczne*, Warszawa: Ossolineum, 1986; S. Tabaczyński, *Archeologia średniowiecza. Problemy, źródła, metody, cele badawcze*, Wrocław: Ossolineum, 1987; J. Piontek, "Wokół kwestii metodologii historycznej i nauk pokrewnych", w D. Minta-Tworzowska, W. Rączkowski red., Archeologia, paradygmat, pamięć, Poznań: Wydawnictwo Poznańskie, 2001, pp. 123 – 135; A. Zalewska, *Teoria źródła archeologicznego i historycznego we współczesnej refleksji metodologicznej*, Lublin: Uniwersytet Marii Curie-Skłodowskiej, 2005; D. Minta-Tworzowska, *Interdyscyplinarność badań naukowych a archeologia*, Studia i materiały do dziejów Pałuk, t. VI, Poznań: DiG Wydawnictwo, 2006; P. Chachlikowski, "Geologia czy archeologia? Próba zarysu modelu postępowania badawczego petroarcheologii", w J. Skoczylas, red., Użytkowanie surowców skalnych w początkach państwa polskiego, Poznań: Wydawnictwo Naukowe UAM, 1994, pp. 79 – 90; I. Hodder, *Czytanie przeszłości*, Poznań: Obserwator, 1995; C. Renfrew, P. Bahn, *Archeolgia, Teoria, metody, praktyka*, Warszawa: Prószyński i S-ka, 2002; A. Marciniak, *Archeologia i jej źródła. Materiały faunistyczne w praktyce badawczej archeologii*, Warszawa-Poznań: Wydawnictwo Naukowe PWN, 2003; W. Hensel, G. Donato, i S. Tabaczyński (red.) *Teoria i praktyka badań archeologicznych. Przesłanki metodologiczne*, Warszawa: Ossolineum, 1986; S. Tabaczyński, *Archeologia średniowiecza. Problemy, źródła, metody, cele badawcze*, Wrocław: Ossolineum, 1987;

在给定的时期内创造的被该共同体认可并接纳的崭新的文化价值,及其后续的"生命力"和后代的转变。

对文化和文明的定义与牵涉这些概念的相关领域存在紧密联系。作者认为,在许多方面,关于该问题最令人信服的观点来自杰·拉布达(Gerard Labuda),他总结了自己对于"文化分析史的研究领域和兴趣主题"的思考,其中特别指出的"各种各样的创新及其诞生、生命力和传统"有助于我们解答这样一个问题,即"在历史进程中,文化产品体系和价值体系的创造和发展是以怎样的创造性方式进行的? ……以及如何在社会生活的实践中加以巩固?"[①]该行为及其结果,正如耶·托波尔斯基(Jerzy Topolski)先前所书,成为了以自发方式创造的历史……,该创造活动以有意或无意的方式进行……,

---

J. Piontek, "Wokół kwestii metodologii historycznej i nauk pokrewnych", w D. Minta-Tworzowska, W. Rączkowski red., Archeologia, paradygmat, pamięć, Poznań: Wydawnictwo Poznańskie, 2001, pp. 123 – 135; A. Zalewska, Teoria źródła archeologicznego i historycznego we współczesnej refleksji metodologicznej, Lublin: Uniwersytet Marii Curie-Skłodowskiej, 2005; D. Minta-Tworzowska, Interdyscyplinarność badań naukowych a archeologia, Studia i materiały do dziejów Pałuk, t. VI, Poznań: DiG Wydawnictwo, 2006; P. Chachlikowski, "Geologia czy archeologia? Próba zarysu modelu postępowania badawczego petroarcheologii", w J. Skoczylas, red., Użytkowanie surowców skalnych w początkach państwa polskiego, Poznań: Wydawnictwo Naukowe UAM, 1994, pp. 79 – 90; I. Hodder, Czytanie przeszłości, Poznań: Obserwator, 1995; C. Renfrew, P. Bahn, Archeolgia, Teoria, metody, praktyka, Warszawa: Prószyński i S-ka, 2002; A. Marciniak, Archeologia i jej źródła. Materiały faunistyczne w praktyce badawczej archeologii, Warszawa-Poznań: Wydawnictwo Naukowe PWN, 1996; H. Mamzer, "Pytanie o archeologię", w Michał Duchowski, Ewa Domańska i Inni, Jakiej archeologii potrzebuje współczesna humanistyka?, Poznań: Instytut Historii UAM, 1998, pp. 13 – 49; W. Wrzosek, "Jakiej archeologii nie potrzebuje nieklasyczna historia?", w Michał Duchowski, Ewa Domańska i Inni, Jakiej archeologii potrzebuje współczesna humanistyka?, Poznań 1997, pp. 112 – 123. 近期详见 P. Racinet, "Archeologia globalna i badania interdyscyplinarne. Uwagi metodyczne na marginesie nowszych badań z zakresu archeologii średniowiecza", w Acta Universitatis Nicolai Copernici. Archeologia XXVIII, Toruń: Wysdawnictwo Uniwersytetu Mikołaja Kopernika, 2001, pp. 19 – 57; 关于艺术史请参见: K. Kalinowski (red.), Problemy interpretacji dzieła sztuki i jego funkcji społecznych, Poznań: Wydawnictwo Naukowe Uniwersytetu im. Adama Mickiewicza, 1980; A. Grzybowski, Studia z Ikonografii, Warszawa: Wydawnictwo DiG, 1997; Sztuka i historia. Materiały z sesji Stowarzyszenia Historyków Sztuki, Kraków, listopad 1988, Warszawa: PWN, 1992. 关于各种文化现象的解释,请参见"ostatnio zbiór artykułów", w W. J. Burszta, W. Kuligowski red., Ojczyzna słowa. Narracyjne wymiary kultury, Poznań: Biblioteka Telgte, 2002.

① G. Labuda, "Historia kultury jako historia twórczych innowacji", Nauka Polska 5 – 6, (1991), pp. 13 – 37. 此处见 p. 37. Historia kultury historią cywilizacji (seria wykłady inauguracyjne nr 32), Poznań: Uniwersytet im. Adama Mickiewicza w Poznaniu, 1993.

(通常不具备)行为本身的较为深远的影响。① 在其创造活动的每个阶段(时间和空间上的),都会在该行为(以及)人类在具体地点的逗留之后,下意识或无意识地遗留文物,从而直接或间接地使我们有机会思考创造之路的下一阶段,包括人和社会群体,耶·托波尔斯基称之为"进化的产物"②。我们获得的所有文物——人及其赖以生存的环境(即生物和非生物环境)本身,以及产生的思想、行动和创造发明的痕迹都是我们认知的来源,从而构成了解释过去发生的现象和过程的基础。(见图1)

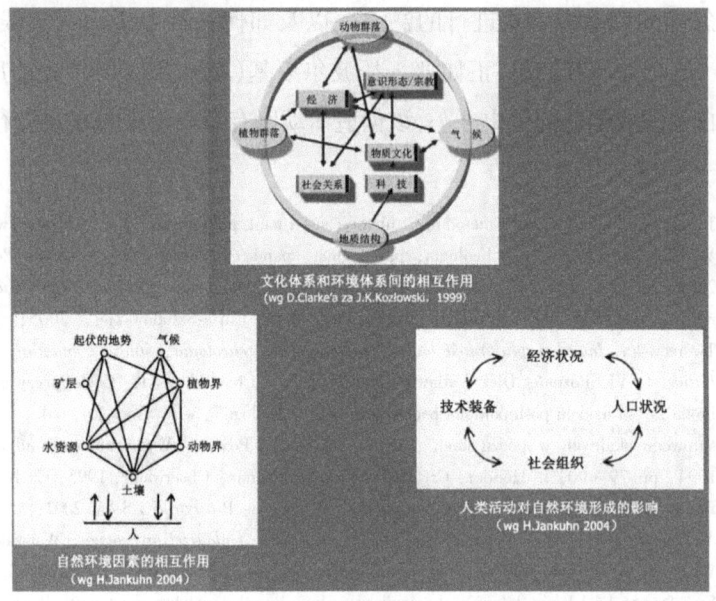

图1 克拉克(Clark)和扬库恩(Jankuhn)总结的"环境—人—文化—环境"之间决定相互依存性的因素(P.纳米奥塔绘制)

因此,以往社会的任何信息(认识论意义上的)都可以被广泛理解为史料,其中包括任意史料存在的自然环境及其传播的内容(即信息通道)。③

科学中曾存在许多对史料进行分类的尝试,在此不作细表。在众多尝试定义和解释史料的思想中,笔者认为,由耶·托波尔斯基继承并发扬的杰·拉

---

① J. Topolski, *Wolność i przymus w tworzeniu historii*, Poznań: Wydawnictwo Poznańskie, 2004, p.5.
② J. Topolski, *Wolność i przymus w tworzeniu historii*, Poznań: Wydawnictwo Poznańskie, 2004, p.7.
③ J. Topolski, *Metodologia historii*, Warszawa: Państwowe Wydawnictwo Naukowe, 1984, p.324.

布达的归类法同样应受到关注。杰·拉布达以"思考"人类行为之具体形式的史料为基础,将其划分为人体工程学、社会工程学、心理技术学以及惯例四类。① 该思想实际囊括了所有可能获得并分析人类文化活动信息的认识论资源。同样,这一划分也与史前史(史前史即"旧史")以及历史时代有关。

但是,文化过程和现象的重现在过去面临很多局限性。跋涉在深邃的时间中越久,则探索之路越迷离,会使我们难以审度原本逼真的生活和多彩的空间,喧嚣的世界会变得一片死寂,而我们的世界也将不再延续。对此,诗人尼·莱伊(Mikołaj Rej)早在文艺复兴时期就曾感叹道:

目睹的一切,都会很快逝去,
任何事物也无法像时间一样永恒……
尽管坟墓留有盾徽,文字镌刻石上,旗帜迎风飘扬,
但石头、旗帜也会在顷刻间灰飞烟灭,变得面目全非……。②

莱伊诗词的意境亦在当代研究中有所体现。这类研究显示人类的记忆通常会在第二代或第三代消失,但部分事件例外。这不仅适用于个人,也适用于规模较大的群体,且通常只在某些情况下适用,如名誉攸关的时候。正如莱伊所言:"永恒的名誉可能只在死后方得到彰显。"③

正如人类的生活千头万绪,为了重现流逝的光阴,需要进行多方面的研究,以便从过去的世界中提取出部分已消逝的景象。那些以行动揭示并解析事实的动力,即那些到目前为止依然不为所知却能够引起历史学家兴趣

---

① G. Labuda, Próba nowej systematyki i nowej interpretacji źródeł historycznych, op. cit., Poznań: Wydawnictwo Naukowe, 2010, pp. 3 – 52. 还见 J. Topolski, *Metodologia historii*, Warszawa: Państwowe Wydawnictwo Naukowe, 1984, op. cit., p. 327. ,还可对照 W. Moszczeńska,*Metodologia historii. Zarys krytyczny*, Warszawa: Państwowe Wydawnictwo Naukowe, 1977, pp. 78 – 112.

② Mikołaj Rej,"Wizerunek własny żywota człowieka poczciwego" – tam 1. "Nic trwałego na świecie", w Jan Ślaski, wyboru dokonał i opracował., Wybór pism, Warszawa: Panst. Instytut Wydawniczy, 1979, p. 79.

③ Mikołaj Rej,"Wizerunek własny żywota człowieka poczciwego" – tam 1. "Nic trwałego na świecie", w Jan Ślaski, wyboru dokonał i opracował., Wybór pism, Warszawa: Panst. Instytut Wydawniczy, 1979, p. 79.

(开展研究)的基本要素①,首先便与对研究对象的深入思考有关。

史学中存在两类理解事实概念的方式。首先是(本体论意义上的)客观理解方式,即独立于现存"历史研究对象"的认识主体,"事件本身"确实如此或具有类似的特征。在认识论或方法论上,它被理解为"科学建构"。②

决定历史学家研究范围的因素恰恰就是这些事实或事实的综合体,它们提供了一条具体的研究途径,其范围取决于研究人员深入的科学思考或其他人所称的学识③,这些能够促使研究人员提出广泛的问题,并通过问题尽量再现特定的现象或过程。通常对具体现象的多面性的忽视应归因于对该主题缺乏开放性的思考,而非此现象的发生概率。基于单一的史料看待具体现象是不可取的,因为它只反映了现象的一个方面。而多方面地(从不同史料的角度)审视具体现象在很大程度上可以启发我们的认识。所以,要善于"倾听"各类对我们"倾诉"自我和时代的史料。

杰·拉布达基于文字史料创作的《重现过去》一文,认为重现社会史的历史学家把它们分为"三个阶段"。首先是"来源事实",即对每个条目分别进行单独的语义分析;其次是采集个别信息并严格评估其可信程度,从而创建"历史事实"。根据拉布达的理解,这些事实与客观历史现实最相符;最后,从众多的历史事实中,综合历史学家或专题作者通过选择或代表个别的"历史事实",重现或呈现他们对于过去的看法,并创造出一个全新的、独创的类别,即"史学事实"。在拉布达看来,"物质和艺术文化史家的历史认知模式有所不同,对于他们而言,'缄默的'史料就是实际的出发点……。因此,首先产生了'人为事实',即根据内容和正式的标准,通过详细描述来创建……;其次,在此基础上创建针对每个研究学科(如考古学、建筑史、艺术

---

① J. Topolski, *Metodologia historii*, op. cit., Warszawa: Państwowe Wydawnictwo Naukowe,1984, p.183.
② J. Topolski, *Metodologia historii*, op. cit., Warszawa: Państwowe Wydawnictwo Naukowe,1984, p.184. 还见或参考 W. Moszczeńska, *Metodologia historii. Zarys krytyczny*, op. cit., Warszawa: Państwowe Wydawnictwo Naukowe, 1977, pp. 60 – 66. 和 A. Zalewska, *Teoria ź ródła archeologicznego i historycznego we współczesnej refleksji metodologicznej*, op. cit., Lublin: Wydawnictwo UMCS, 2005, passim.
③ D. A. Sikorski, "O badaniach interdyscyplinarnych w badaniach nad wczęsnym średniowieczemuwagi Krytyczne", Wrocław(w druku).

史等)的特定的'考古、建筑、艺术学科'的事实网络;最终,针对每个学科,在史学事实中寻找恰当的表达方式"①。鉴于第一阶段和第二阶段被研究史料的特殊性,细致辨别个别文物往往需要借助考古学、建筑学、艺术学、自然科学以及物理化学等学科深入的专业分析,由此获得的"事实网络"多多少少都可以确定所研究文物的正式特征、年代及其在现实研究中的地位。

随着包括历史学在内的科学的发展,我们将会注意到,无论过去还是现在,特定学科在不同时期都会出现狭隘的专门化趋势,结果导致科学探索的某种"隔绝"和"熵变"。但另一方面,受到关注的这一现象与融合的趋势有关,即跨学科研究意在"利用在另一学科中确立的事实和理论来解释某一学科"②。

中国古代伟大的道学家庄子在公元前三世纪时就曾说过:"渊博的学识可将一切视为一体,浅薄的学识则正相反……"③

目前,至少在理论假设上,尽管尚未进行深入的方法论方面的反思,但在口头上,绝大多数研究者都倾向于认为所有(或大多数的)科研工作都具备跨学科研究的特性。

波兰语中将跨学科研究的概念定义为"能够运用多种科学成果的两门或多门学科",也指"代表不同科学分支的科学家"④团体,即多位专家针对特定对象展开研究合作。"能够运用多种科学成果"这一定义非常关键,可以理解为将学科研究的结果组合成一个特定的整体,意即合成。但在实践中可以看出,我们通常只满足于给定对象的学科研究,而没有对学科研究结果

---

① G. Labuda, "Budownictwo sakralne Gniezna i Poznania na przełomie X/XI wieku w świetle źródeł pisanych", w Polska na przełomie I i II tysiąclecia, Poznań: Stowarzyszenie Historyków Sztuki, 2001, pp. 267 – 268.

② J. Topolski, *Metodologia historii*, op. cit., Warszawa: Państwowe Wydawnictwo Naukowe, 1984, p. 345. 还见 A. Zalewska, *Teoria źródła archeologicznego i historycznego we współczesnej refleksji metodologicznej*, op. cit., Lublin: Wydawnictwo UMCS, 2005, pp. 162 – 164. 和 D. MintaTworzowska, "Interdyscyplinarność badań naukowych a Archeologia", w A. Wyrwa red., Studia i materiały do dziejów Pałuk, t. VI – XXV lat badań archeologiczno – architektonicznych w Łekneńskim kompleksie osadniczym, Poznań 2006, op. cit.

③ T. Merton 2005, p. 44.

④ Słownik języka polskiego, Warszawa: Państwowe Wydawnictwo Naukowe, 1978, t. 1 – 3; tu t. 1., p. 798. 还见 Słownik współczesnego języka polskiego, Warszawa: Wydawnictwo Wilga, 1998, t. 1 – 2, tu t. I, p. 325.

进行广泛、综合关联的大胆尝试。

在不同的观点交流过程中,有时人们会发现,只有在采用"学术界"的方法来了解一个特定事实的时候,才会涉及跨学科研究。比如,历史学家在开展此类研究时,会运用古文书学、印章学、宗谱学、历史地图绘制学和其他方法来分析文献。在不必进行更加深入探讨的情况下,上述情况可谓属于跨学科研究的范畴(对文献进行内部、外部的评论),但还不足以阐明跨学科研究。作者认为,只有在以下情况下,比如解释待分析文献上的(蜡封或铅封的)印章,或对羊皮纸古文稿或纸张进行物理化学分析以确定其化学成分,抑或采用碳14的方法确定其年代时,才会谈及跨学科研究。一般而言,只有在历史学家采用历史学方法以外的、严格意义上的学科方法来阐明自己的观点时,才会涉及跨学科研究。

以"孤立主义"审度过去是一种"井底之蛙"式的视野,只能"看到"更大、更为完整的现实中的一小部分。任何"微观分析"研究都应服务于对特定宏大空间的认识,并将全部微观分析研究的结果结合在一起进行综合(见图2)。①

图2 跨学科研究——文物经专门研究到跨学科的综合(A.M.维尔瓦制作)

在讨论与宗教史有关的问题时,米·伊利亚德(Mircea Eliade)曾生动地评

---

① 关于史学中的综合主题,请参见:J. Maternicki (red.), *Metodologiczne problemy syntez historiihistoriografii polskiej*, Rzeszów: Wydawnictwo Wyższej Szkoły Pedagogicznej, 1998.

论过该问题。在专著的引言中,他这样写道:并非"研究对象的规模造成这种现象",而是"其存在的自身条件"。"仅依靠显微镜研究大象的博物学家敢断言他对这种动物的天性已了如指掌了吗?显微镜能够揭示所有多细胞生物都相同的细胞结构和机能,大象无疑是多细胞生物,然而仅仅就局限于此吗?在显微镜的视距内可以思考这一问题的答案。然而,立足人的视野,至少应该认识到大象具有的动物学现象,这是毋庸置疑的。"①参照这一观点以及就之前的所有评论而言,应该从各个方面完整看待任何研究问题,并且通过这种方式,被研究文物最初发挥的作用,其原始规模、官能等真实而"纯粹的"现象并不会脱离观察视域。因此,开展此类研究时应对形形色色的、可对其发挥直接或间接影响的因素(如自然环境、社会、经济和文化因素等)加以考虑。

　　个人,还有规模较大的共同体以及他们所处的环境都是非常复杂的因素。因此,单纯寄希望于以一门科学可靠地再现这些变化是不可能的,尤其对史前史和早期历史而言。无论过去,还是现在,人类都是在由诸多元素构成的自然和文化环境中生活并进行创造活动,它们之间存在着多重联系、依附性和交换性(见图1)。因此,这就是为何在了解特定的事实或现象时,我们必须要以足够广泛的视角来尽可能地窥其全貌而不遗失任何细节的原因所在。仅凭单一史料审视特定的现实会严重窄化我们的观察视域,通常会导致我们对该现实想要或可以"倾诉"内容的理解矫枉过正。所以,在此类研究中构建广泛的问题并将其置于我们所拥有的史料面前,以便能够从中提取尽可能多的、与特定现象或过程有关的信息就显得非常重要。如上所述,对研究对象的这种理解与特定研究人员的博学程度息息相关,取决于他能否给自己和其他专家提出如何确定最贴近该文物原始面貌的问题。我们注意到,在科学发展的特定阶段,并非所有包含在该史料中的"信息渠道",包括目前采用的研究方法,都能够引起注意并得到验证,我们必须充分意识到这一点。但经验告诉我们,今天不可能做到的事情,包括得益于崭新的、更准确的方法和广泛的研究反思,有可能会在不久的将来得以实现。科学研究的情况大致如此。我们在此谈及的研究,无论学识和研究的需要如何,

---

① M. Eliade, *Traktat o historii religii*, Warszawa: Książka i Wiedza, 1966, p.1.

在很大程度上取决于可能会限制我们的行为和认知的财政手段。即便如此，还是要竭尽所能地多作分析，因为在许多情况下，用于分析而采集的样本可能无法保存"到较好的时期"，而包含其中的信息可能会难以避免地丢失。无论如何，只有提交详细的研究结果才能够为我们提供一个起点，才能以"鹰的视角"奠定更广泛分析的基础。因此，在完全认可研究对象的前提下，两个研究视角之间必然存在直接的关联。①

通常，史前史（考古学）和各种专门史都被视为独立的学科。但实际上，

---

① 在跨学科研究中，显示了对史前史和历史中的人类历史进行全面研究的可能性，可参见"opracowania publikowane", w A. M. Wyrwa, red., *Studia i materiały do dziejów Pałuk*, Poznań: Wydawnictwo Naukowe DiG, 1989 – 2006, pp. 1 – 6; *Studia Lednickie*, t. 1 – 8, Lednica – Poznań: Wydawnictwo Naukowe Uniwersytetu im. Adama Mickiewicza, 1989 – 2005; W. Chudziak (i autorstwo t. 1) (red.), *Mons Sancte Laurentii*, Toruń: Wydawnictwo Naukowe Uniwersytetu Mikołaja Kopernika, 2003 – 2004, t. 1 – 2; S. Moździoch, *Castrum Mnunitissimum* Bytom, Lokalny ośrodek władzy w państwie wczesnopiastowskim, Warszawa, 2002; R. Czaja, G. Nawrolska, M. Rębkowski, J. Tandecki(red.), *Archaeologia et historia urbana*, Elbląg 2004; H. Kóčka-Krenz, Poznań we wczesnym średniowieczu, t. V, Poznań: Wydawnictwo Poznańskie, 2005; 已出版的（英文）成果中尤为值得关注的有: Archeozoologia, t. 21, Katowice – Poznań, 2003. 在其他研究中，对在应用各种资料的同时，以当前观点来审视特定人群的选定生活领域而言是一个很好的例证，例如 W. Dzieduszycki, M. Kupczyk, *Gopło: przyroda i człowiek*, Poznań: Polska Akademia Nauk, Instytut Archeologii i Etnologii, 1993; R. Przybylak, G. Wójcik, K. Marciniak, W. Chorążowski, W. Nowosad, P. Oliński, K. Syta, "Zmienność warunków termiczno – opadowych w Polsce w okresie 1501 – 1840 w świetle danych historycznych", Przegląd Geograficzny 76 (2004), z. 1, pp. 5 – 31; A. Zielski, M. Krąpiec, *Dendrochronologia*, Warszawa: Wydawnictwo Naukowe PWN, 2004; A. M. Wyrwa, "W kuchni i przy stole 'szarych mnichów', czyli o wyżywieniu cystersów w świetle źródeł normatywnych zakonu oraz wybranych źródeł pisanych, archeologicznych i przyrodniczych", Archeologia Historica Polona 14(2004), pp. 51 – 113; A. M. Wyrwa, "Przyczynki do rekonstrukcji klimatu w prahistorii i czasach historycznych na Pałukach w świetle interdyscyplinarnych badań łekneńskiego kompleksu osadniczego", Toruń (w druku); A. M. Wyrwa, "Czynniki związane z procesem formowania się grodów limesu nadnoteckiego we wczesnym średniowieczu. Stan i perspektywy badań", Poznań (w druku); D. Makowiecki, "Wędrówki zwierząt jako przykład działalności gospodarczej i pozagospodarczej człowieka", w S. Moździoch, red., Wędrówki rzeczy i idei w średniowieczu, Spotkania Bytomskie V, Wrocław, 2004, pp. 335 – 362; A. Marciniak, "Archeologia i jej źródła", op. cit. W. Niewiarowski red., Zarys zmian środowiska geograficznego okolic Biskupina pod wpływem czynników naturalnych i antropogenicznych w późnym glacjale i holocenie, Toruń,1995 (tu cykl różnych artykułów); 还见 P. Racinet, "Archeologia globalna i badania interdyscyplinarne", op. cit. M. Lityńska – Zając, K. Wasylikowa, Przewodnik do badań archeobotanicznych, Poznań: Sorus, 2005; K. Wasylikowa (red.), *Rośliny w dawnej gospodarce człowieka warsztaty archeologiczne* Kraków: Polska Akademia Nauk, 1999. 这里有一系列关于史前和各历史时期的各种问题的文章及其他一些成果。

考虑到研究的主题,即人类的历史及其文化活动,除了在不同的研究层面上,每个"学科"都可以利用各种用于描述、分类、识别,乃至进行内、外部评论的史料和方法重现特定的"人为事实"和"历史事实"之外①,两个学科构成一个连贯的整体。

对人类物种演进路径的科学探讨源自原始人类的人类物种的发展,根据目前的研究,可追溯至公元前440万年左右。② 对于几百万年以前的人类生活,我们仅能够通过物质文化的史料来窥其一二。这个时间段相对较晚,因为只在公元前3000年左右的古代时期才开始形成新的文化标准,这与通过文字(图片、象形文字、字母)将自己的知识有意识地传递给后代有关。③

鉴于发展呈现的异步性,各个共同体需要很长的时间才会达到这一阶段。在欧洲文化圈中,用以收集并保留个人或群体记忆的文字大约出现在公元5—6世纪,约公元10或11世纪出现在波兰,广泛流行则要到公元12、13世纪。那是一个崇尚文字记录而不屑口口相传的时代,"话语随风而逝,文字永久流传"道出了真谛。文字自出现并开始传播的一刻起,物质文化史料以及书面史料之间就产生出一些共同的要素,它们相互补充、相互印证、相互关联,从而可以广泛地、更加令人信服地,尽管常常未能自始至终地解释人类及其创造的文物赖以存在的自然环境。

在所有创造了文字的社会中,这种信息传达方式逐渐成为结构化和系统化的法律行为合法化的基础。然而,应该指出的是,能够运用这种方式的创作者和受众少之又少。因此,文字文化与口传声授实际上同时存在,鉴于

---

① 参见该主题,其中包括:J. Strzelczyk, "O możliwości współpracy historii iarcheologii", Slavia Antiqua 29(1983), pp. 259 – 269;M. Derwich, "Badania archeologiczno-architektoniczne w Polsce: uwagi historyka", Archeologia Historica Polona, 10(2000), pp. 9 – 18; A. M. Wyrwa, "Stan i potrzeby badań archeologiczno – architektonicznych klasztorów cysterskich(linia męska iżeńska) w Polsce", Archeologia Historica Polona, 10(2000), pp. 19 – 62, 尤其关注第36 – 42页。
② 大量有关人类进化问题研究和探讨的最新观点请参阅:F. Mallegni, "Zarys ewolucji biologicznej człowieka – od najstarszych hominidów do człowieka współczesnego", w Wielka historia świata. świat przed "rewolucją neolityczną", Warszawa, 2004, pp. 99 – 125.
③ 在丰富的文学作品中,有关文字的主题请参阅:A. Kapr, Schriftkunst, "Geschichte, Anatomie und Schönheeit der Lateinischen Buchstaben", Dresden Verl. der Kunst, 1976; D. A. Sikorski, Anglosasi i wpływy anglosaskie w skryptoriach karolińskich do końca IX wieku, Poznań: Instytut Historii UAM, 2005, 以及其他成果。

后者存在的时间较短,绝大多数未能流传至今,未能为我们所认识。而以特定方式"承载"着祖辈知识的"传统"的存在则不倚仗于此。①

因此,如果不存在其他可能,该问题可被简化,我们可以认为没有文字记载的整个时期都是"空白点"。

我们还须意识到,尽管我们可以持不同的看法,但书面史料描绘的世界实际上于我们而言是陌生的。"不要以陌生元素、'外来词'来为'他者'构筑世界图景,这一点毋庸置疑。但必须仔细倾听'他者'描述自身世界、现实和自我的词语,这不过是解释学上的一种'渗透',接受外来的'我'作为第二主体,而不是其它默不作声的对象。……否则,它就会以它不具人格的一面示人:它会沉默、闭嘴,在事物的完整形象中变得冷漠。"②

人类"遗留"的所有文物都是历史学研究的对象,都是以时代精神创造出来的。因此,与认识它们有关的最重要的问题之一是要尽可能地接近该时代的特征,并学习这些至今已沉寂许久的"对象在谈论自己的时代"的"语言"。我们可以"听到"它们的讲话,但只有部分人能够领会其中的含义。要掌握这项技能,必须学会这些对象与我们交流的"语言"。在此意义上,我们可以将所有专业的史学家都称为语言学家,它们借助已消逝在太古蛮荒时代的"噪音"来尽量再现这类"语言"。但是,我们通常只能读取已不再构成我们今天能够识别的短语中的个别声音。只有利用最新的科技成就,依据

---

① 有关相关问题的评论,请参见:K. Tymieniecki,"Folklor czy historia", Roczniki Historyczne 24 (1958), pp. 439 – 449; A. E. Woźniak, *Podanie i legenda. Z badań nad rosyjską prozą ludową*, Lublin: Wydawnictw Katolickiego Uniwersytetu Lubelskiego, 1988; W. Łysiak,"Czas i przestrzeń kreacją ludowej wizji przeszłości", Rocznik Muzealny, Włocławek, 1991, t. VI, pp. 249 – 256; W. Łysiak, *Ludowa wizja przeszłości. Historyzm folkloru Wielkopolski*, Poznań: Wydawnictwo Naukowe UAM, 1992; J. Topolski,"Problemy metodologiczne korzystania ze źródeł literackich w badaniach historycznych", w Dzieło literackie jako źródło historyczne, Warszawa: Czytelnik, 1978; A. M. Wyrwa,"Translokacja opactwa cystersów z Łekna do Wągrowca. Czas, inicjator i przyczyny translokacji w świetle źródeł pisanych, archeologicznych i podań. Próba naświetlenia problemu", w A. M. Wyrwa, red., Translokacja opactwa z Łekna do Wągrowca, Wągrowiec 1998, pp. 13 – 41. 还有在上述其他书目指南中。

② K. Piątkowski,"O niektórych pożytkach dla antropologii płynących z wiedzy o literaturze",w W. Burszta i W. Kuligowski, red., Ojczyzna słowa: Narracyjne wymiary kultury, Poznań: Biblioteka Telgte, 2002, pp. 19 – 39 和 pp. 30 – 31.

若干个世纪前的少量信息提出相应的问题,我们才能拓宽我们的视野。

从严格意义上讲,认识过去仅与历史学有关。当代的历史学家和考古学家,无论希望与否,都应该且必须利用专家的经验,求助博物学家、物理学家和化学家们,尽管他们的志趣似乎与历史研究的主要对象相去甚远,但他们拥有渊博学识和丰富阅历。这种合作是基于对认识对象的独立的、批判性的理解,由此得出的结论也是要让所有对此感兴趣的人能够理解并读懂才有意义。但是,以目前的经验来看,阻碍历史学家正确领会博物学家、物理学家和化学家研究成果的常见障碍,恐怕就要数那些晦涩难懂的学科专业术语了。

人们还要铭记的是,在历史研究乃至整个科学认知中都存在史料解读方面的限制。如果远远超出范围,则要考虑是否踏入了过度解读的误区,通俗地讲,就是陷入了自由幻想的窠臼。遗憾的是,自古以来的情况便是如此。很多时候,尤其是在史料匮乏或词语表达深奥难懂的情况下,还要尽力寻找一种阐释特定现象或事实(文物)的可能,则显得过于理智化,尽管作者很博学,却最终导致得出错误的结论。例如,由科学权威作出的判断会陷入科学定式循环的窠中,而实际上,这无非只是一种不合理的推断。此外,我们还要意识到,在认识过去的过程中,我们永远无法完全确定提出观点的可靠性。但是,跨学科研究使我们能够在很大程度上消除不确定性,并能够对该研究对象的理解更加趋于可靠。

一个很好的例证就是关于斯拉夫人的起源,或是有关所谓的"比斯库宾古斯拉夫人要塞"及其年表的观点。尽管缺乏足够的科学论据来指明当时的意识形态需要,但在1930年代,科学界曾流传一种观点,认为比斯库宾或将成为"古斯拉夫人的要塞"。受科学权威推崇的这一观点已永久地入主科学界、教科书以及普遍的公众意识当中。直到20世纪90年代末期,为了改变公众认知,验证这一理论仍需付出大量的努力。无论当时,还是现在,除作为劳济茨文化(也称乌日昌文化)人口的要塞①之外,我们没有其他的论点

---

① 参见 T. Ważny, W. Piotrowski, W. Zajączkowski, "Biskupin i dendrochronologia", Znińskie Zeszyty Historyczne 12(1994), pp.4–14; T. Ważny, Dendrochronologia obiektów zabytkowych w Polsce, Gdańsk, 2001.

来描述比斯库宾要塞,那个时期很难将民族同考古学文化联系起来。另一个过度解读文物的典型例证就是对"莱德尼查山羊雕塑(Koziołek Lednicki)"进行的所谓历史稽考,在未曾进行广泛研究和深入思考的情况下就与波兰国家的起源挂钩,在经过细致的分析后表明,它不过是一处建于19世纪的古迹,与大波兰地区传统的古代民间娱乐活(podkoziołek)的庆典有关。① 诸如此类的案例不胜枚举,但它们并非我们思考的对象。

上述案例并未引发广泛的社会关注。但是,纵观历史,当对特定事实和历史事件的解释被迫服从当前的政治局势或宗教需要时,往往会给文化带来灾难性的后果,比如沙文主义、宗教战争、迷信、不宽容,由此导致了成千上万无辜民众的丧生。在这方面,巴洛克时期可谓历史上非常特殊的时期,原因在此不作细表。与文艺复兴时期相比,该时期取得的所有文化成就使人们的思想观念和对周围世界的看法发生了彻底的改变,强化了人们对迷信、魔法和巫术等的思考。反过来,接受这一新兴事物却引发了无数悲剧,并导致大量无辜民众的死亡②,直到启蒙运动指明了新的求知方向。

在这种情况下,认识过去各个社会特定行为的下一个重要因素就是认识该时代人们的心态。③ 但是,此目标任重而道远,且并非总是可行的。但

---

① J. Wrzesiński, "Koziołek Lednicki – problemy z XIX – wiecznym znaleziskiem", Studia lednickie, Poznań – Lednica, 1989, t. 1, pp. 163 – 170.

② 该主题参见:J. Brenner, Tolerancja religijna w Europie w czasach nowożytnych (XV – XVIII wiek), Poznań: Wydawnictwo Poznańskie, 2002; M. Bogucka, Staropolskie obyczaje w XVI – XVII wieku, Warszawa: Państwowy Instytut Wydawniczy, 1994; Gorsza płeć. Kobieta w dziejach Europy od antyku po XXI wiek, Warszawa: Wydawnictwo Trio, 2005, pp. 167 – 180, 这里是有关魔法的和其他相同的; J. Tazbir, Kultura szlachecka w Polsce, Poznań: Wiedza i Powszechna, 2002; B. Baranowski, Pożegnanie z diabłem i czarownicami, Łódź: Nauka i Innowacje, 1965; B. Baranowski, W kręgu upiorów i wilkołaków, Łódź: Wydawnictwo Łódzkie, 1981; B. Baranowskie, Nietolerancja i zabobon w Polsce XVII – XVIII wieku, Warszawa: Książka i Wiedza, 1987; M. Rożek, Diabeł w kulturze polskiej, Warszawa – Kraków: Wydawnictwo Naukowe PWN, 1993; A. Zdiechiewicz, Staropolskie polowania na czarownice, Katowice: Biblioteka Śląska, 2004; W. Nowak (red.), Liturgia i pobożność ludowa, Olsztyn: Towarzystwo Naukowe KUL, 2003.

③ A. Waligórski, Antropologiczna koncepcja człowieka, Warszawa: Państwowe Wydawnictwo Naukowe, 1975, 尤其是 pp. 46 – 57; J. Pascher, "Struktura osobowości chrześcijańskiej w zjednoczeniu z Bogiem", w M. Dybowski, O typach motywacji, Poznań, 1965, aneks, pp. 265 – 338.

无论如何也要竭尽所能,尤其是在史料允许的范围内,要时刻留意这一点,避免作出错误的解读。

鉴于上述考虑,应当明确指出的是,作为"记忆捍卫者"的历史学家,在释疑或"大"或"小"的史实的时候肩负着莫大的责任。

在对"维克诺住区群(Łekeński kompleks osadniczy)"进行历史学、考古建筑学以及自然科学性质的研究过程中,通过采用各个历史专业应用的方法范围之外的广泛的专项研究,可在多大程度上扩大对特定现象的认知,并更为充分地理解被研究文物的意义;以及应以何种的谨慎和谦虚看待"缄默的"历史遗迹;同时,跨学科研究可在多大程度上验证我们的工作假设;本文作者对此曾深信不疑。

总而言之,无论我们如何理解跨学科研究的必要性,可以肯定的是,只有利用各种科学的认知结果,我们才有可能对某一特定现实有更充分、更可信的认识,而不仅仅是从一门学科的角度看待它,哪怕是它采用了一整套该学科的专业研究方法。

尽管从严格意义上的科学思考来看显得有些"天方夜谭",笔者给自己提出了一个问题,如果它们从我们记述的历史坟墓里站起来,它们要诉说些什么?由于惧怕此种担心会受到强烈的质疑,这一突如其来的念头也会因此烟消云散。所以,为避免亵渎祖先,在遵循博士誓言所包含原则的同时,我们就要在自己的研究中广泛地吸纳各种不同学科的研究,尽量地做到令人信服。

俄罗斯跨学科研究的历史与现状
——访俄罗斯通讯院士罗丽娜·彼得罗夫娜·列宾娜

国春雷

罗丽娜·彼得罗夫娜·列宾娜（Лорина Петровна Репина）是俄罗斯著名历史学家，在欧洲中世纪史、性别史、心智史乃至史学方法论和历史编纂学领域均有建树。2013年10月21日，笔者在莫斯科市俄罗斯科学院通史所对她进行了访谈，内容涉及她的教育经历、学术活动、俄罗斯跨学科研究的历史与现状等问题。

Л. П. 列宾娜生于1947年9月29日，1967年进入莫斯科大学历史系学习英国中世纪史，1971年本科毕业后进入苏联科学院通史所（Институт всеобщей историиАН СССР）攻读史学硕士学位，1975年以毕业论文《14世纪英国的等级公民与封建国家》获得史学副博士学位，同年留任通史所工作。此后，其研究方向开始转向史学方法论和历史编纂学。1998年，她凭毕业论文《20世纪历史编纂学中的社会史：科学传统与新方法》获得史学博士学位。2011年，Л. П. 列宾娜被评为俄罗斯科学院历史—哲学部通讯院士（Член - корреспондент РАН）。自21世纪初起，她撰写、主编了一系列与跨学科研究相关的著作，如《历史、文化与社会（跨学科方法）》(2003)、《研究过去的跨学科方法》(2003)、《历史与社会理论的跨学科综合：理论、历史编纂学和具体研究的实践》(2004)、《古代与中世纪的精神传统》(2010)、《20—21世纪之交的历史科学：社会理论与历史编纂学实践》(2011)、《历史科学的今天：理论、方法与展望》(2011)、《历史记忆中转折时代的危机》(2012)、《过去与现在的历史和史料》(2013)，等等。此外，她还在各类科研杂志上发表论文百余篇。

Л. П. 列宾娜在许多学术机构担任领导职务，是俄罗斯科学院通史所

（Институт всеобщей историиРАН）副所长、俄罗斯科学院通史所心智史中心主任（Центр интеллектуальной истории ИВИ РАН）、俄罗斯国立人文大学外国史中心副主任（Центр зарубежной истории РГГУ）、俄罗斯国立人文大学哲学—历史学院（Институт филологии и истории РГГУ）人文知识理论与历史教研室主任、俄罗斯心智史协会（Российское Общество интеллектуальной истории）的组织者和主席、杂志《与时代对话：心智史文集》（Диалог со временем. Альманах интеллектуальной истории）和《亚当与夏娃：性别史文集》（Адам и Ева. Альманах гендерной истории）的主编。另外，她还是波列塔耶夫人文历史—理论研究学院的研究员，教授英国史、近代文化史和心智史课程。Л. П. 列宾娜通过多年的深入钻研和积极的学术活动，成为俄罗斯史学界跨学科研究领域最权威的学者之一。

2013年10月21日，笔者利用在俄罗斯访学的机会，在莫斯科市列宁大街32A通史所内对她进行了一个半小时的访谈。

问：尊敬的罗丽娜·彼得罗夫娜·列宾娜院士，您原来的专业是历史编纂学和心智史，为什么后来转向了跨学科研究呢？

答：这很正常。事实上，我的第一个专业是中世纪史，西欧中世纪的历史，我当时和谢尔盖·巴浦洛维奇·卡尔波夫（Сергей Павлович Карпов）[①]同在莫斯科大学历史系的中世纪史教研室学习。但在通过副博士学位论文答辩后，我转向了外国历史编纂学史。在20世纪，全世界的历史编纂学逐渐地被赋予了跨学科研究方法的特征。还在20世纪中期，越来越多的人意识到，有些研究课题只能采取跨学科的研究方法，即不仅要使用历史学的研究方法，还需要社会学、心理学、语言学和其他学科的研究方法，不仅仅需要社会科学，还需要自然科学，例如列昂尼德·约瑟福维奇·鲍罗特金（Леонид Иосифович Бородкин）[②]的数学方法。就在那时，苏联史学界开始对数学研

---

① С. П. 卡尔波夫（1948—），俄罗斯历史学家、莫斯科大学历史系主任、俄罗斯科学院院士、国际知名的拜占廷学者。

② Л. И. 鲍罗特金（1946—），俄罗斯历史学家、莫斯科大学历史副主任，在历史研究中使用数学方法的专家，历史动力学（Клиодинамика）创始人之一。历史动力学，由俄裔美籍学者彼得·瓦连京诺维奇·图尔钦（Пётр Валентинович Турчин，1957—）于2003年首次提出，尚未得到学界的一致认可。

究方法萌发兴趣。随后发生了巨大转变,法国安娜学派(年鉴学派)占据了全世界历史编纂学的首位,历史学中开始综合使用人类学、社会学和心理学的研究方法。这一学派也对我们产生了很大影响,令我吃惊的是,我们一些杰出的史学家,如阿伦·雅可夫列维奇·古列维奇(Арон Яковлевич Гуревич)[1]和尤里·利沃维奇·别斯梅尔特内(Юрий Львович Бессмертный)[2]也受到了安娜学派的影响,他们总结整理并深入研究了自己的研究方法。我们还开办了关于历史人类学的讲习班,由 А. Я. 古列维奇领导,后来由其学生主持,直到现在还在研究历史人类学。我便是在那个时候开始关注历史编纂学中的跨学科研究,并特别关注社会史,而后者可以说是 20 世纪后半期史学中的科学之王。我在研究历史编纂学和社会史的过程中,选择的问题均与跨学科研究及其方法相关。后来,我们设立了心智史中心,迈入了国际心智史学界。其实根据定义,心智史本身便是跨学科的,因为人在所有领域的创造活动都是心智活动的历史,这种活动不仅仅是书写历史文献,而且进入到各种学科中,比如宗教史、最广泛意义上的文化史、概念史,所以它本身便是跨学科的。

至于跨学科研究,我并没打算用跨学科研究方法进行具体的研究,主要从事与跨学科相关的理论问题研究。

问:俄罗斯学者如何看待跨学科研究这个概念,他们的观点是否一致?

答:关于跨学科研究的概念,这一概念的涵义和必要性,我认为没有遭到质疑,目前已经没有任何争议。现在使用跨学科研究方法极为普遍,排斥跨学科、不借助其他学科的研究方法,几乎已不可能。实际上这一认识古已有之,即所有知识都是跨学科的。只是到了 19 世纪,分门别类的学科才开始形成,而后来它们又逐渐融合,如今学科划分已显颓势。例如,有人说自己研究历史人类学,那么这并不是一个单独的领域,而是历史学和人类学的结合;有人说自己研究社会史,那么必然有心理学和历史学参与其中;有人说自己从事文化史研究,那么肯定会用到文化学研究方法,过去常用历史文献

---

[1] А. Я. 古列维奇(1924—2006),俄罗斯中世纪史学家、文化学家。
[2] Ю. Л. 别斯梅尔特内(1923—2000),俄罗斯中世纪史学家。

作史料，现在则更多地利用造型史料，比如研究古罗斯文化史，会用到大量圣像画，要知道圣像画也是文献，是研究艺术史和文化史所必须的。顺便提一句，最近涌现出一批优秀论文，采用了大量造型艺术、建筑和图表等形象史料。

现阶段的历史研究中，几乎没有任何一种研究和学派不是跨学科的。我认为，在当前的时代，学科界限正在消失，这一现象不仅发生在历史学中，也发生在人文科学、社会科学和自然科学中。我甚至认为，跨学科的概念已经完全不再符合今天科学的发展情况了。当我们谈到跨学科，有一个前提，即这些学科还保持着典型的类别特征，事实上这些特征并没保持下来，学科之间正在无限地接近。注意，这里所说的"学科"概念，是从研究的角度，而这类研究也完全是交叉的。

问：俄罗斯的跨学科研究，经历了哪几个阶段，每一阶段有什么特征，有哪些代表性学者及其经典著作？

答：首先您要知道，跨学科研究发生在所有国家，其发展具有共性。第一个阶段，主要是借用其他学科的研究方法，即史学家们在历史研究中采用某种学科的研究方法，如采访的方法或者数学方法，这是第一个阶段。第二个阶段显得有趣而复杂，历史学家们开始挑选那些本身具有跨学科性质的研究课题，并从多学科的视角来研究它。例如，城市与城市史，必然会研究涉及地理学的地形、涉及人口学的居民，还会研究社会结构、文化和政治问题，这一切将各种学科叠加起来，演变成研究各种学科的综合体。不过，上述学科都保持着典型的类别特征，相应研究也都是老式的研究，这是第二个阶段。第三个阶段完全不同，世界科学（мировая наука）矗立其间。它既非借用其他学科的研究方法，也非某种集体研究的总和，而是主动地、以超学科的（Трансдисциплинарность）方式提出问题。这里我要强调，超学科不局限于跨学科（междисциплинарность），而是将跨学科的关系分置于全球体系的内部，模糊学科之间的严格界限。例如研究人类世界观改变等巨大问题的文化学，便属于超学科研究；再例如原属跨学科的物理化学和化学物理，其传统称呼还是物理化学学院和化学物理学院，实质上，它们已经在用新资料来解决问题了。也就是说，超学科的问题无法存在于一个学科、一门科学范围之内,而是位于许多科学的衔接处,这就是第三个阶段。

跨学科研究在全世界通行,如果具体到苏联和俄罗斯,那么它发生在20世纪中期,特别是20世纪的60年代。在20世纪中期至60年代,西方与苏联的历史编纂学界就跨学科研究展开讨论与争辩。和以往一样,最初参加辩论的双方,均为研究西方国家历史的学者。其中,美国历史编纂学中的计量方法对俄罗斯影响最大,特别是计量史学(клиометрия)。俄罗斯第一位研究计量史学的学者是尼古拉·瓦西里耶维奇·西瓦切夫(Николай Васильевич Сивачёв)①,可惜很年轻就去世了。俄罗斯计量史学领域最有名的专家是伊万·德米特里耶维奇·科瓦利琴科(Иван Дмитриевич Ковальченко)②,曾任莫斯科大学历史系史料学教研室主任,因此在他周围形成了一个研究计量史学的团队,他的学生谢伦斯卡娅·娜塔莉亚·鲍里索夫娜(Селунская Наталья Борисовна)一直在莫斯科大学历史系史料学研究室从事经济史和史学研究方法的教研工作。И. Д. 科瓦利琴科慧眼识人,把 Л. И. 鲍罗特金请到了历史系,他们开始采用复杂的史料集成(Массовые источники),运用数学、计量和统计的方法做了许多工作,由简入难地研究问题,修订了以往关于19世纪俄罗斯历史的许多观点。此外,英年早逝的维亚切斯拉夫·维克多洛维奇·萨马尔金(Вячеслав Викторович Самаркин)③、研究拜占廷文明的俄罗斯科学院通史所副研究员克谢尼娅·弗拉基米洛芙娜·赫沃斯托娃(Ксения Владимировна Хвостова),也都熟练地使用过计量史学的研究方法。至于相关著作,20世纪70年代便开始陆续出版类如"历史学中的数学方法""历史学中的计量方法"的文集,莫斯科大学图书馆内均有收藏。除了计量史学,俄罗斯学者还用数学方法在历史学领域内进行过多种研究。例如,Ю. Л. 别斯梅尔特内在中世纪史料基础上统计居民的

---

① Н. В. 西瓦切夫(1934—1983),苏联历史学家、美国史专家。
② И. Д. 科瓦利琴科(1923—1995),苏联历史学家、苏联科学院院士、苏联计量史学学派奠基人之一,在苏联科学院历史研究所带领团队首次将数学方法和电子计算机引入历史研究中。
③ В. В. 萨马尔金(1933—1977),苏联历史学家、意大利史专家,注重历史学的辅助学科,首次在莫斯科大学历史系开设历史地理课程,并积极将年代学、计量学和人口学引入史学研究中。

出生率、增长率和死亡率,进行历史人口学(Историческая демография)研究;有些人用数学方法研究历史人类学并取得很大成就,促使其成为俄罗斯历史编纂学中的著名学派;社会学和历史学都是人类学的基础,一些学者在历史研究中采用计量方法来研究文化与社会,随着俄罗斯跨学科研究的发展,社会学与历史学的结合日益紧密。综上所述,便是俄罗斯早先主要的跨学科研究方向。

苏联解体后,俄罗斯学者开始更多地研究文化史和心智史,而在文化史中,历史人类学和历史心理学大放异彩,其中很多研究都与历史记忆(историческая память)有关。这里应该提到,我们近年出版了好几本有关历史记忆的集体著作,这是一种关于历史意识(историческое сознание)的重要学派,涉及人类如何认识自己的过去、过去哪些事件是关键的、如何释读历史与社会的发展、社会记忆等问题。上述研究得到极大推广,许多学术会议和学术讨论的题目便已揭示了这一点。当然,历史人类学还是俄罗斯学者的主要研究对象,原来那些研究方向也都保持着发展,例如莫斯科大学的Л.И.鲍罗特金将计算机引入历史学,主攻经济史和社会史,每两年组织召开一次大型国际会议,与外国历史学家,特别是美国历史学家保持着紧密的联系,其研究著作均被译成英语。苏联解体以来,出版了一批质量不错的跨学科教材和专著,我向您推荐几部文集,以便于对俄罗斯跨学科研究现状进行全方位的了解。第一本是国立托木斯克大学与俄罗斯科学院通史所联合完成的文集《历史学与社会理论的跨学科结合:理论、历史编撰学和具体研究实践》①,托木斯克大学位于西伯利亚,有著名的学者和学派;第二本是为纪念俄罗斯科学院通史所建所40周年组编的文集《研究世界史的新方法》②,汇集了2008年年底召开的国际会议"研究世界史的新方法"上各国学

---

① Под ред. Б. Г. Могильницкого, И. Ю. Николаевой, Л. П. Репиной, *Междисциплинарный синтез в истории и социальные теории: теория, историография и практика конкретных исследований*, М:ИВИ РАН, 2004.

② Под ред. В. В. Ищенко, Л. П. Репиной, *Новые подходы к изучению всемирной истории*, М: ИВИ РАН,2011.

者提交的论文;第三本名为《20—21世纪之交的历史认识与历史编纂学状况》①,是我的同事和学生们献给我的文集。

问:从学科划分的角度,跨学科大致可分为三种类型,即社会科学之间的跨学科、自然科学之间的跨学科、社会科学与自然科学之间的跨学科。那么,俄罗斯的历史学家们如何进行第三种跨学科研究呢?

答:说到自然科学与人文科学之间的跨学科研究,我首先想到了考古学,它便是借助自然科学研究方法研究过去的文化。考古学必然会涉及地理史和地理学研究方法,因为历史和历史事件发生在空间里,没有自然、地理,历史是不可能存在的,也就没有人文科学的所谓"迁徙""空间转向"(пространственный поворот)。后者之所以进入历史学,缘于具有历史含义的地理学问题纳入了史学家们的研究视野。现在我们研究所有《历史地理学》期刊,所有大学的历史系都开设了这门课程。其次,我想到了生物学。与生物学相关的研究方法十分有趣,现在很多学者从事全球史研究,他们采用生物学和医学的研究方法,认为黑死病是许多历史现象的原因。

您提到的那种跨学科研究,对于俄罗斯历史家们也十分困难。问题在于,迄今为止,我们的教育都是专门化和专业化的。我们培养历史学家,并为其开设相应的课程,编写相应的教材,但所有的课程和教材都从属于历史学,比如世界古代史、中世纪史、近代史、现代史、东方史,等等。而其他学科的课程,严格来说,其他学科方法论的课程,却没有开设。只开设了社会学、心理学、人类学等社会科学的概论课,还不做深入介绍。遗憾的是,有些历史学家们必须知道的课程,我们也没有开设,例如逻辑学。相比之下,只有数学课设置得最好,因为它是20世纪传统的、严肃的研究方法,所以许多大学和研究中心都在教授这种研究方法。只是到了2000年,才出现新的教学大纲,针对历史系学生设置了名为"当代自然科学知识概念"的课程,开始教授自然科学的基础知识。

至于如何进行这种跨学科研究,我谈一下切身体验。在历史研究中使

---

① Под ред. О. В. Воробьева, З. А. Чеканцева, *Историческое познание и историографическая ситуация на рубеже XX – XXI вв*, М: ИВИ РАН, 2012.

用自然科学的知识与研究方法,并不意味着要学习所有自然科学及其研究方法,这也是不可能的。学习某一门自然科学,应该首先取决于这门学科在个人研究中的必要性。换言之,您并不需要自然科学的所有学科,只需要研究过程中必须使用的那门学科,随着必要性的出现,您便应该去主动学习这门课程。我大学毕业的时候,已经学习了社会学、心理学、人类学和文化学,但当我开始从事研究工作,不得不再次去掌握那些课程,像大学生们在大学里初次学习那些课程一样,阅读、研究、做笔记。准确地说,这种学习要达到硕士研究生的水平。我国历史学里有许多培养硕士生的研究方向,有些研究方向充分体现了如何进行跨学科研究的思考。例如,在俄罗斯国立人文大学(Российский государственный гуманитарный университет)有一个硕士研究方向,叫作"思想与精神文化史"(История идей и интеллектуальной культуры)。我记得这个研究方向配置了两年的课程,它们进行工具性的研究(инструментальное исследование),以便进一步进行思想史和心智史的研究,而后者完全是创造性的活动,研究古希腊罗马时代的精神传统(包括哲学、科学、语言等)和文艺复兴时代的精神文化。结果,他们通过这些课程掌握了跨学科的研究方法。

问:目前俄罗斯大概有多少种跨学科研究方法,最主要的研究方法是什么?

答:非常多。应该说,有多少种学科就有多少种研究方法。没有最主要的研究方法,因为方法没有好和坏,这取决于选择。好比画家在画画,他有各种颜料,不能说哪种颜色的颜料是最好的。选择研究方法也是如此,比如您要研究经济和人口问题,那么您便需要选择数学和人口学的研究方法。

问:俄罗斯史学界的跨学科研究有些什么特征呢?

答:跨学科研究是一种世界现象,所以我认为其特征也具有世界性,但我们也有一些自己的特点。奥莉加·米哈伊洛芙娜·梅杜舍夫斯卡娅(Ольга Михайловна Медушевская)①曾在自己的专著《认识历史的理论与

---

① O. M. 梅杜舍夫斯卡娅(1922—2007),俄罗斯历史学家、史料学家、科学理论家。

方法论》①中，对跨学科研究的理论和方法提出了新的观点。我们利用跨学科研究方法进行的文化史研究，严格来说，已经具有了国际科学的含义。在具体研究方面，我们的史学家们曾经使用跨学科研究方法系统分析了19世纪的俄罗斯历史，如今他们继续用该方法对16—18世纪的俄罗斯历史展开研究，势头迅猛。

问：现在俄罗斯有多少专门的跨学科研究中心或机构？

答：专门的没有，因为跨学科研究是各种各样的。比如，心智史研究中心本身就是跨学科的，历史人类学教研室也是跨学科的，计量史学研究室也是跨学科的，这类研究机构数量巨大，它们沿着各自的研究方向进行工作，而专门的跨学科研究机构是不存在的。不过，如果我们谈到有关跨学科研究的辩证法问题，那么有一些方法论教研室（Кафедра методологии），其中包括历史学方法论教研室。后者的研究对象并不局限于跨学科的方法论，而是历史学总的方法论。方法论教研室数量不多，因为它们是总的辩证法，而非具体的研究，但所有大学都在学习它们的研究成果。例如，任何一所大学的历史系都必须开设有关史学理论和历史编纂学（含跨学科研究理论与方法）的课程。所以，当您阅读当代历史编纂学的著作，不可能读到专门论述跨学科研究的内容，因为所有当代历史编纂学都是跨学科的。

问：这是否意味着，跨学科研究在俄罗斯很普遍？

答：十分普遍。②

问：近年来俄罗斯的跨学科研究中有什么新现象？

答：新现象很多。例如教堂和历史文化的研究，虽然这些不是很新的题目，但史学家们开始大量采用形象资料，积极使用艺术文献（художественные литературы）。原来，史学家们认为这些资料都是臆想的传说，现在开始用这些资料来解释思维方式、文化概念，推测古代人如何理解自己所处的位置、社会与自然界，如何理解时间与空间。近年来，信息学发展得十分强劲，

---

① О. М. Медушевская, *Теория и методология когнитивной истории*, М：РГГУ, 2008.
② 笔者曾就该问题求教过 Л. И. 鲍罗特金教授，他指出跨学科研究在俄罗斯史学界并非经常的现象，仅有部分学者偶尔为之，莫斯科大学历史系的18个教研室中只有三四个从事跨学科研究，而且只开设了4门跨学科性质的课程。

历史学采用了其中的计算机建模(Компьютерное моделирование),这是一种极其复杂的研究方法。Л. И. 鲍罗特金就从事这方面研究,计算机建模取决于如何使用,比如您想要什么、研究什么、怎样提出问题。忘了告诉您,我们于 2001 年组建了一个社会组织,名为"俄罗斯心智史协会"。该协会由俄罗斯联邦 36 个地区、40 多所大学组成,热衷于研究与历史记忆相关的问题,即各个时期、各个国家、各个民族的人们如何记录自己的过去,历史记忆如何一代一代地传承,历史学家如何揭示各个时代的真相,等等。近年这个协会连续出版了 3 部质量较高的文集,第一本是《历史与记忆:近代之前的欧洲历史文化》①,第二本是《与时代对话:历史语境中的回忆过去》②,第三本是《时代映像与历史观念:俄罗斯—东方—西方》③,后者涵盖了各个时期的各种文明,讲述了这些文明的形成与彼此交往,包括中国历史以及中国的历史编纂学。

问:您如何看待"全球史"?

答:这是一个很有趣的学派,我在最近的书中写了许多有关全球史的内容。我认为当前对这一学派的研究还是很少,如果工具性研究更加完善,就可以更好地谈论这一问题。例如,现在正在研究社会动力学(Социальная динамика)和历史动力学(клиодинамика),不过对它们更感兴趣的似乎是哲学家。对于历史学家而言,他们更倾向于专注全世界发展的全球史。全球史研究人类所有历史的发展过程,探究分散的人群如何逐渐地走向联系。19 世纪俄罗斯的历史学家们还不能想象全世界历史的视角,他们只是指出,游荡的人群和定居的区域人群发展出各自的历史,他们渐渐迈向彼此间的联系。全球史要研究的是,这一联系的相互关系是如何发展的,这就是世界的历史、全体的历史。现在,全球史研究已经得以实现,我认为这一学派是十分有前景的。俄罗斯史学家曾做过许多相关报告,我们研究所正在出版 6

---

① Под ред. Л. П. Репиной, *История и память : историческая культура европы до начала нового времени*, М : Кругъ, 2006.

② Под. ред. Л. П. Репиной, *Диалоги со временем : память о прошлом в контексте истории*, М : Кругъ, 2008.

③ Под. ред. Л. П. Репиной, *Образы времени и исторические представления : Россия – Восток – Запад*, М : Кругъ, 2010.

卷本的《世界历史》,目前已经出版了3卷。① 新的《世界历史》另辟蹊径,不像原来那样把各个时期、地区的历史简单拼凑、堆积起来,而是要尽量弄清楚各国之间的关系是如何发生、发展的,例如俄罗斯与西方、俄罗斯与草原的关系,丝绸之路如何促进了各洲、各国、各地区、各族人民之间的联系。也就是说,这种联系不是建立在部分的历史上,而是建立在全体的历史上。总之,我认为全球史是很有前景的。

问:您最近有什么新的研究计划?

答:我写过一些专著,第一部有关中世纪史,然后是关于不列颠史的,再往后是关于性别史的,最近的两本书涉及历史编纂学,也可以认为是跨学科的作品。目前我正在参与一个科研项目——"思想与人类:近代欧洲的精神生活"(Идеи и люди: интеллектуальная жизнь Европы в Новое время),由俄罗斯人文科学基金(Российского гуманитарного научного фонда)支持。这是一个集体项目,内容很难,我们已经做了3年,估计明年一月份会出版相应的专著,书名就是项目的名字。还有,我于2012年在北京签署了翻译合同,请陈启能先生翻译我的专著《20—21世纪之交的历史科学:社会理论与历史编纂学实践》②,这本书于2011年出版,也涉及跨学科研究。

(原载《史学理论研究》2015年第1期)

---

① гл. ред. А. О. Чубарьян, отв. ред. В. А. Головина, В. И. Уколова, *Всемирная история. том. 1. Древний мир*, М: Наука, 2011; гл. ред. А. О. Чубарьян, отв. ред. П. Ю. Уваров, *Всемирная история, том. 2, Средневековые цивилизации Запада иВостока*, М: Наука, 2012; гл. ред. А. О. Чубарьян, отв. ред. В. А. Ведюшкин, М. А. Юсим, *Всемирная история, том. 3, Мир в раннее Новое время*, М: Наука, 2013.

② Л. П. Репина, *Историческая наука на рубеже XX - XXI вв. : социальные теории и историографическая практика*, М: Кругъ, 2011.

艺术史料中的8世纪末罗马政治史

M. A. 格拉福娃 著／国春雷 译

8世纪50—70年代,是罗马与拜占廷帝国公开划分政治权限的时期。两者关系中脆弱的平衡最终被打破,而这一关系早就被无法解决的神学矛盾所破坏。

8世纪中期以前,罗马教皇格列高利二世及其继承者格列高利三世和扎迦利,继续对异端皇帝表现出一定程度的政治忠诚,乃至与其合作。其原因在于,教皇们还没看到身边存在那种与拜占廷帝国坚决分裂的依靠力量。教皇没有指望伦巴德国王能承担这一角色。多数情形下,他的策略是在拜占廷皇帝和伦巴德人之间耍弄手腕。除了出身,最能触动司祭们的,首先是在重大问题上的个人裁决权,其次是守护罗马教会的自治领。[1] 后者已受到明显威胁,因为伦巴德国王艾斯图利夫于751年将最后一位拜占廷总督叶夫季希从拉文纳赶走并开始公开威胁罗马。教皇斯提芬二世坚信,试图用外交手段调整与艾斯图利夫的关系不会有效[2],遂试探性地向拜占廷皇帝求助。但在罗马使者们从君士坦丁堡返回之前,他便已明白无可期待:拜占廷帝国顾不上意大利外省的问题,而皇帝本人正忙于组织教条式的毁坏圣像运动会议。[3]

近8世纪中期,罗马教廷与拜占廷帝国的关系早已不再和谐,教皇实际上已经获得了施行独立政策的可能性。在罗马与拜占廷帝国的关系中,有

---

[1] FALKENHAUSEN. VON. *I bizantini in Italia. I Bizantini in Italia*. Milano. 1982, p. 37 – 38.
[2] Ф. И. Успенский, *История Византийской империи*, Т. 2, ч. I, Ленинград, 1927, с. 112.
[3] LOMBARD A. *L'empereur Constantin* V. P. 1902, p. 68 – 69.

两个关键性问题显得十分突出①:尽管拜占廷皇帝采取了一系列政治手段②,由毁坏圣像运动引发的宗教分歧毫无改观;皇帝无力保护罗马免遭伦巴德人侵害。

于是,当意大利政治舞台上出现新的重要角力者——法兰克人的时候,斯提芬二世决定迈出史无前例的一步。他先以欺诈的外交手段麻痹拜占廷皇帝,而后率领使团赶赴法兰克国王丕平的宫殿,与之秘密谈判后,签署并订立协议。据此协议,丕平将罗马和拉文纳地区让给罗马教廷并承认教皇独自掌管那些领地的权力(此前教皇只是以拜占廷皇帝的名义统领那些地区),将皇帝与其他拜占廷异端分子清除出意大利政局和教会事务。事实上,教皇已被认定为罗马地区的国王。③ 作为感谢,教皇赐予了丕平冠冕堂皇的、实质上却完全是模糊的、因这件事被专门发明出来的封号——"罗马贵族"。④ 在圣丹尼教堂,教皇为丕平及其儿子们(查理、卡洛曼)举行了隆重的皇帝加冕仪式。或许,"君士坦丁的赠礼"就是在那时(754年)被创造出来的。

756年,艾斯图利夫大举进攻罗马。丕平根据协议赶来支援,从其手中夺回原属拉文纳总督区的土地,但并未将这些土地归还拜占廷皇帝,而是交给了教皇。值得一提的是,拜占廷皇帝君士坦丁五世此前似乎还没有意识到政治分裂的巨变。对他而言,教皇们依然只是应该惩治的、不驯服的臣属。⑤ 在丕平断然拒绝将收复的土地还给皇帝之后,后者才明白:罗马和拉文纳丢失了,教皇正在积极巩固自身权力、在中部意大利创建独立国家。⑥

正是在8世纪中期左右,罗马教廷开始公开觊觎自己在全世界基督教会中纪律和法律上的优势地位(而不仅仅是从未被人否认的主教中的"最荣耀者"),而后者无论在早期基督教时期还是在7世纪都不曾有过,教会分裂的

---

① MILLER D. H. *Byzantine – Papal Relations During the Pontificate of Paul I: Confirmation and Completion of the Roman Revolution of the Eight Century*. BZ 68(1975), p.47.
② Ф. И. Успенский, *История Византийской империи*, Т. 2, ч. I, Ленинград, 1927, c. 39ff.
③ Там же, c. 115 ff. , 117.
④ LOMBARD A. *L'empereur Constantin* V. P. 1902, p.71.
⑤ LOMBARD A. *L'empereur Constantin* V. P. 1902, p.48.
⑥ LOMBARD A. *L'empereur Constantin* V. P. 1902, p.72 – 73.

基础就此奠定。9世纪中期教皇尼古拉一世与牧首佛提乌的冲突,成为教会分裂的第一个重大征兆。①

从拜占廷帝国战略利益的角度来看,包括罗马在内的整个意大利,已经不起头等重要的作用,但拜占廷皇帝还是有理由坚决反对教皇国的独立。首先,该观念蓄意普遍主义地觊觎君士坦丁堡;其次,公开谋求被东部基督教崇拜圣像者广泛认可的、凌驾于毁坏圣像异端之上的优势地位。② 教皇国概念本身("圣彼得、上帝的教会和罗马共和国"③),等同于宗教暴动和分裂企图。④

在接下来的10年间,拜占廷皇帝采取了不少措施来阻挠"圣彼得共和国"的形成。从这一时刻开始,皇帝已不再与教皇进行直接谈判,而是选择施展阴谋诡计。他要么以拒绝承认教皇或拉拢法兰克国王接受毁坏圣像运动的方法来分裂他们的联盟,要么利用罗马城自身的不稳定局势,要么借伦巴德人之手或运用在南意大利领地中尚归其支配的实际权力⑤击溃教皇国。

教皇斯提芬二世于757年4月辞世,其弟保罗一世成为继任者。新教皇的选举,伴随着罗马城内的动荡、支持候选人修士大辅祭费奥菲拉克特的某个反对派的抵抗同时发生。在这里,学者们发现了亲拜占廷的服役军事贵族傀儡对抗罗马"分离主义者们"的企图,并认为这可能是拜占廷帝国的阴谋。保罗统治的不平稳的10年,以拜占廷帝国拆散罗马-法兰克人联盟企图的失败而告终:在767年的香提邑宗教会议上,丕平拒绝听取有利于接受毁坏圣像运动的论证,大概还表达了对崇拜圣像有利的意见。⑥

---

① И. Мейендорф, протопресвитер, *Рим и Константинополь. Рим. Константинополь. Москва*, M, 2005, с. 26 – 28.
② 据 C. 格罗推测,8世纪特别是在君士坦丁五世时期的毁坏圣像运动具有特殊意义,实质上该运动首先是被拜占廷皇帝的个人意愿和意见所决定的宗教现象。GERO S. *Byzantine Iconoclasm during the reign of Constantine* V. Louvain, 1977, p. 168.
③ MGH, *Codex Carolinus, ed. W. Gundlach, Epistolae, III* (Berlin, 1892), ep. VI, p. 489.
④ MILLER D. H. Op. cit., p. 50.
⑤ MILLER D. H. Op. cit., p. 50.
⑥ 宗教会议的决议没有保留下来,直接的历史证据又很稀少,但有理由认为,法兰克国王在拜占廷帝国与罗马人的神学争论中站在了后者一边。

正是在保罗一世时期,从因袭罗马遗产的角度看,观念发生着决定性的标记替换①:现在拜占廷人已不再是"罗马人",而是"希腊人",还是"最渎神的希腊人、神圣的上帝教会的敌人和东正教信仰的迫害者"②。罗马帝国的真正继承者在罗马。有趣之处还在于,正是在他的统治时期,开始从地下陵墓向罗马城内转移苦难圣徒的圣尸,在 9 世纪已具有大规模性质(特别是在教皇帕斯加尔一世时期)。也正是在保罗一世时期,出现了赠送圣尸给政治盟友的行为,首先从法兰克人开始。③

为了研究教皇保罗一世的统治,如果看的更宽泛些,为了研究 8 世纪 50—70 年代的罗马政治史,有一系列艺术史料可供参考。古罗马童贞玛利亚教堂墙壁上的壁画就属于这类史料,该教堂在 6—10 世纪期间曾被多次绘饰。在几幅注有日期的壁画中间是教堂的半圆形壁龛,里面绘有站在小矮台上的救世主形象,周围是怪诞费解的天使们——六个翅膀的四活物。站在观者的角度,左边是圣母或某个女圣徒正将教堂捐赠者——教皇保罗一世引向基督。有充足的历史论据可以证明,这组壁画具有反对毁坏圣像运动的意义。

在教堂中殿左壁,分布着典型的中世纪早期罗马壁画。其构图分成三排,在中间那排里,圣徒们列队从两个方向走向神座上的基督。根据艺术方面的一系列原因,童贞玛利亚教堂彩色画的许多权威研究者认为,中殿左壁和壁龛的装饰画是在同一时期完成的(И. 维利彼得、П. И. 诺德哈根)④,即 8 世纪 50—70 年代,故而完全可能在 757—767 年。

基督右手方向有 13 位圣徒,其中 12 位保留了签名,即圣克利门特⑤、圣

---

① KRAUTHEIMER R. *Rome:Profile of a City*. Princeton,1980,p.114.
② MGH, *Codex Carolinus*, ed. W. Gundlach, *Epistolae*, *III*(Berlin,1892), ep. XXX, p.356.
③ McCULLOH J. M. From Antiquity to the Middle Ages:continuity and change in papal relic policy from the 6th to the 8th century. *Pietas Festschrift für Bernhard Kötting*, ed. E. Dassmann and K. Susi Frank. *Janrbuch für Antike und Christentum*, Ergänzungsband VIII, 1980, p.321.
④ WILPERT J. *Die römischen Mosaiken und Malereien der Kirchl. Bauten vom IV bis XIII. Jahrhundert. Bd. II.* Freiburg,1916, S. 702–703.
⑤ 罗马从 4 世纪开始崇拜他,并为其建造了最重要的圣宗座圣殿(巴西利卡)。

西尔韦斯特尔①、圣利奥②、圣亚历山大③、圣瓦连京④、圣阿邦季⑤、圣叶夫菲米⑥、圣萨瓦、圣谢尔盖⑦、圣大格列高利⑧、圣瓦克赫，可能还有圣马曼特⑨。

基督左手方向有9位保留了签名的圣徒：圣约翰·兹拉托乌斯特、圣格列高利·纳吉安辛、圣瓦西里⑩、圣亚历山大里亚的彼得⑪、圣亚历山大里亚

---

① 关于此人的历史证据很少，但在传说中，他是教会生活的杰出组织者和君士坦丁大帝的论敌，并从后者手中接受了"君士坦丁的赠礼"（不过，在绘饰中殿左壁的时候，这份文件可能还没被创造出来）。在中世纪早期的罗马城内，不少于7座教堂和小礼拜堂是献给此人的。GRUENEISEN W. DE. *Sainte Marie Antique. Avec le concours de Huelsen*, Giorgis, Federici, David. Rom, 1911, p. 552 – 554.

② 作为与基督一性论异端斗争的伟大战士而闻名；431年察尔西顿大公会议期间，其著述在团结东正教徒方面起了很大作用。无论在西方还是在东方，他都是作为教会导师和信仰捍卫者被崇拜的。他以此身份再次被画在壁龛左面的童贞玛利亚教堂内，与圣格列高利·纳吉安辛并排站立在其他教父之间，其成卷的著述使教会免受异端分子——基督一志论者的有害影响。在罗马有两座献给他的教堂。GRUENEISEN W. DE. SMA, p. 537 – 538.

③ 研究童贞女玛丽亚的第一篇严肃作品的作者G.拉什福尔特认为，他之所以位于中殿左壁圣徒行列，是因为从6世纪起便与受难圣徒亚历山大混淆致误了，后者的坟墓及建在该墓之上的维阿·诺缅塔纳宗座圣殿很受尊崇。RUSHFORTH G. McN. *The Church of Santa Maria Antiqua*, PBSR I, 1902, p. 1 – 123. 事实上，关于教皇亚历山大是受难圣徒的证据并不存在，但在8世纪并不怀疑这一点，因其手中握有十字架。GRUENEISEN W. DE. SMA, p. 507.

④ 被提到的名为瓦连京的受难圣徒，至少有两位。本文所涉多半是在罗马被敬爱的神甫瓦连京，他于克拉弗迪皇帝时期的269年受磨难而死。罗马城内至少有4座献给他的教堂，其中最有名的是4世纪建于其埋身之处的圣瓦连京教堂。GRUENEISEN W. DE. SMA, p. 554 – 556.

⑤ 此人为罗马地方崇拜圣徒，是戴克里先皇帝时期蒙难的神甫。其时，完全不存在献给他的教堂乃至敬拜他的痕迹，而其圣尸不早于11世纪才从最初埋葬地转移出来。在16世纪，此人的名字出现在罗马及其他殉教圣徒志的9月16日中。RUSHFORTH G. Op. cit. , p. 32. 据《圣徒行传》记载，阿邦季神甫带着自己的辅祭阿博丹齐一大群基督徒于303年觐见戴克里先并蒙难。GRUENEISEN W. DE. SMA, p. 503.

⑥ 神圣的独居修道士、有灵者和巴勒斯坦修道院的奠基人，为东正教战胜基督一性论发挥了重要作用。RUSHFORTH G. Op. cit. , p. 31；GRUENEISEN W. DE. SMA, p. 530.

⑦ 圣谢尔盖和瓦克赫是戴克里先时期蒙难的高级军官，从拜占廷征服时期便在罗马广为人知，罗马城内至少建造了4座献给他们的教堂。GRUENEISEN W. DE. SMA, p. 550 – 551.

⑧ 还在教皇格列高利三世时期，罗马城内便已广泛崇拜他。RUSHFORTH G. Op. cit. , p. 30, note 1. 罗马城内有几座教堂是献给此人的。GRUENEISEN W. DE. SMA, p. 530 – 531.

⑨ 在马比荣公布的13世纪罗马教堂目录中提到了某座献给S. Mamiatus的教堂，完全可能是Mammas名字的形式。RUSHFORTH G. Op. cit. , p. 29, note 2.

⑩ 在中世纪的罗马（不一定已经是8世纪）至少有两座教堂是献给此人的。GRUENEISEN W. DE. SMA, p. 513.

⑪ 在戴克里先时期蒙难的亚历山大里亚牧首。

的基里尔①、圣叶皮凡尼②、圣阿法纳西③、圣尼古拉④和圣埃拉兹姆⑤。

在所有的圣徒形象里,有5位是罗马教皇(克利门特、西尔韦斯特尔、利奥、亚历山大和格列高利),8位是受难圣徒。无论是地方圣徒(克利门特、亚历山大、瓦连京、阿邦季),还是在全意大利被崇拜的圣徒(埃拉兹姆),亦或是出身东部基督教的圣徒(谢尔盖、瓦克赫、马曼特、亚历山大里亚的彼得),在罗马都受到了敬拜。大概有10位圣徒(利奥、叶夫菲米、萨瓦、卡帕多西亚教父、兹拉托乌斯特、亚历山大里亚的彼得、亚历山大里亚的基里尔、叶皮凡尼、阿法纳西、利基亚米尔城的尼古拉),是作为各种异端邪说及其代表们的论敌、教会准则的捍卫者而闻名的。根据文献资料判断,有6位圣徒在罗马从未得到过敬献给他们的教堂(约翰·兹拉托乌斯特、格列高利·纳吉安辛、亚历山大里亚的彼得、亚历山大里亚的基里尔、叶皮凡尼、阿法纳西)⑥。

这些圣徒中有10位高级僧侣(西尔韦斯特尔、利奥、伟大的格列高利、约翰·兹拉托乌斯特、格列高利·纳吉安辛、瓦西里、基里尔、叶皮凡尼、阿法纳西、尼古拉);9位受难圣徒,其中包括6位司祭受难圣徒(基里尔、亚历山大、瓦连京、阿邦季、彼得、埃拉兹姆),两位圣成德者(叶夫菲米和萨瓦)⑦。

---

① 412—444年的亚历山大里亚牧首,431年以弗所大公会议的策动者,主张敬拜圣母,被称为"新阿法纳西"。GRUENEISEN W. DE. SMA, p. 521.
② 巴勒斯坦人,最初为僧侣,后成为萨拉明主教。关于奥立金争论的最积极参与者之一,是奥立金学说的论敌。圣叶罗尼姆十分敬拜他,将其等同于世纪初的圣徒。GRUENEISEN W. DE. SMA, p. 527.
③ 亚历山大里亚牧首(296—373),最强有力的阿里乌派反对者之一。在中世纪早期的罗马,没有献给他的教堂。
④ 在不同时期,罗马城内大约有10座教堂和小礼拜堂是献给此人的。据史料记载,并非所有教堂都属于8世纪的建筑。GRUENEISEN W. DE. SMA, p. 543 – 544.
⑤ 南意大利最受敬拜的受难圣徒之一;他的生平,如果不是与三位同名圣徒,也很有可能是与两位同名圣徒之生平的混淆致误。在罗马有几座献给他的教堂。GRUENEISEN W. DE. SMA, p. 528.
⑥ 将圣阿邦季和圣马曼特纳入这一类圣徒是有争议的,因为史料中提到后者在罗马有一座教堂。而前者位于中殿左壁圣徒之列,我认为是一个间接而重要的证据,证明罗马在古代便已崇拜他。
⑦ 在基督右手方向的圣徒中,有3位高级僧侣、3位受难圣徒、4位司祭受难圣徒和两位圣成德者。这样,Д. Е. 阿菲诺格诺夫提出的假设,完全能够适用于基督右手方向的"罗马"圣徒群体。该假设指出,在设计壁画整体结构的时候,挑选圣徒时遵循了独特的圣徒"代表"原则。

跨学科理论与方法

在这些资料的基础上，可以做出如下结论。中殿左壁上的圣徒们可以分为两组。在第一组中，被崇拜者都是罗马的圣徒、受难圣徒、有灵者和能治病者，以及为建造了教堂的罗马民族祈祷的主教们。第二组中的圣徒们具有更加明确的共性，即这些神学家和东方教父除极少数例外，均非罗马的地方崇拜对象，但皆以作为反对各种异端的教会捍卫者而闻名（约翰·兹拉托乌斯特、格列高利·纳吉安辛、瓦西里、圣亚历山大里亚的彼得、阿法纳西、叶皮凡尼、基里尔①），他们排着紧密的队列站在救世主的左手方向。伟大的利奥和伟大的格列高利的形象都被塑造成历史人物和杰出的政治、教会活动家，但他们同时还是罗马的地方崇拜圣徒。叶夫菲米和萨瓦可以归于第二组，但他们站在基督右手方向的罗马圣徒之中，因为他们是在圣萨瓦修道院的巴勒斯坦僧侣们所建造的罗马城内被敬拜的。

结合全部因素判断，壁画具有神学争论的含义。首先指的是壁龛周围的教父们，他们手持反对基督一志论的梵蒂冈宗教会议经卷。此外，约翰七世的凯旋门装饰部分完全可能具有争论含义，教堂捐赠者——教皇和马丁教皇并排站立在门上，后者是约翰七世在位前半个世纪被拜占廷政权迫害致死的殉教者。完全可以相信，中殿左壁上的圣徒们表明了8世纪50—70年代罗马教廷的反对毁坏圣像运动立场。在教皇和拜占廷皇帝之间形成的政治、宗教冲突中，后一冲突的本质被刻画在中殿左壁上：统一的教会反对陷入异端的皇帝。壁画集中了罗马和东方的双重因素，前者表现了捍卫东正教立场的自身传统的坚定性，后者则展现了作为论证源泉的神学广博学识。

当然，这些结论还十分笼统。应该考虑到，我们既不知道绘制壁画的准确时间，也不知道有多少圣徒的形象被毁掉。以上任何一个原因，都会导致不可能对圣徒的群体形象进行准确分析。我们任何时候也无法回答这类问题，例如，为什么在中殿左壁上的是圣阿邦季，而不是被罗马人敬爱的受难圣徒圣约翰和保罗？但壁画的倾向性还是客观存在的：圣徒们分为两大组，

---

① 关于此人的资料，许多具有传奇性质。但我认为，他也是作为教会骨干人物和阿里乌的反对者而被选中的。

一组是被敬拜的罗马圣徒,另一组则是东方圣徒,后者大体是从未在罗马民族中享有声誉,但都享有与各种异端斗争的战士名誉的神学家。如果将中殿左壁壁画和很像它的、标注了准确日期的教堂壁龛(绘有基督和教堂捐赠者——教皇保罗一世的巨大形象)结合起来,则完全可以推测:首先,两者是同一时期的壁画;其次,后者的整体含义是反对毁坏圣像运动的。

2015—2018年《爱西斯近期科学史书目》评析

李文靖

【提要】 本文对于 2015 年至 2018 年科学史学会公布的四期《爱西斯近期科学史书目》进行了简要评析。通过对《书目》的分类体系、作品数量和部分收录成果的分析,作者评述了近年科学史学科在机构设置、选题方向和编史方法等方面呈现出的特点与整体趋向。

【关键词】 爱西斯近期科学史书目　科学编史学　萨顿

1913 年,萨顿(G. Sarton)为了定期公布《科学史评论性书目》,创办了《爱西斯》期刊。① 自此,书目与期刊并行,100 多年间连续出版,成为科学史学科发展的风向标。相较于《爱西斯》期刊,《爱西斯科学史书目》(以下简称《书目》)更明显反映出整体论史观与不断分化的编史实践之间的矛盾。一方面,它需要强调科学与文化的统一性和科学活动的整体性,唯有基于这一点,萨顿才能够将科学家撰写的"各学科史"转变为独立学科"科学史"②;另一方面,它在公布科学史最新成果和前沿动态的时候,必然忠实反映科学史职业化后的专门化趋势。这一矛盾是科学史学科本身的难题,但同时也是其活力所在。2015 年至 2018 年的四期《书目》显示出对于该矛盾的主动性回应,其书目分类体系更加精细和齐备,科学内史与外史以及科学史与其他学科融合的趋向更加明显。

---

① S. Weldon, "Bibliography is Social: Organizing Knowledge in the Isis Bibliography from Sarton to the Early Twenty-First Century", *Isis*, vol. 104, no. 3(September 2013), pp. 540 – 550.
② P. Dear, "The History of Science and the History of the Sciences: George Sarton, Isis and the Two Culture", *Isis*, vol. 100, no. 1(March 2009), pp. 89 – 93.

一、分类体系与作品数量

《书目》在问世后的40多年里,一直由萨顿本人担任主编。萨顿自首刊起,按照历史年代、文明类型和学科领域3种标准对科学史作品进行分类。1953年,盖拉克(H. Guerlac)接替萨顿担任《书目》主编后,主张简化和缩短《书目》,只保留了"科学的"和"历史的",对哲学史、文学史、艺术史、宗教史和教育史一类作品进行限制,只收录"与科学史有直接关系的"。① 这一原则沿用至下一任主编约翰·钮(J. Neu)时期。2002年,在第四任主编威尔顿(S. Weldon)的主持之下,《书目》采用A至G的7种分类。其中,A类是科学史家必备的研究工具,包括通史、国别科学史、参考书和资料集、编史学、科学史职业以及科学史家记传。B类是理解科学的理论方法,包括科学哲学、社会学、心理学研究、修辞和视觉艺术。C类是主题研究,包括科学与伦理、政治、法律、经济、文学艺术、种族、性别和宗教等多个范畴的关系。D类是科学实践与科学组织,包括科学机构、科学教育与科学职业化以及科学工具与测量。E类是专科史,除了自然科学,还有社会科学和人文学科各领域。过去被认为是"伪科学"或"前科学"的占星术、炼金术和博物学都单独列出。F类是文化影响,包括阿拉伯—伊斯兰、东亚与东南亚、中世纪拜占廷、东亚与东南亚、印度、犹太、北美以及非洲、大洋洲和其他传统文化7个文化范畴。G类是历史年代分类,分为史前、古代近东、古希腊罗马、中世纪西欧、文艺复兴时期西欧、17世纪、18世纪、19世纪、20世纪早期、20世纪晚期以及21世纪,共11个历史时期。自2002年以来,该分类体系增加了一些分支学科,基本框架保持不变。

无论从基本分类还是从大门类下的特定分支来看,目前《书目》采用的分类体系都是历史上最为精细和完整的。它将D类"科学实践与科学组织"单独列出。"科学教育"在萨顿的体系中属于专科史,强调教育内容,而现在

---

① H. Guerlac, "A Proposal Revisiton of the Isis Critical Bibliography", Isis, vol. 44, no. 3 (September 1953), pp. 226–228.

归于科学实践一类。E类专科史从萨顿的8类增加到2018年的37类。之前笼统的"生物学"现在分为"植物学""动物学""遗传学""古生物学""分子生物学"和"人体生物学"6个类型。就文化类型的划分而言，萨顿的"东方科学与文明"现在分为"阿拉伯—伊斯兰""东亚与东南亚"和"印度"三类文化范畴，新增了"犹太""大洋洲"两类。在具体文化类型以外，又增加了"跨文化研究总论和殖民主义研究"。年代划分对20世纪以来的科学史有所偏重，将20世纪和21世纪区分开，并将20世纪以第二次世界大战为界划分成两部分。

《书目》分类体系的变化无疑有文献检索技术的推动，但更有科学史学科自身发展的原因。一方面，科学作为知识产出、文化价值观和社会实践活动的整体性得到普遍的承认。该分类体系回归了萨顿关于科学统一性的思想，同时又超出了萨顿的文化维度，强调具体科学的实践性。另一方面，研究者采取越来越精微的观察视角，反映为《书目》分类体系的不断细化。

《书目》列出的作品类型包括专著、期刊论文、论文集、学位论文和书评。其中大部分是英文作品，近几年增加了一些德文、法文作品。由于编目原则是同一作品不重复出现，根据条目序号可以得知每一类作品的数量。2015年《书目》列出的科学史代表作品总数为4023部（不包括书评），包括专著1349部（以书评数量计）[1]；2016年作品总数为3059部，包括专著1116部[2]；2017年作品总数为2429部，其中专著901部[3]；2018年作品总数为4243部，专著1366部。[4] 2015年至2018年《书目》每年公布作品约在3400部。这一平均数相比于《书目》刊行后半个世纪（1913年至1965年）公布作品共计8

---

[1] S. Weldon, (ed.), *2015 Isis Current Bibliography of the History of Science and its Cultural Influences*, *Isis*, vol. 106, no. S1 (December 2015), pp. i – 300.

[2] S. Weldon, (ed.), *2016 Isis Current Bibliographyof the History of Science and its Cultural Influences*, *Isis*, vol. 107, no. S1 (December 2016), pp. i – 240.

[3] S. Weldon, (ed.), *2017 Isis Current Bibliographyof the History of Science and its Cultural Influences*, *Isis*, vol. 108, no. S1 (December 2017), pp. i – 191.

[4] S. Weldon, (eds.), *2018 Isis Current Bibliographyof the History of Science and its Cultural Influences*, *Isis*, vol. 109, no. S1 (December 2018), pp. 15 – 341.

万多部、年均 1538 部的数字①,考虑到近几十年出版物成级数增长,实在不能算高。2015 年至 2017 年科学史作品总数有明显递减的趋势,2018 年回暖,返至四年中最高点。

  代表作品总数的波动可能是由于创作至出版、出版至编目的自然延迟,但也在一定程度上反映出科学史领域的机构变动。2016 年前后,国内外科学史教职和博士点均有减少的趋势。例如,威斯康辛大学科学史系是美国最早成立的科学史系,其规模仅次于哈佛大学科学史系,是中世纪科学史、医学史、生物学史以及化学史研究的重镇,却因为公立大学削减开支而被裁撤,人员分流并入历史系。在国内,有若干个科学史硕士点和博士点被取消。国内首屈一指的科学史系上海交通大学科学史系并入该校的马克思主义学院。虽然清华科学史系、西北大学科学史高等研究院和北京大学科学技术与医学史系新近成立,但是学科建设需要时间考验,拆与建并不是如同化学合成与分解的对等过程,科学史专业从整体上给人一种收缩的印象。不过,从乐观角度来看,这种学科建制上的收缩与重组未必意味着科学史研究活力的丧失。相反,更大的可能性是科学史家在其他学科领域另辟天地,或者科学史研究者不再限于有正式科学史职位的学者。例如,德国马克·普朗克科学史与科学哲学研究所新成立的跨文化科学史研究中心就集中了来自经济、文化、历史、社会学等多个学科的学者。

  尽管分类齐全,但是不同类型作品的数量差异较大。G 类即按照历史年代分类的作品最多。2015 年 G 类作品 3335 部,占作品总数 83%②;2016 年 G 类作品 2749 部,占作品总数 90%③;2017 年 G 类作品 1718 部,占作品总数

---

① S. A. Jayawardene,"Book Review of Isis Cumulative Bibliography Volume III", Isis, vol. 70, no. 1(March 1979), pp. 160 – 163.

② S. Weldon, (ed.), *2015 Isis Current Bibliography of the History of Science and its Cultural Influences*, Isis, vol. 106, no. S1(December 2015), pp. i – 300.

③ S. Weldon, (ed.), *2016 Isis Current Bibliographyof the History of Science and its Cultural Influences*, Isis, vol. 107, no. S1(December 2016), pp. i – 240.

71%①;2018年G类作品3159部,占作品总数74%。② 这一类作品除"史前"和"古代近东科学"以外,像"古希腊罗马""中世纪""文艺复兴""17世纪"均是传统的科学史研究领域。"20世纪"(无论是否以第二次世界大战为界)与"21世纪"领域更是现代科学的主流。因此,可以看出:尽管科学史界不断努力发掘新的研究对象,例如非西方文化、被现代科学摒弃的传统知识以及被科学共同体边缘化的历史人物,但是从编史的操作层面上却难以摆脱科学与非科学的传统划界,从认识上也无法否定西方是现代科学策源地这一基本事实。

E类按学科分类作品研究偏重科学理论、概念和方法,属于通常意义上的内史。2015—2018年,E类作品在总数中所占比例分别为7%、9%、13%和11%,平均不过十分之一。其原因很有可能是对标准意义上科学分支学科的研究并未增多,而近年来新增的社会科学史和人文学科史研究因其涉及广泛的社会文化背景而被划归到按年代分类的G类。即便是以概念分析见长的克莱因(U. Klein)的化学史作品也是被归于G类的。可以看出,屏蔽了历史年代和文化影响的"纯内史"方法在科学史学科并不占多数。

表 2015—2018年《爱西斯科学史书目》部分作品数量和所占比例

	2015年		2016年		2017年		2018年	
E类(专科史)	267	7%	268	9%	306	13%	449	11%
G类(历史年代)	3335	83%	2749	90%	1718	71%	3159	74%
专著(根据书评数)	1349	34%	1116	36%	901	37%	449	11%
全部作品(不计书评)	4023		3059		2429		4243	

---

① S. Weldon, (ed.), *2017 Isis Current Bibliography of the History of Science and its Cultural Influences*, *Isis*, vol. 108, no. S1(December 2017), pp. i-191.

② S. Weldon, (eds.), *2018 Isis Current Bibliography of the History of Science and its Cultural Influences*, *Isis*, vol. 109, no. S1(December 2018), pp. 15-341.

二、部分收录成果

《书目》收录作品较多,本文仅列举特定主题的部分专著和文集。

2015年至2018年《书目》中,A类研究工具的"参考书与资料集"下仅列出《笛卡尔与笛卡尔哲学历史词典》和两卷本《牛津美国科学、医学与技术史百科全书》。①② 这一类工具书受到互联网文献搜索功能的挑战,还因为科学史专业研究的高度细化面临读者定位的问题。例如,即便像"曼哈顿计划"这一具体词条也无法满足专业科学史研究者的需要,而对普通读者来说又过于细琐,最后只适用于初级研究者。

科学通史作品明显反映出全球史视角的影响,与整个史学领域保持了一致。例如,《光明的黑暗时代:比较与联系的视角》追溯了公元500年到1500年即一般认为西方科学毫无建树时期中国、印度和中东的科学成就。③《世界性的知识——中世纪以来知识的流动与传播》描述了近代早期以来知识在全球范围内的传播。④ 即便是近代早期科学革命这一老题目也出现了新写法,例如,德文作品《维也纳的科学之旅》通过城市游记来讲维也纳的科学文化史。⑤《欧洲与亚洲之间的科学——对知识传播、接受和改造的历史研究》⑥《成功与压制——文艺复兴时期的阿拉伯科学与哲学》⑦《全球视野

---

① D. Jesseph, (eds.), *Historical Dictionary of Descartes and Cartesian Philosophy*, Lanham, MD: Rowman & Littlefield, 2015.

② R. Slotten, (ed.) *The Oxford Encyclopedia of the History of American Science, Medicine, and Technology*, Oxford: Oxford University Press, 2014.

③ A. Bala, (eds.), *The Bright Dark Ages: Comparative and Connective Perspectives*, Leiden: Brill, 2016.

④ G. Bernaldo, (eds.), *Les savoirs – mondes: Mobilités et circulation des savoirs depuis le Moyen Age*, Rennes: PU Rennes, 2015.

⑤ T. Kuhlwein, (ed.) *Wien erforschen: Erste Blicke*, Vienna: Wieser Verlag, 2017.

⑥ F. Günergun, (eds.), *Science between Europe and Asia: Historical Studieson the Transmission, Adoption and Adaptation of Knowledge*, BSPS 275, Cham: Springer, 2011.

⑦ N. Hasse, *Success and Suppression: Arabic Sciences and Philosophy in the Renaissance*, Cambridge, MA: Harvard University Press, 2016.

下的科学革命》①《历史上知识的全球化》②等一类作品更加突出科学在全人类发展史上呈现出的连续性,在叙事风格上改变了过去那种强调科学异军突起、英雄横空出世的方式。

关于科学与政治、经济、社会、文化的主题研究不再仅仅满足于探索新的编史方法,而是表现出较强的现实关切,预期在普通读者群引发强烈反响。例如,《取消一夫一妻制:科学政治学与生物学可能性》研究了"一夫一妻"这一概念如何在美国科学研究与政治背景下得以重构。③ 女性主义者一般关注一夫一妻制如何成为一种具有强制性的社会规范,而该作品更进一步,探讨了生物学、人类学等科学领域如何将一夫一妻制解释为"自然的"(也就是合理的)过程。这无疑构成了对当今社会的女性主义思潮,特别是围绕堕胎问题激烈争论的一种回应。

关于科学与宗教的相关研究有明显增加。例如,《信仰与事实:为什么科学与宗教互不相容》针对美国国会议员不承认全球变暖、半数以上美国人否定进化论、学校注射疫苗停止而疾病再起等美国社会现实问题,反对美国人对待宗教的回暖态度,论述科学与宗教在方法论上的本质性差异。④《无神论史》的写作背景正是 21 世纪初英国生物学家道金斯(R. Dawkins)、美国神经科学家哈里斯(S. Harris)、美国作家希钦(C. Hitchen)和美国哲学家丹内特(D. Dennett)组成"四骑士团",发起"新无神论运动"。⑤《十全十美:宗教的自然性与世界的非自然性》提出:宗教的出现只是一种生物学意义上的适应,而科学才是建构完美(即非自然)世界图景的那一支传统。⑥ 这一观点无疑是对有关科学"祛魅"看法的反驳。此外,此类研究不再限于对中世

---

① W. Burns, *The Scientific Revolution in Global Perspective*, New York: Oxford University Press, 2016.
② J. Renn, (ed.), *The Globalization of Knowledge in History: Based on the 97th Dahlem Workshop*, Max Planck Research Library for the History and Development of Knowledge, Studies 1. (866 pp.; ill.; index.) Berlin: Edition Open Access, 2012.
③ A. Willey, *Undoing Monogamy: The Politics of Science and the Possibilities of Biology*, Durham: Duke University Press, 2016.
④ A. Coyne, *Faith Versus Fact: Why Science and Religion are Incompatible*, New York: Penguin, 2016.
⑤ M. Ruse, *Atheism: What Everyone Needs to Know*, Oxford: Oxford University Press, 2015.
⑥ E. Dietrich, *Excellent Beauty: The Naturalness of Religion and the Unnaturalness of the World*, New York: Columbia University Press, 2015.

纪基督教的讨论。《科学与宗教：东方与西方》就提供了一个与科学相克相生的多元化宗教背景。① 新近的科学与宗教主题研究从总体上不再沿袭德雷伯(J. Drape)的冲突论②，也不完全赞同后来的协调论，更不再投身于衍生论(即将科学的源头归于中世纪基督教)，而是以一种更加精细的方式描述科学与宗教的复杂互动，并且不怯于表达非学术性立场。

环境科学史研究是近年来的热点领域。其中，《曲线之下——科学与全球变暖政治学》梳理了美国半个世纪的气候变化研究，着力讨论科学家、环保主义者和政治家的复杂关系以及政治环境对于环境变化结论的影响。③《武装自然母亲——灾难环境论的产生》研究冷战时期地缘政治对于环境学的关系。④ 这些作品的出发点是环境问题愈演愈烈的现实，得出的结论却具有相当的悲观色彩。它们不仅仅回应了人们有关科学的客观性的疑问，实际上也揭示了科学在 20 世纪斑驳世界图景中呈现出的一种异化本质。

文化转向近 40 年发生于历史学的各个领域，但是对于科学史学科有着特殊意义。因为承认文化对于科学的影响，则意味着科学与非科学的划界、观察与理论的关系等问题需要被重新审视，在一定意义上质疑了科学的真理性。在近期《书目》列出的科学与文化著作中，出现了将文化转向限制在一定范围之内的倾向。欧洲科学史学会会长林力娜(K. Chemla)组织多位科学史家撰写的文集《不含文化主义的文化：科学的形成》便是典型一例。⑤ 该书由多个个案研究组成，包括金融市场操作、中国 20 世纪六七十年代地震预报体系、中国古代二次方程以及对职场歧视的社会学研究等。它传递出一种中间立场：如果过于笼统地概括文化对于科学的影响，则与单纯强调科学真理性一样进入一种本质主义，也没有呈现科学工作的广阔范围和多样

---

① Y. Fehige, *Science and Religion: East and West*, London: Routledge, 2016.
② J. Draper, *History of the Conflict between Religion and Science*, New York: D. Appleton, 1874.
③ P. Howe, *Behind the Curve: Science and the Politics of Global Warming*, Seattle: University of Washington Press, 2014.
④ D. Hamblin, *Arming Mother Nature: The Birth of Catastrophic Environmentalism*, Oxford: Oxford University Press, 2013.
⑤ K. Chemla, (eds.) *Cultures without Culturalism: The Making of Scientific Knowledge*, Durham: Duke University Press, 2017.

性。因而,最好的方式是一方面保持从历史与文化角度看待科学的方法,承认科学活动的多元性和复杂性,另一方面不要奉行绝对的"文化主义",以免抹杀科学的真理性。

科学与文学艺术的代表作品有《变出科学——近代法国科学表演与舞台魔术史》①《事实与虚构——德国与英国的文学与科学文化》②《达尔文的窥视镜——当代英国小说与非小说纪实作品中的进化论及其作者生平》③《施莱格尔生平——艺术与诗歌的世界主义者》等。④ 这些作品题材各异,但是从整体上没有跳出 18、19 世纪欧洲文学艺术的范围。这一状况似乎暗示,当研究科学的经济、社会、政治等实践性要素时,研究对象很容易由欧洲扩展至非西方国家;但是当涉及文学艺术这一科学的深层根基和微妙表达时,仍然要追根溯源到科学策源地。

在有关科学实践与科学组织的研究中,博物馆、大学以及科学职业化一直是重头。《19、20 世纪欧洲大学里的科学——学术图景》从大学的历史、不同政治背景下的大学、大学与学术研究以及大学与学科形成这四个方面讲述两百年间欧洲大学的科学教育和科学研究。⑤《利德尔:博学者的关系网与欧洲北部的文艺复兴》研究了 16 世纪末至 17 世纪初德国与苏格兰的知识传播与科学家的职业活动。⑥ 此外,科学史研究日渐显示出对"质料"的关注,如《科学工具如何改变手工过程》研究了从 18 世纪至第一次世界大战结束欧美的科学仪器市场。⑦ 今后的编史学大概需要在"精神的"与"物质的"

---

① S. Lachapelle, *Conjuring Science: A History of Scientific Entertainment and Stage Magic in Modern France*, New York: Palgrave Macmillan, 2015.
② C. Lehleiter, *Fact and Fiction: Literary and Scientific Cultures in Germany and Britain*, Toronto: University of Toronto Press, 2016.
③ D. Oramus, *Charles Darwin's Looking Glass: The Theory of Evolution and the Life of Its Author in Contemporary British Fiction and Non-Fiction*, Berlin: Peter Lang, 2015.
④ R. Paulin, *The Life of August Wilhelm Schlegel, Cosmopolitan of Art and Poetry*, Cambridge: Open Book Publishers, 2016.
⑤ A. Simões, (eds.) *Sciences in the Universities of Europe, Nineteenth and Twentieth Centuries: Academic Landscapes*, Cham: Springer, 2015.
⑥ P. Omodeo, (ed.), *Duncan Liddel (1561 – 1613): Networks of Polymathy and the Northern European Renaissance*, Leiden: Brill, 2016.
⑦ S. Sechner, (eds.) *How Scientific Instruments Have Changed Hands*, Leiden: Brill, 2016.

两个方面保持平衡,一如目前要平衡"科学的"和"文化的"两个方面。

《书目》还详细列出了《爱西斯》每期焦点栏目的作者和文章名。这些讨论具有前瞻性和导向性,提示着今后科学史著述的新题目。主题包括对夏平(S. Shapin)《利维坦与空气泵》的再讨论、科学史与技术史和经济史的结合、科学史与档案史的结合、人文学科与自然科学的编史学异同、古尔迪(Jo Guldi)新书《历史学宣言》等。值得一提的是,近年社会科学史和人文学科史的比重上升,尤其以经济学和人类学最为突出。这一类学科本身具有很强的实践性,其发展嵌套于广阔的社会文化背景中,为科学史家提供了开放的视域和更灵活的可操作性选择。

总而言之,2015 年至 2018 年《爱西斯科学史书目》的分类体系、作品数量以及具体收录成果都指向这样一个问题:科学史学科如何打破内部壁垒以及科学史如何伸展到其他学科领域?"共生"无疑是未来的一个关键词。然而,共生并非派别林立、各自为政。当今世界现实问题的复杂性和急迫性要求人类知识不能只沿着专门化的路径一条道走到黑,而碎片化更是破坏了人文学科的立身之本。科学史作为一门有着文理交融理想的学科,应该在这条"共生"的道路上提供一个示范,并且进一步带动其他学科。这才是这门学科未来的活力所在。

(原载《自然辩证法研究》2020 年第 1 期)

专 题 史

18世纪英国同情的理论与实践

姜 南

【提要】18世纪英国虽然经济发展迅猛,但是,失地农民、作坊和工厂工人、因为粮食价格上涨而遭受饥饿的人、监狱的犯人、被英国人猎获贩卖的非洲奴隶等却遭遇着深重的苦难。在这种巨大的社会苦难面前,大卫·休谟、亚当·斯密写出了系统的关于同情的理论著作,但是丝毫也没有表现出对现实社会底层人苦难的同情。而大卫·卫斯理却带领他创立的循道宗教友们为减缓以上这些人的苦难做了大量效果卓著的工作,以实际行动表达了他们对底层人苦难的深切同情。冷漠的同情理论与热烈的同情实践形成尖锐的对立、巨大的反差。本文对此进行了分析。

【关键词】18世纪英国 穷人的苦难同情 大卫·休谟 亚当·斯密 大卫·卫斯理

一、18世纪英国社会中的苦难

18世纪英国处于资本主义社会早期,资本主义在发展生产力方面的巨大优势鲜明地表现出来:社会总财富和人口都激增,工业革命序幕拉开,城市化进程加速,海外贸易蓬勃发展。但是,与此同时,资本主义残忍的一面也鲜明地表现出来:它造成了深重的人间苦难。根据各种资料推算,18世纪初英国至少有一半以上的家庭处于贫困状态,无法维持正常的生活开支。①

---

① Roy Potter, *English Society in the Eighteenth Century*, London: Allen Lane, 1982, p.28.

到1800年,接受贫困救济的人数达到英国总人口的28%。① 由于英国人口已经从18世纪初的500多万增加到18世纪末的近900万,因此,就绝对数量而言,贫困人口一点都没有减少。②

遭受苦难的主要是这些人:

(一)失去土地,没有工作的人

18世纪下半叶,已经持续300年的圈地运动又掀高潮。此时,议会成为国家最高权力机关,圈地多以议会立法的形式进行。在"议会圈地"阶段,圈地的规模迅速扩大,这意味着数目庞大的人口生活无着。③ 保尔·芒图生动地描述了18世纪圈地运动给穷人造成的苦难。一个圈地委员深深悔恨自己把2000个贫民逐出家园,变成一无所有的流浪者。农业部经过调查之后,承认"在大多数情况下,贫民所拥有的一点点东西都被剥夺了"④。失地农民即使有工作,一旦遭遇失业就无以为生。⑤ 农业工人的失业带有季节性,农闲时雇主就大量解雇工人。⑥

(二)在作坊和工厂做苦役的工人,包括童工

早期工厂的工作条件十分恶劣,厂主为了节省空间,通常把工厂的天花板弄得很低,窗户也十分窄小并且经常关闭。在纱厂里,四处是飘浮的细碎的飞花,随时有可能侵入工人的肺里去,久而久之就造成非常严重的病害;在纺麻厂里,由于使用湿纺法,人们拥挤在不流通、水汽弥漫、污浊的毒臭空气里,常常感染一种传染性热病,在很短时间内就会造成大量死亡。但是大

---

① Roy Potter, *English Society in the Eighteenth Century*, London: Allen Lane, 1982, p.110.
② 爱德华·汤普森:《共有的习惯》,沈汉、王家丰译,上海人民出版社2002年版,第301页。
③ 王章辉:《英国经济史》,中国社会科学出版社2013年版,第71—72页。
④ 保尔·芒图:《十八世纪产业革命——英国近代大工业初期的概况》,杨人鞭、陈希秦、吴绪译,商务印书馆1983年版,第137、140、142页。
⑤ Frederic Morton Eden, *The State of the Poor: or, an History of the Labouring Classes in England, from the Conquest to the Present Period*, Cambridge: Cambridge University Press, 2011, pp.347–348.
⑥ 爱德华·汤普森:《英国工人阶级的形成》,钱乘旦等译,译林出版社2001年版,第246—247页。

多数工厂主对工人的死活毫不关心,认为这些拥挤在他厂里每天工作十几个小时的人,仅仅是他"机器的许多附件"①。一位18世纪的英国人说,"我想在英国,被迫到铅、锡、铁、铜和煤矿劳动的人总在10万以上;这批凄惨的可怜虫恐怕永远没有见过阳光";而且,"冶炼那些矿产又必然会产生出呛人的烟,烤坏人的火"②。

(三)因粮食价格上涨而缺粮的人

在18世纪的英国,自由市场经济的呼声日益高涨。粮食商人全都追逐高价格,而完全不考虑缺粮者的需要;更有甚者,商人们囤积居奇,人为制造粮荒,以达到高价卖粮的目的。农场主们宁可将谷物送往远方的大城市以追逐高价格、高利润,根本不顾及本地工人遭遇粮食短缺之苦。③ 当国内出现饥饿的时候,大批粮食仍然卖到国外。饥饿非常普遍。高物价逼迫儿童食用霉臭面粉制成的粗劣面包,导致腹部肿大。有人这样描述一个矿场的景况:人们因饥饿而在工作中昏过去,结果只能由状况好不了多少的同伴把他们送回家去。④

缺乏粮食的主要群体是无地农民、失业者、低收入工人。粮价上涨,多次导致暴力骚乱。而政府则用警察和军队加以镇压。⑤

(四)被贩卖的奴隶

英国大约从1650年开始奴隶贸易。在打败西班牙、荷兰,成为海上霸主后,英国变成第一号奴隶贸易大国。在1713年签订的《乌特勒支条约》

---

① E. 罗伊斯顿·派克:《被遗忘的苦难——英国工业革命的人文实录》,蔡师雄、吴宣豪、庄解忧译,福建人民出版社1983年版,第256页;保尔·芒图:《十八世纪产业革命——英国近代大工业初期的概况》,商务印书馆1983年版,第333页。
② 马克斯·比尔:《英国社会主义史》上卷,何新舜译,商务印书馆1959年版,第78—79页。
③ J. L. Hammond and Babara Hammond, *The Rise of Modern Industry*, London: Methuen, 1951, p. 91.
④ 爱德华·汤普森:《共有的习惯》,上海人民出版社2002年版,第253—254页。
⑤ Andrew Charlesworth, ed., *An Atlas of Rural Protest in Britain, 1548 – 1900*, Philadelphia: University of Pennsylvania Press, 1983, pp. 80 – 85.

中,西班牙把每年供应西班牙殖民地4800名奴隶的国家,从法国改成了英国。① 1680—1786年,超过200万奴隶被输入西印度英属殖民地。② 在英国家庭中服劳役的黑人奴隶也不少,家有奴隶逃离的失主在报纸上刊登启事,承诺若有人捕获逃奴归还失主,可以获得若干酬金;广告栏目中也有"出售一名约十二岁黑人男孩"的启事。③ 英国人从贩奴中赚取高额利润,有时一次出航所得净利甚至高达300%之多。④ 巨额利润刺激着整个英国形成奴隶贸易狂潮。国王和议会对此支持有加。在1783年以前,维护和促进对非洲的奴隶贸易一直是英国外交政策的基本方针。⑤

对于奴隶贩子和奴隶主而言,奴隶就是动物,奴隶们的境遇不可能不悲惨。

(五)监狱里的犯人

英国18世纪是严刑峻法的世纪。当时的立法及行政权力完全操纵在贵族手中,平民无权过问,法律不过是维护贵族阶级利益及压迫平民的工具。刑法之严酷,为欧洲各国所少见,13岁的小偷因窃取3个先令亦被处死刑。⑥ 议会不断立法,大量增加判处死刑的罪名。1689年只有50项死刑罪,1820年已增加到160项。⑦

---

① Robin Blackburn, *The Making of New World Slavery: From the Baroque to the Modern*, 1492 – 1800, London: Verso, 1997; Hugh Thomas, *The Slave trade: The History of the Atlantic Slave Trade 1440 – 1870*, London: Picador, 1997; James Walvin, *Black Ivory: A History of British Slavery*, London: Harper Collins, 1992.
② 艾里克·威廉斯:《资本主义与奴隶制度》,陆志宝等译,北京师范大学出版社1982年版,第31页。
③ 威尔·杜兰:《世界文明史》(第27册:伏尔泰与英国),幼狮翻译中心译,幼狮文化事业公司1982年版,第94页。
④ 艾里克·威廉斯:《资本主义与奴隶制度》,幼狮翻译中心译,幼狮文化事业公司1982年版,第34页。
⑤ 艾里克·威廉斯:《资本主义与奴隶制度》,幼狮翻译中心译,幼狮文化事业公司1982年版,第29页。
⑥ 约翰·卫斯理:《约翰·卫斯理日记》,许碧瑞译,章文新等校译,宗教文化出版社2012年版,第9页。
⑦ 威尔·杜兰:《世界文明史》(第27册:伏尔泰与英国),幼狮翻译中心译,幼狮文化事业公司1982年版,第101—102页。

犯人入狱之后,即进入了暗无天日的地狱。他们戴的脚镣手铐的轻重,由他们付给狱吏的钱数多少决定。犯人睡稻草床,每天只吃一磅面包。要增加食物量,就得给狱吏送礼,这成为犯人沉重的负担。[①] 绝大多数监狱里垃圾成堆、空气污浊,几乎每一名犯人都患有"监狱热病"——常见的有发疹伤寒和天花。有人推算,大约25%的终身囚犯死于"伤寒"。每当囚犯出庭应讯之时,身上都散发出污秽和染病的恶臭,法官、陪审员、证人与观众不得不频频吸入樟脑、醋酸或香草,以驱逐臭味。更有甚者,1750年5月,某监狱的100名囚犯同时被拘提至刑事法庭受审,人数众多的传染病犯人到庭,导致法庭内6名主审法官中的4名因传染上热病而死亡,另外还有40名陪审员和法庭职员死亡。[②]

二、冷漠的同情理论

在这个充满苦难的时代,英国诞生了西方历史上最系统、最深刻的有关同情的道德哲学理论体系。

早在17世纪,一些英国宗教信徒认为,每一个基督徒都有来自人类联想力的仁慈本性:当他人遭遇不幸的时候,他会不自觉地、本能地、自然地产生怜悯的感情。[③] 到18世纪,大卫·休谟(David Hume,1711—1776)和亚当·斯密(Adam Smith,1723—1790)把同情理论体系化。[④]

(一)休谟的同情理论

休谟有关同情的理论主要在《人性论》和《道德原则研究》两本书中。其

[①] John Howard, *The State of the Prison in England and Wales: with Preliminary Observations, and an Account of Some Foreign Prisons and Hospitals*, 3rd ed., Warrington: Printed by W. Eyres, and Sold by T. Cadell[etc.], 1784, p.244.

[②] 威尔·杜兰:《世界文明史》(第27册:伏尔泰与英国),幼狮翻译中心译,幼狮文化事业公司1982年版,第101—102页。

[③] J. A. Herdt. *Religion and Faction in Hume's Moral Philosophy*, Cambridge & New York: Cambridge University Press. 1997, pp.30-31.

[④] 亚当·斯密与休谟有过交往。亚当·斯密在《国富论》中两次提到休谟。亚当·斯密:《国富论》上卷,郭大力、王亚南译,译林出版社2011年版,第281、306页。

基本内容是:

　　道德源自利他的情感,利他的情感源自同情。休谟认为,人们可以通过想象,把自己置身于别人的处境中,设想自己正在忍受同样的痛苦,从而把自己变成与被同情对象一样的人,产生与被同情对象同样的意识或感觉。① 正是从同情里产生了悲悯、爱怜。休谟主要是在悲悯、爱怜的意义上谈论同情的。他说,怜悯在很大程度上依靠于接近关系,甚至要见到对象才能引起;怜悯就是希望他人幸福和厌恶他人遭难的心理②;怜悯这种同情的感情非常重要。苦难越大,导致的同情越强。休谟盛赞"同情"这种品格。③

　　但是,令人诧异的是,读遍他关于同情的论述,我们却找不到他有一个字表达自己对现实生活中触目惊心的苦难的同情。相反,一些与现实似乎有关联的话语,他表达的却是冷漠。18世纪是穷人遍地的世纪。休谟在谈论贫困时,只字不提他们,举的例子与他们无关。④ 18世纪是乞丐遍地的世纪,休谟认为,给予普通乞丐以施舍"是受称赞的","但是当我们观察到由此而导致鼓励游手好闲和道德败坏时,我们毋宁将这种施舍行为视为一种弱点而非一种德性"⑤。18世纪是奴隶贸易猖獗的世纪,休谟关于奴隶的话语却只是客观描述,没有表达对奴隶的一点点同情和对奴隶贸易制的一点点谴责。⑥

(二)斯密的同情理论

　　在1759年出版的《道德情操论》中,斯密在休谟同情理论的基础上,系统地提出了以同情为核心的社会道德理论。与休谟一样,斯密的同情理论对于现实的社会苦难,表现出让人无法理解的冷漠。

　　斯密这样表达他对穷人的态度:"仅仅是贫穷,激不起多少怜悯之情。为此抱怨非常容易成为轻视的对象而不是同情的对象。"而由富裕沦为贫困

---

① 休谟:《人性论》,关文运译,郑之骧校,商务印书馆2017年版,第347、348、352、640页。
② 休谟:《人性论》,关文运译,郑之骧校,商务印书馆2017年版,第402、403、415、416、421页。
③ 休谟:《道德原则研究》,曾晓平译,商务印书馆2017年版,第30页。
④ 休谟:《人性论》,关文运译,郑之骧校,商务印书馆2017年版,第421—422页。
⑤ 休谟:《道德原则研究》,曾晓平译,商务印书馆2017年版,第33页。
⑥ 休谟:《道德原则研究》,曾晓平译,商务印书馆2017年版,第42、43页。

"通常使受害者遭受极为真实的痛苦,所以很少不引起旁观者极为真诚的怜悯"。就是说,斯密认为,本来就贫困的人引不起同情,只有富人变贫困了才引得起同情。①

斯密用市场规律来混淆贫富差别、掩盖穷人痛苦。他说,尽管富裕得像国王一样的地主主观上并不想帮助穷人,但在客观上,地主为众多服务于他的穷人提供了工作机会和财富,"当神把土地分给少数地主时,他既没有忘记也没有遗弃那些在这种分配中似乎被忽略了的人"。穷人也享用着他们在全部土地产品中所占有的份额,因此,在构成人类生活的真正幸福之中,穷人"无论在哪方面都不比似乎大大超过他们的那些人逊色"。斯密进而认为,"在肉体的舒适和心灵的平静上,所有不同阶层的人几乎处于同一水平,一个在大路旁晒太阳的乞丐也享有国王们正在为之战斗的那种安全"②。

斯密没有要求富人秉承仁慈去救助穷困者,反之,他强调"仁慈总是不受约束的,它不能以力相逼"。"当一个人缺乏同情心并在非常容易减轻同胞的痛苦的时候拒绝这样做时",其他人无权要求他这样做。③

斯密主张用市场取代政府对贫民的救助,把贫民投入市场,让市场解决他们的贫困问题。但是,完全自由放任的市场经济,即"看不见的手"恰恰是造成穷人贫困的根源。如果废除政府救济制度,不让政府这只"看得见的手"发挥对贫民的救济作用,那么,穷人陷入贫困深渊的时候将处于完全无助的境况。但是,斯密反对济贫制度,他认为济贫法令不仅使贫民不容易获得"住所"和"工作",而且"生出若干欺诈行为"④。

在奴隶问题上,斯密也没有表现出任何道义态度。⑤

---

① 亚当·斯密:《道德情操论》,蒋自强、钦北愚、朱钟棣、沈凯璋译,胡企林校,商务印书馆1997年版,第173页。
② 亚当·斯密:《道德情操论》,蒋自强、钦北愚、朱钟棣、沈凯璋译,胡企林校,商务印书馆1997年版,第230页。
③ 亚当·斯密:《道德情操论》,蒋自强、钦北愚、朱钟棣、沈凯璋译,胡企林校,商务印书馆1997年版,第96、99页。
④ 亚当·斯密:《国富论》上卷,译林出版社2011年版,第123页。
⑤ 亚当·斯密:《国富论》下卷,译林出版社2011年版,第92、150页。

三、热烈的同情实践

(一)同情的呐喊

与冷漠的同情理论相对应的,却是热烈的同情实践。这种实践,既是同情的语言表达,更是同情的行动表达。

从圈地运动开始起,就有人出于对失地穷人的深切同情而强烈谴责圈地运动。16世纪,空想社会主义先驱托马斯·莫尔在他的名著《乌托邦》里就怒斥圈地是"羊吃人"。① 18世纪,休谟和亚当·斯密的同时代人奥利弗·哥德斯密的著名叙事长诗《荒村》也表现出对失地农民的深切同情:"颤抖着从掠夺者手下跑开。你的子孙远远地,远远地流落在外。""被饥馑所折磨,从这可爱的土地,悲哀的农民成群结对地离去。他们倒毙路旁,无人伸手相扶,国家正在繁荣——既是花园又是坟墓。"②

詹姆斯·汤姆逊(James Thomson,1700—1748)在他的《四季》(1730)里这样表达他对失地农民的同情:在冰天雪地的原野上,年轻的农夫无法找到归家之路,落入深渊;而他的妻儿还在望眼欲穿地苦等他归来。③ 一位18世纪的英国人在描述了铅、锡、铁、铜和煤矿劳动者的悲惨处境后说:"如果有人告诉我们,有20万无辜人民被判决受这种不堪忍受的奴役处分时,我们会怎样怜悯这批不幸的受难者,而对于那些施行这种残酷可耻的刑罚的人会多么愤恨不平!"④

众所周知,到了后来,空想社会主义者欧文,尤其是科学社会主义理论体系创立者马克思、恩格斯,都对英国失地农民、工人的苦难表现了巨大的同情。

---

① 莫尔:《乌托邦》,戴镏龄译,商务印书馆1982年版,第21页。
② 安妮特·T.鲁宾斯坦:《从莎士比亚到奥斯丁——英国文学的伟大传统》,陈安全等译,上海译文出版社1987年版,第405、406—407页。
③ 王佐良:《英国诗史》,译林出版社1997年版,第202页。
④ 马克斯·比尔:《英国社会主义史》上卷,商务印书馆1959年版,第78—79页。

(二)约翰·卫斯理和循道宗的同情实践

这里着重介绍与休谟、斯密同时代的约翰·卫斯理(John Wesley, 1703—1791)对待受苦难者的热情的同情实践。需要注意的是,卫斯理的同情实践是终身的,数十年如一日的坚持不懈,取得了巨大的社会效果。另外,他几乎不谈理论,更不谈同情理论,他是一位纯粹的同情实践者。

卫斯理不断地走进穷人中间。① 他看到穷人生活的悲惨,产生了巨大的同情。在1739年10月3日日记中,他说监狱和贫民习艺所是"最足令人生恻隐之心的地方"②。

1. 救助穷人

在巨大的同情驱使下,卫斯理开始了对当时遍及整个英国的苦难者的救助事业。

首先,他带领其追随者省吃俭用,把节省的每一分钱捐献给穷人。早在青年时代,卫斯理在林肯学院上学时候就开始给穷人捐款。上学的第一年,他的进款有30镑,自己用了28镑,节省2镑帮助别人。第二、第三、第四年他的进款分别是60、90、120镑,但他自己仍只用28镑,余数全部济助穷人。1783年2月21日,他在日记中写道,"我们(指他的教会组织——引者)的常年收入在3000镑以上",但是,"我每年仍支取30镑"。卫斯理一生所得的稿费及版税在3万镑以上,他只把一小部分用于最起码的生活开支,余下的大笔款项全数用于济贫。卫斯理对于金钱的态度有一句名言,即"尽量地节省,尽量地捐助"③。

其次,他们努力募集大量善款救济穷人。这里引用卫斯理的部分日记:

> 1785年1月4日:我走遍了全城,募得两百镑款,用以救济那些最

---

① Manfred Marquardt, *John Wesley's Social Ethics: Praxis and Principles*, translated by John E. Steely and W. Stephen Gunter, Nashville: Abingdon Press, 1992, p. 30.
② 约翰·卫斯理:《约翰·卫斯理日记》,许碧瑞译,章文新等校译,宗教文化出版社2012年版,第53页。
③ 约翰·卫斯理:《约翰·卫斯理日记》,许碧瑞译,章文新等校译,宗教文化出版社2012年版,第4、5、332、中译本序言第12页。

急需冬衣的人……我的双足几乎从早到晚都浸在雪水里。起初无事，但到星期六晚上就支持不住了，染上恶性的痢疾，每个钟头更加剧烈。

1744年2月17日：下午有许多人聚集……他们捐出将近五十英镑的款子。我立即前往购置衣服，毛织品，鞋子等物，供给那些虽然勤奋工作，仍极缺乏的人。

1744年2月27日：我很愿意……能为穷苦的人多筹募一些衣物。为着这个目的我就进行第二次募捐，得三十英镑左右；因知所捐得的数目还不够应付三分之一的需要，我决定亲自到各小组为穷人请命，直到遍访了全团体的人。

1744年3月22日：我所收到的170英镑左右的捐款，曾用在分赠衣服给230个穷人。尚有三四十个穷人仍甚需要救济……我再作一次募捐，得到26英镑左右。①

处于饥饿状态的人、失业的人、生病的人、子女不能接受教育的人，都是他们救助的对象。他们为年老的寡妇筹设老人院；为患病而无力就医的贫民筹设免费治疗所；免息贷款给经营小本生意的贫民；为贫民设习艺所，教授谋生技能；设学校，教育贫民子弟。甚至遭遇意外灾害的人也得到他们的救助。以对贫穷病人的救助为例：他们定期探访病人，帮助他们就诊，送药物给他们。还开设药房和治疗中心。他的一部《医药手册》介绍了725方药方，可治243种疾病，销行最广。这部书于1747年初版，到1791年已经有了23版。他的日记充满类似记录："有十二人……进行济助患病者的工作。他们每人每隔一日须访问本区内所有的病人。""在一年之内，有300人左右接受医药救济，100人左右按时前来，且接有关卫生的指导：其中90个人的多年宿疾得以完全治愈。"②

---

① 约翰·卫斯理：《约翰·卫斯理日记》，许碧瑞译，章文新等校译，宗教文化出版社2012年版，第338、116、118页。
② 约翰·卫斯理：《约翰·卫斯理日记》，宗教文化出版社2012年版，第313页；Maldwyn Edwards, *John Wesley and the Eighteenth Century: A Study of His Social and Political Influence*, p. 142；约翰·卫斯理：《约翰·卫斯理日记》，第78、156页，中译本序言第12页。

2. 救助犯人

卫斯理及其追随者们除帮助犯人重建基督教信仰之外,主要从两方面救助他们。一是为他们提供生活救济,二是督促监狱方面改善监狱环境。

卫斯理先是带领大家探望囚犯。早在1743年,探访囚犯就成为指导循道宗会众宗教和社会活动的会社章程的一个组成部分。① 了解到犯人们的悲惨处境后,他们立即开展救助,比如进行慈善募捐。以为外国囚犯(比本国囚犯处境更惨)募捐为例:卫斯理在1759年10月的日记中写道,"一千一百名以上的俘虏挤在那个小地方。他们除了一点点肮脏的稻草外,没有其他可以躺卧的;除了一些破布、烂布以外,也没有别的可盖的。日夜如此,以致有许多人像牲畜般地死掉了","随即有人捐出十八英镑,第二天又有人捐献,凑到二十四镑"②。

卫斯理在监狱问题上的作为,直接推动了后来英国监狱的改革。

3. 救助奴隶

卫斯理对奴隶的悲惨遭遇充满同情,对奴隶贸易切齿痛恨。1772年2月12日日记记录了他看到书中描述贩卖奴隶的"种种恐怖情形",并评论说,"在历史上我还不知有类似的残酷事件,他们所受的确比在回教国中被虐待的基督徒奴隶所受的更为残酷"。1777年4月14日,他在日记中记载看到有许多大船停泊在利物浦码头,"这些船多年来所经营的是掳掠或收买可怜的非洲土人,然后把他们贩卖到美洲当奴隶去"③。

1774年,卫斯理发表了题为《反思奴隶制》的小册子,揭露了欧洲人在非洲捕捉、贩卖、虐待黑人奴隶的罪行,从人人生而平等的理论出发,强烈要求废除奴隶制度。④ 这本小册子在社会上产生了广泛影响,不断再版。卫斯理到处演讲,呼吁废奴。他还推动成立了多个废奴组织,他创立的循道宗大量

---

① W. J. Warner, *The Wesleyan Movement in the Industrial Revolution*, New York : Russell & Russell, 1930, p. 237.
② 约翰·卫斯理:《约翰·卫斯理日记》,许碧瑞译,章文新等校译,宗教文化出版社2012年版,中译本序言第27页。
③ 约翰·卫斯理:《约翰·卫斯理日记》,许碧瑞译,章文新等校译,宗教文化出版社2012年版,第291、310页。
④ John Wesley, *Thoughts upon Slavery*, London: R. Hawes, 1774, pp. 39, 51, 53.

吸收黑人。① 后来,英国结束奴隶贸易与卫斯理的努力是分不开的。

四、分析

同样面对社会苦难,关于同情的理论富丽堂皇,但是没有表现出半点同情;而没有任何关于同情理论论述的人,却用轰轰烈烈的行动表现出炽烈的同情。这种强烈、尖锐的对比,启迪了我们深刻的思考。

第一,任何人,尤其是知识分子,对社会性的苦难必须关注,必须同情。空想社会主义者、马克思主义者、站在穷人立场上的卫斯理,对社会底层人的苦难表现出炽烈的同情,这表现出了一个时代的良知和道义。而休谟、斯密则对穷人的苦难视而不见,这表现了一个时代的冷漠与残酷。

可能有人会说,休谟、斯密只不过是在当时的道德哲学学术体系内对同情问题做纯粹的理论探讨,所以他们不必涉及当时的社会现实。这个理由是不成立的。他们探讨的不是纯逻辑问题、科学问题,而是同情问题,这是一个本质上与人的良心、道德品质,与现实人类巨大苦难绝对不可分离的问题,任何的分离在道德上、理论上都是荒诞的,是对同情情感的亵渎。眼睛看着无数人在苦难中煎熬,耳朵听着他们痛苦的呻吟,思想则在冷静地思考与这一切毫无关系的关于苦难、关于同情的学理,这难道不荒诞吗?麦金太尔说得对,休谟所说的"同情"不过是一种哲学上的虚构而已。②

我们看一看,叔本华和达尔文与休谟、斯密一样从学术角度研究同情问题,但是他们两人就自然而然地联系到了现实社会中生命的苦难。

叔本华对同情问题的学理研究十分抽象与深入,丝毫不亚于休谟和斯密,但是,他在进行学术探讨时,极其自然地联系到现实社会的苦难和对这种苦难的同情。比如,叔本华批判欧洲人在那个时代犯下的滔天罪行。"当我们把一系列在基督教国家内、常以基督教名义进行的非人的残酷暴行,置入天平时,我们却将发现刻度读数对基督教国家相当不利。"他列举了:无数

---

① M. Edwards, *John Wesley and the Eighteenth Century: A Study of His Social and Political Influence*, London: Epworth Press, 1933, p.128.
② A. 麦金太尔:《德性之后》,龚群、戴扬毅等译,中国社会科学出版社1995年版,第64页。

的宗教战争;无法证明合理性的多次十字军东侵;大部分美洲土著人被灭绝;对异教徒无尽无休的迫害;那些不可名状、充满极度痛苦惨叫的宗教裁判所的凶恶暴行;巴黎屠杀新教徒之夜;阿尔巴公爵(Alba)在尼德兰处决1.8万人;等等。叔本华由于同情奴隶的苦难而严厉批判奴隶制和奴隶贸易,他愤怒谴责欧洲人从非洲劫夺黑人贩卖到美洲,迫使这些黑人"离开他们的家庭、他们的国家、他们的半球",成为没有丝毫权利的奴隶,终生为奴、强迫劳役,而所有这些"不过是许多事实中不多的一些举例而已"①。

叔本华看到了现实中动物的悲惨命运,对之表现出强烈同情。达尔文与叔本华一样,也十分关注动物受人类屠杀与虐待的命运,对动物的苦难表现了强烈的同情。②

达尔文在《人类的由来》中,也以休谟、斯密一样的学术方式探讨过同情问题。他和叔本华一样,自然而然地联系到现实生命的苦难。达尔文认为"把人沦为奴隶或一般对别人的奴役……是一个重大的犯罪行为"。但是,他发现:"直到不久以前,即便在最称文明的民族国家里,人们不是这样看待它的。"当奴隶和奴隶主不属于同一个种族或同一个亚种时,"情况尤其是如此,就是,更不以犯罪行为论"。这段话表现出他对奴隶制的强烈厌恶,以及对奴隶的深切同情。③

叔本华、达尔文的同情理论显然没有休谟、斯密的那种冷漠。

第二,面对巨大的社会苦难,唯一正确的态度就是采取行动去缓解它、消灭它。面对资本主义带来的社会苦难,空想社会主义者、马克思主义者,采取了实际行动。他们对现实的批判、揭露是行动,他们的宣传、组织是行动,他们领导工人运动是行动,他们进行社会改革是行动。卫斯理创立的"穷人的宗教"循道宗进行的所有救助穷苦人的活动都是实际行动,这些行动缓解了无数穷苦人的苦难。尽管他们的行动是没有触及资本主义制度的

---

① 叔本华:《伦理学的两个基本问题》,任立、孟庆时译,商务印书馆2014年版,第290—291、294—296页。
② 叔本华:《伦理学的两个基本问题》,商务印书馆2014年版,第304—305页;达尔文:《人类的由来》,潘光旦、胡寿文译,商务印书馆2017年版,第160—178页。
③ 达尔文:《人类的由来》,潘光旦、胡寿文译,商务印书馆2017年版,第177页。

治标式的行动,同空想社会主义和马克思主义都有巨大的理论距离,但是,它也实实在在地缓解了许多穷人的苦难。与之相对,没有任何行动,只是躲在学术的书斋里进行关于苦难、关于同情的玄学式的研究,实际上是对良心的嘲讽。

第三,当社会苦难是由阶级对立造成的时候,面对苦难,具有不同阶级立场的人会有不同的态度。斯密在《国民财富的性质和原因的研究》中对他那个时代英国社会的阶级作了细致的划分,而且明确地指出了阶级利益之间的尖锐冲突。可见他承认社会划分成了不同的阶级。遗憾的是,休谟、斯密都不自觉地站在了那个时代获利最大的有产阶级的立场上,而不是站在获利最小、但人数最多的劳动者阶级的立场上。对劳动者阶级苦难的漠视,正是那个时代富人阶级的基本态度。历史学家早已发现,18世纪英国富人们心安理得地享受着挥霍无度的奢侈生活,有意无视穷人悲惨的生活。"然后他们为自己的故意无知辩护,作为他们铁石心肠的一个借口。"①

休谟把私有财产摆在至高的地位:"正义的起源说明了财产的起源。""没有人能够怀疑,划定财产、稳定财物占有的协议,是确立人类社会的一切条件中最必要的条件。"资本主义社会秩序就是建立在私有财产原则之上的。捍卫当时的私有财产结构,意味着默认穷人苦难的合理。休谟要人们"安然服从于我们生活所在的那个国家的确定的政府"②。而我们知道,18世纪的英国政府赤裸裸地代表着富人的利益。

斯密主张竞争至上:"每一个人,在他不违反正义的法律时,都愿任其完全自由,在自己的方法下追求他自己的利益,而以其勤劳及资本,加入对任何其他人或其他阶级的竞争。"③

斯密认为,当时的社会制度是合理的,一个人只要品行端正,就不会因为社会原因而由富变穷。斯密还认为穷人应该安贫乐道,如果做了自己所能做的一切,还是无法从贫穷、疾病或者其他不幸的困境中解脱时,"就应当

---

① Manfred Marquardt, *John Wesley's Social Ethics: Praxis and Principles*, p. 30.
② 休谟:《人性论》,商务印书馆2017年版,第527、528页。周辅成:《西方伦理学名著选辑》下卷,商务印书馆1996年版,第181页。
③ 亚当·斯密:《国富论》下卷,译林出版社2011年版,第240页。

心安理得地满足于整个宇宙的秩序和完美所要求于我们的在此期间继续处于这种境地"。总之,"一个明智的人对于天命从来不抱怨,当他时乖命蹇之际,也从不认为命运安排不公道"①。

以上言论说明,休谟、斯密客观上是站在了有产者阶级的立场上看问题。

而卫斯理则是站在了劳动者阶级的立场上。

在1747年6月4日的日记中,他说:他要求他的下属"对待每一个穷人都应该有设身处地的态度,正如你希望上帝怎样对待你一样"②。针对当时一些人关于穷人的贫困是命定的看法,他认为"贫困的真正根源并不是神秘的上帝的安排……相反,贫困有清楚的、可以查验的原因"③。卫斯理也反对当时普遍流行的把贫困完全归因于个人懒惰的观点。1753年2月3日日记中,他记录了访问贫病交加者的情况:"我发现没有一个还有一点爬动能力的人是不做事的。""倘若你亲眼看见这种情形,不知你还会把钱用在购置装饰品或奢侈品方面否。"他认为把贫穷归于懒惰是没有良心的说法!1782年5月31日日记记载了他探视40个穷孩子的事情:"我看出在穷苦孩子当中仍有强烈的爱美观念,尽管他们怎样地贫穷,他们仍需要那些装饰;许多小孩子脚上连一只鞋子都没有,但一个衣衫褴褛的女孩子所穿的仍然要讲究褶纹。"④

许多历史学家称18世纪循道派所传的为"平民的宗教",这话并非没有根据。当时英国的贵族及上层阶级多属安立甘会会友,国教以外的其他宗派如长老会、公理会、浸礼会等的会友多为小商人和中产阶级,循道派则以最穷苦的下层阶级为主要对象。初期循道派的传道师、教师,以及社会服务

---

① 亚当·斯密:《道德情操论》,蒋自强、钦北愚、朱钟棣、沈凯璋译,胡企林校,商务印书馆1997年版,第361、362—363页。
② 约翰·卫斯理:《约翰·卫斯理日记》,许碧瑞译,章文新等校译,宗教文化出版社2012年版,第148页。
③ Manfred Marquardt, *John Wesley's Social Ethics: Praxis and Principles*, Nashville: Abingdon Press, 1992, p.31.
④ 约翰·卫斯理:《约翰·卫斯理日记》,许碧瑞译,章文新等校译,宗教文化出版社2012年版,第202、330页。

工作人员等几乎都没有薪水,大家在卫斯理兄弟的感召下,献身工作,忍受一切穷困生活。循道派在各地建设的礼拜堂也都是最简单的建筑,只求实用,不计外表。①

卫斯理一生为缓解穷苦人苦难而奋斗,更证明了他是站在穷人的立场。当然,卫斯理看不到穷人贫困的根源是资本主义制度,看不到穷人应该组织起来,同资本主义制度斗争,做自己命运的主人。这是他的历史局限。

(原载《天津师范大学学报(社会科学版)》2019年第6期)

---

① 约翰·卫斯理:《约翰·卫斯理日记》,许碧瑞译,章文新等校译,宗教文化出版社2012年版,第11页。

近代俄国旧礼仪派的形成及其影响

国春雷

【提要】肇始于罗曼诺夫王朝早期"尼康改革"的旧礼仪派,一直以反对者的姿态伴随王朝始终。经过17—18世纪之交的隐忍图存、18世纪的务实发展和19世纪的迅猛发展,及至十月革命前,终于成长为罗曼诺夫王朝最大的民间宗教组织。旧礼仪派对罗曼诺夫王朝早期政治稳定造成较大威胁,对19—20世纪之交资产阶级自由派政党和无产阶级的形成具有一定影响。旧礼仪派在工商业和金融业方面促进了俄国资本主义经济的发展,是罗曼诺夫王朝工业化和现代化的领头羊。旧礼仪派大力赞助文化事业,为保留俄国古代文化遗产和生活习俗、促进文学与艺术的发展做出巨大贡献。旧礼仪派与罗曼诺夫王朝的关系及其对俄国近代史的深刻影响,尚需学界加强认识并进行系统研究。

【关键词】尼康改革 旧礼仪派 罗曼诺夫王朝

旧礼仪派是俄国罗曼诺夫王朝(1613—1917)时期最大的民间宗教组织,对该王朝产生了广泛而深刻的影响,引起俄国学界普遍关注。在罗曼诺夫王朝300余年统治期间,积累了大批与旧礼仪派有关的原始资料,主要包括旧礼仪派与东正教会的论辩作品、旧礼仪派的会议纪要和组织规章、罗曼诺夫王朝颁布的相关法令等。俄国学者利用上述文献,集中在简史、社会领域和内部组织3个领域对旧礼仪派展开深入研究。在第一个研究领域,Ф. Е. 梅利尼科夫的《古代东正教会简史》具有较高的学术地位。[①] Н. М. 尼科

---

① Ф. Е. Мельников, *Краткая история древлеправославной церкви*, Барнаул: БГПУ, 1999.

利斯基的《俄国教会史》是第一部用马克思主义唯物史观分析旧礼仪派历史的作品,影响力较大,已被译成中文。① 在第二个研究领域,首推 Д. Е. 拉斯科夫的《旧礼仪派的经济制度》,该书利用现代经济学原理,对旧礼仪派在罗曼诺夫王朝经济生活中的地位和作用进行了专业剖析。② 在第三个研究领域,В. 安德松对旧礼仪派内部教派进行了分门别类的介绍,是了解旧礼仪派内部组织的入门作品。③ 不过,对于旧礼仪派与罗曼诺夫王朝的关系及相互影响,俄国学界还缺少比较系统的阐释。中国的旧礼仪派研究尚处起步阶段,俄国史和东正教史专家仅在部分专著中提及了该教派的形成和特征,并未分析该教派对罗曼诺夫王朝各社会领域的深刻影响。本文分析了旧礼仪派形成的历史背景及其特征,在梳理该教派发展历程的基础上,尝试归纳并评介旧礼仪派对罗曼诺夫王朝的影响。

一、尼康改革与旧礼仪派的形成

(一)尼康改革的时代背景

伊凡四世死后,俄国陷入史无前例的"大混乱时期"。其间,权臣篡位、外敌入侵,延续7个世纪的留里克王朝土崩瓦解。1613年,大贵族 М. Ф. 罗曼诺夫登基,创建沙皇俄国的罗曼诺夫王朝。新王朝建立后,虽然在内政外交方面励精图治,但收效甚微。及至第二位沙皇 А. М. 米哈伊洛维奇上台,将"大混乱"之后的国家"引向秩序"遂成为首要国策。④

А. М. 米哈伊洛维奇采取一系列措施,力图加强中央集权和君主专制。在改革过程中,他逐渐意识到强化东正教的三个必要性。第一,对刚刚征服不久的东西伯利亚和东乌克兰加强思想控制;第二,留里克王朝在民间的影

---

① 尼·米·尼科利斯基:《俄国教会史》,丁世超等译,商务印书馆2000年版。
② Д. Е. Расков, *Экономические институты старообрядчества*, СПб: Изд-во С.-Петерб. ун-та, 2012.
③ В. Андерсон, *Старообрядчество и сектантство*, С-Петербург: издание В. И. Губинского, 1905.
④ В. Ф. Федоров, В. И. Моряков, Ю. А. Щетинов, *История России с древнейших времен до наших дней*, М: ТК Велби, 2005, с. 96.

响依然强大,伊凡四世于1551年颁布的《百条宗教决议》在东正教徒中享有崇高威信,这些影响直接威胁着罗曼诺夫王朝的权威,因此清除旧王朝的影响至关重要;第三,新王朝选择了普斯科夫修道院长老菲洛费于1523—1524年提出的"第三罗马"①作为国家发展的宗教-政治理念,为此必须提前扫清思想混乱的障碍。在当时的社会思想发展阶段,宗教改革显然是实现上述必要性的最佳手段。为此,首先应统一全国各地内容抵牾的经书与杂乱不一的宗教礼仪。

1640年,围绕在沙皇忏悔神甫C·沃尼法季耶夫身边形成了一个"笃信古代宗教小组"。小组提出修正经书、统一宗教礼仪的纲领,得到沙皇的肯定与鼓励。但在修正的标准方面,小组成员分为两派。沙皇支持以尼康为首的一派,认为应该以希腊经书和礼仪为标准,部分权贵则支持以阿瓦库姆为首的另一派,认为应该以1453年君士坦丁堡陷落后未被修改过的古罗斯经书和礼仪为标准。②1652年,这场争论以尼康担任俄国东正教会牧首而迅速公开化。

(二)旧礼仪派的形成

1653年,俄国东正教会牧首尼康进行宗教改革,要求全体国民改用希腊教会的经书和礼仪,史称"尼康改革"。改革得到沙皇政府的热烈赞同和积极支持,也遭到部分神职人员和许多教徒的强烈不满与坚决反对。③1654年,牧首命令印刷修改过的新版经书,要求所有神职人员使用新经书的同时改用新礼仪。

中下级神职人员主张保持旧经书和旧礼仪,并提出了三个理由。首先,

---

① 该宗教-政治理念指出:"第一个罗马由于它任凭异端在早期基督教会中盘根错节而灭亡。第二个罗马(拜占廷)由于它同渎神的拉丁教徒缔结合并协定而陷落。现在,历史的接力棒已经递给莫斯科国家。它是第三个罗马,也是最后一个罗马,因为第四个罗马是不会有的。"参见约·阿·克雷维列夫:《宗教史》(上),王先睿、冯加方、李文厚、郑天星等译,王先睿校,中国社会科学出版社1984年版,第357页。

② В. Ф. Федоров, В. И. Моряков, Ю. А. Щетинов, *История России с древнейших времен до наших дней*, с. 100.

③ 乐峰:《东正教史》,中国社会科学院出版社2005年版,第168页。

他们习惯了旧经书和旧礼仪,不喜欢教会强加的改革内容。其次,"第三罗马"理论中抨击了"第二罗马",倘若按希腊人的意图修改经书和礼仪,便是对俄国东正教的亵渎。最后,篡改伊凡四世订立的《百条宗教决议》是对传统的背叛。① 事实上,中下级神职人员反对改革另有原委。这些人普遍文化水平较低,往往凭借口耳相传学习礼拜知识,看不懂新经文。至于由农民、手工业者和小商人构成的普通民众,与下级神职人员关系密切,十分容易受到他们反对改革的宣传。而且,普通民众也不愿意学习新礼仪。②

反对尼康改革的神职人员与东正教会展开激烈争辩,并将越来越多的普通教徒裹挟进去。为解决争端,沙皇米哈伊洛维奇授意东正教会于1656年、1666年—1667年两次召集有其他东正教会高级神职人员参加的宗教大会,将使用旧经书和旧礼仪的东正教徒斥为"异端",并进行了诅咒。坚持旧礼仪、反对尼康改革的神职人员与普通教徒开始自称"旧教徒",沙皇政府则称其为"分裂派",后改称"旧礼仪派"。至此,俄国东正教会正式分裂,旧礼仪派形成了。

(三)旧礼仪派的宗教特征

旧礼仪派在漫长的发展过程中,在经典、教义和宗教礼仪方面形成了一些有别于官方东正教会的特征。

旧礼仪派使用俄国东正教会头5位牧首时期的手抄本经书或者以此为基础的旧版印刷书。17世纪中期之前,印刷术在俄国并没有得到普及。神职人员使用的经书,往往是根据希腊经书翻译过来的手抄本。由于不同版本经书的翻译略有出入,加之传抄过程中的失误,旧教徒使用的经书不可避免会存在一些差异甚至错误。不过,旧教徒对旧经书有着特殊的理解,认为古代经文有着不可磨灭的功能,可以真实准确地传达上帝恩泽,修改了的经书便失去了与上帝沟通的能力。③ 因此,旧教徒十分排斥修改过的新经书。

---

① 乐峰:《俄国宗教史》(上),社会科学文献出版社2008年版,第102、275页。
② 尼·米·尼科利斯基:《俄国教会史》,丁世超等译,商务印书馆2000年版,第149页。
③ С. Я. Никольский, *Православие и единоверие в их взаимоотношениях*, Ставрополь: типо-литогр. Т. М. Тимофеева, 1898. с.5.

旧礼仪派在与罗曼诺夫王朝教俗统治阶级的斗争中，不断发展基督教教义，主要体现在新神甫学说、"世界末日"和"敌基督论"上。① 17 世纪末，随着旧礼仪派神职人员纷纷去世，旧教徒陷入窘迫的"神甫危机"。这是因为，神甫是圣礼的执行者，在旧教徒的宗教生活中占有重要地位。面对神甫缺失，旧礼仪派分成两派。"神甫派"主张接纳从东正教会逃奔过来的东正教神甫。"无神甫派"则拒绝接受东正教会转奔过来的神甫，认为真正的神职人员已消亡，应该选举俗人来主持宗教活动。旧礼仪派形成后，受到罗曼诺夫王朝统治阶级的残酷镇压。失望的旧教徒根据《圣经》中对世界末日的描述，比附当时自然界和社会发生的一些事情，认为世界末日即将来临。在《圣经》的记载中，世界末日来临之前，必有反对上帝、迫害基督徒的"敌基督"降临。开始，旧教徒认为牧首尼康是敌基督，而后又认为彼得一世才是敌基督。由于世界末日迟迟不到，开始将敌基督定义为一个可以延续的特殊群体。

旧礼仪派坚持古代宗教礼仪。这方面最明显的差别表现在祈祷画十字的方法上，旧教徒使用食指和中指两个手指，东正教徒则使用拇指、食指和中指 3 个手指。旧教徒坚持两指法有着充分的理由：俄国东正教由拜占廷帝国传入，而在拜占廷古代圣像画上，用两指法画十字的形象比比皆是。因此，在旧礼仪派看来，两指法具有更加正统和准确的含义。此外，在其他一些礼仪方面，旧礼仪派也不同于东正教会。例如：进行圣十字巡行时，旧教徒呈顺时针方向，而东正教徒则采用逆时针方向；旧教徒祈祷时呼喊两次"哈利路亚"，东正教徒则喊 3 声；旧礼仪派祭坛上摆放 7 块圣饼，东正教会则摆 5 块；旧礼仪派使用八角十字架，且上面没有耶稣受难像，东正教会则通用四角、六角和八角十字架。

二、旧礼仪派的发展

根据俄国政府对旧礼仪派的相应政策，其发展历程大致可分为以下三

---

① Ф. Е. Мельников, *Краткая история древлеправославной церкви*, с. 123 - 125；戴桂菊：《俄国东正教会改革（1861—1917）》，社会科学文献出版社 2002 年版，第 198 页。

个阶段。

(一) 在苦难中成长

  罗曼诺夫王朝早期政治动荡,教会分裂不利于国家政权的巩固,所以阿列克谢·米哈伊洛维奇、А.Р.索菲娅和彼得一世接连对旧礼仪派进行打压。起初,旧教徒为恢复名誉,多次与东正教会展开公开辩论。结果,1666—1667年的"莫斯科宗教大会"以决议形式否定了旧礼仪派的合法地位。如果说之前的论辩与抗争尚属东正教会的内部事务,那么现在的旧礼仪派则变成了官方教会的异己分子。① 1682 年 7 月,旧教徒趁射击军叛乱冲入克里姆林宫,与牧首展开辩论。结果,А.Р.索菲娅于 1685 年颁布特别法令,开始大肆搜捕、屠杀旧教徒。

  和平斗争方式失败后,旧礼仪派联合士兵与哥萨克采取了更为激进的斗争方式,直接介入农民起义和哥萨克民族的解放运动。1667—1671 年的斯捷潘·拉辛农民起义、1668—1676 年的白海索洛维茨修道院起义、1707—1708 年的顿河哥萨克"布拉文起义"中,处处可见旧教徒的身影。② 俄国教俗统治阶级自然无法容忍这种公开的军事对抗,对付旧教徒的手段不断升级,由监禁、流放、革除教门到肉体刑罚,直至砍头、烧死。

  鉴于旧教徒人数众多,彼得一世采取了两手政策:坚决镇压敢于武装反抗的旧教徒;不再追捕普通旧教徒,允许他们按自己的教规生活,但对其加重剥削。例如:俄国政府向旧教徒征收高于普通人两倍的赋税;旧教徒还要为大胡子承担经济损失,俄国政府对坚持留大胡子的人征收"胡须税"。③ 彼得一世还采用种种手段羞辱旧教徒,将其塑造成时代进步的反面教材,以达到孤立他们的目的。例如,立法要求留大胡子的人必须穿传统服装,任何人见到留大胡子而不穿传统服装者均可将其扭送至官府,并可为此得到半数

---

① С. А. Зеньковский, *Русское старообрядчество*, М:Институт ДИ – ДИК, 2009, с. 231.
② 约·阿·克雷维列夫:《宗教史》(下),乐峰、沈翼鹏、郑天星、张伟达等译,乐峰校,中国社会科学出版社 1984 年版,第 28—30、33—34 页。
③ 陶慧芬:《俄国彼得大帝的欧化改革》,广西师范大学出版社 1996 年版,第 89 页。

罚金。①

彼得一世奠定了俄国政府半个多世纪旧礼仪派政策的基础。在这种形式下,旧教徒逐渐放弃武装对抗,要么隐匿身份偷偷活动,要么逃亡到边远地区隐居。为更好地保护自身和维持信仰,旧教徒开始在各地组建社团。例如,17世纪70—90年代在切尔尼戈夫、17世纪80年代在伏尔加河吉尔任涅茨流域、1685年在顿河流域、1694年在奥涅加湖畔等地营建了一大批社团组织。②

(二)在政府威逼和利用下发展

叶卡捷琳娜二世积极调整国内外政策,把俄国打造为欧洲第一强国。在这些政策的实施过程中,女皇采取威逼、利诱和欺骗的手段,充分利用了旧礼仪派。

17—18世纪之交,旧礼仪派为躲避俄国教俗统治阶级的迫害,大举向偏远地区逃亡。向东进入彼尔姆,一度越过乌拉尔山进入西伯利亚;向南渗入顿河、伏尔加河流域;向西迁入波兰边界,深入乌克兰与多瑙河一带;向北推进到诺夫哥罗德,远涉白海沿岸。旧教徒开垦荒地、播种粮食,发展养蜂、捕鱼、畜牧等多种副业,在荒郊野外建立起许多村落。但是,俄国军队不久便尾随而来,抢占旧教徒开辟的耕地与村落,逼迫他们逃向更远的地方。③ 俄国政府不断重复这种手段,利用旧礼仪派的辛勤劳动,为封建贵族开发了大片土地。

在抢占旧礼仪派村落的过程中,叶卡捷琳娜二世发现旧教徒具备极强的野外生存能力和丰富的开发自然经验。于是,她号召国内农民向西伯利亚深处移民,并许诺给予免除3年赋税和徭役的优惠。同时,用暴力手段将伏尔加河流域的旧教徒赶往西伯利亚南部的阿尔泰山区。1764年,她命令 Н. И. 马斯洛夫将军把逃入波兰边界斯塔罗杜布和韦特卡的数万名旧教徒

---

① 瓦·奥·克柳切夫斯基:《俄国史教程》(第四卷),张咏白、郝建恒、高文风、徐景南译,郝建恒、徐景南校,商务印书馆2009年版,第126—127页。
② А. Катунский, *Старообрядчество*, М:изд. Политической литературы,1972,с.30 – 31.
③ В. А. Липинская,*Старожилы и переселенцы, русские на алтае 18 – начало 20 вв*,М:Наука,1996,с.12.

押解至外贝加尔。① 大概受此影响,1765、1766 和 1768 年的档案资料显示,阿尔泰边疆区、新西伯利亚州和哈萨克斯坦东部的旧教徒人数在这三年内迅速增长。②

叶卡捷琳娜二世将大批旧教徒引入东方,大致出于三方面的考虑。第一,西伯利亚地广人稀,是俄国疆域中亟待开发的地区;第二,西伯利亚驻军和矿区的粮食供给紧张,需要就近建立粮食生产基地③;第三,将俄波边界的旧教徒迁走,可以为顺利瓜分波兰扫清障碍。随着边疆建设和俄国化趋于完备,俄国政府开始限制农民向西伯利亚迁徙,对移民加强行政管理,取消优惠并不断增加赋税。④

此外,叶卡捷琳娜二世觉察到旧礼仪派资本主义工商业发展迅猛,遂于1762 年下诏邀请旧教徒返回俄国内地,答应饶恕其罪行,准许他们留大胡子、穿民族服装,有权出庭作证并担任职务。1782 年,又下令取消旧教徒的双倍赋税。⑤ 实质上,俄国政府是希望从新兴的旧礼仪派资产阶级身上榨取油水,增加财政收入。

叶卡捷琳娜二世执政以来的一个世纪,俄国政府赋予旧礼仪派些许自由,允许其由地下状态转为公开活动,其实是为了利用他们,并没有改变一贯的歧视和迫害政策。不过,始终未被官方承认的旧礼仪派,也反过来充分利用了俄国政府赋予的优惠政策,低调而积极地发展经济、招收教徒,夯实了日后翻身的经济基础和群众基础。

(三)在逐步宽容中走向辉煌

1861 年 3 月 2 日,亚历山大二世宣告俄国废除农奴制,标志着俄国由传

---

① Ю. В. Аргудяева,*Русские старообрядцы в Маньчжурии*,Владивосток:ДВО РАН,2008,с. 16.
② Ф. Ф. Болонев,*Старообрядцы Алтая и Забайкалья: опыт сравнительной характеристики*,Барнаул:Издательство БЮИ,2001,с. 37.
③ В. А. Липинская,*Старожилы и переселенцы, русские на алтае 18 - начало 20 вв*,с. 18.
④ Н. И. Шитова,*Рукописи старообрядца Т. Ф. Бочкарева в контексте истории и культуры старообрядцев Уймона*(*XVIII - XXI вв.*),Горно - Алтайск:РИО Горно - Алтайский гос. ун-та,2013,с. 33 - 34.
⑤ *Указ"О не собирании в казну двойного оклада с городских и сельских жителей"*,20 августа 1782 года ПСЗ,№. 15473,Т. 21,с. 634.

统农业社会向现代工业社会迈进,从此走上资本主义发展道路。改革在一定程度上解放了农民,从而直接促进了旧礼仪派的壮大和俄国资本主义经济的发展。

1861改革后,农民从地主手中解放出来,宗教信仰约束亦有所放松,公开加入旧礼仪派的人数激增。据官方统计,19世纪60—70年代许多省份均有成千上万的人加入旧礼仪派。① 旧教徒队伍不断壮大,通过人力、技术和资金推动了俄国资本主义经济的发展。首先,大批旧教徒生力军涌入市场,为俄国经济发展提供了必要的自由劳动力。其次,旧教徒采用农机、蒸汽机等先进机器,大大提高了生产效率,成为俄国农业和工业领域技术革新的典范。最后,善于经商和积累的旧教徒积攒了巨额财富,组建起庞大的金融集团,以投资、信贷等方式为各类经济活动注入资金,增强了俄国资本主义经济的活力。随着俄国资本主义经济的发展,旧礼仪派进一步壮大,旧教徒社会地位相应提高。

1905年,俄国面临严重的国内外危机。当时,旧礼仪派经济实力雄厚,教徒众多,拥有强大的社会影响力,迫使俄国政府主动向其靠近并示好。1905年4月17日,沙皇尼古拉二世颁布承认旧礼仪派合法地位的《加强信仰宽容原则的最高法令》。自此一直到1917年,被教会史学家称为旧礼仪派发展史上的"黄金时代"的时期到来了。② 此间,旧教徒已不再满足于取得的经济成就和宗教地位,开始谋求政治身份,并以实际行动介入到国家的内政外交中。1917年3月,罗曼诺夫王朝被推翻。随着苏维埃政权的建立,旧礼仪派与俄国政府数百年的纠葛也宣告结束。

三、旧礼仪派对俄国历史与社会的影响

17世纪中期兴起的旧礼仪派,贯穿罗曼诺夫王朝始终。旧教徒拥有广泛而深厚的群众基础,与诸多社会群体产生盘根错节的密切关系,深刻地影

---

① 尼·米·尼科利斯基:《俄国教会史》,丁世超等译,商务印书馆2000年版,第382页。
② Ф. Е. Мельников, *Краткая история древлеправославной церкви*, с. 398、407.

响了俄国近代社会的各个领域。

(一)旧礼仪派对近代俄国政治产生深刻影响

该影响主要发生在 17 世纪后半期至 18 世纪初以及 20 世纪初期,即罗曼诺夫王朝的早期与晚期。

罗曼诺夫王朝建立伊始,旧礼仪派从三个层面严重影响了俄国政府的政治稳定。首先,旧礼仪派与东正教会在各种场合展开旷日持久的辩论,导致社会思想混乱,加剧了新王朝的政治动荡。其次,针对新王朝统治者的连续打压,旧礼仪派开始介入农民起义和哥萨克解放运动,甚至协助敌国直接对抗沙皇,给新政权带来极大威胁。例如:逃奔克里木汗国的涅克拉索夫哥萨克(该支哥萨克全部皈依旧礼仪派),得到奥斯曼土耳其帝国支持,在 18 世纪上半期不断骚扰南俄地区,鼓动 50 多万农民逃离俄国,在一定程度上阻碍了彼得一世开辟南方出海口的步伐。① 最后,旧教徒为躲避宗教迫害逃往荒僻之处隐居,导致俄国丧失大量纳税人口,冲击了罗曼诺夫王朝的财政基础。据统计,仅在 18 世纪逃往国外的旧教徒便有百万之众。②

20 世纪初,随着俄国宗教政策的放宽,旧礼仪派再次活跃起来,旧教徒在俄国总人口中的比例不断攀升。③ 人数众多的旧教徒,不可能完全脱离 20 世纪初期风云变幻的社会运动。不过,与对罗曼诺夫王朝早期的政治影响不同,这一时期的旧礼仪派并没有作为一支独立的政治力量介入俄国政治运动。换言之,旧教徒并非以组织的形式,而是以个体参与的形式,在多种

---

① *Казаки-некрасовцы: язык, история, культура*, отв. ред. Г. Г. Матишов, Ростов-на-Дону: Изд. ЮНЦ РАН, 2012, с. 18 – 20.

② А. А. Пригарин, *Русские старообрядцы на Дунае-формирование этноконфессиональной общности в конце XVIII-первой половине XIX вв*, Одесса-Измаил-Москва: СМИЛ-Археодоксия, 2010, с. 31.

③ 关于旧教徒在十月革命前的总人数,С. Б. 费拉托夫认为至少占俄国总人口的 1/10(即 1600 万),П. Н. 米留可夫推测有 2500 万,О. Л. 沙赫纳扎罗夫则估算为 3700 万。参见 С. Б. Филатов, *Религия и общество: Очерки религиозной жизни современной России*, СПб: Летний сад, 2002, с. 247; П. Н. Милюков, *Очерки по истории русской культуры*, Т. 2, ч. 1, с. 148; О. Л. Шахназаров, Старообрядчество и большевизм// *Вопросы философии*, 2002, No. 4, с. 75.

原因的促动下形成不同的政治倾向,不自觉地影响了俄国政治的两个发展方向。一方面,部分富有旧教徒凭借经济实力跻身俄国政坛,热衷于组建政党并参与国家杜马选举。① 其中,由莫斯科旧教徒 А. И. 古奇科夫于 1905 年 11 月组建的"十月党"最具影响力。② 另一方面,少数旧礼仪派资本家出于多种原因,出资赞助推翻沙皇专制制度的革命活动。例如,著名的大工厂主 С. Т. 莫洛佐夫与左派组织关系密切,曾收留并庇护布尔什维克党员 Н. Э. 鲍曼,与 Л. Б. 克拉辛和作家高尔基交好,资助《火星报》《新生活报》《斗争报》的创刊与出版。③

至于多数贫困旧教徒,政治倾向十分明显,具体表现在三个方面。第一,许多旧教徒无法忘记沙皇历史上给旧礼仪派带来的伤痛与灾难,他们继续视沙皇为敌基督,认为沙皇政府是必须要推翻的敌基督政权。第二,旧礼仪派出现贫富分化后,贫困教徒不仅痛恨富有教徒的剥削与压榨,而且从教义角度将经商和信贷视为邪恶的魔鬼行为,故而十分鄙视资产阶级。④ 第三,在传统的旧教徒村落中,一直保持着俄国古代农村公社(自由村社)的行为准则,颇具原始共产主义色彩,村民更容易接受社会主义和阶级斗争思想。所以,多数贫困旧教徒不仅反对沙皇政府,还坚决反对地主与资产阶级。例如,莫罗佐夫纺织厂的一万两千名工人中有八千多人参加了 1885 年的大罢工,在俄国工人运动史上留下深远影响。⑤ 列宁、邦契 - 布鲁耶维奇很关注旧礼仪派中蕴含的民主成分,希望能团结旧教徒共同反对沙皇专制统治。⑥ 在 1903 年召开的俄国社会民主工党第二次代表

---

① 例如,参加过前三届杜马并组建"进步党"的莫斯科棉纺织厂主 П. П. 里亚布申斯基,参加过第四届杜马、组建"工商党"并任临时政府工商部长的莫斯科大纺织厂主 А. И. 科诺瓦洛夫等。
② 李永全:《俄国政党史——权力金字塔的形成》,中央编译出版社 1999 年版,第 48 页。
③ 金雁:《倒转"红轮":俄国知识分子的心路回溯》,北京大学出版社 2012 年版,第 45 页。
④ О. Л. Шахназаров, Корни русского социализма// Вопросы философии, 2007, No. 6, с. 27.
⑤ 孙成木、刘祖熙、李建:《俄国通史简编》(下),人民出版社 1986 年版,第 193—194 页。该纺织厂由旧礼仪派资本家莫罗佐夫家族管理,拥有大批旧教徒工人。
⑥ Л. В. Белов, *Секты, сектантство, сектанты*, М: Наука, 1978, с. 3.

大会上，明确提出团结旧教徒的《关于为教派信徒出版报刊的决议草案》。①

（二）旧礼仪派在工业、商业和金融业领域全方位促进了俄国资本主义经济的发展

17世纪末，以农民为主要成分的旧教徒开始大规模逃亡。在当时的生产力背景下，最初的旧教徒村落均优先发展农业，兼营渔业、狩猎等多种副业。旧教徒村落坚持平等原则，日常劳作分工明确，禁止出现雇佣与剥削行为，具有鲜明的原始共产主义色彩。②所以，就经济类型和组织制度而言，经营农业的旧教徒村落很难发展出资本主义经济。

但是，许多旧教徒的避难处环境恶劣，并不适合开展农业，只能靠经营工商业维持生存。这时，一度阻碍资本主义经济发展的村社制度，反而起到了积极的促进作用。③这种积极作用体现在三个方面。第一，旧教徒村落转化成旧礼仪派工商业组织。旧教徒村落领导者通过共同信仰将普通教徒组织起来，充分利用旧教徒热爱劳动、自律、诚实、团结的优良品行协调生产，逐步将村社企业化。同时，以信仰为联系纽带，开展旧教徒村落间的贸易往来，形成稳定可靠的工商业联盟。于是，信仰的领导者变成了工商业资本家，普通教徒则沦为雇佣工人。④第二，旧教徒村落不同于农奴制村社，为躲避宗教迫害，具有极高的流动性，为资本主义工商业发展提供了大量自由劳动力。例如：1736年，旧教徒几乎充斥伏尔加河流域和乌拉尔地区的所有工厂；19世纪末，数百万旧教徒工人保证了俄国轻重工业的发展与升级。⑤第

---

① 中共中央马克思恩格斯列宁斯大林著作编译局编译：《列宁全集》（第七卷），人民出版社1986年版，第293页。
② О. Л. Шахназаров, Корни русского социализма// Вопросы философии, 2007, No. 6, с. 26.
③ Б. Н. Миронов, Российская империя: От традиции к модерну, Т. 2, СПб: ДМИТРИЙБУЛАНИН, 2015, с. 306.
④ Б. Н. Миронов, Российская империя: От традиции к модерну, Т. 3, СПб: ДМИТРИЙБУЛАНИН, 2015, с. 439.
⑤ 尼·米·尼科利斯基：《俄国教会史》，丁世超等译，商务印书馆2000年版，第272页；А. В. Пыжиков, Корни сталинского большевизма, М: ЗАО Издательский дом "Аргументы недели", 2015, с. 90.

三,旧教徒村落开发边疆的过程,恰好和俄国扩大领土的过程相吻合。① 不仅为俄国政府开发出大片良田,客观上还为旧礼仪派工商业开拓了广阔的国内外市场。在上述情形下,大量封闭的旧教徒村落被迫卷入旧礼仪派资本家的工商业网络,在农产品贸易中形成初级的资本主义农业经济。②

旧礼仪派资本主义工业和商业几乎是同步发展起来的,大致集中在三个区域。17世纪末,旧教徒逃到俄波边界斯塔罗杜布和韦特卡。这批旧教徒大多是来自俄国中部手工业省份的能工巧匠,制造出大麻油、盐、皮革制品、雪橇和大车等多种产品,丰富了波兰西部和乌克兰北部贫乏的手工产品市场。③ 韦特卡是从斯塔罗杜布分离出来的旧教徒移民点,主要由识文断字的修道士构成。④ 这些修道士多属小商人出身,他们向斯塔罗杜布旧教徒提供贷款和原料,收购其产品销往各地,开拓出遍布俄国西部的工商业网络。⑤ 17、18世纪之交,旧教徒以顿河吉尔任涅茨隐修院为中心,开发出伸向俄国东南部的工商业通道。其中,旧礼仪派农民控制了从下诺夫哥罗德到伏尔加河下游的造船业与所有商业点,旧礼仪派工商业者则控制了从伏尔加河沿卡马河到乌拉尔的商路和所有手工工场。⑥ 1694年,旧教徒在白海沿岸建立维格社团,联合经营多种经济,从事农业、渔业、畜牧业和采矿业,开设磨坊、砖厂、皮革厂和木材厂。⑦ 维格社团利用集体财产投资旧礼仪派工业、进行贸易活动,逐渐在俄国北方开辟出一片工商业基地。⑧

旧礼仪派金融业是旧礼仪派工商业发展到一定阶段形成的产物,经营主体是旧教徒社团握有财权的上层人物和工商业资本家。1771年9月,旧礼仪派工商业资本家在莫斯科郊区先后建造了"罗戈日墓地"和"主易圣荣

---

① A. A. Пригарин, *Русские старообрядцы на Дунае-формирование этноконфессиональной общности в конце XVIII-первой половине XIX вв*, с. 31.
② 尼·米·尼科利斯基:《俄国教会史》,丁世超等译,商务印书馆2000年版,第276页。
③ М. И. Лилеев, *Из истории раскола на Ветке и в Стародубье XVII-XVIII вв*, Вып. 1, Киев, 1895, с. 83. 85.
④ М. И. Лилеев, *Из истории раскола на Ветке и в Стародубье XVII-XVIII вв*, с. 149. 152.
⑤ 尼·米·尼科利斯基:《俄国教会史》,丁世超等译,商务印书馆2000年版,第268—269页。
⑥ 尼·米·尼科利斯基:《俄国教会史》,丁世超等译,商务印书馆2000年版,第271—272页。
⑦ Ф. Е. Мельников, *Краткая история древлеправославной церкви*, с. 139.
⑧ 尼·米·尼科利斯基:《俄国教会史》,丁世超等译,商务印书馆2000年版,第289页。

墓地",并以此为基础组建了俄国最大的两个旧礼仪派社团。① 旧礼仪派工商业资本家以这两个社团为活动中心,形成实力雄厚的金融集团,通过低息贷款和资金入股的方式为俄国资本主义工商业提供充裕的现金流。在社团资金的支持下,旧礼仪派工业资本家引入新机器和新技术,将手工工场转化成大机器生产的现代化工厂,推动了俄国工业革命的升级。② 旧礼仪派商人有社团资金做后盾,有恃无恐地承包国家贸易项目、垄断粮食和纺织品交易,将商业网络推广到全国各地。③ 旧礼仪派资本主义工商业与金融业交织在一起,在20世纪初期控制了全俄资本的65%。④ 俄国社会学大师Б. Н. 米罗诺夫坦言,当时旧礼仪派成为俄国资产阶级世界观的显著特征,旧教徒上层人物是俄国资产阶级队伍中最具能力的人群之一。⑤

(三)旧礼仪派热爱并传承古罗斯传统文化,具有浓厚的斯拉夫主义色彩,是俄国最顽固的反西化力量⑥

归纳起来,旧礼仪派对俄国文化的影响,主要体现在以下几个方面。

旧礼仪派资本家热衷于赞助文化与艺术事业。例如,К. Т. 索尔达坚科夫将毕生收藏的书籍和画作捐献给鲁缅采夫博物馆和俄国国家图书馆;莫罗佐夫广泛结交并资助艺术家和作家,斥巨资修建莫斯科艺术剧院等艺术场所;П. М. 特列季亚科夫创建了举世闻名的特列季亚科夫画廊。⑦

---

① В. Ф. Козлов, *Москва старообрядческая*, М: АНО ИЦ, 2011, с. 32. 296.
② И. В. Поздеева, Личность и община в истории русского старообрядчества // *Мир старообрядчества. История и современность*, Вып. 5, М: Изд. МГУ, 1999, с. 7.
③ 尼·米·尼科利斯基:《俄国教会史》,丁世超等译,商务印书馆2000年版,第276—277、393页。
④ 乐峰:《俄国宗教史》(上),社会科学文献出版社2008年版,第284页。
⑤ Б. Н. Миронов, *Российская империя: От традиции к модерну*, Т. 3, с. 400; Н. Н. Покровский, Н. Д. Зольникова, *Староверы часовенные на Востоке России в XVIII-XX вв.: проблемы творчества и общественного сознания*, М: Памятники исторической мысли, 2002, с. 103.
⑥ 戈·瓦·普列汉诺夫:《俄国社会思想史》(第一卷),孙静工译,郭从周校,商务印书馆1996年版,第328页。
⑦ 据载,特列季亚科夫曾祖父于1774年由旧教徒众多的卡卢加州迁居莫斯科,以"三等商人"身份在"三脚架镇"(Таганная слобода)经商,该镇曾是莫斯科旧礼仪派工商业者的集散地。参见 Александра Павловна Боткина, *Павел Михайлович Третьяков в жизни и искусстве*, М: Искусство, 1960, с. 15.

旧礼仪派积极参与文学创作并对俄国作家产生影响。旧教徒著有多部优秀文学作品,其中阿瓦库姆撰写的《传记》"富有论战的气概,令人震惊的真诚,讽刺性描写的魅力,语言和文体的光彩,在最'精湛'的修辞和表现手法面前也绝不落入俗套"①。旧礼仪派还为俄国作家提供了丰富的写作素材。例如,П. И. 梅利尼科夫根据下诺夫哥罗德旧礼仪派商人的生活,创作出俄国文学史上不朽的两部曲小说——《在森林中》和《在群山里》。

旧教徒曲折反复的传奇经历以及对俄国社会产生的深刻影响,是俄国艺术家取之不尽的灵感宝藏。例如,В. Г. 佩罗夫于1880—1881年创作的《信仰之争》、В. И. 苏里科夫于1887年创作的《女贵族莫洛佐娃》、П. Е. 米亚索耶多夫于1897年创作的《火烧大司祭阿瓦库姆》都在世界美术史上占有一席之地。

旧礼仪派为保存古代圣像画和教堂手工艺品、传承制作古法作出巨大贡献。旧教徒特别崇拜"尼康改革"前的圣像画和手工艺品,将其视为"圣物"保存至今,其中部分珍品作为文物曾多次在俄国国家历史博物馆和艾尔米塔什博物馆展出。旧礼仪派画匠严格遵守古法绘制圣像画,排斥西方写实画风。② 在其圣像画的几个著名流派中,韦特卡圣像画最具盛名。③ 旧礼仪派工匠用古法制作的十字架、手写书、皮念珠、手垫和金银饰品工艺精湛,亦是不可多得的艺术品。

旧礼仪派在保存古罗斯音乐方面起着不可替代的作用。旧礼仪派神职人员反对东正教会对教堂音乐的任何改动,在乐谱书写、圣歌唱法方面与西方派展开激烈争论。④ 即便到了19世纪,旧教徒依然坚持古代曲调,反对使用和声配乐。⑤ 因此,旧礼仪派的教堂音乐与东正教会有较大区别,深沉自

---

① 约·阿·克雷维列夫:《宗教史》(下),乐峰、沈翼鹏、郑天星、张伟达等译,乐峰校,中国社会科学出版社1984年版,第27页。

② Ф. Е. Мельников, Краткая история древлеправославной церкви, с. 451.

③ Тверская старообрядческая община, *Старообрядчество*, Ржев: ОАО ТОТ Ржевская типография, 2011, с. 75.

④ П. Н. Милюков, *Очерки по истории русской культуры*, Т. 2, ч. 2, М: Прогресс – Культура, 1994, с. 136、138.

⑤ П. Н. Милюков, *Очерки по истории русской культуры*, Ржев: ОАО ТОТ Ржевская типография, 2011, Т. 2, ч. 2, с. 142.

然、风格独特,在世界宗教音乐中独树一帜。

旧礼仪派保持古罗斯人的生活习俗,是俄国历史学、民俗学等相关研究学科的活化石。旧教徒喜穿传统服装,而且对着装有一些硬性规定。例如:男女教徒必须系腰带;进入教堂时,女教徒必须戴头巾,男教徒不可裸露四肢等。① 旧礼仪派某些派别拒绝一切外来饮食,严禁饮茶、喝咖啡,不许吃外国水果。在其影响下,俄国农民甚至长期不愿食用土豆。② 此外,旧礼仪派还通过家庭、学校教育和在韦特卡、维格河畔、莫斯科市社团中心设立的学术机构,对传统文化进行学习、研究与传承。

结　语

17世纪初期,罗曼诺夫王朝开始采用各种手段提高国家的封建化程度。政治上加强中央集权和君主专制,经济上颁布《1649年法典》用农奴制村社取代过去的自由村社和依附村社,思想上以尼康宗教改革统一国民思想。与中世纪农民起义惯用宗教旗帜一样,罗曼诺夫王朝初期的反封建运动,是由教会守旧派人士和普通民众联合而成的旧礼仪派进行的。遭致镇压后,旧礼仪派开始低调而务实地发展工商业,并于18世纪逐渐控制了俄国大部分市场。及至19世纪,旧礼仪派把持了罗曼诺夫王朝经济的大半壁江山。同时,旧教徒内部分化成资产阶级和无产阶级两大群体。旧礼仪派在罗曼诺夫王朝晚期的反封建运动,也相应地质变为资产阶级、无产阶级的反封建专制运动。此外,旧礼仪派崇尚古风、遵循古代生活方式,保存了许多原汁原味的古罗斯文化元素,对罗曼诺夫王朝的文学、艺术与民俗等领域均产生较大影响。

旧礼仪派是一支伴随罗曼诺夫王朝始终的重要社会力量,一定程度上影响了该王朝历史的发展与走向。旧礼仪派与罗曼诺夫王朝曲折复杂的关

---

① Тверская старообрядческая община, *Старообрядчество*, Ржев: ОАО ТОТ Ржевская типография, 2011, с. 115.

② Б. Н. Миронов, *Российская империя: От традиции к модерну*, Б. Н. Миронов, *Российская империя: От традиции к модерну*, Т. 3, СПб: ДМИТРИЙБУЛАНИН, 2015, Т. 2, с. 454.

系,旧教徒对该王朝长期而深刻的影响,有助于解开一些掩埋于历史尘埃中的谜团,弥补俄国历史与社会研究中的不足,值得中国学界进一步展开系统而深入的研究。

比利时社会主义运动:从棉花起义到制服革命

邓 超

【提要】在世界社会主义运动史上,比利时社会主义运动起步较早,拥有较为深厚的社会主义思想传统。比利时从建国初期到今天的社会主义运动史呈现出革命与改良两种策略。比利时社会主义的实践表明,当改良还有缓和社会矛盾的空间之时,革命不会成为民众首选的抗争手段。从最新的局势来看,比利时社会改良的空间日益缩小,而产生一种新型革命的氛围却在与日俱增。社会主义者能否抓住时机,提出解决当前矛盾的创新政策,关系到比利时社会主义的前景。

【关键词】社会主义运动 比利时共产党 比利时社会党 制服革命

比利时是一个低调而又充满活力的低地小国。它的地理位置非常特殊,由于德国、法国、英国和荷兰环伺四周,西欧各大强势文化在这里交会融合,素有"西欧的十字路口"之称。在社会主义运动史上,许多著名的思想家和活动家在本国遭到迫害或驱逐之时,经常在避难过程中路过比利时,或在那里停留。马克思和恩格斯就曾经在布鲁塞尔生活过一段时间,著名的《共产党宣言》正是在布鲁塞尔写作完成。第一国际和第二国际的许多重要会议曾在布鲁塞尔举行,连俄国社会民主工党(苏联共产党的前身)1903 年第二次代表大会的前半部分也是在那里召开。比利时的社会主义运动起步较早,拥有较为深厚的社会主义思想传统,但毕竟是一个小国家,很难成为欧洲社会主义运动的领导者,所以常常被研究者忽视。

一

比利时的社会抗争传统相当悠久,可以追溯到建国初期。作为一个独立国家,比利时的历史开始于1830年。当年爆发了一场革命,比利时因而得以脱离荷兰联合王国获得独立。比利时的大工业出现于奥地利统治末期,在法国和荷兰统治时期进一步得到发展,使其成为当时仅次于英国的世界第二大工业化国家。立国之初,比利时政府就决定兴建铁路网,这在欧洲大陆尚属首次,这使其成为西欧铁路运输中心。铁路以及随后的新运河建设,极大地刺激了工商业的发展,工人阶级的人数也开始迅速增长。1841年,比利时仅煤矿工人就有3.8万名,1851年增长到了4.8万名,1860年则为7.8万名。① 比利时的人口是欧洲最稠密的,劳动力既多又廉价,因此工人所遭受的剥削相当深重。在1850年之前,工厂工人的生活状况极其悲惨。

统治阶级的财富在增长,可是比利时的工人们并没有从中得到相应的好处。玻璃厂的工人们需要在熊熊燃烧的炉火前工作12个小时,中间只能休息半小时。纺织厂的工人们值白班时需要工作12.5小时,而值夜班时也需要工作9个小时。绳索厂的工人每天则需要工作长达14个小时。② 直到1870年前,比利时国内还没有一个能够有效捍卫工人权益的工会组织。所以,广泛的剥削激起了越来越多的反抗。当时的比利时工人大量集中在根特、安特卫普、沙勒罗瓦、列日等工业城市,这些地方遂成为工人阶级反抗活动的中心。从那时起,比利时的工人阶级斗争持续不断,工人的革命情绪较为旺盛,尤其是在采煤和冶金工业领域。

比利时早期的社会主义运动起始于一些中产阶级知识分子与技术工人。这些人大都曾参与比利时的独立革命,但是革命的结果令人失望。19世纪30年代,布鲁塞尔各个大学涌现出一大批年轻且富有理想主义气质的民主主义者。他们建立民主协会,组织反抗活动,在集会上发表演讲,批评

---

① Bernard A. Cook, *Belgium: A History*, New York: Peter Lang Publishing, 2002, p.67.
② Bernard A. Cook, *Belgium: A History*, New York: Peter Lang Publishing, 2002, p.68.

保守政府,宣传社会主义思想。为了扩大政治基础,他们还与下层阶级建立广泛联系,给贫苦工人提供经济支持。然而,这些人跟群众的接触相当有限,他们的意识形态是各种理想的大杂烩。一些人是批评私有制和社会剥削的圣西门的追随者,另一些人是主张极端平等主义的弗朗索瓦·巴贝夫及其意大利门徒邦纳罗蒂的支持者,还有相当多的人拥护查尔斯·傅立叶的"和谐制度"。

当时工人阶级的斗争不是由这些民主主义者领导的,这个任务是由技术工人承担的。1840年前后,家庭手工业开始没落。农村人口过剩,大批人口涌进城市。但是,这种情形除了使就业竞争更为激烈,并无助于阶级意识的产生。因为这些背井离乡的人没有机会上学,加上刚刚从农业地区进入最原始的工业环境,还眼巴巴地指望着政府提供一点点公共服务,所以容易变成温顺的劳动力。即使如此,资产阶级还是对这些非熟练工人充满了恐惧。他们制定了严格的反结社法,禁止工厂工人组织起来捍卫权益。相比之下,技术工人就有很多优势。资产阶级允许他们在一定程度上组织起来,因为他们的威胁远非那么大。他们受过训练,其中许多人还读过书。他们还可以利用行会的互助传统,以特殊资金充当社会福利,从而有效地替代了行会的作用,这对反结社法也是一种突破。

1834年至1840年,比利时工人运动的主要领导人是雅各布·卡茨(Jacob Kats)。他的父亲是一位荷兰共和派军官,他在荷兰统治时期曾经是一名小学教师,后来成了织布工。1839年,比利时的纺织行业经历了一场危机。在纺织中心根特召开的一次会议演变成了一场暴动,比利时政府出动军队进行镇压,卡茨和一些领导人被捕入狱,史称"棉花起义"。其他人接过了卡茨的旗帜,开始宣传更加激进的新思想。1843年,人民协会在布鲁塞尔和一些弗拉芒市镇成立。虽然卡茨曾经拒绝使用暴力,但是新领导人准备采取更激烈的行动。1846年4月,人民协会号召工人群众在布鲁塞尔举行一场游行,以抗议将工人阶级陷入贫穷的经济危机。遗憾的是,由于消息提前宣布,警察有了足够的时间扼杀抗议活动,这场行动终告失败。这个结果表明,比利时工人阶级还没有能力撼动统治集团。因此,当1848年革命席卷欧洲时,比利时风平浪静。

1851年之后，一批法国流亡者来到比利时，增强了抗议活动的力量。激进的知识分子发展了一些大学生参加他们的会议，其中包括塞扎尔·德巴普(Cesar De Paepe)。他们主要传播蒲鲁东的无政府主义思想，这种意识形态缺乏集体主义观念，强调生产和消费合作。一些技术工人进行了生产合作方面的实验，但是由于资金短缺最终失败了。于是，一些人就认为应该把工人的革命力量用于社会反抗方面。另一些人则认为，应该建立强大的工人组织，通过内部合作在短期内改善生活。后者的策略逐渐获得了更多的支持。1857年，根特的纺纱工人和织布工人分别成立了各自的工会组织，并在工厂无产阶级中吸纳新会员。在布鲁塞尔，政治协商组织人民(The People)成立于1861年，该组织后来成为第一国际比利时分部最初的中坚力量。[①]

　　比利时早期的社会主义思想传统很值得一提。它的早期社会主义先驱者有雅各布·卡茨、柯林斯男爵和纳·德·凯色尔。卡茨早在19世纪30年代就呼吁成立"劳动组织"，要求普及免费教育和普选制以及充分的信仰和政治自由。柯林斯更是构建了庞大的"理性社会主义"理论体系，在比利时社会主义运动的发展过程中具有重要作用，他的学说对德巴普产生了很大影响，在欧洲其他部分国家有少量的追随者。德·凯色尔是卡茨的密切合作者，他的著作不多，1854年出版的《自然的支配》是其代表作品。他对社会主义思潮作出了一定贡献，例如对所谓的"双重封建主义"的攻击、主张革命是建立新秩序的必要手段和资产阶级在资本主义制度下的遭遇等论述。《社会主义思想史》的作者柯尔认为，这些贡献都是不容忽视的。[②]

二

　　第一国际翻开了比利时工人运动的新篇章。国际加强了比利时工人组

---

① Els Witte, Jan Craeybekx and Alain Meynen, *Political History of Belgium: from 1830 onwards*, Brussels: VUB University Press, 2000, p.57.
② [英]G.D.H.柯尔：《社会主义思想史》第二卷，何瑞丰译，商务印书馆1978年版，第57—74页。

织和知识分子团体之间的合作。知识分子很快就发现,矿工和工厂下层工人中蕴含着极大的革命潜能。他们组织会议、募集资金、发动罢工,并且派律师为被捕的罢工领导人无偿辩护。到1870年,第一国际在比利时有大约6万名成员,在重要的工业中心还有地区性支部。① 在根特、安特卫普和列日,一些工人组织先后加入国际,并积极支持国际的工作。第一国际还在比利时灌输阶级意识,宣传社会主义思想。一些蒲鲁东主义者开始转而支持马克思主义,信奉集体主义理论。19世纪60年代,比利时社会主义主要理论家是塞扎尔·德巴普。他是一名青年印刷工人和医生,在第一国际初期发挥了重要作用。1864年,年仅22岁的德巴普已经崭露头角。他先后参加了1865年伦敦代表大会和1867年洛桑代表大会。在第一国际讨论工业社会化和控制问题时,他作出了特殊贡献。② 德巴普的思想在第一国际时期发生了一些转变,主张对国家的土地、矿山、港口和铁路实行集体化。尽管如此,蒲鲁东主义和巴枯宁所鼓吹的无政府主义仍然在比利时占据多数地位,在19世纪70年代盛极一时。

第一国际比利时支部在1872年走向衰落。主要原因是支部所执行的路线没有效果,从而引起失望与不信任情绪。大多数成员不缴纳会费,支部逐渐失去影响力。另外,第一国际总委员会内部的斗争和巴黎公社遭到的残酷镇压使国际一蹶不振,这对比利时的运动也造成了极大的损害。在1873年经济危机期间,比利时支部的组织结构解体了。在混乱和失望的氛围中,改革派抓住了时机,开始填补真空。改革运动迅速推进,尤其是在法兰德斯和布拉班特省。这股力量开始与自由主义政党的进步派合作,一直持续到19世纪八九十年代。

比利时工人运动在19世纪80年代同时利用革命和社会民主主义两种策略。主张革命的无政府主义者在阿尔弗雷德·德费索(Alfred Defuisseaux)领导下组织起大规模和激烈的罢工活动,席卷了瓦隆工业地区。1886年3月,罢工起始于列日的钢铁厂,迅速扩散至埃诺省工业地区。暴力

---

① Els Witte, Jan Craeybekx and Alain Meynen, *Political History of Belgium: from 1830 onwards*, Brussels: VUB University Press, 2000, p.58.

② [英]G.D.H.柯尔:《社会主义思想史》第二卷,何瑞丰译,商务印书馆1978年版,第102页。

行为与破坏活动遭到严酷镇压,政府甚至出动了军队。数百名工人被判刑,几位领导人受到迫害。第二年,富有战斗精神的埃诺工人再次进行罢工,这次他们提出了普选权的诉求。但是,列日等工业城市却经不起反复折腾,罢工最终失败了。

这段时期,改革派却取得了不小成绩。改革派领导人在那些具有悠久工人运动传统的城市为建立社会主义政党而积极准备。1877年,在本地第一国际支部的帮助下,法兰德斯社会党成立。1878年,布拉班特社会党在布鲁塞尔成立。1885年4月,在社会主义领导人特别是德巴普的影响下,几股力量集中起来成立了比利时工人党。其中最大的一支力量是受德国社会民主党影响而建立在根特的工人运动组织,另一支力量属于具有斗争传统的无政府主义。除了一些口头上的宣言,工人党的所有活动都围绕两大目标展开:第一是领导和团结瓦隆工人,第二是争取普选权。① 该党所主张的社会主义同马克思主义政党有些距离。与那些以德国社民党为榜样建立起来的社会党相比,比利时工人党的"马克思主义"性质要少得多。但是这种分歧其实并不太大,因为该党跟其他具有马克思主义性质的政党存在密切的合作。1887年,上过小学或者通过选举测试的工人获得了在市政选举中投票的权利。这是一次重大的突破,为工人联合会和选举联盟的建立打开了大门。

1886年罢工期间,由于担心卷入暴力冲突和遭致毁灭,新成立的工人党一致反对大规模工人行动,甚至为此开除了德费索。不过,比利时工人党几年后又重新接纳了他。1890年,革命派和改革派在争取普选权的大罢工中达成妥协,进行了密切合作。比利时工人运动实现了重新统一,比利时历史学家认为,这是社会民主主义的胜利。②

比利时工人党先后领导了3次重要的大罢工,即1893年、1902年和

---

① Pascal Delwit,"The Belgian Socialist Party", in R. LADRECH, P. MARLIERE(ed.), *Social Democratic Parties in the European Union: History, Organization, Policies*, UK: Macmillan Press, 1999, p.30.
② Els Witte, Jan Craeybekx and Alain Meynen, *Political History of Belgium: from 1830 onwards*, Brussels: VUB University Press, 2000, p.78.

1913年大罢工。在1893年的总罢工之后,比利时工人取得了选举权,但是改革极其有限。新制度赋予成年男子选举权(妇女选举权直到二战后才获得),同时有广泛的多选区投票的机会。这次改革的直接结果是,30名社会主义者进入了众议院。这是一个重大的变化,因为比利时工人党第一次拥有了利用议会的手段,从而变成了一个议会政党。工人党宣布了它的布鲁塞尔纲领,宣称其目标是"集体占有",强调集体占有的目的在于"为人人取得最大可能的自由感和幸福感",还提到"个人或集体"有权利享受共同遗产。比利时人提出了道德在社会转型过程中的明确作用。他们认为,在资本主义向"集体主义"转变的同时,"道德必须有相应的转变,必须发展利他主义的精神和实行团结的原则"。这种诉诸利他主义的做法同科学社会主义是格格不入的,马克思主义者认为这是小资产阶级的一厢情愿。从比利时社会主义的先驱者那里开始,道德改革和人类团结或友爱的思想在社会主义宣传中起了很大作用。1894年3月,比利时工人党在大会上提出了《卡尔尼翁纲领》(*Charte de Quaregnon*),这份文件是各派妥协的结果。纲领强调非暴力,追求普选权、义务和免费教育以及社会立法。这份纲领表明,比利时工人运动已经转变为改革运动。这份纲领对比利时社会主义运动的影响深远,它所建立的原则一直延续到了二战以后。

三

比利时工人党从建党之初就表现出对理论问题缺乏兴趣的倾向。在第二国际时期,这一点曾受到许多著名社会主义者如考茨基的嘲讽。在有关修正主义的辩论中,当被问到比利时人持何种立场时,他回答说,他没有看出这个党应该作何评论。比利时学者认为,无论是在两次世界大战之间,还是二战之后,工人党的这种倾向都无法否认。[①] 该党的一位领导人热夫·朗斯后来回忆说,"在宣传马克思主义观点的那些人中间,很少有人读过马克

---

① Pascal Delwit, "The Belgian Socialist Party", in R. LADRECH, P. MARLIERE(ed.), *Social Democratic Parties in the European Union: History, Organization, Policies*, UK: Macmillan Press, 1999, p.31.

思的著作,即使在最著名的工人运动领导人之中,所以我说,马克思著作的直接影响是相当小的。我认为,他们读的著作很少超过《共产党宣言》的范围"①。

数年之内,议会道路很快从比利时工人党的一般策略转变为主要目标。从19世纪末到20世纪初,比利时产业工人的数量和生活状况都得到很大提高。产业工人的数量从1896年的93.4万增长到了1910年的117.6万,实际收入从1896年到1910年增长了4%。② 比利时工人党认为,通过议会斗争,可以在比利时社会中为被压迫者争取权益。而夺取政权这样重大的议题没有或极少受到重视。虽然在一战前夕,争取普选权的目标并未实现,但是工人党在融入比利时政治生活的道路上大踏步前进。1914年,工人党领袖埃米尔·王德威尔得加入政府,出任国防部部长一职。该党发表宣言,号召全体党员支持国防事业。德军入侵之后,比利时在法国勒哈弗尔建立了流亡政府。1917年,王德威尔得访问俄国之后,对布尔什维主义持激烈的反对态度。

一战结束后,比利时政府进行了改组,王德威尔得在新内阁中任司法部长,另有其他几位工人党的领导人也进入内阁。这一届政府制订了一系列进步的社会法。在1919年的选举中,比利时工人党赢得了70个席位,比一战前增加了36个席位。同年,"八小时工作制"得以确立,比利时政府实施了养老金制度,改革了税制,征收累进所得税和遗产税。但是,党内反对社会党人继续参加资产阶级政府的声音日渐增多,这些反对者最终脱党,组成了比利时共产党。在强大的压力下,社会党人在1921年退出政府。在随后的几年内,天主教党和自由党的联合政府削减了失业津贴,修改了《养老金法》,并批评1919年给予工会的权力。这样一来,反而增强了工人党的地位,在1925年的大选中,工人党在下院的席位增加到了78席,第一次成为比利时第一大党。但是由于同资产阶级政党在兵役问题上的冲突,工人党于1927年再次退出了政府。一直到1935年,工人党都保

---

① [美]斯蒂文·克雷默:《西欧社会主义:一代人的经历》,王宏周等译,东方出版社1992年版,第152页。
② Bernard A. Cook, *Belgium: A History*, New York: Peter Lang Publishing, 2002, p.75.

持了反对党的地位。柯尔认为:"总的说来,比利时社会党在战后是一个稳健的合法政党,愿意与各资产阶级政党合作从事艰巨的民族复兴工作,并深知除了在建成福利国家方面取得有限进展之外,他们还没有强大到足以完成任何建设性的社会主义计划。他们接受凡此种种限制的立场使他们经常遭受左翼的批评,但是他们总是设法使绝大多数比利时社会党人继续拥护他们。"①

1921年,比利时共产党由两个组织合并而正式成立。虽然比利时共产党一直积极开展活动,但是在20世纪20年代中期之前,并未获得较多支持。因为一战后比利时国内的形势需要为经济复兴共同努力,革命活动很难获得普遍响应,加之比利时共产党内部四分五裂,削弱了成功的可能,所以党的活动并没有多大起色。只是到了20世纪20年代后期,由于失业严重,共产党主张对失业救济严格限制的国民经济政策,得到的支持逐渐增多。这一时期,比利时共产党对工会实行"钻心破坏术"政策,取得了一定成效。1925年,党参加大选并取得突破,开始进入议会。1928年,党内发生了与托洛茨基派的严重冲突,后者随后被清除出党。在1929年的大选中,共产党只获得2个席位,这个结果表明该党此时在政治上仍然缺乏影响力。实际上直到20世纪30年代的经济危机之前,比利时共产党基本上都处于无足轻重的地位。

在整个20世纪20年代,比利时社会主义运动仍然处于社会党人的领导之下。王德威尔得仍然是公认的社会主义运动的领袖,不过亨利·德·曼已经脱颖而出。德·曼来自一个说法语的弗拉芒家庭。他在一战之前,是马克思主义派的代表,但是一战的爆发影响了德·曼的思想。他曾在德国留学,德国思想对他的影响很大。他后来根据自己在德国和美国的经历,发展出一些新观点。1926年,他在德国发表了《超越马克思主义》(*Beyond Marxism*),他说自己的著作只是从个人角度对马克思主义的修正。他否定了资本主义制度下中上层阶级的政治经济压迫导致阶级斗争的思想。他还反

---

① [英]G. D. H.柯尔:《社会主义思想史》第四卷下册,奚瑞森译,商务印书馆1994年版,第48—49页。

驳了根据经济标准和生产关系中的地位区分阶级的观点。①

到20世纪30年代,德·曼已经成为新一代理论界的领导人物。1933年,由于经济萧条,他制定了著名的《劳工计划》(Working Plan),并说服工人党在圣诞节会议上接受了这一计划。这一计划具有双重意义:首先赋予国家新的职能,其次作为一项巨大的动员手段,以消除比利时共产党日益增大的影响力。许多社会主义的支持者担心,工人党会偏离社会主义方向,走向阶级合作,从而损害了对工人阶级的影响。虽然工人党此后并未付出传统追随者众叛亲离的代价,但是工人阶级分别忠诚于工人党和天主教党的僵局并未打破,并且一直延续到当代。1939年,王德威尔得去世,德·曼接任比利时工人党主席。1940年,德军侵占比利时,德·曼宣布解散工人党。

20世纪30年代之后,比利时共产党的影响力逐步增强,尤其是在德国占领时期,共产党赢得了比利时人民相当多的尊重与同情。二战期间,比利时共产党是独立阵线的成员,他们不仅为盟军提供了一支训练有素的军队,消灭敌人,看管战俘,而且一度在比利时政府军需要重新集结和补充装备之时帮助夺取武器。② 共产党员在抵抗运动中起到了积极作用,许多党员在斗争行动中甚至献出了宝贵的生命。

四

比利时在二战中所受的破坏并不严重,工业设备较好地保存了下来。加之战争快要结束时,大批盟军部队驻扎在比利时,比利时的美元非常充足。因此,比利时的经济在战后不仅迅速恢复,而且进入了一个变化和繁荣的阶段。正是在这段时期,比利时一改往昔低收入、低生活水平的旧貌,一跃而成为一个高收入、高生活水平的国家,它的经济基础由重工业向服务和

---

① Pascal Delwit,"The Belgian Socialist Party", in R. LADRECH, P. MARLIERE(ed.), Social Democratic Parties in the European Union: History, Organization, Policies. UK: Macmillan Press, 1999, p.31.
② Els Witte, Jan Craeybekx and Alain Meynen, Political History of Belgium: from 1830 onwards, Brussels: VUB University Press, 2000, p.165.

技术行业转变,工业重心由瓦隆地区转移到法兰德斯地区。在这种背景下,比利时国内的政治生活变得日趋紧张起来。从战后初期开始,国王问题、中产阶级问题、农民抗议、工人大罢工、弗拉芒人和瓦隆人的不和以及非洲事件不断地引发社会冲突。

比利时共产党在战后经历了逐步边缘化的过程。战后初期,比共影响力达到其历史上的顶峰,在1946年2月的大选中获得了12.7%的选票,取代自由党成为第三大党。尽管如此,比利时共产党与法国和意大利党比起来还是非常弱小的。比共在大选之后一度进入内阁参加联合政府,但是很快就于1947年3月退出了。比共在1949年的选举中仅得到了7%的选票,影响力明显削弱。① 在战后比利时社会中,正统马克思主义话语如"阶级斗争"和"无产阶级专政"开始对群众失去吸引力。更重要的原因是,由于美国极力遏止共产主义,随后的马歇尔计划和冷战的开启所造成的政治生态对比利时共产党大为不利。还有,其他党特别是社会党一直在进行强有力的竞争,美国的利益集团也乐于支持社会党的反共行动。此外,瓦隆工业区的没落,也使比利时共产党进一步削弱。在整个20世纪50年代,党的力量和影响急剧下降。比共虽然做出了很大努力,并修改了党章,但是收效甚微。20世纪60年代末,由于苏联在东欧采取了镇压行动,比共在国内的处境更是雪上加霜。1985年,比共在大选中失利,从此再也未能进入议会。比共衰落之后,比利时劳动党成为国内最大的共产主义政党,该党在比利时工人运动中有一定影响力,但是一直未能进入主流政党的行列。

比利时工人党重建于1945年5月,不过党的名称改为比利时社会党,旨在表明党不仅仅是关注工人利益的政党,而且也是所有要求社会改革者的政党。新党宣称,资本主义经济向社会主义经济的转变只能通过渐进的过程实现,明确宣示其改良主义观点。美国学者指出,虽然该党到第二次世界大战后很长时间仍然坚定地坚持马克思主义的原则,但它的活动却总是改

---

① F. E. Oppenheim, "Belgian Political Parties Since Liberation", in *The Review of Politics*, Vol. 12, No. 1(Jan., 1950), p.118.

良主义的。① 二战以后,社会党基本上致力于推动福利国家的建立。1958年社会党大选失利之后,领导层受到左翼批评,于是制订了一项结构改革计划,重点发展经济民主。1974年11月,社会党为了重新定位而召开了意识形态会议。此时比利时正处于经济增长时期的顶峰,会议决定进一步扩大经济民主。这次会议标志着社会党向左转变。

1978年,由于比利时转变为联邦制,社会党分裂为两个新党:法语社会党(PS)和荷语社会党(SP)。1981年,法语社会党选举失利之后,居伊·斯皮塔埃尔(Guy Spitaels)成为新党首,重新评估8年前的计划显得尤为迫切。1982年,法语社会党召开以"创新和行动"为主题的意识形态大会,体现了对经济危机的关注。计划经济被抛弃,而选择性通货再膨胀成为当时普遍的选择,标志着法语社会党向中间转变。同时期,荷语社会党在主席卡雷尔·范·米耶特(Karel VanMiert)的领导下,向基督教工人运动全面开放。1990年,居伊·斯皮塔埃尔发起了一个论坛,讨论社会民主主义身份问题。论坛的中心议题包括政党的功能、社会主义的作用和社会主义事业的本质等。会上还讨论了新的问题,比如建设生态社会的问题、应对新社会运动的必要性以及改革比利时工人运动的某些经济构成等。此外,斯皮塔埃尔批评了意识形态过时论和社会主义运动无用论。为了使社会民主主义恢复活力,他们还探讨了可能采取的手段,但是这些改革措施在现实中未能实施。②

冷战结束以后,比利时的两大社会党都经历了一段艰难的时光。两党不仅面对迪特鲁丑闻所带来的挑战,而且还卷入了几起秘密基金案,几位重要人物卷入贪腐丑闻。此后两党的命运走向了不同的方向。法语社会党在2010年6月的大选中获胜,党主席迪·吕波(Elio Di Rupo)于2011年12月6日出任总理,从而结束了比利时长达540天的无正式政府状态。荷语社会党在大选败北后,一直未能在法兰德斯地区恢复活力和吸引力。不仅如此,

---

① [美]斯蒂文·克雷默:《西欧社会主义:一代人的经历》,王宏周等译,东方出版社1992年版,第113页。
② Pascal Delwit, "The Belgian Socialist Party", in R. LADRECH, P. MARLIERE(ed.), *Social Democratic Parties in the European Union: History, Organization, Policies*, UK: Macmillan Press, 1999, p.33.

其党主席斯蒂尔特（Steve Stevaert）涉嫌性侵案件遭起诉后溺水自杀，荷语社会党的境况更是雪上加霜。总体而言，冷战后比利时两大社会党无论是在思想和实践方面都缺乏重大创新和突破，而且还疲于应付各种挑战，表现出前所未有的虚弱。最新的选举结果表明，两大社会党已经退出了政治生活的中心，目前政府总理一职由法语革新运动党主席米歇尔（Charles Michel）担任，执政联盟由法语革新运动党与新弗拉芒联盟党、荷语基督教民主党及荷语开放自由党组成。

近年，在欧洲经济危机的背景下，左翼日益活跃，比利时也不例外。米歇尔新政府成立之后，发布了一系列"新政"，其中包括延长退休年龄至67岁、削减公共部门资金取消工资上涨并且削减社会保障福利等。2014年下半年，比利时三大主要工会宣布将陆续组织全国范围的游行示威和大罢工。2014年11月6日，约10万人参加了在布鲁塞尔举行的示威游行，抗议联邦政府近期宣布的紧缩政策，全国性大罢工拉开了帷幕。比利时前首相迪·吕波也加入了游行队伍，他指出，新一届政府的紧缩政策显然有失公平，因为牺牲了普通职工的利益。2015年4月22日，比利时社会主义工会发起全国公共部门24小时大罢工，继续抗议政府财政紧缩政策。2015年10月7日，首都布鲁塞尔发生了声势浩大的游行示威活动。根据警方的统计，参加此次抗议活动的人数约有8.1万，分别来自全国各地的不同行业，当日布鲁塞尔市区公共交通系统几乎瘫痪。2015年10月9日，布鲁塞尔的铁路员工又发起了大罢工。比利时社会联盟当天要求公共铁路公司进行改革，削减开支并完善其员工的社会保障制度。在这一系列的抗议活动中，抗议者身着统一的工会服装，因而被媒体称为"制服革命"。但是，比利时政府改革高福利制度实属无奈，因为这种政策不仅制约经济发展，而且很难持续下去。加上紧缩政策的背后，是经济发达的弗拉芒区与经济相对落后的瓦隆区之间的民族矛盾，而这一点涉及两大民族的历史恩怨，并关系到比利时国家的存亡，短期内解决实非易事。由此可见，政府与民众之间的冲突在一定时期内很难逆转，比利时的"制服革命"仍将继续。

革命与改良是20世纪世界社会主义运动的两大主题。比利时因为处于德法思想交流的要冲，其社会主义运动的历史颇具代表性，在一定程度上提供了一扇观察西欧社会主义运动发展变化的窗口。比利时在国际社会主义组织的发展中也曾发挥特殊作用,为世界社会主义运动贡献过很多有价值的思想、经验和教训,尤其是作为改良主义的实际践行者。比利时的实践表明,当改良还有缓和社会矛盾的空间之时,革命不会成为民众首选的抗争手段。比利时是最早发展资本主义的国家之一,目前已经进入了很发达的阶段,同时也具备了丰富的物质基础。虽然今天的比利时已经没有传统意义上的无产阶级,也不大可能发生传统意义上的革命,但是从最新的事态演进来看,改良的空间日益缩小,而一种新型革命的氛围却在与日俱增。社会主义者能否抓住时机,提出有竞争力的创新政策和社会发展的战略目标,关系到比利时社会主义的前景。

(原文载《当代世界与社会主义》2016年第2期)

波美拉尼亚的"格里芬"
——波兰卡舒比人刍议

何 风

【提要】卡舒比人的存在已达千年之久,他们是以古希腊神话传说中的狮鹫兽格里芬为图腾、生活在历史上被称为波美拉尼亚地区的西斯拉夫人。因屡遭异族统治,其命运坎坷多舛,居住地的范围逐渐缩小,但其秉持格里芬的精神,始终都在进行不屈不挠的抗争。

【关键词】卡舒比人 卡舒比波美拉尼亚 格里芬 波兰

美丽的波罗的海南岸、现今波兰的北部以及德国的东北部一带,史称波美拉尼亚(Pomorze/Pomerania,也称波莫瑞)。① 这里岛屿林立,湖泊、河流密布,森林辽阔,丘陵起伏,既有多姿多彩的海岸风光,也有巍峨秀丽的山川美景,加之气候宜人,每每吸引着世界各地的游人来此度假观光。千百年来,这里便是多个民族的聚居地,曾受不同的国家统治,历史文化底蕴可谓累积深厚。

时至今日,波美拉尼亚东北部地区(即现今波兰的北部地区)依然生活着一支富有传奇色彩的斯拉夫民族,他们忠贞不渝地传承着本民族的语言和文化,虽历经千年风雨,却依然历久弥新。他们以古希腊神话中的狮鹫兽"格里芬(Gryf/Griffin)"为图腾,这种寓意基督的神性与人性、果敢与勇气相

---

① 一说"欧洲东北部的历史地区,在波罗的海滨海平原、奥得河与维斯图拉河之间。从政治上讲,波美拉尼亚还包括奥得河以西的地带,远至施特拉尔松德。现在,波美拉尼亚大部分属于波兰,仅最西部在德国东部,如梅克伦堡-西波美拉尼亚(州)这一地名所示"。详见《不列颠百科全书——国际中文版》(第13卷),中国大百科全书出版社1999年版,第397页。

结合的神兽在其历史上不仅被用于统治王朝的名称,亦化身为整个民族与地区的象征,"它的色彩与盾形的结合意在彰显民族身份及其土地"①。他们,就是波兰的卡舒比人(Kaszubi/Kashubians or Cassubians)②。

一、卡舒比人的起源

卡舒比人自古偏居欧洲一隅,较少为世人所知,人们对他们的模糊认识大都来自诺贝尔文学奖得主、拥有卡舒比人血统的德国作家君特·格拉斯(Günter Grass)创作的长篇小说《铁皮鼓》以及基于小说改编的同名电影。现实中的卡舒比人属斯拉夫人种。根据古罗马文献的记载,斯拉夫人的居住地③西起奥得河,东至第聂伯河,北濒波罗的海,南抵喀尔巴阡山。"在公元前的最后几个世纪里,斯拉夫人明显地分为东西两大集团。居住在第聂伯河中游的属于东方斯拉夫人,居住在奥得河和维斯瓦河流域的属西方斯拉夫人。"④西斯拉夫人又被细分为三组,即"(1)捷克人和斯洛伐克人(捷克-斯洛伐克组);(2)波兰人和卡舒比人(莱赫组);(3)卢日支(也作卢日茨或乌日茨)-塞尔维亚人(塞尔维亚组)"⑤。以此而论,卡舒比人属西斯拉夫人。

语言学的研究表明,卡舒比人的语言"被裁定为一种曾广泛通行于易北河至维斯瓦河地区的原始斯拉夫语的残留"⑥,与波兰语和早已消亡的波拉布方言(Gwara Połabska)近似,它们同属印欧语系斯拉夫语族中的西斯拉夫语支。

---

① Aleksander Majkowski, *Historia Kaszubów*, Gdynia: Nakładem Komitetu Wydawniczego, 1938, p. 17.
② 有关卡舒比人的身份问题目前在卡舒比人之间以及波兰各界尚存在较大争议。
③ 关于斯拉夫人的起源问题学界众说纷纭,"正式见诸文字记载是公元前1世纪—公元2世纪的事情。……斯拉夫人就被罗马的作家们记载下来了"。详见孔寒冰:《东欧史》,上海人民出版社2010年版,第34—35页。
④ 刘祖熙:《波兰通史》,商务印书馆2006年版,第3页。
⑤ Aleksander Majkowski, *Historia Kaszubów*, Gdynia: Nakładem Komitetu Wydawniczego, 1938, p. 7. 按:波拉布人、波拉布部落的奥博德里人(也称奥博特日人)以及瓦格利人也被划归莱赫组,但其语言早已消亡,且关于他们的文字记载有限。
⑥ Gregory McDonald, "The Kashubs on the Baltic", The Slavonic and East European Review, Vol. 19, No. 53/54, The Slavonic Year-Book(1939-1940), pp. 265-275.

卡舒比人的存在鲜为人知，卡舒比人问题并非学术上的热点话题，所以国内学术界此前较少进行相关的研究。相比之下，国外学术界（以波兰学界为主）很早以前便已涉足这一领域，并展开了较为系统的探讨，相关成果较多。综合部分专家学者的著作以及一些文献资料，就卡舒比人的起源问题，存在下述观点：

（一）卡舒比人是凡涅特人（Veneti，也作维涅特人或维内德人）的后裔

"凡涅特人"一词源自拉丁语，是外族人对西斯拉夫人的称谓。公元1至2世纪的古罗马作家普林尼（也作普里尼）、历史学家塔西佗以及希腊地理学家托勒密分别在各自的著作——普林尼著《自然史》[①]、塔西佗著《日耳曼尼亚志》[②]、托勒密著《地理学指南》[③]中，将生活在波罗的海沿岸及其附近地区的斯拉夫人称作凡涅特人。公元6世纪的哥特编年史学家约丹尼斯（Jordanes，也作约尔丹尼斯或乔丹尼斯）亦将斯拉夫人称作凡涅特人，并记述过日耳曼各部落对西斯拉夫人土地的入侵，"他们从斯堪的纳维亚半岛侵入波兰，占领了维斯瓦河下游波莫瑞地区。日耳曼人的侵入遭到凡涅特人的抵抗"[④]。凡涅特人源自何处？普林尼、塔西佗、托勒密所记述的凡涅特人是否就是约丹尼斯所指的凡涅特人？史学界和科学界目前尚无定论。但已知的是，日耳曼人曾将已日耳曼化的斯拉夫人及其后裔称为"文德人（Wendowie）"[⑤]，即指罗马时代的"凡涅特人"。

英国历史和传记作家阿兰·帕尔默（Alan Palmer）也将卡舒比人划归文

---

① Gaius Plinius Secundus, *The Natural History*, London: Taylor and Francis, Red Lion Court, Fleet Street, 1855.
② Publius Cornelius Tacitus, *The Agricola and Germania*, London: Macmillan, 1877.
③ Claudius Ptolemaeus, *The Geography*, New York: Dover Publications, 1991.
④ 刘祖熙：《波兰通史》，商务印书馆2006年版，第4页。
⑤ 可解释为"一组斯拉夫部落的统称。这些部落定居于现代德意志东部，其范围东起奥得河，西达易北河和勒萨河"。详见《不列颠百科全书——国际中文版》（第18卷），中国大百科全书出版社1999年版，第173页。维基百科解释为"指生活在日耳曼住区附近的斯拉夫人，并非指同一种人，而是根据应用的时间和地点指代不同的民族、部落和群体"。据条顿骑士团统治格但斯克波美拉尼亚（东波美拉尼亚）时期的史料推测，当时的卡舒比人也被称为文德人。

德人之列,他认为,"西斯拉夫民族有三个,至今,成为欧盟成员国:波兰、捷克共和国和斯洛文尼亚。……在他们中间,大多数是文德人和那些定居在基尔湾与维斯瓦河伸入海中狭长陆地之间的西斯拉夫人,……'消失的'文德民族现在仍有两支幸存于世,尽管在人数上非常少,约有50000名现在居住在奥得河与易北河之间的卢萨的亚索布人(Sorbowie)①,但仅有比卡斯霍布②更小的社区源自波美拉尼亚'居住在海边者'"③。因此,可以推断,卡舒比人与凡涅特人同属一个斯拉夫人共同体,就某种角度而言,可将卡舒比人视为凡涅特人的后裔。

(二)卡舒比人属波美拉尼亚人(Pomorzanie)的一支

著名的卡舒比作家亚历山大·马依科夫斯基(Aleksander Majkowski)④在《卡舒比人的历史》一书中开篇即言明:"卡舒比人即波美拉尼亚人,最初被称作维莱特人(Wieleci),属众多的、在接受基督教以前就已在欧洲大陆定居的斯拉夫部落中的一支。"⑤目前,国外学界主流的观点趋向认为,公元4—6世纪欧洲民族大迁徙⑥期间出现在波美拉尼亚地区的"卡舒比人属波美拉尼亚当地的土著斯拉夫人,中世纪时居住在介于西部的奥得河和东部的维

---

① "居住在德国东部的斯拉夫少数民族——索布人集中于施普雷河(The Spree)流域的包岑(Bautzen)及科特布斯(Cottbus)两地,他们的聚居区原系卢萨蒂亚(Lusatia)的一部分。索布人的先辈是斯拉夫人的两个小部落卢日依奇人(卢日支人)和米尔查尼人(Milceni/Milzeni),这两个部落是称作索布人的那两个大部落的支系,索布人则是统称为文德人的许多斯拉夫部落之一。"详见《不列颠百科全书——国际中文版》(第15卷),中国大百科全书出版社1999年版,第499页。另,索布人是唯一保留了其身份和文化的波拉布斯拉夫人(Połabscy)的后裔。
② 应为"卡舒比"。
③ 阿兰·帕尔默:《波罗的海史》,胡志勇译,东方出版中心2013年版,第19—20页。
④ 亚历山大·马依可夫斯基(1876—1938),卡舒比作家兼诗人、记者、编辑、活动家及医生。他是二战前卡舒比运动中最为重要的代表人物。
⑤ Aleksander Majkowski, *Historia Kaszubów*, Gdynia:Nakładem Komitetu Wydawniczego, 1938, p.1.
⑥ 一说4—7世纪。这一时期,随着罗马帝国的灭亡而兴起了数十个日耳曼人建立的"民族国家",缘于4世纪中叶欧亚草原众多游牧部落的侵入,日耳曼人被迫逃离他们的居住地而引发了民族迁徙的大潮。后来,西斯拉夫人入驻日耳曼人曾居住的奥得河至易北河一带,进而占据了易北河地区。

斯瓦河之间的地带，一般等同于'高卢人无名氏'（Gallus Anonymus）[①]和文森特·卡德乌贝克（Wincenty Kadłubek）[②]主教在编年史中记载过的波美拉尼亚人"[③]。与"高卢人无名氏"及卡德乌贝克主教约为同时期的基辅洞窟修道院修士涅斯托尔在《往年纪事》一书中亦记述过波美拉尼亚人，"当沃洛赫人进犯多瑙河斯拉夫人，且定居在那里并把他们挤走时，而这些斯拉夫人就迁到维斯瓦河流域居住，成为良霍人（Lechici）（应为'莱赫人'），就是那支良霍人发展成波兰人，另一支良霍人发展成卢季奇人（Lutycy）（即'卢日支人'或'卢日茨人''乌日茨人'），还有一支发展成马佐维亚人（Mazowszanie），再有一支发展成波美拉尼亚人"[④]。而考古研究亦表明，"至公元前2000年，印欧语系分裂出若干分支，同属印欧人种的波罗的人（Bałtycy）、凯尔特人（Celtowie）和哥特人（Goci）先于斯拉夫人进入奥得河下游和维斯瓦河下游之间的地区。公元600年至900年，斯拉夫人向北迁徙，入驻以波罗的人为主的地区，至公元10世纪，斯拉夫人已遍布该地区，他们被称作波美拉尼亚人。……生活在最东边的波美拉尼亚人群体就是卡舒比人，他们居住在维斯瓦河下游的左岸地区，临近波兰语言区。……他们是源自波美拉尼亚人原始栖息地的仅有的幸存者"[⑤]。

上述涅斯托尔言及的良霍人（莱赫人）应该就是已知的古波兰人的祖

[①] 又作"无名的高卢人"，1115年以拉丁文创作的《波兰公爵的事迹》（也作《加尔编年史》，Paul Knoll and Frank Schaer, *Gesta principum Polonorum*, Budapest: Central European University Press, 2003）一书的无名氏作者，通常被认为是首位记述波兰的史学家。

[②] 文森特·卡德乌贝克（约1150—1160年或1223年），1208—1218年任克拉科夫主教，同时还是政治家、法学家，四卷本《波兰编年史》（也作《卡德乌贝克编年史》，Wincenty Kadłubek, *Kronika Polska*, Wrocław: Zakład Narodowy im. Ossolińskich, 1992）一书的作者，记述了神话时代至1202年的波兰历史，该书被认为是波兰史学史上的第二部编年史类的著作。

[③] Łukasz Grzędzicki and Michał Kargul, *Kaszuby Warte Poznania*, Gdańsk: ZKP ZG, p. 2.

[④] 拉夫连季编：《往年纪事》，朱寰、胡敦伟译，商务印书馆2011年版，第5页。

[⑤] Jan L. Perkowski, "The Kashubs: 'Origins and Emigration to the U. S.'", *Polish American Studies*, Vol. 23, No. 1 (Jan. –Jun., 1966), pp. 1–7.

先①,此外,另有一种观点②认为,波美拉尼亚人同为波兰人的祖先,对此,波兰历史学家杰勒德·拉布达(Gerald Labuda)教授认为,"波美拉尼亚人"这一称谓最初具备地理特征,指位于"海边"或"滨海国家"的人,原本指代卡舒比人,只是随着时间的推移以及12世纪波兰国内的移民活动和13世纪外民族移民的涌入引发了民族的迁徙和民族成份的变化③,从而逐渐丧失了地理特征并兼备了多人种的含义。波兰历史学家弗朗齐歇克·杜达(Franciszek Duda)指出,涅斯托尔当时只知"波美拉尼亚人",而不知有"卡舒比人"的称谓,中世纪时期的文献似乎也有所印证,因"13世纪的波美拉尼亚地区尚无法确定存在卡舒比人这一称谓,这里的居民被称作波美拉尼亚人,卡舒比人这一称谓的出现相当滞后,是自西部的吕贝克(Lübeck)、梅克伦堡(Mecklenburg)、什切青(Szczecin)和斯瓦夫诺(Sławno)传入的,于14世纪止于帕赛塔河(Parsęta/Parseta)沿岸。……且波美拉尼亚人更倾向于视此称谓为一种绰号"④。

(三)其他观点

关于卡舒比人的起源问题曾在国外学术界引起广泛的争论。不同学科、不同领域的专家学者各抒己见,如提出卡舒比人与普鲁士人同族⑤或卡

---

① 高德平:《列国志·波兰》,社会科学文献出版社2005年版,第33页。
② V. Polyakov, "The Valley of the Vistula", *The Slavonic and East European Review*, Vol. 12, No. 34 (Jul., 1933), pp. 36–62. 即根据涅斯托尔《往年纪事》中的记载,定居在维斯瓦河谷的斯拉夫人自称莱赫人,部分莱赫人又自称"平原人",其余的斯拉夫人再次成为已知的"滨海的波美拉尼亚人",即现在的卡舒比人,或"玛祖尔人"。
③ 当时波兰国内移民运动始自12世纪下半叶,是随着波兰农业的发展,以及自由农和依附农为摆脱封建主的封建剥削而向南部的山区和森林地带进行迁徙的活动。波兰的封建主为增加收入,于13世纪将大批日耳曼人引入西里西亚、波莫瑞等地开展农作,这一移民活动在该世纪下半叶达到了高潮。
④ Wacław Sobieski, *Walka o Pomorze*, Komorów: Wydawnictwo ANTYK Marcin Dybowski, 2010, p. 335.
⑤ 据《奥斯里尔和武尔夫斯坦航海记》[Alfred(King of England), "The Voyages of Ohthere and Wulfstan" in John Allen Giles, eds., The Whole Works of King Alfred the Great: with Preliminary Essays Illustrative of the History, Arts, and Manners, of the Ninth Century, London: Bosworth& Harrison, 215 Regent Street, 1858]中的记载,盎格鲁-萨克逊旅行家武尔夫斯坦于公元9世纪曾沿着文德人或称斯拉夫人在波罗的海沿岸建立的国家的海岸航行,在维斯瓦河口附近发现了拥有立陶宛血统、信奉多神教的古普鲁士人的领地。他们居住在"波兰的东北部,维斯瓦河下游和涅曼河之间"(详见刘祖熙:《波兰通史》,商务印书馆2006年版,第36页),而卡舒比人亦曾在维斯瓦河下游的左岸地区定居。

舒比人属最后的易北河斯拉夫人①，等等。但诸如此类的观点学术界依然存疑，尚未达成共识。其中，德国语言学家马克思·法斯默尔（Max Vasmer）曾提出过一种较为独特的观点，认为卡舒比人来自巴尔干半岛。随后，德国的斯拉夫语言文化专家海因里希·孔思特曼（Heinrich Kunstmann）承袭了这一观点，并通过对"卡舒比人"一词的语言学考证②，提出它源自居住在伊庇鲁斯（Epirus）地区的西斯普洛替斯人（Thesprotians，也作塞斯普罗图斯人），孔思特曼通过研究认为该词对应的斯拉夫语形式即为"Kaszubi"，居住在那里的斯拉夫人通过与当地人的接触和交流进而保留了这一名字，随后从爱奥尼亚海漫游至波罗的海沿岸地区。

二、卡舒比地区（Kaszuby）溯源

言及卡舒比人，必然提到卡舒比地区。顾名思义，"卡舒比地区即卡舒比人居住和生活的地方"③。相传，上帝在创世界时不经意间落下了卡舒比地区，这是一片广阔、贫瘠而又了无生机的沙海。因禁不住天使们的请求，上帝便将在创世界时所用的魔法袋中剩余的所有物品全部倾倒在这个地方。奇迹发生了，沙海中随之出现了陡峭的山峰、郁郁葱葱的森林、肥沃的土地、美丽繁茂的花草以及水体清澈透亮的湖泊与河流。随后，上帝还为此地创造了动物和人，人们追随上帝，希望他能够赐予衣物蔽体，便异口同声地问道："A Kaszuba？"从此，这一地区及其居民后来便被称作卡舒比及卡舒比人。上帝将自己一手创作的杰作托付给这些生活在波光粼峋的"一大片水"（即波罗的海）南岸的卡舒比人，为保繁荣永驻、世代相传，上帝还派遣狮

---

① 西斯拉夫人在欧洲民族大迁徙的过程中分成了西南和西北两支，西北支即波兰人和易北河斯拉夫人的祖先。10世纪时，易北河斯拉夫人在奥得河下游和易北河下游建立了奥博德日和维莱特两个国家雏形组织，这里的居民属波拉布斯拉夫人（后来的卢日支人或称卢日茨人），又称易北河斯拉夫人，日耳曼人则称其为文德人或索布人，亚历山大·马依可夫斯基则将他们划归卡舒比人之列。10世纪下半叶，皮雅斯特王朝的首任君主梅什科一世征服了包括沃林和科沃布热格在内的波美拉尼亚西部地区，11、12世纪，该地区又被德意志领主所征服。因此，此处所说的卡舒比人应指波美拉尼亚西部的卡舒比人。
② Heinrich Kunstmann, *Pisma wybrane*, Kraków: Universitas, 2009.
③ Gerald Labuda, *Kaszubi i ich dzieje*, Gdańsk: Oficyna czec, 1996, p.204.

鹫兽"格里芬"守护这一地区。

　　上述这则古老而美丽的卡舒比传说不仅折射出卡舒比地区自然景观的秀丽多姿,亦包含了卡舒比人对故土的热爱与殷殷眷恋之情。那么,卡舒比地区究竟位于何处? 根据历史学家和语言学家的联合考证,中世纪时的卡舒比地区曾涵盖"波罗的海南岸至诺泰奇河(Noteć),奥得河下游[甚至更靠西边的莱格尼茨(Regnitz)河]至维斯瓦河下游"①的一片区域,占据了波美拉尼亚地区的绝大部分,卡舒比人曾在这里建立了类似奥博德里人(Obodryci)、维莱特人以及沃林人(Wolinianie)建立的国家雏形组织"波美拉尼亚",历史上著名的"波兰走廊(但泽走廊)"便位于此地。

　　国外学界至今尚存一种观点认为,以 13 世纪条顿骑士团应玛佐夫舍公爵康拉德一世(Konrad Mazowiecki)之邀征服普鲁士人而侵入波美拉尼亚地区这一事件为界,卡舒比民族的历史可划分为两个历史时期,即 10—13 世纪的有关卡舒比地区的历史和 13 世纪以后的关于卡舒比人的历史,划分依据在于前者在此期间尚存在政治意义上的"卡舒比"的共同体,而后者则是因为自此之后卡舒比人建立的国家永久地丧失了主权,沦为他国的附庸。② 就此而言,卡舒比地区的范围在一定程度上与卡舒比人的存在有着密不可分的联系,正如拉布达教授所言:"要到有卡舒比人居住的地方去寻找卡舒比地区。"③如此,若以史料记载的 10 世纪末叶卡舒比东部地区形成了国家雏形组织作为卡舒比民族历史的开端,那么在随后的一千余年中,卡舒比地区的疆界因卡舒比人受到日耳曼化、波兰化以及民族迁徙等因素的影响而大为缩小。"在部分地区,卡舒比民族已完全消失,而在别处则成为少数民族,这一过程始于中世纪,在普鲁士占领时期被强化。"④

---

① Józef Borzyszkowski and Jan Mordawski and Jerzy Treder, *Historia, Geografia i Piśmiennictwo Kaszubów*, Gdańsk: M. Rożak, 1999, p. 22.
② K. Kossak-Główczewski, "Sytuacja Edukacyjna w Subgrupach Narodu na Przykładzie Kaszubów: Region, a kulturacja, Tożsamość", in M. M. Urlińska (eds.), *Edukacja a Tożsamość Etniczna: materiały z konferencji naukowej w Rabce*, Toruń: Wydawnictwo UMK, 1995, p. 92.
③ Gerald Labuda, *Kaszubi i Ich dzieje*, Gdańsk: Oficyna Czec, 1996, p. 224.
④ Cezary Obracht-Prondzyński, *Kaszubi Dzisiaj, Kultura-Język-Tożsamość*, Gdańsk: Instytut Kaszubski, 2007, p. 11.

据史书记载,索比斯瓦夫(也作索比斯劳)王朝和格里芬王朝是12世纪统治着卡舒比东部和西部地区的两大王朝。格里芬王朝建立了"波美拉尼亚公国(Księstwo Pomorskie)",于"三十年战争"期间(1637)覆灭。在长达5个世纪之久的统治时期内,其历史疆域曾涵盖包括斯武普斯克(Słupsk)、斯瓦夫诺等重要城市在内的卡舒比中部地区到莱格尼茨河乃至吕根(Rügen)的波美拉尼亚西部区域。自首任统治者瓦尔齐斯瓦夫一世(Warcisław I,1100年前—1135年)起,格里芬王朝的君主在不同时期曾臣服波兰、丹麦、萨克森、勃兰登堡及神圣罗马帝国。相比之下,索比斯瓦夫王朝的存在时间较短,于13世纪末期(1294)灭亡,王朝名称源自首任统治者索比斯瓦夫一世(Subisław/Sobiesław I,约1130—1177/1179),他建立的国家称作"波美拉尼亚(Pomerania)",其强盛时期的历史疆域大致涵盖了从格但斯克(Gdańsk)至比德哥熙(Bydgoszcz),希维切(Świecie)、格涅夫(Gniew)和普鲁士地区至斯瓦夫诺的波美拉尼亚中部和东波美拉尼亚(Pomorze Gdańskie,也称格但斯克-波美拉尼亚)的部分区域。

13世纪,日耳曼移民大批涌入波美拉尼亚西部地区,东部地区也因条顿骑士团征服了普鲁士人而被迁入大批日耳曼移民,波美拉尼亚地区迅速日耳曼化。日耳曼人后来居上,逐渐成为当地的统治阶层。为维护自身利益,他们制定并强制推行法律,以此攫占土地并歧视、排挤当地的原住民。随着"十三年战争"的结束以及1466年第二次《托伦合约》的签订,骑士团被迫将东波美拉尼亚、海乌姆诺(也作库尔姆、赫翁诺)等周边地区归还波兰。从此,这一部分原属普鲁士人的地区改称"王室普鲁士(王国普鲁士)",当地的卡舒比贵族阶层因此日渐波兰化,日耳曼族裔也逐渐被(波兰)同化。在16、17世纪席卷全欧的宗教改革运动期间,格里芬王朝治下的卡舒比人因公爵皈依了新教而成为了新教教徒,而王室普鲁士的大部分卡舒比人则保留了天主教信仰,尽管西部地区的卡舒比民族精神在此期间有所复兴,但来自政界和宗教界要求日耳曼化的压力却在不断地排挤着卡舒比人,在加剧了东、西部对立的同时,亦加速了西部日耳曼化的过程。18世纪末叶,波兰遭俄、普、奥三次瓜分,此后直至一战结束,卡舒比地区完全处于普鲁士(德国)霍亨索伦王朝的统治之下,其间曾被划分为以格但斯克为省会的西普鲁士省和以什切青为省会的波美拉尼亚省。持续一百余年的声势浩大的普鲁士化运动,几乎令卡舒比人的民族性消磨殆尽,也正是始于这一时期,部分卡舒比人选择背井离乡,从此踏上了移民国外的道路。进入20世纪,仅存的卡舒比人居住地位于东波美拉尼亚地区,"在两次世界大战期间,……绝大部分卡舒比人生活在波兰第二共和国边境地区,部分人生活在但泽自由市(Freie Stadt Danzig)"①。

在波美拉尼亚西部地区,过去生活在波美拉尼亚公国境内的卡舒比人于19世纪末叶就已几乎全部日耳曼化了,仅邻近边境的"贝图夫县(Powiat Bytowski)、兰伯克县(Powiat Lęborski)、斯武普斯克县(Powiat Słupski)尚存部分所谓的斯洛温人(Słowińcy)②,一小部分人生活在楚武霍夫县(Powiat Człuchowski)和米亚斯特克县(Powiat Miastecki)"③。二战爆发后,纳粹德国占领了整个卡舒比地区,卡舒比人遭受了空前的劫难,精英阶层几乎被屠戮殆尽,大批人死于战争或纳粹的集中营。二战后,奥得河—尼斯河一线确定了波德两国的国境,波兰收回了整个卡舒比地区,已为数不多的卡舒比人得以重返故土。1999年波兰实行了全新的行政规划,将卡舒比地区统一划入滨海省(Województwo Pomorskie)内。

20世纪80年代末至21世纪初,波兰国内曾尝试开展过3次对卡舒比人数量的统计④,据此推测滨海省内生活着50万以上的卡舒比人。尽管统计的方式方法尚存瑕疵,统计数量也不甚准确,但基本可以确定现代卡舒比人集中生活在滨海省内的"贝图夫县、霍依尼采县(Powiat Chojnicki)、卡尔图

---

① Cezary Obracht-Prondzyński, *Kaszubi Dzisiaj, Kultura-Język-Toż samość*, Gdańsk: Instytut Kaszubski, 2007, p.5.
② 属卡舒比人旁支的历史性族群,二战后居住在位于现波兰滨海省西北部的嘉德诺湖和韦巴湖沿岸地区,他们的语言属卡舒比语北卡舒比方言的一部分,多数斯洛温人在宗教形成的过程中信奉路德教派。
③ Cezary Obracht-Prondzyński, *Kaszubi Dzisiaj, Kultura-Język-Toż samość*, Gdańsk: Instytut Kaszubski, 2007, p.5.
④ 前两次分别由格但斯克大学教授马莱克·拉托夏克(Marek Latoszek)及扬·摩尔达夫斯基(Jan Mordawski)主持,第三次属波兰2002年进行的人口普查。此外,2011年波兰实施了入盟后的首次人口普查,在对少数民族和少数族裔的调查中采用了分别给出国籍与民族选项的调查方式。

兹县(Powiat Kartuski)、柯希切日那县(Powiat Kolścsierski)、兰伯克县、普茨克县(Powiat Pucki)以及沃伊海洛沃县(Powiat Wejherowski)的交界处,此外,在楚武霍夫县、格但斯克县(Powiat Gdański)、斯武普斯克县以及三联城(格但斯克、索波特、格丁尼亚)也有卡舒比人的居住区"①。

三、"卡舒比"名称、含义稽考

"卡舒比"这一名称究竟源自何处?又所为何意?如文中所述,"卡舒比人"的称谓是"自西部的吕贝克、梅克伦堡、什切青和斯瓦夫诺传入的",而"东波美拉尼亚、波兰颁布的特许以及十三世纪的编年史中出现的领地名称'Cassubia'和部族名称'Cassubitae'是适用于波美拉尼亚西部地区、甚至梅克伦堡公国的"②,足见"卡舒比"这一名称与波美拉尼亚西部地区的渊源至深。据史书记载,教皇格利高里九世(Gregory IX)于1238年颁布的诏书中,在言及格里芬王朝的统治者博古斯瓦夫一世(Bogusław I,约1130－1187)时,首次使用了"卡舒比"一词,并称其为"卡舒比公爵",有史可查的该公爵封号的正式使用要追溯至博古斯瓦夫一世之孙、博古斯瓦夫二世(Bogusław Ⅱ,约1178－1220)之子——以"斯拉夫人和卡舒比公爵"自居的"好人"巴尔尼姆一世(Barnim I Dobry,约1218－1278),其子奥托一世(Otto I,1279－1344)及博古斯瓦夫四世(Bogusław IV)均延续了这一公爵封号。"卡舒比人"的称谓正式出现在14世纪,于巴尔尼姆一世之孙、奥托一世之子——巴尔尼姆三世(Barnim Ⅲ,约1300－1368)统治时期,他自称"卡舒比人公爵",此后直至格里芬王朝灭亡,其后世统治者均使用"卡舒比公爵"或"卡舒比人公爵"的封号。而东波美拉尼亚的公爵从未使用过上述封号,"卡舒比人"用以称呼东波美拉尼亚的斯拉夫居民也是始于第二次《托伦合约》签订后——波美拉尼亚西部的卡舒比人因被日耳曼化而逐渐消失之际。

目前,国外学界就"卡舒比"一词究竟是源自民族名称还是地域名称尚

---

① Łukasz Grzędzicki and Michał Kargul, *Kaszuby Warte Poznania*, Gdańsk：ZKP ZG, p.2.
② Fr. Lorentz Ph.D., Adam Fischer Ph.D., Tadeusz Lehr-Spławiński,*The Cassubian Civilization*, London：Faber and Faber Limited, 1935, p.4.

存争议。部分观点①称其与男子所穿的外衣有关,如古波兰编年史家博古法二世(Bogufał Ⅱ,? -1253)在《大波兰编年史》一书中认为该名称取自卡舒比人身着的宽大的长袍,因为尺码较大,穿上后会起褶,用文字表达即为"kasaść huby",等同于"kaszuby",意为"起褶"。持类似观点的还有波兰史学家扬·杜高什(Jan Długosz,1415 - 1480)、神父本尼迪克特·赫梅洛夫斯基(Benedykt Chmielowski, 1700 - 1763)、语言学家亚历山大·布鲁克纳(Aleksander Brückner,1856—1939)等人。另有部分观点称其与卡舒比人的原始居住地有关,如波兰历史学家、天主教士斯塔尼斯瓦夫·库约特(Stanisław Kujot,1845 - 1914)认为,"卡舒比意为不深的水中长满高草"②,究其含义应与语言学家爱德华·布莱扎(Edward Breza)考证的"广阔的沼泽"③意义相当。

上述词源考证表明,无论是源自民族名称抑或地域名称,"卡舒比"这一名称,与众多曾经生活在波美拉尼亚地区的斯拉夫民族的名称类似,似乎带有绰号的性质,这在前文已有所述及,通过对卡舒比人部分旁支族群名称的考证也印证了这一点。④ 按照语言和文化上(还有说是居住地域)的差异,卡舒比人分出了若干旁支,较为常见的有 Bëlôcë、Gôchë、Józcë、Rëbôcë、Zabòrôcë、Lesôcë、Kabôtkovjë、Korzczôcë 等,这些族群的名称基本上属于绰号,是根据当地人的某些特点而给出的体现其代表性的称谓,例如 Bëlôcë、Gôchë、Zabòrôcë 和前文提及的"斯洛温人"是与言语特征相关;Rëbôcë 与职业有关,意为"渔夫";Lesôcë 与居住地或地形有关,意为"林区居民";

---

① Adam Fischer, *Kaszubi na tle etnografji Polski*, Toruń:Wydawnictwa Instytutu Bałtyckiego, 1934, p. 141 - 142.

② Stanisław Kujot, *Pomorze Polskie. Szkic geograficzno-etnograficzny*, in T. Daszkiewicz (eds.) Warta:książkazbiorowa ofiarowana księdzu Franciszkowi Bażyńskiemu, proboszczowi przy Kościele św. Wojciecha w Poznaniu, na jubileusz 50-letniego kapłaństwa w dniu 23 kwietnia 1874 od jegoprzyjaciół i wielbicieli,ksiżka zbiorowa,Poznań, 1874, p. 317.

③ Edward Breza, *Nazwiska Pomorzan:Pochodzenie i zmiany*, Gdańsk:Wydawnictwo Uniwersytetu Gdańskiego, 2004, p. 160.

④ Jerzy Treder, *Zasięg i zróżnicowanie kaszubszczyzny języka (mowy) Kaszubów. Grupy lokalne*, http://www. dialektologia. uw. edu. pl/index. php? l1 = kaszubszczyzna&l2 = kaszubszczyzna - zasieg - terytorialny,May, 2107.

Kabôtkovjë、Korzczôcë 则与衣着有关。这些绰号的使用并不广泛，且部分存在重意的现象，如 Józcë 和 Mùcnicë 均指代同一个卡舒比人族群。

四、缘结"格里芬"

12 世纪时，卡舒比公爵在西部地区建立的统治王朝即称作"格里芬"，前文已有所叙述，这个名字取自古希腊神话传说中的狮鹫兽"格里芬"，其形象多被格里芬王朝的统治者用作印章的图案。传说中的格里芬是基于万物有灵论而人为虚构出的一种身形巨大的带翼怪兽，又称狮身鹰首兽，但丁在《神曲》中称其长有"金色的鹰首，白色的狮身"，集狮子的强健和鹰的敏捷于一身，是力量、威严和勇气的象征。格里芬的原型最早出现于公元前三千纪的美索不达米亚，后缘于东西方游牧文化的频繁交流而广泛盛行于中亚、西亚、欧亚草原、北非、南亚、南欧等地，在与当地文化融合的过程中衍生出具有不同地域风格、造型各异的有翼神兽图腾的形象，是古代人们普遍钟爱的一种艺术题材，《荷马史诗》、希罗多德的《历史》以及《蒙古秘史》中都曾出现过关于格里芬的记载。

如同"卡舒比"的名称一样，格里芬作为地区的象征首次出现在波美拉尼亚西部，距今已有 800 余年的历史。史料显示，波美拉尼亚公国的统治者自 12 世纪末叶就已开始使用带有格里芬图案的印章，正式记载则出现在博古斯瓦夫二世统治时期(1214)，并一直沿用至 17 世纪国家灭亡。相反，东波美拉尼亚的卡舒比公爵，除索比斯瓦夫一世之孙、梅斯特温一世(Mściwoj I，约 1160—约 1220)之子——"特切夫公爵"桑博尔二世(Sambor Ⅱ Tczewski，1211 年或 1212—1277/1278)以外，几乎没有使用格里芬图案的记载。① 至第二次《托伦合约》签订后，格里芬才正式成为卡舒比地区(一说波

---

① 有部分历史学家推测格里芬的图案也曾现于索比斯瓦夫一世之孙——索比斯瓦夫二世以及"伟大的"斯维托佩乌克的印章之上，但就这一推测国外学界尚存争议。另据卡舒比作家弗洛里安·采诺瓦(Florian Ceynowa)的记述，东波美拉尼亚的居民早期曾使用白色格里芬作为卡舒比的象征，至"伟大的"斯维托佩乌克建立早期的卡舒比国家，并定都格但斯克时，格里芬的形象就被悬挂在城门之上。

美拉尼亚地区)的象征。诺贝尔文学奖得主、波兰作家亨利克·显克维支(Henryk Sienkiewicz)的代表作《十字军骑士》中的主人公兹皮希科就曾身着"绣有金'格列芬'、镶着金花边的白色'雅卡'",格里芬的图案也多见于骑士们的盾牌和旗帜之上,似乎也是对14、15世纪波美拉尼亚地区历史的一种真实写照。

波美拉尼亚地区的格里芬图案自出现的一刻起,便没有统一的外形,如波美拉尼亚公国统治者使用的印章上的格里芬图案造型各异,且不佩戴王冠,直到2011年"卡舒比民族协会"发布了《意识形态宣言》,确定了卡舒比地区的象征和盾徽。《宣言》中称,"黑色且佩戴王冠的格里芬是我们的象征,……我们的盾徽是金色底儿的盾牌表面衬有头部转向右方、黑色且佩戴王冠的格里芬"①(如图1),就其外形而言属典型的鹰首格里芬,即狭义格里芬的形象②,部分融合了希腊、欧亚草原等地区格里芬图腾的特征。

图 1

令人称奇的是,这一带有异域艺术风格的神兽形象缘何会出现在波美拉尼亚地区?该图徽又是如何被当地的统治者所接受的?这个问题至今依然成谜。一种推测性的观点认为,波美拉尼亚西部的卡舒比公爵曾参与"十字军东征",神兽的图案就此保留下来并辗转,自西部流传至东波美拉尼亚地区。关于佩戴王冠的格里芬形象的出现,人们普遍认为是根植于卡舒比的民族传统且与20世纪初叶兴起的卡舒比民族运动有关,它的创作者正是被视为"卡舒比青年"运动领导者的亚历山大·马依科夫斯基,他不仅以"格里芬"命名其主编的、有关卡舒比民族事务的杂志,亦使用这一图案装饰杂志的封面。

纵观波美拉尼亚地区的历史,格里芬不仅被视为卡舒比的象征和卡舒比地区的守护神,而且作为整个波美拉尼亚地区及其市镇和民间的标志及象征,长久以来它一直被广泛地使用和传播。如今,出现在波兰北部、西北

---

① *Kaszëbskô Jednota*, http://kaszebsko.com/uploads/gryf/gryf.zip, May, 2017; *Kaszëbskô Jednota*, http://en.kaszebsko.com/kim-jestesmy-i-jakie-sa-nasze-cele.html, May, 2017.

② 李零:《论中国的有翼神兽》,《中国学术》2001年第1期。

部(包括滨海省、西滨海省本身)众多市、镇,甚至毗邻的部分德国城市的盾徽上的格里芬的图案似乎表明,它以及其所承载的精神早已深深地烙入卡舒比乃至整个波美拉尼亚地区的文化传统之中。

五、结语

千百年来,波美拉尼亚地区多民族文化的碰撞与融合见证了卡舒比地区沧海桑田般的历史变迁,今天的卡舒比已发展成为波兰著名的文化旅游胜地,旖旎秀丽、多姿多彩的自然风光令它一直享有"卡舒比瑞士""药丸中的世界"等美誉,而真正为这片土地注入人文情怀的则正是它的居民——卡舒比人,他们的语言、文化传统赋予了它独特的民风以及其不同凡响的特征。历史上,卡舒比人虽屡遭异族统治,被同化、被驱逐甚至被屠戮的厄运如影随形,但他们始终都在锲而不舍、不屈不挠地为自己的"存在"而抗争,并义无反顾地代代传承本民族的语言和文化,正如一句流传在卡舒比地区的名言所说,"Wiedno Kaszëbë i na wiedno Kaszëba"——"永远的卡舒比,永远的卡舒比人",一语道尽了古往今来的一切。

法德英关系与欧洲一体化(1945—1993)

姜 南

【提要】法国、德国、英国3个大国之间的关系对欧洲一体化的启动、扩大和深化起到了非常关键的作用。20世纪50年代,法德和解为战后西欧一体化扫除了障碍,奠定了政治基础。60年代到70年代初,法英两个大国的矛盾与冲突,导致英国加入共同体的过程一波三折,使欧洲共同体的扩大整整推迟了10年之久。80年代末90年代初,在苏东剧变和德国统一的背景下,法德之间的合作对1992年《马斯特里赫特条约》的签订和欧洲一体化的深化起到了至关重要的作用。

【关键词】欧洲一体化 法德关系 法英关系

在世界上诸多区域一体化的实践中,欧洲一体化以其一体化程度最高、成就最显著而著称。今天,欧盟已经有28个成员国,人口超过5亿。欧洲一体化的发展受到大国关系的重要影响,因篇幅所限,本文仅探讨西欧大国(即法德英三国)关系与欧洲一体化的密切关联,对美苏两个大国与欧洲一体化的关系,不进行专门论述。目前国内史学界有不少关于欧盟成员国与欧洲一体化关系的论著,其中论文以探讨一体化早期发展史居多,但多是就某个具体问题进行分析,时间跨度一般不大;专著不多,写英国与欧洲一体化关系的专著仅有几本,写德国与欧洲一体化关系的专著仅有一本。而对法德英关系对欧洲一体化的影响进行综合、系统的分析,且涉及20世纪后半叶近50年时间的论文,笔者尚未见到。①

首先,笔者对"欧洲一体化"和"德国"的概念作一个说明。

"欧洲一体化"指的是二战以后从西欧开始的、以建立超国家机构为特征和起点的欧洲民族国家的联合进程。这种一体化要求创立诸如"欧洲煤钢共同体"和"欧洲经济共同体"这样的"超国家组织",各成员国向超国家组织让渡部分政策的决策权,并受到该组织的一定约束,以区别于一般的政府间合作。② 从20世纪50年代起,欧洲一体化进入实质性的阶段,开始建立起超国家组织。欧洲一体化首先从西欧开始,后扩展到南欧和中东欧。但是,当欧洲一体化第一个具有超国家性质的组织"欧洲煤钢共同体"成立时,就使用了"欧洲"一词,而且其章程规定这是一个"其他欧洲国家都可以加入"③的开放性组织。以后也一直沿用了"欧洲"的概念,而没有使用"西欧"概念。因此本文沿用这一约定俗成的用法。

"德国"概念本来无须说明,但是由于1949年德国分裂成德意志联邦共和国和德意志民主共和国两个国家,1990年10月两德又重新统一,所以需

---

① 德国与欧洲一体化的关系,主要论文有:吴友法:《"德国问题"与早期欧洲一体化——第二次世界大战后欧洲为什么走上联合道路》,载《武汉大学学报(人文科学版)》,2009年第4期;黄正柏:《阿登纳的欧洲联合政策及早期实施——兼谈德国对二战的反思》,载《世界历史》,1997年第1期;邢来顺:《德法关系的历史发展与欧洲联合》,载《武汉大学学报(人文科学版)》,2002年第2期;吴友法、梁瑞平:《德法和解是早期欧洲一体化的基石》,载《武汉大学学报(人文科学版)》,2002年第5期。关于法国与欧洲一体化的关系,主要论文有:黄正柏:《从"莫内的欧洲"到"祖国的欧洲"——法国与欧洲一体化中的国家主权问题》,载《华中师范大学学报(人文社会科学版)》,2006年第1期;周荣耀:《戴高乐主义论》,载《世界历史》,2003年第6期。关于英国与欧洲一体化的关系,主要论文有:赵怀普:《英国对欧洲大陆怀疑主义根源剖析》,载《世界历史》,2003年第3期;黄正柏:《英国为什么申请十年之后才加入西欧共同市场》,载《华中师范大学学报(哲社版)》,1990年第2期;黄正柏:《英国在欧洲联合初期对国家主权原则的坚持》,载《华中师范大学学报(人文社会科学版)》,2007年第5期。关于英国与欧洲一体化的专著有:洪邮生:《英国对西欧一体化政策的起源和演变(1945—1960)》,南京大学出版社2001年版;赵怀普:《英国与欧洲一体化》,世界知识出版社2004年版;马瑞映:《疏离与合作——英国与欧共体关系研究》,中国社会科学出版社2007年版。关于德国与欧洲一体化的专著仅有一本:张才圣:《德国与欧洲一体化》,人民出版社2011年版。

② M. J. Dedman, *The Origins and Development of the European Union*, 1945 – 95, London: Routledge, 1996, p.7.

③ [法]皮埃尔·热尔贝:《欧洲统一的历史与现实》,丁一凡等译,中国社会科学出版社1989年版,第102页。

要加以说明。德国分裂后参加欧洲一体化的是德意志联邦共和国,因此本文的"德国"大部分时间指德意志联邦共和国,而在1945到1949年之间是指分裂前的德国,1990年10月以后指统一后的德国。

一、法德和解与欧洲一体化的启动

战后欧洲一体化是以法德两国的和解与合作为前提和基础的。

战后初期,法国外交政策有两个基本特征:即削弱德国和在美苏之间奉行中间政策。与德国和解并与德国一起推进欧洲一体化,并没有纳入法国的对外政策目标。

1945年9月,美、英、苏、法外交部长在伦敦会晤,法国正式提出自己的对德方案。方案内容包括:第一,不允许重建中央集权的德意志国家,反对德国建立全国性的政党和中央行政机构。第二,莱茵兰即莱茵河左岸地区脱离德国。科隆以南是入侵法国的通道,应该由法国永久占领;科隆以北的区域应该由荷兰、比利时、甚至英国共同管辖。第三,实现鲁尔国际化,实现萨尔与法国的经济融合。此外,法国还要求大量赔款和拆迁德国工厂,以补偿法国的战争损失。这些主张形成法国战后对德政策的"法国方案"。[①]可以看出,"法国方案"只有一个主题,那就是肢解德国、削弱德国。

"法国方案"几乎得到法国从极左到极右各个政党的一致支持,但却遭到美、英、苏三国的一致反对。1947年3月到4月,美、英、苏、法四国外长在莫斯科举行会议。莫洛托夫否决了把鲁尔和莱茵兰从德国分离的提议,拒绝建立一个非中央集权的联邦制国家,并故意对法国关于萨尔的要求不置可否。美英代表比苏联的态度稍微缓和一些,他们同意萨尔与法国的经济融合,还答应由美英向法国供应德国煤。但是,对于肢解德国的方案却坚决反对。

莫斯科会议首先标志着"法国方案"的失败和法国对德政策受挫。其

---

① F. R. Willis, *France, Germany, and the New Europe, 1945–1967*, London: Oxford University Press, 1968, p. 15.

次,由于莫洛托夫反对法国的对德方案,法国逐渐远离苏联,站在美英一边。法国在东西方之间奉行中间政策的方针遭遇挫折,选择站在西方一边的政策初见端倪。最后,莫斯科会议受到"杜鲁门主义"出笼的影响,美苏对立加剧,其后美苏关系逐步陷入冷战的危机,使法国试图在东西方之间充当仲裁人的设想客观上也不可能。

1947年3月12日,美国总统杜鲁门要求国会授权向希腊、土耳其提供4亿美元的援助,并得到国会的支持,杜鲁门主义出台。这既是美苏冷战正式开始的标志,同时也是美国全球扩张战略的一个宣言。美国从称霸世界、遏制苏联的全球战略出发,推行复兴欧洲、扶植德国的欧洲政策。6月5日,马歇尔在哈佛大学发表了一篇著名演说,提出援助欧洲的"马歇尔计划"。很显然,美国在德国问题上的态度与法国提出的肢解德国、削弱德国的主张背道而驰,法国必须做出选择。1947年10—12月,法国已经接受了美国3.37亿美元的紧急援助,1948年1月2日又接受了2.84亿美元。① 在经济上仰仗美国援助的法国,不得不放弃在美苏之间充当"第三种力量"的政策,倒向美国。

1948年2月,美、英、法、荷、比、卢六国代表在伦敦讨论德国问题,把苏联排斥在外,称六国伦敦会议。会议的中心议题是成立西德政府。最后达成了"伦敦协议":召开西方占领区德国制宪会议,制定宪法,以便于1949年成立联邦制而非中央集权的西德政府;规定鲁尔的煤和钢由六国与西德共管。"伦敦协议"几乎否定了"法国方案"的所有重要原则。但是,法国在萨尔问题上得到满足后,还是同意了"伦敦协议"的条款。而后法国国民议会对是否批准法国同意该协议的讨论异常艰难,最后仅以8票的优势(297票对289票)批准了协议,协议为西德的建立扫清了障碍。1949年8月20日,德意志联邦共和国(简称西德)宣告成立。10月7日,德意志民主共和国(简称东德)宣告成立。从此,德国正式分裂为两个国家,并各自纳入东西方两大阵营。

法国批准"伦敦协议"标志着它放弃了在美苏之间充当仲裁人的政策,明确选择了西方阵营。在德国问题上,法国同意成立联邦德国,标志着法德关系实现了从对立到缓和,从敌对到和解的转变。

---

① F. R. Willis, *France, Germany, and the New Europe*, 1945-1967, p.20.

1957年3月,六国在罗马签署了《欧洲经济共同体条约》和《欧洲原子能共同体条约》,这两个条约合称《罗马条约》。1958年,《罗马条约》正式生效,欧洲一体化从此进入了一个新阶段。1963年1月22日,阿登纳总理访问巴黎时签署了《法兰西共和国和德意志联邦共和国关于法德合作的条约》,又称《爱丽舍条约》。《爱丽舍条约》使法德关系法律化和制度化,法德合作关系成为欧洲一体化的基础,正如在戴高乐和阿登纳在科隆贝会晤后的两国宣言中所说:"我们坚信,德意志联邦共和国和法兰西共和国之间的紧密合作将是欧洲一切建设事业的基础。"①

　　法德和解与合作是欧洲早期一体化的发动机,它为战后西欧的一体化扫除了障碍,奠定了欧洲联合的政治基础。它不仅是两国关系史上具有划时代意义的事件,也是欧洲历史上具有划时代意义的事件。没有法德的和解与合作,欧洲一体化进程不可能顺利推进。

　　笔者认为,法德和解与合作的主要原因是:

　　第一,战后国际局势的重大变化。战后不久,美苏两国结束了战时联盟关系,拉开了冷战的序幕。冷战把西欧推到美苏对峙的前沿阵地,西欧各国的生存环境恶化。法德成了同一阵营中被削弱的中等国家,都要在美苏冷战的夹缝中求生存、求发展,因此化解宿怨、实现和解与合作成为法德两国的共同需要。对法国而言,冷战使苏联取代德国成为对法威胁的新对手,法国安全防务的主要目标从德国转向苏联,与法国和解后的德国将成为法国抵御苏联威胁的屏障。法国从法苏同盟遏制德国变为法德同属西方阵营共同遏制苏联,法国把德国当作同苏联对抗的一个可以团结和利用的力量。因此,法国的对德政策从肢解、敌对转变为和解、合作就成为顺理成章的选择。

　　第二,美国的欧洲和德国政策对法国的重大影响。在冷战的背景下,美国从称霸世界、遏制苏联的全球战略出发,推行扶植德国的政策。法国在经济上依赖美国援助,政治和军事上仰仗美国的支持和保护,不可能推行与美

---

① [法]罗歇·马西普:《戴高乐与欧洲》,复旦大学世界历史系世界史组译,上海人民出版社1973年版,第30—31页。

国政策背道而驰的对德政策。

第三,德国的分裂为法德和解提供了现实基础。德国的分裂让这个昔日的庞然大物变得弱小,使法国暂时打消了对德国挥之不去的戒备之心,法德之间的和解成为可能。正如戴高乐所说:"在分裂之后,德国作为一个称霸的和强大可畏的强国已不复存在。"[①]

第四,法国也意识到,把德国纳入欧洲一体化的进程是对德国的最好控制,是消除德国威胁的最好办法。

对联邦德国而言,摆脱战败国的低下地位是战后的当务之急,在依赖美国保护的同时,以相对平等的地位加入到欧洲一体化过程中去,无疑脱去了战败国的紧箍咒,是求之不得的事情,符合联邦德国的国家利益。因此德国支持欧洲一体化是顺理成章、不言而喻的。

二、法英关系与欧洲一体化的延迟扩大

在法德终于实现和解,欧洲一体化艰难起步之后,英国加入共同体的问题,长期占据着一体化事务中的重要地位。在英国加入共同体的过程中,法国因为两次否决英国的申请而使英法之间的矛盾和冲突成为这一时期的焦点。法国的两次否决不仅对英国加入共同体产生了影响,也对共同体的发展产生了影响,它使共同体的扩大推迟了10年。

在欧洲一体化发展的早期,英国政府不仅拒绝了舒曼计划,而且也放弃了加入共同市场。然而,1961年8月9日,英国正式申请加入欧洲经济共同体,1962年2月28日,又提出加入欧洲煤钢共同体和欧洲原子能共同体的申请。但是,1963年1月14日,法国总统戴高乐在记者招待会上否决了英国加入共同市场的申请。1月29日,共同体同英国的谈判正式宣告失败。英国加入共同市场的第一次申请就这样夭折了。

1967年5月11日,英国工党政府第二次提出了加入共同市场的申请。

---

① [法]戴高乐:《希望回忆录》第1卷:《复兴,1958—1962》,上海人民出版社1973年版,第171页。

但是,在11月27日的记者招待会上,戴高乐再次拒绝了英国。

戴高乐说明了法国拒绝英国的原因。他认为,英国在经济上与欧洲大陆国家不同,尤其在农业方面不同:"英国人民取得食物的方法,实际上是从南北美洲或从旧自治领廉价购买粮食进口的方法,同时还要给予英国农民以大量的补贴,这种方法显然是与六国为它们自己自然而然地所建立起来的制度不相容的。"①英国的传统农业政策与共同农业政策的价格支持政策大相径庭。戴高乐对英国能否放弃自己的传统和英联邦的特惠制,真正从经济上融入共同市场表示怀疑。

在列举了经济上的原因后,戴高乐又列举了政治上的原因。他认为,英国加入共同体之后,自由贸易区的其他国家也会加入,这样的共同市场与六国建立的共同市场将截然不同:

> 可以预料,参加的成员这样多、这样复杂的一个集团,其内部团结是不会维持长久的,而且最后终究将会出现一个依附美国并在美国领导下的庞大的大西洋共同体,而且它将很快地把欧洲共同体吞掉。
>
> 有些人看来,这可能是一个完全合理的假定,但是这决不是法国所希望做的,也不是它所做的。而法国的希望,法国在做的,是建设地道的欧洲。②

戴高乐的理由当然不止他在大庭广众之下所说的那些。在共同农业政策问题上,戴高乐不愿在该政策未制订完成前让英国加入。《罗马条约》规定实施一项共同农业政策,把共同市场扩大到农业和农产品贸易。但是,由于农业问题的复杂性和敏感性,《罗马条约》并没有规定共同农业政策的实施步骤和具体方案,这些工作留待条约生效两年后草拟。条约生效后,西德等国对共同农业政策的制订采取能拖就拖的办法,共同农业政策的制订一

---

① 国际关系研究所编译:《戴高乐言论集(1958年5月—1964年1月)》,世界知识出版社1964年版,第410页。
② 国际关系研究所编译:《戴高乐言论集(1958年5月—1964年1月)》,世界知识出版社1964年版,第411页。

波三折,进展缓慢。戴高乐很清楚农业和农业共同市场对于法国的重要性:"显然,农业在我们国家的整个活动中,是一个重要因素。我们不能设想有这样一个共同市场,法国农业在其中找不到适应它的生产的市场。而且我们认为在六国中,我们在这方面是具有最迫切需要的一个国家。"[①]英国国内农业部门早在1961年就明确表示,希望在共同农业政策还在制订的时候加入共同体,以便对共同农业政策施加影响。在共同农业政策未制订完成时让英国加入共同体,等于多增加一个共同农业政策的反对派,对法国迫切需要的共同农业政策是个很大的威胁,可能会影响到共同农业政策的形成。因此,法国并不希望英国在此时加入共同体。

农业方面的矛盾固然是法国拒绝英国的原因,但更重要的原因是政治上的。戴高乐欧洲政策的特点是,希望建立"各国的欧洲"和"欧洲人的欧洲"。"各国的欧洲"针对的是"超国家的欧洲"。"欧洲人的欧洲"则是针对美国的影响力和主导地位而说的。"各国的欧洲"与"欧洲人的欧洲"是相互关联的。戴高乐认为只有"各国的欧洲"才有可能成为"欧洲人的欧洲",而超国家的欧洲只能依附于美国。在1962年5月15日举行的记者招待会上,戴高乐公开指责超国家欧洲的拥护者是在替美国办事。

实际上,戴高乐的设想是建立以法德为核心、以法国为领导、排除美英影响的"欧洲人的欧洲",其根本目的是恢复法国在欧洲乃至世界的大国地位。而英国恰恰是可能把欧洲拖入美国主导的大西洋共同体中的力量。戴高乐不会忘记,在第二次世界大战中,丘吉尔曾经对他讲过一句名言:"您要知道,如果我必须在您和罗斯福之间作一选择时,我总是选择罗斯福的。您还要知道,当我必须在欧洲和大海之间做出选择时,我总是选择大海的。"[②]英国对美国的亲近感和对欧洲大陆的距离感使戴高乐怀疑英国加入共同体的诚意和效果。戴高乐认为,英国不可能成为一个真正的欧洲国家,在关键时候会毫不犹豫地牺牲欧洲的利益而为大西洋利益服务,导致最后出现一

[①] 国际关系研究所编译:《戴高乐言论集(1958年5月—1964年1月)》,世界知识出版社1964年版,第409页。

[②] [法]罗歇·马西普:《戴高乐与欧洲》,复旦大学世界历史系世界史组译,上海人民出版社1973年版,第50页。

个美国领导下的大西洋共同体。

事实上,戴高乐没有看错。麦克米伦首相并不打算使英国成为一个"欧洲国家"。他并不讳言英国人要坚持"大西洋联盟",坚持大西洋联盟是因为"欧洲不能够单独存在。它必须以平等的、体面的伙伴关系同自由世界的其余部分、英联邦以及美国合作"。①麦克米伦打算一进入共同市场,就着手把它变成西方防御的"第二支柱",并同美国合作,使之成为扩大的大西洋伙伴关系的一部分。②麦克米伦争取到了美国总统肯尼迪的支持。1962年,肯尼迪在费城的演说中提出重振大西洋联盟的"宏伟计划",建议在美国和欧洲经济之间建立公开的贸易联盟,成立一个大的自由贸易区。1962年8月,《贸易扩大法》在美国国会获得通过。这项法案建立在英国加入欧洲共同市场的假设基础上,美国希望英国加入共同市场,利用同英国的"特殊关系",实现自己重振大西洋联盟、领导大西洋联盟的设想。

在防务方面,肯尼迪提出建立北约"多边核力量",把英法等国的核力量控制在北约手中,也就是控制在美国的手中。1962年12月21日,美英在巴哈马群岛的拿骚举行会晤,就建立"多边核力量"计划达成协议。协议规定,美国向英国提供"北极星"导弹,并帮助英国建造配套的核潜艇和生产核弹头。英国要将这支核潜艇部队拨交北约,置于北约欧洲盟军最高司令部指挥之下,但是英国保留在国家的"最高民族利益"受到威胁时收回这些核力量,归自己支配的权利。肯尼迪写信告诉戴高乐将军,法国可以享有类似英国的安排,建议他购买"北极星"导弹。③但戴高乐认为这是美国控制英法核武器的手段,参加北约的多边力量将使法国无法拥有自己独立的打击力量。④戴高乐对英国十分失望:"英国把它仅有的一点原子力量交给了美国

---

① [英]哈罗德·麦克米伦著:《麦克米伦回忆录》第6卷《从政末期》,商务印书馆1980年版,第357页。
② [英]阿伦·斯克德、克里斯·库克著:《战后英国政治史》,王子珍、秦新民译,世界知识出版社1985年版,第149页。
③ 张锡昌、周剑卿:《战后法国外交史》,世界知识出版社1993年版,第161页。
④ [法]皮埃尔·热尔贝:《欧洲统一的历史与现实》,丁一凡等译,中国社会科学出版社1989年版,第272页。

人。它很可以把它交给欧洲。但它做了自己的抉择。"①他认为,拿骚协议证明英国在美国和欧洲之间选择了美国,而非欧洲。在拿骚会议前戴高乐就考虑阻止英国加入共同体,拿骚协议正好提供了这样一个借口。当时担任英国驻法国大使的皮尔森·狄克逊证实了这一点。②

由于戴高乐将军两次把英国挡在共同市场门外,威尔逊首相对英国加入共同体丧失了信心:"只要戴高乐将军还在爱丽舍宫,我们(英法)之间的关系将极难恢复。"③对此,戴高乐也不讳言:"英国有朝一日将加入共同市场,(但)毫无疑问那时我将不在位了。"④

1969年4月,戴高乐辞去法国总统职务,蓬皮杜当选为总统。当时西德实力明显增强,加上它推行"新东方政策"后,大大拓宽了对外关系,加强了在国际政治中的地位。这对法国是一个刺激,蓬皮杜决定同意吸收英国加入欧洲经济共同体,以平衡西德的势力。⑤另一方面,共同农业政策经过10年艰苦而漫长的制订过程,已经基本定型。1968年7月1日,欧共体六国取消了成员国间在大部分农产品上的贸易限制,制订了统一的价格,建立了共同的对外农产品关税壁垒,提前18个月实现了建成共同农业市场的目标。法国对英国有可能干扰共同农业政策的担心不复存在。1969年12月,法国总统蓬皮杜在欧洲经济共同体六国首脑会议上倡议扩大共同体,为英国加入共同体扫除了最大的障碍。

1970年6月,爱德华·希思领导的英国保守党上台执政后仅仅12天,即6月30日,希思政府同六国开始了谈判。1972年1月22日,英国、丹麦、爱尔兰和挪威在布鲁塞尔签署了加入欧洲经济共同体、欧洲原子能共同体和欧洲煤钢共同体的条约。1973年1月1日,条约正式生效。英国终于加

---

① 张锡昌、周剑卿:《战后法国外交史》,世界知识出版社1993年版,第207—208页。
② P. Dixon, *Double diploma: the life of Sir Pierson Dixon don and diplomat*, London: Hutchinson, 1968, pp. 299–300.
③ 《威尔逊及其对外主张》编译组:《威尔逊及其对外主张》,上海人民出版社1975年版,第267页。
④ D. W. Urwin, *A Political History of Western Europe since 1945* (5th ed.), London: Longman, 1997, p. 170.
⑤ R. Gildea, *France since 1945*, Oxford: Oxford University Press, 1996, p. 211.

入了欧共体,而这时离英国第一次提出申请已经10年有余。

回顾这段历史,可以看到,法英这两个大国在关系不好的时候,曾长期阻碍欧洲一体化的进程,使共同体的扩大延迟了10年之久;在关系好的时候,则推动欧洲一体化的进程。

三、法德合作与欧洲一体化的深化

1989年11月9日,柏林墙倒塌,曾经长期停滞的德国统一问题重新燃起了希望。此时,德国问题在两种意义上同欧洲一体化密切相关。其一是,如果德国统一,原民主德国将作为新德国的一部分进入欧洲一体化进程之中;其二是,欧洲一体化的深化,需要欧洲最大的国家——德国的支持。

影响法国对德国态度的有这样一个重要事实:德国如果重新统一,人口接近8000万,国民生产总值为1.4万亿美元,仅次于美国和日本,居世界第三位。以法国为首的欧共体国家自然会心生疑虑:统一后的德国会不会把欧洲变成德国的欧洲呢?德国还会继续忠实于欧洲一体化吗?法德两国还能成为一体化的轴心国家吗?英国也有多家媒体发表了评论。《每日快讯》说:"重新统一对德国人民而言已经不再是幻想,然而它对于德国之外的许许多多的人,不管是民主世界的也罢,共产党世界的也罢,还仍然是一场梦魇。"[①]

为了打消法国和其他成员国对统一后的德国所持的怀疑和害怕心理,西德总理科尔很坚决地表示,德国的统一和欧洲一体化不矛盾,而是互补、相辅相成的。而且,德国尤其要优先考虑与法国保持积极的关系,把法德友好关系作为德国欧洲政策的基础。1989年11月18日,法国总统密特朗邀请共同体所有成员国首脑在巴黎会晤。科尔在12国晚宴上"长时间地发挥他所捍卫的论点:德国统一和欧洲统一是不可分的"[②]。11月22日,科尔又

---

① [德]维尔纳·马泽尔:《联邦德国总理科尔传》,潘琪昌等译,东方出版社1991年版,第274页。
② [法]弗朗索瓦·密特朗著:《被死神打断的回忆——密特朗回忆录》,曾令保、沈忠民、樊赤译,中国书籍出版社1998年版,第249页。

在斯特拉斯堡欧洲议会重申,德国统一和欧洲一体化的过程必须紧密联系在一起。1990年12月19日,他仍然在说:"德国的房子——我们共同的房子——只能在欧洲的屋顶下建设。这是我们的政策目标。"①

德国虽然有了这样的表态,但是,法国是否能够理解德国,并且支持德国的统一,还需要在复杂的双边和多边关系中互相磨合。这种磨合最集中地表现在走向《欧洲联盟条约》(即《马斯特里赫特条约》,简称《马约》)的道路上。1992年2月签订的《马斯特里赫特条约》最重要的内容是达成了关于欧洲政治联盟和欧洲经济与货币联盟的协议。

1979年3月13日,在法国总统德斯坦和西德总理施密特的倡导和推动下,共同体九国建立了欧洲货币体系,使欧共体成为一个相对稳定的货币区,在走向经济和货币一体化道路上迈出了重要的一步。但是,欧洲货币体系也有消极影响:20世纪80年代,由于西德拥有欧洲最强大的经济和最稳定的货币,西德和其独立的联邦银行实际上获得了欧洲的货币主导权,法国对此十分愤怒。法国希望采用共同管理的欧洲货币,与西德分享货币主导权。因此,创建超国家的货币制度以实现对德国货币政策的控制就成为法国政府的中心任务。②

1988年6月,欧共体在汉诺威举行峰会,决定组织一个以德洛尔为主席的委员会,委员会由欧共体12国的中央银行行长组成,其任务是研究货币联盟的可能性。1989年4月,这个委员会公布了一个计划,即著名的"德洛尔计划"。计划规定经由三个阶段来实现完全的经济与货币联盟(EMU)。法国当然是坚决支持该计划的。在1989年6月举行的马德里欧洲理事会上,德洛尔计划得到了各国首脑的认可。

但是,西德联邦银行和财政部是反对货币联盟的,它们认为货币联盟会对联邦银行的权力造成威胁,因此主张把精力放在单一市场计划的完成和货币联盟的第一阶段上。在1989年12月8日召开的斯特拉斯堡峰会前几

---

① Pierre Gerbet, *La Construction de l'Europe*, Nouvelle édition révisée et mise à jour, Paris: Imprimerie Nationale, 1994, p.450.
② Pierre Gerbet, *La Construction de l'Europe*, Nouvelle édition révisée et mise à jour, Paris: Imprimerie Nationale, 1994, p.436.

天,科尔总理给密特朗总统写了一封信,不赞成就经济与货币联盟召集政府间会议设定一个固定的时间,而且他提议的经济与货币联盟的时间表比法国人的更慢。科尔还表示,德国赞成共同体的政治制度改革,尤其主张加强欧洲议会的权力,而这与法国的想法正好对立。科尔的信让法国政府很震惊,法国警告德国政府,两国关系处于危机之中。

在斯特拉斯堡峰会举行前几小时,法德之间终于达成了妥协。科尔同意了法国在1990年下半年就经济与货币联盟召开政府间会议的要求。法国也做出了让步,同意把会议推迟到12月2日的西德联邦选举之后。西德还获得了一个让步,即只要德国的统一是在欧洲一体化的环境下进行,将获得法国和其他成员国对单一德国国家的支持。法德关系破裂的风险被避免了。

尽管法德两国在斯特拉斯堡峰会上达成了妥协,但他们围绕德国统一问题的矛盾并没有就此消除。早在1989年7月,法国总统密特朗就对德国的统一表示了理解。但是,7月27日,密特朗在接受记者采访时强调,"统一只能'和平地、民主地'实现"。密特朗认为,为了捍卫和平,必须解决五大困难:德国承认奥得—尼斯河边界,而且立即由联邦德国承认;美国、英国、苏联和法国就移交权力给统一的德国达成协议;德国放弃核武器、生物武器和化学武器;德国继续归属于大西洋联盟;确认德国对欧洲共同体的承诺。① 1989年12月6日,密特朗访问苏联时在基辅发表讲话,警告德国不要强力推进统一,因为这样做会打破欧洲的政治均势,并对欧洲一体化产生负面影响。他指出,在德国统一之前就应该实现进一步的欧洲一体化。② 1989年12月19日,密特朗访问东德。密特朗在莱比锡重申了法国的警告,"德国人民在重新掌握自己命运的前夕,应该考虑到欧洲的均势","德国统一与欧洲统一应同步进行"。③西德认为这次访问是法国试图支撑一个正在迅速崩溃

---

① [法]弗朗索瓦·密特朗著:《被死神打断的回忆——密特朗回忆录》,曾令保、沈忠民、樊赤译,中国书籍出版社1998年版,第219页。
② "Mitterrand, in Kiev, Warns Bonn Not to Press Reunification Issue", *New York Times*, 1989-12-07, see M. J. Baun, "The Maastricht Treaty as High Politics: Germany, France, and European Integration", *Political Science Quarterly*, Vol. 110, No. 4 (Winter, 1995–1996), p.614.
③ [法]弗朗索瓦·密特朗著:《被死神打断的回忆——密特朗回忆录》,曾令保、沈忠民、樊赤译,中国书籍出版社1998年版,第273页。

的东德,并因此而推迟德国的统一进程。德国人还相信,1989年12月16日,密特朗在法属加勒比圣马丁岛上向美国总统布什肯定地表示过,对任何形式的德国统一,法国都积极主张向后推迟。①

1989年11月的最初9天,平均每天有9000个东德人绕道捷克斯洛伐克去西德,柏林墙已经形同虚设。② 1989年11月9日,柏林墙倒塌。此后三个月,平均每天仍然有2000个东德人去西德。③东德的政治、经济和社会秩序陷入混乱局面,领导人难以驾驭,不得不由反对德国统一转为同意德国统一。统一成为两个德国的共同选择。

1990年3月18日,民主德国举行全民选举。德国联盟是在科尔的鼓动下,由三个党派即基督教民主联盟、德国社会联盟和"民主觉醒"三个党派联合组成。它是联邦德国执政的基民盟和基社盟的姊妹党,是社会民主党的主要竞争对手。德国联盟主张民主德国以州建制加入联邦德国。而社会民主党是联邦德国社会民主党的姊妹党,主张两个德国平等地通过公民投票来实现德国统一。④联邦德国各政党都全力以赴支援民主德国的姊妹党。科尔更以提供几十亿马克的援助等优厚条件来支持德国联盟。在基民盟的强力支持下,德国联盟获得了3月18日选举的胜利,并与自由民主联盟联合组阁,为科尔按其设想推动德国统一扫除了政治上的障碍。

法国看到德国的统一已经不可避免,终于十分明智地不再节外生枝了。法国外交部长罗兰·杜马发表声明,敦促波恩吸收东德,尽快完成统一进程,以便波恩再一次把注意力转移到共同体事务中来。

法德的合作推动了欧洲共同体的快速发展。1990年4月19日,经过数周的秘密讨价还价之后,科尔和密特朗给欧洲理事会的主席寄去了一封联名信。在信中他们不仅提议加速货币联盟的步伐,而且主动提出了建立一

---

① [德]维尔纳·马泽尔:《联邦德国总理科尔传》,潘琪昌等译,东方出版社1991年版,第287页。
② [英]玛丽·弗尔布鲁克著:《德国史:1918—2008:第三版》,卿文辉译,上海人民出版社2011年版,第292页。
③ [英]玛丽·弗尔布鲁克著:《德国史:1918—2008:第三版》,卿文辉译,上海人民出版社2011年版,第294页。
④ 朱忠武:《联邦德国总理科尔》,四川人民出版社1997年版,第226—227页。

个政治联盟的新倡议。①联名信建议在货币联盟的政府间会议之外,再为政治联盟召开一个政府间会议。

1990年4月28日,在都柏林举行的欧洲理事会特别会议通过了经济与货币联盟谈判的时间表。1990年6月25—26日,在都柏林举行共同体常规峰会,各国首脑们正式同意就政治联盟召开政府间会议,并且宣布经济与货币联盟和政治联盟的谈判都将于12月中旬开始。

启动经济与货币联盟和政治联盟两个平行的政府间会议是法国和其他成员国的显著成就。他们一直急切地希望德国能对经济与货币联盟作出承诺,现在终于获得了成功。1990年10月27—28日,共同体的罗马特别峰会决定,经济与货币联盟的第二阶段应该从1994年1月1日开始,内容主要包括完成1992年单一市场计划,并成立一个欧洲货币机构。第三阶段将在第二阶段启动后的3年内开始,届时将使各国的中央银行独立,并对成员国的财政政策加以限制。虽然仍有许多问题没有解决,但是关于经济与货币联盟的大致轮廓和时间表都有了。② 1990年12月7日,科尔和密特朗提出了一个联合议案,为政治联盟的谈判设定了轨道,其中心是发展共同外交与安全政策,并推动共同防务。此外,议案还倡导在国内安全与警务问题上加强政府间合作。国内安全与警务是德国政府提出的创意,并得到了法国的支持。③ 这个联合议案对法国和德国政府来讲,意义十分重要,它表明法德两国在经历了德国统一的检验后,又一次成为了欧洲一体化的主动力。

1992年2月7日,在荷兰城市马斯特里赫特举行的欧共体峰会上,《欧洲联盟条约》正式签订(故称《马斯特里赫特条约》)。1993年11月1日,《马斯特里赫特条约》正式生效。

---

① Pierre Gerbet, *La Construction de l'Europe*, Nouvelle édition révisée et mise à jour, p. 450.
② D. Buchan and J. Wyles, "Thatcher Left Trailing as a Summit Fixes EMU Date", *Financial Times*, 1990 – 10 – 29, p. 1, see M. J. Baun , "The Maastricht Treaty as High Politics: Germany, France, and European Integration", *Political Science Quarterly*, Vol. 110, No. 4 (Winter, 1995 – 1996), pp. 618.
③ G. Saunier, "La négociation de Maastricht vue de Paris", *Journal of European Integration History*, Vol. 19, No. 1, 2013, pp. 45 – 65. (G. Saunier, "The Negotiation of Maastricht from the Perspective of Paris", *Journal of European Integration History*, Vol. 19, No. 1, 2013, p. 58.)

《马约》确定了欧洲联盟的柱形结构:第一支柱为原有的三个共同体;第二支柱为共同外交与安全政策;第三支柱为加强内政与司法事务的合作。条约把欧洲经济共同体更名为欧洲共同体,成为欧洲联盟的主要组成部分。在第一支柱中,条约还设立欧洲联盟公民资格,详细规定了实现经济和货币联盟的日程表。《马约》对共同体的机构和决策程序进行了修改,扩大了欧洲法院和欧洲议会的权力,以及部长理事会中特定多数表决制的适用范围。第二支柱是建立共同外交与防务政策。成员国同意通过西欧联盟来实行共同的防务政策,采取共同行动时要求全体一致同意。第三支柱是针对欧盟国家在移民、打击跨国犯罪等方面面临的问题,开展内政和司法方面的合作。第二支柱和第三支柱都采用政府间合作的方式。《马约》标志着欧洲经济一体化和政治一体化都取得了重大进展,是欧洲一体化进程中具有里程碑意义的条约。

可以看出,20世纪80年代末90年代初,在东欧剧变和德国统一的背景下,法德两国彼此妥协和合作对1992年《马斯特里赫特条约》的签订和欧洲一体化的深化起到了至关重要的作用。

结语

综上所述,在欧洲一体化的进程中,法国、德国、英国这三个大国之间的关系发挥了非常重要的作用:关系好则进程快,关系不好则进程慢。反过来,一体化进程又深刻影响了法德英三国关系。这对现在与未来其他地区的一体化或者多边合作具有重要启示:一体化区域内的大国,往往是决定该区域政治经济格局的关键因素,因此,大国之间的关系是一体化大厦的基础和梁柱,一体化发展的龙头;大国之间求同存异,追求最长远、最根本的利益,共同推动合作进程,是明智的选择;面对国际形势的变化,利益格局的变化,大国不能因循僵化,而是要根据需要及时调整政策;一体化是构建和平合作的大国关系的有效途径之一。

(原载《浙江大学学报(人文社会科学版)》2015年第5期)

专 题 史

日本《华夷通商考》及其增补本中的海上贸易

李文明

【提要】1695年的日本文献《华夷通商考》及其1708年的增补本详细记录了17世纪日本的海上贸易。该文献记述了当时中国,特别是其他文献较少记载的中国内陆地区与日本的贸易情况,还记述了海上丝绸之路沿线国家与日本贸易的主要商品。该文献问世之时,正是欧洲商人抵达日本,而日本又开始闭关锁国的时期,因此可以认为《华夷通商考》及增补本既是对日本参与传统亚洲海上贸易的总结之作,也是记录日本参与世界贸易体系的开篇之作,具有重要的文献价值。

【关键词】江户时期　华夷通商考　亚洲海上贸易　近代世界商路

有关日本海上贸易,中国古代文献记载很少。正史或方志中多以数语在"倭传""日本传"或"市舶"中言及中日贸易,几无涉及日本与其他国家、地区的古代贸易,对中国内陆商人前往日本贸易的记载更是少之又少。1695年西川如见编撰的《华夷通商考》在日本第一次系统记载了日本与中国、东南亚、南亚、西欧的主要航路里程,几乎包括完整的17世纪东西方贸易商路。1708年西川如见编撰《增补华夷通商考》又进行了大量增补。过去日本学界多将《华夷通商考》及其增补本作为"江户时期日本出版的最早介绍西洋地理的地志"进行研究,其研究多为版本与底本的文献学考证或地理学史的考察。[①] 虽然松浦章的《清代帆船与江户日本的航路》在研究中日间海

---

① 谷地彩:「西川如見と『職方外紀』:『増補華夷通商考』を中心に」,『上智大学文化交渉学研究』2018年第6号。

上航路时,言及《华夷通商考》及其增补本[①],但总体而言,海上贸易史的研究对这部文献的重视尚显不足。本文从《华夷通商考》及其增补本的文本出发,从日本与中国的贸易、日本与亚洲其他地区的贸易、日本与荷兰的贸易三个方面挖掘《华夷通商考》及其增补本的史料价值。

一、《华夷通商考》及其增补本成书的时代背景

1695年(日本元禄八年),西川如见(1648－1724年)在日本京都洛阳书林出版《华夷通商考》。该书分为上下两卷,共两册,上卷为"中华十五省之说",下卷包含"外国"与"外夷"两篇。"外国"篇讲述了"朝鲜、琉球、东京、交趾"等国家和地区,"外夷"篇讲述了"占城、柬埔寨、太泥、六甲、暹罗、咬溜吧、爪哇、番旦、母罗伽、阿兰陀"等国家和地区。"东京""交趾""占城"等为当时日本对越南及其重要地区的称谓,"柬埔寨""太泥""六甲""暹罗""咬溜吧""爪哇""番旦"指的是柬埔寨、泰国、印尼一带的东南亚国家或地区,"母罗伽"为莫卧儿帝国的印度,"阿兰陀"为荷兰。《华夷通商考》所述国家与地区几乎都是当时与日本有贸易往来的地方。1708年(日本宝永五年),西川如见在京都出版五卷五册本的《增补华夷通商考》,除对《华夷通商考》原有内容加以丰富外,又在第四、第五卷中增加了部分欧洲、美洲、亚洲内陆国家和地区。增补本中有关美洲的记述使《增补华夷通商考》成为日本第一部述及南美洲的书籍。[②] 但《华夷通商考》及其增补本并非纯粹的地理书籍。《增补华夷通商考》序文开篇便论述"华夷通商可谓能获利焉",而"方物药产典籍珍器,异品胜帛,每岁赉至,如所谓聚宝盆相依百千货。东隅西陬、都鄙遐迩,亦莫咸不相济用"[③]。可见,《华夷通商考》和《增补华夷通商考》是为海上贸易之便而编撰的"轩輶之书"[④]。书中对外国商人往返日本的频率、

① 松浦章:「清代帆船の江戸日本への航路:日本書に依拠して」、『関西大学文学論集』2017年第67号。

② 岡田俊裕:『日本地理学人物事典〔近世編〕』、原書房2011年版、第47页。

③ 西川如見:『増補華夷通商考』,京都:洛陽甘節堂、1708年、序文。

④ 西川如見:『増補華夷通商考』,京都:洛陽甘節堂、1708年、序文。

海上商路沿线地区的物产、输入日本的商品种类等都有较为详细的记录，甚至对各地商船特征也多有描绘。

据细川润次郎在《西川如见传》中的记述，西川如见家族在日本战国末期由武士转为商人，自其祖父西川忠政（1601—1669）之代定居长崎，西川忠政多次出海贸易，最远曾到达吕宋、柬埔寨等地。[①] 西川如见在《华夷通商考》及其增补本中的部分记述可能直接来自其祖父的渡海见闻。据谷地彩的研究，西川如见曾师从儒学者南部草寿，南部草寿在"宽文八年奉长崎奉行之招，圣堂（孔子庙）祭酒"，西川如见也因此得到接触"唐船书物"的机会。也有学者认为西川如见还曾师从小林义信学习葡萄牙人传来的天文历学。另外，西川如见本人也担任过长崎的"通辞"（翻译）。[②] 西川如见生活时代的长崎是日本唯一的通商口岸。依幕府禁令，中国、东南亚、荷兰、英国的商人与水手，凡至日本皆汇集长崎。[③] 所有输入日本的商品都集中于长崎，其中包括涉及中国及荷兰的航海、地理方面的书籍。在"锁国"背景下，长崎成为当时日本汇集海外信息量最多、最直接的港口。因此，海商的家庭背景、长崎特殊的地域背景都为西川如见编撰《华夷通商考》及其增补本创造了有利条件。

《华夷通商考》及其增补本问世之时，正值近代世界规模的"大航海"时代。1543年，一艘葡萄牙帆船因暴风雨漂流到日本种子岛，日本自此汇入大航海的时代浪潮。[④] 1618年，池田好运据自身航海记录写成日本第一部有精确航线记载的《元和航海记》，而该书作者曾向葡萄牙水手学习过航海技术。[⑤] 17世纪时，西方传教士在中国编撰的书籍通过中日海上贸易传入了日本。据鲇泽信太郎考证，西川如见的《华夷通商考》及其增补本中大量地理内容引自传教士艾儒略的《职方外纪》（明天启三年，1623年）。尤其是《增

[①] 谷地彩：「西川如見と『職方外紀』:『増補華夷通商考』を中心に」、『上智大学文化交渉学研究』2018年第6号。
[②] 谷地彩：「西川如見と『職方外紀』:『増補華夷通商考』を中心に」、『上智大学文化交渉学研究』2018年第6号。
[③] 赵德宇：《日本"江户锁国论"质疑》，《南开学报》2001年第4期。
[④] 大槻如電原：『日本洋学編年史』、錦正社1964年版、第2頁。
[⑤] 開国百年記念文化事業会編：『鎖国時代日本人の海外知識』、原書房1980年版、第14頁。

补华夷通商考》中涉及西欧(除荷兰)、美洲的地理认识几乎均来自《职方外纪》。① 但与《职方外纪》有着本质不同的是，《华夷通商考》是一部贸易书，全书内容以海上贸易为主。很显然，当时中国、东南亚、欧洲商船上的日本商人、水手所带来的航海知识、贸易见闻以及日本商人出海的见闻与记录都为西川如见编撰《华夷通商考》提供了素材。西川如见祖父是曾前往东南亚的商人，而西川如见曾居住在中国商人聚居的长崎"唐人屋敷"地区。② 因此他在《华夷通商考》《增补华夷通商考》中有关海上贸易的记述一定程度上可以反映当时长崎商人对海外贸易的一般认识。

《华夷通商考》及增补本虽未言及书中记述事项的具体年代，但多次提及明清易代、日本禁教、荷兰殖民马六甲等历史事件，故可推断其所述内容就是17世纪日本与海外通商的情况。

二、有关中日贸易记述的文献价值

《华夷通商考》的上卷，《增补华夷通商考》的前两卷都是有关中日贸易的记述。其有关中日贸易的文献价值主要有三个方面：一是对中国内陆地区商人前往长崎贸易的记述，二是对中国沿海港口距长崎航海里程、方位的系统记述，三是对中国各省输往日本商品类目的记述。

长期以来，明清时期中日贸易的研究重点多放在闽、浙、粤等东南沿海地区。然而《华夷通商考》《增补华夷通商考》的记述显示，北京、山西、陕西、河南、湖广、江西、云南、贵州、四川等地也有商人前往长崎贸易。③ 各省哪些府、州、卫、司有商人前往长崎，他们从何处出海，在《华夷通商考》及其增补本中有着明晰的记载。譬如，"北京"的"顺天府、保定府、顺德府、广平府、大

---

① 鮎沢信太郎：『鎖国時代の世界地理学』、原書房1980年版、第2—5頁。
② 谷地彩：「西川如見と『職方外紀』:『増補華夷通商考』を中心に」、『上智大学文化交渉学研究』2018年第6号。
③ 引文中"北京"指明代北直隶，今河北省一带。《华夷通商考》与《增补华夷通商考》沿用中国明代的行政区划及地名，叙述顺序上先述"南京""北京"两京，后述其余十三省。"南京""北京"分别指南直隶(今苏皖沪一带)、北直隶(今京津冀一带)，而南京城、北京城则以"应天府""顺天府"称谓。

名府、永平府、河涧府、保安府、延庆州、真定府、万全指挥司"有"商人来日本",他们"携土产自南京出海来长崎"。① 山西的"太原府、平阳府、大同府、潞安府、汾州府、辽州府、沁州府、泽州府"的商人"由南京船来"。② 甚至云南的"云南府、大理府、楚雄府、征江府、临安府、蒙化府、广南府、广西府、景东府、镇沅府、永宁府、顺宁府、孟定府、孟良府、北胜州、新化州、威远州、镇康州、大侯州、湾甸州、鹤庆军民府、武定军民、曲靖军民、寻甸军民、丽江军民、永昌军民、元江军民……干崖宣抚司、陇川宣抚司、姚安军民府"也有商人"由广东、漳州、福州乘船来日本"。③ 陕西商人由"南京、浙江、福州"前往日本,河南商人多乘"南京船"前往长崎,湖广、江西商人"由南京、福州之船来长崎",贵州商人"由广东、福建之船来长崎",四川商人"由福州、浙江、广东之舟来长崎"。④ 内陆商人之所以前往日本贸易,主要是因为各地有不同的特产商品。以云南为例,蒙化、姚安虽然偏远,但其"所出麝香乃中华第一上好"⑤。而丽江、孟养的琥珀、澜沧的鹿茸、大理的玛瑙、花纹石(大理石)、丽江的滑石、镇沅的孔雀等也多为当地所特有的商品。

《华夷通商考》及其增补本对中国沿海省份与日本贸易的记述更为详细。以《华夷通商考》《增补华夷通商考》开篇所述的"南京"(明代南直隶)为例,其距离"日本海上三百四十里"。⑥ "方角当日本九州之正西。自南京至北京,陆地凡四十日程有之,或又以河舟往来。今来长崎之所云南京船,乃直乘此河舟而来也。故舟之型,底平长也。自何方吹风皆安乘无妨。故来日本之船四季共有之。"⑦从该段记述还可知,当时南直隶前往日本的商船与运河河舟的结构、形态相同,南直隶商人是"直乘此河舟"前往日本的。南直隶中,有的府、县"有船来长崎",有的"少少船来有之",有的则是"虽云无

---

① 西川如见:『増補華夷通商考』京都:洛陽甘節堂、1708年、卷一、第10丁。
② 西川如见:『増補華夷通商考』京都:洛陽甘節堂、1708年、卷一、第14丁。
③ 西川如见:『増補華夷通商考』京都:洛陽甘節堂、1708年、卷一、第18丁。
④ 西川如见:『増補華夷通商考』京都:洛陽甘節堂、1708年、卷一、第16、18、19、22丁,卷二、第21、23丁。
⑤ 西川如见:『増補華夷通商考』京都:洛陽甘節堂、1708年、卷二、第19丁。
⑥ 《增补华夷通商考》所用的"里"为日本里,该书序文中有"海上道规,日本三十六町之积以一里记之"。日本里大约相当于3.924公里。
⑦ 西川如见:『増補華夷通商考』京都:洛陽甘節堂、1708年、卷一、第3丁。

船来之事,然商人来长崎"。对有船前往日本的沿海府县,《华夷通商考》《增补华夷通商考》中记述了这些府县与长崎的航海里程。以南直隶为例,苏州府"自日本海上三百里";松江府"由应天府凡四十里,亦以河舟往来,自日本海上三百里";扬州府"自日本海上三百二十里";常州府"自日本海上三百里";崇明县"南京河口之岛也,自日本海上同前";淮安府"自日本海上三百五十里";镇江府"自日本海上三百里";应天府"南京之城下(省府)也。至海边虽有间隔,然有大河连续,故大船往来不绝,其间四日路程有之,自日本海上三百四十里"。① 可见,南直隶中前往长崎的不仅有应天府以及苏、松、常、镇等江南各府商船,也有江北扬州、淮安的商船。南直隶外,"两京十三省"中有商船前往长崎港口的还有:浙江的宁波、台州、温州、杭州、舟山、普陀山,福建的福州、泉州、厦门、乌圬、沙里、漳州、安海,广东的广州、潮州、碣石卫、惠州、雷州、琼州、海南、高州,山东的登州等。与内陆省份相比,南直隶出口日本的商品多为手工业品。如,应天府输入日本的商品有"书籍、丝线、书翰纸、扇子、金箔、银箔、线香、针、栉篦、白袋、造花、铸物道具、涂物道具、芡实、紫金锭、蜡药、琥珀丸、清心丸、益母丸、苏香丸、胀子人形(人偶)、角细工物(牛角制品)、缝物、新古字画"等;苏州府输往长崎的货物多为丝织品,如绫子、纱绫、绸纱、绫袜、罗、䌷、云绡、里绡、绢等;此外,徽州的墨、砚石,宁国的笔,广德的土烧茶瓶、土烧物瓷器,庐州、池州、松江的茶等,也是南直隶输入日本的主要商品。② 沿海地区之中,山东输入日本的商品主要为牛黄、人参(辽东)、阿胶、枸杞子、枣子、五味子(辽东)等名贵药材以及济南的黄丝、东昌的瓷器等手工业品;浙江、福建、广东以丝棉织物、笔墨纸砚、茶叶、药材以及手工业品、字画、工艺品为主。其中浙江"犹多与南京土产相同",福建商人"自南京、浙江交易持来物亦多,故南京船、福州舟之荷物共同也",福建商船中"山西、陕西、河南等土产持渡物亦多",而广东的"丝织物、药种乃中华第一多"。③

---

① 西川如見:『增補華夷通商考』京都:洛陽甘節堂、1708 年、卷一、第 5—7 丁。
② 西川如見:『增補華夷通商考』京都:洛陽甘節堂、1708 年、卷一、第 7—9 丁。
③ 西川如見:『增補華夷通商考』京都:洛陽甘節堂、1708 年、卷二、第 4、10、14 丁。

三、有关日本与亚洲其他地区海上贸易的记述

据《增补华夷通商考》卷三记述，日本商人前往朝鲜釜山浦进行日朝贸易，并在此设有"日本馆"，长崎至釜山浦的海上距离为九十二日本里。而朝鲜商人常在朝日之间的对马岛贸易，对马与釜山浦的距离为四十八日本里。① 釜山浦的日本商人从朝鲜买进"人参、药种、木棉、油、毛毡、油布、油纸、牛黄、笔、墨、扇、瓷器"等"土产"。朝鲜商人在对马进行"鹤、鸭、鳕、米"等商品的交易。② 此外，朝鲜"都府至北京有陆路，往来不绝"，因此日本商人亦会从朝鲜间接买进"唐之土产"。③ 也就是说，中日之间商品贸易除中国东南沿海港口与日本长崎的直接商路外，还有一条"北京—汉城—釜山浦—长崎"的贸易路线。琉球与日本的贸易，主要在琉球商人与日本萨摩地区商人间进行。《增补华夷通商考》卷三记述："此国……萨摩往来有之也。海上自萨摩一二百余里。"④琉球与日本贸易的主要商品为"木棉、芭蕉布、黑砂糖、火酒、药种、蘭莚、竹器、骨柳、布、涂物道具、土烧物、米"⑤。除土特产外，琉球人输往日本的货物还有"其与福州交易之物"⑥。可知，"福州—琉球—萨摩"也是中国商品间接输入日本的商路。

东南亚地区中，交趾（越南）、暹罗（泰国）、柬埔寨与日本有过直接的海上贸易往来。交趾船"以五月以后之南风来长崎"，其距离"自日本海上千四百里，唐之西南方"。⑦ 暹罗商船由国王派出，"每年大船二三艘到来"，其"自日本海上二千四百里，柬埔寨之西北，唐土之西南方"。⑧ 相比之下，柬埔寨赴日商船较为"稀少"。⑨《增补华夷通商考》对幕府锁国之前，日本京都、

---

① 西川如见:『増補華夷通商考』京都：洛陽甘節堂、1708年、卷三、第3-4丁。
② 西川如见:『増補華夷通商考』京都：洛陽甘節堂、1708年、卷三、第4丁。
③ 西川如见:『増補華夷通商考』京都：洛陽甘節堂、1708年、卷三、第3-4丁。
④ 西川如见:『増補華夷通商考』京都：洛陽甘節堂、1708年、卷三、第5丁。
⑤ 西川如见:『増補華夷通商考』京都：洛陽甘節堂、1708年、卷三、第5-6丁。
⑥ 西川如见:『増補華夷通商考』京都：洛陽甘節堂、1708年、卷三、第6丁。
⑦ 西川如见:『増補華夷通商考』京都：洛陽甘節堂、1708年、卷三、第10-11丁。
⑧ 西川如见:『増補華夷通商考』京都：洛陽甘節堂、1708年、卷三、第21丁。
⑨ 西川如见:『増補華夷通商考』京都：洛陽甘節堂、1708年、卷三、第18、26丁。

堺、长崎的商船频繁前往交趾、柬埔寨、暹罗贸易的情况也进行了记述。① 该书还有关于暹罗、交趾日本侨民的记录，侨居交趾的日本人甚至还形成了一个"日本町"。② 当时交趾、暹罗、柬埔寨三国输往日本的商品中，除交趾有"黄丝、纱、罗、王绢、丝头、丝线、柳条布、乌绫"，暹罗有"花毛毯、花布"等纺织品外，其余商品多为当地特有物产，如乳香、胡椒、牛角、象牙、攀枝花、蛇皮等。③ 学界一般认为，锁国之前的日本与东南亚的贸易是较为繁盛的④，而这一点，从《增补华夷通商考》中也可以得到佐证。

据《增补华夷通商考》，在日本与东南亚的贸易中，中国商人扮演了重要的角色。如福州、漳州等地有专门从事交趾与日本间贸易的商船，这些商船甚至自称为"交趾船"，"唐人于此国（交趾）亦多居住。又福州、漳州之商船，行至此国，调达诸色来日本，自云交趾船也"。⑤ 而暹罗"国主之船……船头役者乃此国居住之唐人也"⑥。柬埔寨"人来日本之事稀也。唐人至此国，调诸物装船来也"⑦。在东南亚的爪哇（印尼）、麻六甲（马来西亚）一带，虽"无遣船来日本之事"，但通过中国商人与商船，爪哇的"苏木、椰子、龙脑、沉香、丁子、胡椒、槟榔子、紫檀、藤、藤席、砂糖"，麻六甲的"象牙、犀角、锡、鲛、燕窝、胡椒、朱、玳瑁"等商品仍可输入日本。⑧ 而"咬留吧"（雅加达）当地人有时也会搭乘中国商船前往日本长崎。⑨

从《华夷通商考》《增补华夷通商考》的记述可见，在日本与亚洲其他国家（地区）的贸易中，都有中国元素参与其中。在东亚地区，中国商品经由朝鲜、琉球与日本的贸易商路输入日本；而在东南亚地区，中国商人、水手则直接参与了日本与该地区的海上贸易。

---

① 西川如見：『増補華夷通商考』京都：洛陽甘節堂、1708 年、卷三、第 18 丁。
② 西川如見：『増補華夷通商考』京都：洛陽甘節堂、1708 年、卷三、第 12、23 丁。
③ 西川如見：『増補華夷通商考』京都：洛陽甘節堂、1708 年、卷三、第 12—13、18—19、23—24 丁。
④ 李德霞：《日本朱印船在东南亚的贸易》，《东南亚南亚研究》2010 年第 4 期。
⑤ 西川如見：『増補華夷通商考』京都：洛陽甘節堂、1708 年、卷三、第 12 丁。
⑥ 西川如見：『増補華夷通商考』京都：洛陽甘節堂、1708 年、卷三、第 21 丁。
⑦ 西川如見：『増補華夷通商考』京都：洛陽甘節堂、1708 年、卷三、第 18 丁。
⑧ 西川如見：『増補華夷通商考』京都：洛陽甘節堂、1708 年、卷三、第 25、31 丁。
⑨ 西川如見：『増補華夷通商考』京都：洛陽甘節堂、1708 年、卷三、第 28 丁。

四、有关日本与荷兰海上贸易的记述

17世纪中期,日本禁止葡萄牙、西班牙等天主教国家的商人、商船进入,荷兰获得定期停泊长崎从事贸易的许可。① 荷兰商人在"长崎构一馆以作住所,每年八月、九月商卖时分得出入之免许也",荷兰商人甚至还定期至"江府参勤"。②

17世纪的荷兰商船在世界范围内航海,其商人"乘船延回大海之上乃第一擅长之事也",荷兰商船运至日本的商品"非仅荷兰国之土产,往来之诸国所出土产亦尤多也"③。东南亚、南亚、非洲、欧洲,甚至美洲的商品都被荷兰商船带到日本长崎。可以说,经由荷兰商船,日本汇入了近代世界贸易网之中。④ 据《增补华夷通商考》记述,苏门答腊的"猴枣、胡椒、金子、佳文席、藤、硫磺、鳖甲、丁子、沉香",锡兰的"肉桂、象牙、槟榔、水牛角、水牛皮、珍珠、海椰子、水昌、金刚石、猫睛石",巴丹的"沉香、丁子、胡椒、白檀、肉豆蔻、烟草",孟加拉的"黄丝、金巾、金入织物、缝蒲团、丝织物、沙糖、丹土、硼砂、阿仙药、牛黄、麝香、阿片、天蚕丝",帝汶的"丁子、胡椒、白檀、沉香、烟草",马达加斯加的"黑檀、鸟兽、象牙、琥珀",肯尼亚的"砂糖、象牙、金子",波斯的"波斯丝、波斯革、乳香、甘草、苏香油、巴旦杏、葡萄酒、干葡萄、花之水、酒、金入织物、丝织物、花毛毯、马、羊",巴西的"砂糖、生姜、烟草、黑檀、材木、绘具、鸟类",西班牙的"船纲、麻苎、船碇、材木、石火矢、铜、铁",丹麦的"船纲、碇、材木、麻苎、石火矢、铜、铁",挪威的"帆柱、材木、铁、铜、刃",德意志的"毛织物、木棉织物、金、银、五谷、水昌玉、水银、郁金、酒、药种、畜类之皮",波兰的"琥珀、五谷、畜类之皮",俄罗斯(莫斯科公国)的"琥珀、珊瑚树、香铺之银、五谷、畜类之皮、巾著革",格林兰的"鲸油"等经由荷兰商船输入日

---

① 陈奉林:《东方外交与古代西太平洋贸易网的兴衰》,《世界历史》2012年第6期。
② 西川如见:『增補華夷通商考』京都:洛陽甘節堂、1708年、卷四、第3—4丁。
③ 西川如见:『增補華夷通商考』京都:洛陽甘節堂、1708年、卷四、第3—6丁。
④ 岸本美绪:『アジアの「近代」』、岩波書店、1999年、第15頁。

本。① 荷兰商船还给日本带来了荷兰出版的"升降图、星图、世界图、加留太图"等航海通商地图,以及"鼻眼镜、远眼镜、虫眼镜、数眼镜、五色眼镜、万力(杠杆滑轮原理的起重机)、磁针石"等航海工具,还有"外科道具""油药""痰药"等医药品。② 荷兰人转卖至日本的商品中,既有东南亚的苏门答腊、帝汶,南亚的锡兰,西亚的波斯,也有欧洲的西班牙、德意志、波兰,甚至还有美洲的巴西、非洲的马达加斯加等国家(地区)的物产。

欧洲商人在进入亚洲贸易网时,也有利用原有贸易网络的特征。③ 如《增补华夷通商考》"东京"(越南北部)条目记述"阿兰陀人亦往商贸也"④,"暹罗"条目记述"唐人、阿兰陀人皆往办诸物,积来日本"。⑤ 但在殖民地,荷兰人则排挤原来的亚洲商人,《增补华夷通商考》卷四"阿兰陀"(荷兰)条目记述,"此国主遣商船至诸方,本国在远方,故于咬留吧置代官"。⑥ "咬留吧"即今印尼雅加达一带,"代官"指殖民总督。《增补华夷通商考》卷三"咬留吧"(雅加达)条目又有:"咬留吧……自日本海上三千四百里,自南天竺亦遥远之南岛也。一国总名云爪哇。咬留吧其国之都也。阿兰陀人以地子借其地构城郭居住,遣商船至日本、其外之国。虽云阿兰陀国主在其本国,以诸方遥远。故置此国代官。下知诸国商船……此国近年皆从阿兰陀之下知。唐人行至此国之商船亦受阿兰陀免许。"⑦ 从这段记述可知,中国商船只有得到荷兰许可才可以进入其殖民地从事贸易。

荷兰商人在与日本贸易过程中,将非洲、美洲、欧洲的商品带到了日本。可以认为此时的日本已经开始汇入近代世界贸易体系之中,而《增补华夷通商考》正是这一历史转变过程的文献印证。

---

① 西川如見:『增補華夷通商考』京都:洛陽甘節堂、1708 年、卷四、第 7 – 22 丁。
② 西川如見:『增補華夷通商考』京都:洛陽甘節堂、1708 年、卷四、第 4 – 6 丁。
③ 岸本美緒:『アジアの「近代」』、岩波書店、1999 年、第 15 頁。
④ 西川如見:『增補華夷通商考』京都:洛陽甘節堂、1708 年、卷三、第 14 丁。
⑤ 西川如見:『增補華夷通商考』京都:洛陽甘節堂、1708 年、卷三、第 21 丁。
⑥ 西川如見:『增補華夷通商考』京都:洛陽甘節堂、1708 年、卷四、第 1 丁。
⑦ 西川如見:『增補華夷通商考』京都:洛陽甘節堂、1708 年、卷三、第 27 丁。

五、结语

《华夷通商考》《增补华夷通商考》从日本人的视角记述了17世纪海上丝绸之路上的商品贸易,具有重要的文献价值。在中日海上贸易方面,《华夷通商考》及增补本对中国内陆商人直接前往日本贸易、中国沿海港口距长崎航海里程都有系统记述,这是其他同时期文献中所少有的。在日本与东南亚地区贸易方面,《华夷通商考》及增补本记述了日本与当地商人的直接贸易,同时还记述了华商的重要作用。在日本与荷兰贸易方面,《华夷通商考》及增补本对荷兰商船从欧洲、非洲、美洲转贩至日本的商品进行了较为系统的记录。过去日本学术界多将《华夷通商考》及增补本作为世界地理书研究,本文通过文本分析认为,《华夷通商考》及增补本在海上贸易史方面的史料价值也应为学界重视。

鸦片战争后日本知识分子的世界认识
——以《坤舆图识》《坤舆图识补》为例

李文明

【提要】德川幕府建立初期便开始实施较为严格的"锁国"政策。鸦片战争前,仅有少数处理外交通商事务的幕府高官及御用文人掌握一些较新的海外知识,日本人整体上的海外认识是较为匮乏的。直到鸦片战争的消息传到日本后,日本普通知识分子才开始寻求最新的海外知识。1845—1846年,箕作省吾根据荷兰人的世界地理书编撰、出版了五卷本的《坤舆图识》和四卷本的《坤舆图识补》,给当时的日本知识分子带去了较为丰富的世界地理知识。

【关键词】鸦片战争 《采览异言》 《坤舆图识》

鸦片战争是近代中国开始沦为半殖民地半封建社会的标志,消息传入日本后,也给日本知识分子带来了极大的心理冲击。① 当时日本知识分子心目中的"'圣贤之国'的中国败北于'夷狄'的极具冲击性的事实极大地动摇了(日本人一直以来)怀有的中国观与西洋观"②。

国内学术界一直十分重视研究鸦片战争对日本人"中国观"的变化所产生的影响,成果也十分丰富。同时,国内也有不少研究将视点投注当时日本人"西洋认识""世界认识"的变化。这类研究主要分为两类,一类是有关《海国图志》影响日本的研究。这类研究在国内起步较早,有较为深厚的学

---

① 王晓秋:《鸦片战争在日本的反响》,《近代史研究》1986 年第 3 期。
② 植手通有:「幕末における对外观の転回」。『日本近代思想の形成』、岩波书店、1974 年。

术积累,较具代表性的研究如王晓秋的《鸦片战争对日本的影响》。① 另一类是有关"风说书"的研究。"风说书"是德川幕府通过长崎的荷兰、中国商人搜集外部世界信息的书籍,是幕府了解、认识世界的重要窗口。这类研究起步虽相对较晚,但也取得不少重要的学术进展,较具代表性的研究如李小白《江户日本的情报分析及世界认识》。② 虽然国内学者在鸦片战争后日本的"世界认识"方面已有不少研究,但却很少将焦点投注当时日本学者著述的世界地理书籍本身。1845年,日本学者箕作省吾在京都出版《坤舆图识》五卷③,第二年又出版《坤舆图识补》四卷。④《坤舆图识》与《坤舆图识补》是公开出版发行的书籍,对当时日本知识分子的世界认识产生了较大的影响。然而,国内的研究对这两部可系统反映鸦片战争后日本知识分子世界认识的文献却很少提及。日本学界对《坤舆图识》《坤舆图识补》的关注较多,但以底本考证类研究为主。代表性的研究如宫地哉惠子的《幕末期海外情报的受容过程:以兰书的输入与受容形态为视角》。⑤ 本文尝试通过对《坤舆图识》《坤舆图识补》的具体分析,管窥鸦片战争后日本知识分子的世界认识。

一、鸦片战争消息的传入

过去,学界曾以"锁国""锁国时代"描述德川幕府的对外政策和德川幕府时期日本的外交状态。⑥ 现在,史学界也有不少学者提出不可简单以"锁国"来描述德川日本对外关系状态的观点。⑦ 但无论以"锁国"概括德川日本的对外关系状态是否妥帖,"宽永禁令"至"幕末开国"之间的日本几乎不与外国交往的事实是毋庸置疑的。

---

① 王晓秋:《鸦片战争对日本的影响》,《世界历史》1990年第5期。
② 李小白:《江户日本的情报分析及世界认识》,《古代文明》2016年第2期。
③ 箕作省吾:『坤輿図識』,美作夢霞楼刊本、日本弘化二年(1845)。凡例第1a页。
④ 箕作省吾:『坤輿図識補』,美作夢霞楼刊本、日本弘化三年(1846)。
⑤ 宫地哉惠子:『幕末期における海外情報の受容過程:蘭書の輸入と受容形態をめぐって』、『参考書誌研究』1991年第39号。
⑥ 赵德宇:《日本"江户锁国论"质疑》,《南开学报》2001年第4期。
⑦ 参见赵德宇:《日本"江户锁国论"质疑》,《南开学报》2001年第4期。

1635—1639年,日本德川幕府发布了一系列有关"禁教""禁海"和"限关"的"宽永禁令"。①《德川禁令考》载:"日本之船,往异国之事,坚予停止,日本人不可往异国。若有乘渡之人,其身死罪,其船抄没。已渡异国定住之日本人,其归还者亦以死罪处。"②可见,1639年以后,日本人已被德川幕府的"禁令"隔绝于外部世界。因此,在1639年至鸦片战争发生的1840年间,普通日本民众必然是闭目塞听的,其对于世界的认识也必然是有限的。然而,"宽永禁令"虽然十分严格,但德川幕府自身却并未完全自绝于外部世界。贸易方面,幕府虽"只限长崎一港,准许中国、荷兰船舶通航",但幕府自身却"独占了(中国、荷兰)与日本的贸易"③。海外信息的收集方面,德川幕府要求长崎奉行"凡唐船入港,即日邮报;蛮船则速刻飞报,亦皆问取外域风说以报闻"④,而"长崎之通事(翻译员)每年又献'风说书'于关东(代指位于江户的幕府中央)"⑤。中国商人向长崎奉行所提供的信息资料一般被称为"唐船风说书",荷兰商人提供的一般被称为"和兰风说书"⑥。"唐船风说书""和兰风说书"被定期送往幕府的首都江户。所以,当时的幕府高层及侍奉于幕府的知识分子依然可以通过长崎的荷兰商人、中国商人了解外部世界,获取国际重大事件信息。

　　1839年,林则徐虎门销烟的当年,幕府官员便通过"和兰风说书"得知了这些消息。⑦1840年以后,又有大量有关鸦片战争的消息通过中国商人向长

---

① 石井良助:『德川禁令考』前集第六、創文社、1981年、第379頁。
② 石井良助校訂:『德川禁令考』前集第6、創文社、1981年、第379頁。日文原文为:"＜令＞　一　異国へ日本の船遣し候儀、堅く停止の事。　一　日本人異国へ遣すべからず候条、忍候て乗渡る者之有るに於いては、其身は死罪、其船共留め置き、言上すべき事。　一　異国え渡、住宅仕る日本人来り候はば、死罪申し付けらる可き事。"
③ 吴廷璆主编:《日本史》,南开大学出版社1994年版,第241页。
④ 平沢旭山:『瓊浦偶筆』卷六「唐船互市雑記」。转引自浦廉一:《唐船风说书研究》(浦廉一:「唐船風説書の研究」、『帝国学士院紀事』1947年第5卷第1号)。
⑤ 天野信景:『塩尻』下、帝国書院、1907年、第640頁。原文为:「又每年長崎の通事より風説書を関東に献ず国々の人の談話にして面白き事さゝ聞え侍る。」
⑥ 李小白:《江户日本的情报分析及世界认识》,《古代文明》2016年第2期。
⑦ 森睦彦:「阿片戦争情報としての唐風説書:書誌的考察を主として」、『法制史学』1968年第20号。

崎奉行所提供的"唐风说书"传入日本。①

二、鸦片战争前幕府高官的世界认识

鸦片战争的消息给日本知识分子带去了巨大的心理刺激,其原因之一应在于当时的日本人对外部世界普遍缺乏了解。② 然而,这并不意味着幕府高级官员及高阶御用知识分子对世界的认识也全都处于较低水平。

早在1713年(日本正德三年),日本儒学者,同时也是幕府高级官员的新井白石据其处理涉外事务时所获得的世界知识,编写了一部世界地理书《采览异言》。③《采览异言》序记述,"宝永戊子秋,萨州管内多称海上,忽有大舶一只……是日岛中见一人,被服如我俗而语不可晓者。即报长崎,寻送到官。有司历问海商,皆莫能晓其辞。独和兰以谓,盖系罗马国人也。及文庙嗣位,初降旨长崎,送其人都下……命臣美按验事由……美就而问焉。彼于我言,有所不解。辄出怀中小册,检阅以答。其书则大西所刻……他日乃示之一官库所藏和兰镂版《万国舆地全图》……明年庚寅春,和兰人入贡。复奉明旨私其使者,质以旧闻,傍及事繇。是每贡为例,续以倭语。笔之于书"④。也就是说,《采览异言》中的世界知识,是新井白石通过罗马传教士、荷兰使者以及"官库所藏和兰镂版《万国舆地全图》"得知的。

《采览异言》共有五卷。其卷一为"欧罗巴",卷二为"利未亚"(注:指非洲),卷三为"亚细亚",卷四为"南亚墨利加",卷五为"北亚墨利加"。这样的卷目编排次序与欧洲地理书籍相同。不仅如此,新井白石在书中对欧洲在非洲、南北美洲的殖民地也多有介绍。可以说,新井白石不仅对当时欧洲的世界地理知识体系有一定了解,对欧洲人的"宗主国-殖民地"体系也有

---

① 王晓秋:《鸦片战争在日本的反响》,《近代史研究》1986年第3期;森睦彦:『阿片戦争情報としての唐風説書:書誌的考察を主として』,『法制史学』1968年第20号。
② 王晓秋:《鸦片战争在日本的反响》,《近代史研究》1986年第3期。
③ 新井白石:『采覧異言』、1713年、早稲田大学総合図書館蔵1820年写本(蔵書番号:文庫08 A0331)。
④ 新井白石:『采覧異言』、1713年、早稲田大学総合図書館蔵1820年写本(蔵書番号:文庫08 A0331)。第1丁上—第2丁下。

所认识。

　　《采览异言》是18世纪前期日本学者编写的较为系统的世界地理书籍。但其文本记述较为简略。18世纪末,学者山村昌永又"奉台命"(台即幕府)①,以新井白石的《采览异言》为底本,参考27种荷兰书籍、41种中国图书修撰了《订正增译采览异言》十二卷,于1804年修成。②《订正增译采览异言》介绍的具体国家和地区详见下表。③

《订正增译采览异言》目录(表)

卷一	欧罗巴洲总说　意太里亚　逻马
卷二	入尔马泥亚　弟那玛尔加　蒲郎甸勃尔孤　波罗泥亚　波多里亚　礼勿泥亚　苏亦齐　诺尔勿乂亚　莫斯哥未亚　沙琐泥亚　西齐里亚
卷三	伊斯巴尼亚　波尔杜瓦尔　俺大鲁西亚　瓦辣那达　加西蜡　那勿蜡　拂郎察
卷四	喝兰地　汉乂利亚　思可齐亚　西百泥亚　卧儿狼德　赫尔勿蒌亚博厄美亚　罗得林日亚　翁加里亚　厄勒祭亚　依兰地
卷五	亚弗利加洲总说　都儿格　曷叭布剌　麻打葛失曷尔
卷六	补译亚弗利加诸国　巴尔巴里亚　皮力土尔热利土　沙拉野泥乂利西亚　黑地兀皮亚　亚弗利加诸岛
卷七	亚细亚洲总说　亚剌比亚　忽鲁谟斯　巴尔齐亚　莫卧儿　应帝亚
卷八	麻辣袜尔　卧亚　各正　齐狼沙里八丹　加宁八丹　亚剌敢　榜葛剌琵牛　暹罗

---

① 山村才助:《订正增译采览异言》(日本国立公文书馆内阁文库藏写本影印本),青史社、1979年。
② 山村才助:《订正增译采览异言》(日本国立公文书馆内阁文库藏写本影印本),青史社、1979年。
③ 山村才助:《订正增译采览异言》(日本国立公文书馆内阁文库藏写本影印本)上册,青史社、1979年。第59—66页。

续表

卷九	满剌加　沙马太剌　波尔匿何　爪哇　食力百私　马路古　新和兰地　南极诸地
卷十	吕宋　"支那"　日本　野作　鞑靼
卷十一	亚墨利加洲总说　南亚墨利加伯西儿巴大温智里　孛露　加罗哇哥斯　金加西蜡　坡巴牙那　尼加辣雅　邓度蜡宇革堂　哇的麻剌　亚马鐪　把剌寡乙
卷十二	北亚墨利加新瓦剌察达　新南哇列斯　新北哇列斯　新佛郎察　诺龙伯耳瓦　莫可沙　亚八加尔　亚伯耳耕　花地　古巴　小伊西把尼亚　角利勿尔尼亚

（据青史社影印版整理）

由目录可见，《订正增译采览异言》基本涵盖了当时世界上五大洲的主要国家和重要地区。在全书12卷中，欧洲部分4卷，非洲部分2卷，亚洲4卷，南、北美洲各1卷，各大洲的"总说"部分又附有较为详细、精确的各大洲地图。①

1713年新井白石的《采览异言》和1804年山村昌永的《订正增译采览异言》都是较为系统讲述世界地理的书籍。两书对西欧列强的国力以及殖民扩张活动也都有论述。尤其是山村昌永的《订正增译采览异言》，其对世界地理和各国形势的认识水平，甚至已并不落后于当时世界上的主流认知。不过，《采览异言》和《订正增译采览异言》都仅藏于幕府官库，民间并不得见。所以，《采览异言》《订正增译采览异言》也仅能反映出当时极少数幕府高官和高阶文人的世界认识水平。

---

① 山村才助：《订正增译采览异言》（日本国立公文书馆内阁文库藏写本影印本），青史社1979年版。

三、箕作省吾的《坤舆图识》与《坤舆图识补》

"鸦片战争"消息传到日本后,立即引起幕府高层的"警觉"。老中(幕府总理政务的最高级阁员)水野忠邦说,鸦片战争"虽为外国之事,但足为我国之戒"①。虽然幕府极力封锁,但鸦片战争的消息仍不胫而走,引发了各界人士的忧虑与危机感,民间对海外知识的渴求进一步增加。②

1845 年,幕府御用文人箕作阮甫(《海国图志》日本最早训点本的训点者之一)的养子箕作省吾以德国人修伯纳的《普通地理学》荷兰语版(Algemeene Geographie)③及荷兰人普林森的《世界地理书》④(Geographische Oefeningen)为底本,同时参考欧洲、日本及中国的其他书籍写成《坤舆图识》五卷。⑤ 与山村才助译撰的供上层参考的《订正增译采览异言》不同,《坤舆图识》是一部公开出版售卖的刊本书籍。⑥ 它刚一问世便成为热门的畅销书,上至幕府大老⑦井伊直弼,下至普通武士吉田松荫都曾阅读过此书,箕作家族因卖书收益甚至实现了"脱贫致富"。⑧ 1846 年,箕作省吾又进一步出版了《坤舆图识补》四卷。⑨ 在形式上,《坤舆图识补》是《坤舆图识》的扩充和补完;在内容上,《坤舆图识补》更偏重介绍世界大势与各国实力。

《坤舆图识》与《坤舆图识补》共 9 卷,基本涵盖当时世界上的主要国家

---

① 王晓秋:《鸦片战争对日本的影响》,《世界历史》1990 年第 5 期;信夫清三郎:《日本政治史》第 1 卷,上海译文出版社 1982 年版,第 178 页。
② 王晓秋:《鸦片战争对日本的影响》,《世界历史》1990 年第 5 期。
③ [德]J. 修伯纳著,[荷兰]W. A. 巴奇内,E. W. 克拉美鲁斯译:《普通地理学》,皮特梅捷尔出版,1769 年(Johan, Hübner, Algemeene Geographie, Amsterdam: Pieter Meijer, 1769)。幕府"番书调所"中收有此书,现藏于日本国立国会图书馆。
④ [荷兰]P. J. 普林森:《世界地理书》,约翰内斯范德黑版。(P. J. Prinsen: Geographische Oefeningen, Amsterdam: Johannes van der Hey en Zoon, 1817)该书被小关三英于 1836 年以《新撰地志》之名译为日文。
⑤ 箕作省吾:《坤舆图识》,美作梦霞楼刊本,日本弘化二年(1845)。凡例第 1a 页。
⑥ 箕作省吾:《坤舆图识》,日本弘化二年美作梦霞楼刊本。第一册扉页及第三册末页印有刊刻者与发行者。
⑦ 大老:德川幕府总理政务的最高阁员之一,不常设,职权与老中大体相同,但位阶更高。
⑧ 鲇泽信太郎、大久保利谦:《锁国时代日本人的海外知识》,乾元社,1958 年,第 176 页。
⑨ 箕作省吾:《坤舆图识补》,美作梦霞楼刊本,日本弘化三年(1846)。

和地区。地理知识外,《坤舆图识补》对美、法、德、俄、土耳其等主要国家的海陆军军力、布防装备也有专门叙述;"欧逻巴补志"中还以插图的形式介绍了主要国家的国旗、海军旗、商船旗图样;书中甚至还有亚里斯多德、亚历山大大帝、彼得一世、拿破仑等欧洲著名人物的传记。可以说,《坤舆图识》与《坤舆图识补》已对当时整个世界的几乎所有国家与重要地区都有述及,是较为成熟、系统的世界地理书籍。《坤舆图识》与《坤舆图识补》的详细卷目及所述的国家和地区如下表:

《坤舆图识》卷目(地名引自原文)

卷一 亚细亚志	"皇国" 汉土 大鞑靼总说 乌斯伯祈 哈萨克 加乌加须 阿剌比亚 百儿西亚天竺 满剌甸 榜葛剌网买 卧亚 麻辣袜尔后印度总说 亚齐 昆剌满 暹罗 满剌加 柬埔塞 交趾 东京一名安南 老挝 印度海中有名诸岛 齐狼 马尔地歇私 苏门答剌 爪哇 浮而匿何 食力百私 马路古 珉太脑 吕宋一名非利皮那
卷二 欧罗巴志	都儿格 太尔马祭亚 翁加里亚 波罗泥亚 鲁西亚 孛漏生 独逸 弟那玛尔加 和兰 佛兰西 伊斯把泥亚 波尔杜瓦尔 赫勿萋亚 意太里亚 大貌利太泥亚 苏亦齐亚 诺而勿惹亚 依兰土 尖山 东海 地中海总说 乐德 甘的亚 马儿太 齐西里亚 撒而地泥亚 哥而西加 马玉尔加 黑海总说 北高海总说
卷三 亚弗利加志	陌日多 奴比亚 亚昆沁域 巴尔巴里亚 马逻可 尼乂利西亚 为匿亚 工鄂 曷布尔兰土 马拿莫太巴 赞西拔儿 同洲有名诸岛 麻打曷矢加尔圣多默 圣意勒纳 福岛
卷四上 南亚墨利加志	新瓦辣那达 亚玛鐕 孛露 智里 伯西儿 巴太温 剌孛罗多

续表

卷四下 北亚墨利加	墨是可　新墨是可　共和政治　花地　新思可齐亚　加拿太　新貌利太泥亚　卧儿狼德　南北亚墨利加有名诸岛　古巴　牙卖加独眠悟
卷五　豪斯多辣利志	新和兰　新为匿亚　新貌利太泥亚　撒剌满　新葛列土泥　百楼岛新则兰土

《坤舆图识补》卷目（地名引自原文）

卷一　舆地总说	蒸发气　水原　河川　大海　大山　火脉　地震　冰山　沙漠　岛屿　港澳　风　热国　寒国　世界高山表
卷二　亚细亚补志、米利干补志	汉土　北京　广东　妈港　香港　前印度独立诸国　中立诸州县　英吉利所领地　加非尔斯当　百尔西亚　亚剌比亚　阁龙比亚　知里　共和政治州海军略说
卷三　欧逻巴补志	欧逻巴总说各国人员表　各国撰兵法　都儿格海岸诸寨栅再修略记　独逸连合诸州总说　各国人员口数表　各国行军多寡表　鲁西亚陆军表海军表　佛兰西陆军表海军表　英吉利陆军表海军表　外藩旗谱
卷四　本篇中所收人物略传	历山王（注：亚历山大大帝）　亚理斯得（注：亚里斯多德）　俄罗斯帝伯德璆初世（注：俄罗斯皇帝彼得一世）　勃那拔尔的附归葬佛国仪式（注：拿破仑归葬法国仪式）

与《采览异言》《订正增译采览异言》的"秘不示人"相比，《坤舆图识》与《坤舆图识补》是得到官方许可、公开出版贩卖的图书。① 这意味着《海国图志》传入（1851年）前，日本已有较为详备的、公开出版的书籍可供知识分子了解、认识世界。

---

① 关于《坤舆图识》《坤舆图识补》的出版、发行信息，参见《坤舆图识》（日本弘化二年美作梦霞楼刊本）、《坤舆图识补》（日本弘化三年美作梦霞楼刊本）卷头、序及卷末版权页。

结语

《坤舆图识》《坤舆图识补》是在鸦片战争消息的刺激下应运而生的"认知世界"之作。在《坤舆图识》与《坤舆图识补》中，都有要吸取清朝在鸦片战争中的教训的论述。《坤舆图识》序中说："莫卧儿丰饶甲于万邦，恃其盛大，晏然自佚而忘武，渐为泰西所削弱，竟歼乎麻剌甸。满清，地大于欧逻巴全洲，富强莫与为比，但其侈然自大，不务外攘，迩者自鸦片之禁，与英夷构怨，大为所摧破，纳金乞和才自免。此覆车之灼灼可鉴也……五大洲之浩浩，大都为泰西所吞噬。"[①]《坤舆图识补》序也议论说："一旦遭尹夷（指英国）之变，狼狈失措，防御不中机宜。屡致败衄，才以和议了局。呜呼，堂堂大国。以中国自处，而遇平生视为禽兽者。至卑辞厚赂，苟以自免。传笑于四方。岂非可叹之甚耶。是以无他故，骄傲自尊，不以外事为恤。以至于此耳。"[②]在《坤舆图识补》序中，津藩督学斋藤正谦还指出，鸦片战争中清朝的失败在于"轻蔑外国"、不悉"彼之情状伎俩"，因此，"地志图经之作，尤为切要急务也"。[③]可见，《坤舆图识》《坤舆图识补》就是当时的日本知识分子吸取鸦片战争教训，从而"认知世界"之作。

---

① 箕作省吾：《坤舆图识》第一册，日本弘化二年美作梦霞楼刊本，古贺煜序、第2b—3a页。
② 箕作省吾：《坤舆图识补》第一册，日本弘化三年美作梦霞楼刊本、斋藤正谦序、第1b—2a页。
③ 箕作省吾：《坤舆图识补》第一册，日本弘化三年美作梦霞楼刊本、斋藤正谦序、第2b页。

历 史 人 物

翁贝格——站在炼金术与现代化学交界处的化学家

李文靖

【提要】 翁贝格(Wilhelm Homberg 或 Guillaume Homberg,1652—1715)是 17 世纪末 18 世纪初巴黎科学院最为活跃和出名的科学家,是"前拉瓦锡时期"(pre‑Lavoisian)化学的重要代表人物。本文细述了这位化学家的传奇科学生涯和他在化学脱离炼金术而向现代体系转变之际作出的独特贡献,其中重点论证了他的个人经历所例证的早期化学职业道路、他在化学中对实验物理学工具与方法的应用、以物质研究为目标的"后炼金术"实验和在理论建构中对于化学基质的"物质化"。本文旨在呈现化学学科日渐独立之时多种思想与社会资源的交汇与互动,理解化学革命的内在复杂性。

【关键词】 化学革命　炼金术　化学基质　巴黎科学院　18 世纪

翁贝格(Wilhelm Homberg 或 Guillaume Homberg,1652—1715)是 17 世纪末 18 世纪初巴黎科学院的顶尖科学家,以化学和实验物理学见长,在当时与天文学家卡西尼(Gian Domenico Cassini, 1625—1712)齐名。[①] 在他生活的时代,化学这一知识领域已经经历了将近一个半世纪的"内战"——自 16 世纪中叶帕拉塞尔苏斯医药化学派兴起至 1661 年波义尔的著作《怀疑的化学家》出版,再到 17 世纪下半叶波义耳的批评之声引发广泛回响。然而,关于物质的命名与分类、组成物质的基质以及化学反应过程等基本问题,化学

---

① Ferdinand Hoefer,*Histoire de la chimie, depuisles temps les plus reculés jusqu'à notre époque*,Tome II. Paris：Bureau de la Revue Scientifique, 1843, p.312.

家始终莫衷一是、争论不休。向前望去，还要等上近一个世纪，方有拉瓦锡推翻燃素论，提出新的氧化理论，重修化学基础物质表，实现化学王国语言、事实和理论的统一。而翁贝格身处这漫长的250年的中间点，做的正是一项承前启后的工作。面对新旧传统交替、学科范式转换的"乱局"，这位化学家的回应是主动的，整合的愿望是迫切的，产生的矛盾和漏洞也是明显的。

一是作为冯·盖里克(Otto von Guericke，1602—1686)和波义耳(Robert Boyle，1627—1691)的弟子，翁贝格完全接受了机械论，并试图让化学分享实验物理学已经取得的确定性。他率先将真空泵、气压计、显微镜、液体比重计和透火镜等实验工具用于化学研究，并用机械运动解释化学反应过程。但是，与当时大多数机械论者一样，他无法在化学性质与微粒论(corpuscularianism)之间建立起来实质性的联系。二是翁贝格不再相信炼金术的金属嬗变理论和长生药，但是却深谙炼金术操作，并成功制备了"戴安娜之树""博洛尼亚石"和白磷等在当时被炼金术士孜孜以求的目标产物。然而，他却将这类化学实验带离了炼金术传统，指向物质研究的基本目标。三是作为一名学院派科学家，他有回应波义耳的批评、重建化学理论体系的意愿。他对帕拉塞尔苏斯派理论中具有半物质、半精神性质的"基质"进行了"物质化"的改造，令其具有完全意义上的物质实在性。正是以此为基础，现代意义上的化学合成模型才逐渐发展起来。然而，他终归没有建立起一个完整的化学体系。四是生于科学建制化伊始、化学职业之路初现的历史时期，这位科学家的生平际遇不乏意外与矛盾。草莽出身的业余科学爱好者漂泊半生竟成为巴黎科学院的权威科学家，身为学院派科学家却离不开传统的资助人，为科学而科学的纯粹目标却抵不住皇室权力斗争。

本文的着眼点正是翁贝格的科学生涯、实验设计和理论选择如何反映并推动了当时化学学科多种思想与社会资源的交汇与碰撞。在以往的大量研究中，翁贝格等"前拉瓦锡时期"的化学家仅仅被当作拉瓦锡横空出世之前的"垫场"。然而，通过观察那些身处科学发展低潮阶段的过渡型历史人物，可以帮助我们进一步理解科学发展的连续性和多元特征。尽管科学史的书写难以避免英雄叙事和对科学与前科学的截然二分，但是新旧知识传统在一定时间范围内存在着形而上学基础、实验工具、纸面符号和建制人事的紧密衔接,培根式科学尤为明显。从较长历史时段来看,多种知识传统长期共存,并非一般理解的不断迭代,一种被否定的理论有可能在历史的下一个转弯处乘势而为,迸发出新的思想活力。换言之,科学史除了研究"英雄与时势",同时也应关注那些在过渡时期勉力支撑的"好汉"。

一、从爪哇岛到巴黎科学院:早期的化学职业道路

1652年,翁贝格生于爪哇岛上的巴达维亚城(今印度尼西亚首都雅加达)。父亲约翰(Jean Homberg)供职于荷属东印度公司在巴达维亚的军械库。他原是奎德林堡的贵族(今德国萨克森-安哈特州西部),因为"三十年战争"(1618—1648)中瑞典对德意志诸侯国开战而失去家产,无奈远走他乡。母亲巴比(Barbe Van-Hedemard)原是东印度公司另一名军官的遗孀。约翰夫妇育有4个子女,翁贝格排行第二。

巴达维亚是荷属东印度公司的东方总部。荷兰人于1619年攻占雅加达,以莱茵河口一古地名"Batavia"为其更名,开始在城中修运河、筑街道,并以该城为基地夺取马鲁古海峡和马六甲海峡,控制了整个东印度地区。这座殖民新城虽然毗邻荒滩和深林,却街市和礼俗齐备,还不乏赤身的当地土著和成群的中国移民。翁贝格的童年与少年时代都在这里度过,可以说比他后来遇到的大多数欧洲学人都要见多识广。不过,新殖民地似乎无心顾及子弟的教育问题,翁贝格早年没有接受过系统的正规教育。巴黎科学院常务秘书丰特奈勒(Bernard Le Bovier de Fontenelle,1657-1757)记述说,翁贝格的父亲虽然重视儿子的教育,四岁便发蒙,但终归没有什么有效的施教。这位翁贝格后来的亲密同事不无理解地说:热带地区的天气不适合长智慧,只能长身体,翁贝格的一个姊妹不过八九岁年纪便嫁为人妇。[①]

翁贝格到了17岁的年龄,全家人返回欧洲,定居阿姆斯特丹。他这才开始接受正规教育。虽然"开窍"甚晚,但是很快显示出过人的聪颖。当时很

---

① Bernard Le Bovier de Fontenelle, *Éloges des académiciens;avec l'Histoire de l'Académie royale des sciences en MDCXCIX*, Tome I, La Haye: Chez Isaac Vander Kloot, 1740, p.351.

多士绅家庭都希望子弟从事律师这一既体面又务实的行业。约翰夫妇也不例外,先是供儿子在耶拿大学和莱比锡大学攻读法律,后来送他去了马德堡大学。1674 年,22 岁的翁贝格在马德堡大学拿到法律学位,在当地开始操行律业。眼看人生缺课已经补上,平顺之路即将展开,他却不想执着于"主观、武断的人类法律",转而研究"人人看得见、却从未真正认识的自然奇景"①,"想要专注于观察式的科学,带着沉思来阅读伟大的自然之书,而不是在人类低级行为的一团乱麻中挣扎打转"②。这样一种态度有毕达哥拉斯派"静观高于参与"的意味,但是更接近于英国内战期间牛津科学团体即伦敦皇家学会前身"1645 小组"的立场———批保皇派知识分子在战火纷飞、宗教冲突中相约只研究和交流"新哲学"。尽管伦敦皇家学会以及巴黎科学院成立之时以培根所说的"有用的知识"为目标,但是伴随科学建制化进程的启动,科学跳出精英团体对于普通人产生思想吸引力(尽管还不能成为他们的社会进阶之路),"为科学而科学"同样也成为一支重要的科学文化源流。

翁贝格对于科学的追求从自学植物学和天文学开始。他"白日遍访山中林木,夜晚揽观日月星辰"③。他在实验工具的设计与制造方面表现出惊人的天赋,曾设计过一个精巧的天球模型———一个中空球,内置光源,球面上模拟恒星运行,其运行轨迹完全符合真实的天象。不久之后,翁贝格结识了冯·盖里克。这位当时的马德堡市市长在 17 世纪 50 年代成功进行了被称为"马德堡奇观"(les miracles de Magdebourg)的一系列空气压力实验。其中包括他在雷根斯堡神圣罗马帝国皇帝斐迪南三世御驾前演示的半球实验:使用两个直径 35.5 厘米的铜质空心半圆球,上下扣合,内抽真空;置于上方的半球以铁环悬于木屋梁,置于下方的半球以粗铁链下挂一个水平厚木

---

① Bernard Le Bovier de Fontenelle, *Éloges des académiciens ;avec l'Histoire de l'Académie royale des sciences en MDCXCIX*, Tome I, La Haye: Chez Isaac Vander Kloot, 1740, p. 352.
② Ferdinand Hoefer, *Histoire de la chimie, depuisles temps les plus reculés jusqu'à notre époque*, Tome II. Paris: Bureau de la Revue Scientifique, 1843, p. 307.
③ Bernard Le Bovier de Fontenelle, *Éloges des académiciens ;avec l'Histoire de l'Académie royale des sciences en MDCXCIX*, Tome I, La Haye: Chez Isaac Vander Kloot, 1740, p. 352.

板,在木板上不断添加重物,增至100磅,下半球保持不坠。① 冯·盖里克的实验装置、实验步骤以及他关于时空概念和真空存在的理论都收录在七卷本著作《有关真空的新马德堡实验》(*Experimenta Nova (ut vocantur) Magdeburgica de Vacuo Spatio*, 1672)当中。有这样一位理论与实践兼备的自然哲学家的指导,翁贝格开始进入实验物理学这一新兴领域。不过,他们既非传统意义上的师徒,也不像波义耳和胡克(Robert Hooke, 1635 – 1703)那样是自然哲学家与其聘用的实验助手。根据丰特奈勒的描述,翁贝格"缠着"盖里克,虽然后者对自己的专项技术讳莫如深,但是架不住前者聪明过人,技术秘诀还是让他学去了不少。②

翁贝格的兴趣不为世俗所容,"他的父母和朋友向他施压,还想强迫他结婚,目的是把他拉回到律师这一行,想要激发他务实的态度"③。他不为所动,干脆放弃律业,离开马德堡,四方游学。在帕多瓦,翁贝格学习了一年解剖学和植物学。他又去往博洛尼亚,在那里专门研究一种在当时被视为稀罕物的化学加工品——"博洛尼亚石"。在罗马,他跟随因设计制造大型望远镜而出名的数学家兼机械师赛里奥(Marc-Antoine Celio)学习数学和光学。在英国,翁贝格跟随"尊敬的波义耳"工作过一段时间。波义尔的实验室不但是当时欧洲顶尖的物理实验室,而且是最好的物理学学校。在莱顿,他跟随著名医生格拉夫(Regnier de Graaf, 1641 – 1673)学习解剖学,这位老师发现了哺乳动物的生殖系统,"格拉夫卵泡"便是以他的名字命名的。在德意志,他向两位炼金术士讨教制磷的方法,其中一位是萨克森执达吏鲍德温(Christian Adolph Balduin, 1632 – 1682),另一位是萨克森选帝侯约翰·乔治二世(Johann Georg II)的药剂师奎科尔(Johann Kunckel, 1630 – 1703)。在德意志、瑞典、波希米亚、匈牙利等地的许多采矿场,他向工匠们请教冶金知识。后来,翁贝格在威腾堡大学获得了医学博士学位。在数年的游学生涯

---

① Otto von Guericke, *Experimenta Nova (ut vocantur) Magdeburgica de Vacuo Spatio*, Amsterdam: Joannem Janssonium à Waesberge, 1672, p. 106.
② Bernard Le Bovier de Fontenelle, *Éloges des académiciens; avec l'Histoire de l'Académie royale des sciences en MDCXCIX*, Tome I, La Haye: Chez Isaac Vander Kloot, 1740, pp. 353 – 354.
③ Ferdinand Hoefer, *Histoire de la chimie, depuisles temps les plus reculés jusqu'à notre époque*, Tome II. Paris: Bureau de la Revue Scientifique, 1843, p. 307.

中,翁贝格紧跟当时的知识热点,与17世纪下半叶的多位欧洲杰出自然哲学家保持着密切的联系,其游学足迹本身就是17世纪70、80年代的一个科学共同体网络。

从17世纪80年代开始,翁贝格在实验科学领域有了一席之地,声望日重。当斯德哥尔摩的化学实验室依瑞典国王查理十一世(Charles XI, 1655-1687)敕令修建时,他随国王首席医生一同前往,为新实验室的建设出谋划策。这一时期汉堡出版的多个刊物登载他的论文。[1] 他在巴黎结识了法国财政大臣柯尔贝尔(Jean-Baptiste Colbert, 1619—1683),这位路易十四的重臣创办了法兰西文学院(1663年)、巴黎科学院(1666年)和巴黎建筑学院(1671年)。翁贝格得到柯尔贝尔的赏识,他遵父命离开巴黎返乡之际,柯尔贝尔差人拦住马车,代表国王挽留他,并且提供优厚的待遇。于是,翁贝格留在了巴黎,加入法国国籍,并且皈依了天主教。家中老父原本就恨他不婚、不归,又见改了宗,一怒之下取消了他的财产继承权。1683年,柯尔贝尔骤然辞世,翁贝格一下子失去了资助,自此陷入经济窘境,一直到去世时还有债务。1684年,他来到土伦,在主教路易·邦纳(Armand-Louis Bonnin de Chalucet(1641-1712))的教廷里驻留了一段时日。后来他又到了罗马,为了生计开始行医,赢得不错的口碑。

1691年,路易十四的牧师兼图书馆馆长比格诺神父(Jean-Paul Bignon, 1662-1743)掌管了巴黎科学院。这位新主事人锐意改革,一心改变科学院成立后20年来松散无作为的状况。在其力主之下,科学院引入了两名擅长做实验的科学家。一位是植物学家图内福尔(Joseph Pitton de Tournefort, 1656-1708),他提出了植物分类学中"属"的概念,还以比格诺的名字命名了今天植物学仍然使用的"比格诺藤属"。另一位便是以实验物理学家和化学见长的翁贝格。这位"草莽"出身的业余爱好者能够进入顶级科学机构,在当时并不多见。其一,当时绝大多数自然哲学家早年都接受过古典教育。例如,波义耳毕业于伊顿公学,胡克曾就读于威斯敏斯特教会学校,图内福

---

[1] Bernard Le Bovier de Fontenelle, *Éloges des académiciens ;avec l'Histoire de l'Académie royale des sciences en MDCXCIX*, Tome I, La Haye: Chez Isaac Vander Kloot, 1740, p.357.

尔在普罗旺斯爱克斯市的耶稣会学校里专修过拉丁文。其二，当时进入科学机构的大多数自然哲学家或有贵族头衔，或是神职人员，或有正式的学术职位。例如，图内福尔是皇家花园的医生。其三，很多自然哲学家在进入科学机构前后都出版过专著。例如，波义尔著作等身自不必说，胡克在成为皇家学会会员后不久出版了《显微图》(*Micrographia*, 1665)，老莱默里(Nicolas Lemery, 1645—1745)在进入巴黎科学院之前已经出版了畅销教科书《化学教程》(*Cours de chymie*, 1675)。而翁贝格缺乏早年教育，没有学术职位，没有专著，几乎完全凭借自己在实验科学方面的累积和潜力敲开了这所著名科学机构的大门。

  在同时代人眼中，他的实验科学家形象与早年经历存在某种联系。丰特奈勒在赞赏翁贝格的学习能力时，不忘补充一句：这种超常的聪慧没准儿是他的第一故乡所赐。1708 年 4 月，《墨丘利爱慕者》杂志(*Mercure Galant*)报道巴黎科学院的新近活动时提及：科学院开会宣读翁贝格关于季风的一篇论文，另一位院士鲁瓦(Camille le Tellier de Louvois, 1675 – 1718)回应此论文，并且提到了季风经过巴达维亚。杂志编者特意在括号中注明："这是拥有荷兰在美洲属地的王国的首都，是翁贝格先生的出生之地。"①

  翁贝格进入科学院不久，奥尔良公爵菲利普二世(Philippe II, Duke of Orleans, 1674 – 1723)请他做自己的化学教师和实验演示员，后来又聘他为首席医生。这位路易十四的长侄爱好化学，自己拥有一所欧洲一流的化学实验室。他为翁贝格提供了实验设备和优厚的待遇。这一才华与财力的联姻本堪称完美，然而恰恰因为资助人的关系，化学家卷入到路易十四后期的一场政治斗争当中。路易十四晚年，非常忌惮奥尔良公爵。在其长子和长孙猝死后，有人进言怀疑是奥尔良公爵和他身边的化学教师下毒，叔侄关系愈发紧张。路易十四死前，怕新王羸弱、公爵擅专，特立下遗嘱，试图扶持贵族阶层以打破君主专制。但是，奥尔良公爵成为摄政王后，联合议会宣布老国王的遗嘱无效，遂使君主专制得以维持，为 1789 年法国大革命的爆发埋下

---

① "Ce qui s'est passé à l'ouverture d'aprés Pâques de l'Academie Royale des Inscriptions et à celle de l'Academie Royale des Sciences", *Mercure Galant*, Paris: chez Michel Brunet, 1708, Avril, pp. 233 – 280.

了伏笔。提及化学与18世纪的法国历史,人们多想到拉瓦锡枉死,殊不知先前已有翁贝格蒙冤。

1708年,已经56岁的翁贝格终于跨入婚姻殿堂,迎娶了科学院另一位同事、著名植物学家道达尔(Denis Dodart,1634-1707)之女玛格丽特(Marguerite-Angelique)。玛格丽特出身植物学世家,经济宽裕,人格独立,十分理解和支持丈夫的工作。翁贝格"非常幸福地发现,在她的相伴中有一种完美的性格和同情的态度。她热爱化学,经常做丈夫的助手"[1]。然而好景不长,几年以后,他开始饱受腹泻的折磨,不知是不是实验室化学品(比如金属锑)中毒。1715年,翁贝格自我施救多日后,药石罔效,卒于巴黎,终年63岁。丰特奈勒这样评价他:"再也没有人比他更随和的了。一种健康和与世无争的哲学态度让他毫无困难地看待生活中的各种事情。这个宁静的灵魂必然是保有正直、诚实的品质。"[2]翁贝格死前一周,路易十五登基,他的学生奥尔良公爵做了摄政王。伴随这位曾经的化学爱好者成为政治实权人物,化学学科也开始进入了18世纪的黄金时代,在最后四分之一个世纪完成了化学革命。

从爪哇少年到操行律业,从弃文从理到四方游学,再到巴黎立名,翁贝格的人生经历是早期化学职业化道路的反映。其特点有:一、前期的科学训练以自助方式完成;二、化学家的知识背景驳杂,哲学与实用技术没有明显的界线,炼金术传统与机械论没有刻意的分野,物理、化学与生物学学科之间也没有设立藩篱;三、后期研究工作基本在科学院框架下进行。四、传统的资助关系依然存在,成为正式科学职位的补充。实际上,在英吉利海峡彼岸,有着"英国的达芬奇"之称的上一代实验科学家胡克已经完成了一条相似的进阶之路:从身份低下的受雇实验室助手变成皇家学会会员,在学会内部的地位从管理员升至主席,一直到最后参与科学首创权之争。在一定意义上,翁贝格和胡克的例子是科学职业化的先声。

---

[1] Ferdinand Hoefer, *Histoire de la chimie, depuisles temps les plus reculés jusqu'à notre époque*, Tome II. Paris: Bureau de la Revue Scientifique, 1843, p. 308.

[2] Bernard Le Bovier de Fontenelle, *Éloges des académiciens ;avec l'Histoire de l'Académie royale des sciences en MDCXCIX*, Tome I, La Haye: Chez Isaac Vander Kloot, 1740, p. 368.

二、化学家的新实验工具

17世纪下半叶,当冯·盖里克的真空泵、波义耳的气压计和胡克的显微镜为物理学带来巨大成功的同时,大多化学家所使用的却依然是几个世纪以来一直使用的蒸馏釜、火炉、天平以及配套的瓶瓶罐罐。在《怀疑的化学家》中为波义耳所诟病的火分析方法正是操作这些工具进行化学反应、再将反应产物指认为3种、4种或者5种基础物质。翁贝格进入科学院之后,尽管尚且无力整合东鳞西爪、零零碎碎的化学知识,但是却发挥自己在实验方面的天赋,在化学实验中引入物理学工具,提高化学实验的精度。

1. 观测工具:气压计、显微镜和液体比重计

翁贝格从冯·盖里克那里学到一种精巧的气压计制造方法——气压计悬于室外,一个小人儿手指刻度,预报阴晴。① 他用这个气压计的制造方法与奎科尔交换,得到了后者制取白磷的方法。在进入巴黎科学院之前,翁贝格已经拥有自己设计和制造的精密气体实验装置。据丰特奈勒说,他的装置比冯·盖里克和波义耳的都要好。② 进入科学院之初,翁贝格与冯·盖里克和波义耳一样,利用真空泵和气压计进行气体实验,测量气体与水的密度比,对比抽真空前后球体重量差,观察气体密度随着温度、气压和湿度的变化。1693年,翁贝格将自己制作的气压计用于对相变的观察和解释,开始了早期的物理化学研究。他在《对真空中冰的实验》(*Expériences sur la glace dans le vuide*)一文中,观测了水结冰前后的体积变化和气压变化,得出:水结成冰的时候之所以体积增加,是因为相比其他液体,水的孔隙里有更多的空气被关在里面;当在真空中结冰时,水的孔隙中的气体被清除干净了,水结冰的过程就没有特殊之处了,在真空中形成的冰比结冰前水的体积要小,符

---

① Otto von Guericke, *Experimenta Nova* (*ut vocantur*) *Magdeburgica de Vacuo Spatio*, Amsterdam: Joannem Janssonium à Waesberge, 1672, p.99.

② Bernard Le Bovier de Fontenelle, *Éloges des académiciens ; avec l'Histoire de l'Académie royale des sciences en MDCXCIX*, Tome I, La Haye: Chez Isaac Vander Kloot, 1740, p.361.

合一般规律。① 在另一篇论文《关于真空中水的挥发的实验》(*Expériencesde l'évaporation de l'eau dans le vuide, avec le Réflexion*)中,他提出:水在真空的挥发不是因为气压降低,而是因为一种"火物质"(la matirere du feu)或"以太物质"(la matiere éthérée)的运动扰动水微粒的结果。②

显微镜观察微观世界是 17 世纪下半叶自然哲学的一个活跃领域,胡克于 1665 年设计制造了双透镜显微镜,列文·虎克又于 1674 年制造出自己的单透镜显微镜。当昆虫、织物结构和微生物的显微图谱成为轰动一时的发现时,显微镜在化学领域的应用价值却没有马上显示出来。传统上化学家观察化学反应中颜色、光泽、气味、物态和可延展性等表观性质的变化用以解释化学过程,而这些性质变化不需要借助显微镜来判定。然而,翁贝格这位接受了机械论的化学家需要在对物质微粒运动和形状的想象与对化学现象的观察之间建立起联系,因而开始使用显微镜。1702 年,翁贝格将小金块放在透火镜的焦点位置,观察到反应物受热后发出嘶嘶声,化成无数个小颗粒,四散溅落在 6 到 8 英寸远的地方。他将煅烧后的产物置于显微镜之下进行观察后,断定这些小颗粒还是金,并没有生成另外一种物质。他得出结论说:在强热条件下金分解还原成为组成金粒子。③ 他没有明确说明这种粒子是不是机械论者所说的组成物质的最小微粒,也没有再重复这一实验。与前辈化学家将蒸馏所得馏分当作硫、汞、盐几种基质一样,他的这一结论也有生硬联系、粗糙指认之嫌。尽管如此,这一小小的操作反映出化学的实在论诉求与显微技术应用之间存在着紧密的联系,这一联系几乎贯穿整个现代化学史,进入 20 世纪下半叶之后伴随电子显微镜、扫描探针显微镜等技术的问世显得愈发突出。

---

① Wilhelm Homberg, "Expériences sur la glace dans le vuide", *Mémoires de l'Académie Royale des Sciences, depuis 1666 jusqu'à 1699*, Tome X, Paris: La Companie des Libraires, 1730, pp. 255 – 262.

② Wilhelm Homberg, "Expériencesde l'évaporation de l'eau dans le vuide, avec le Réflexion", *Mémoires de l'Académie Royale des Sciences, depuis 1666 jusqu'à 1699*, Tome X, Paris: La Companie des Libraires, 1730, pp. 319 – 323.

③ Wilhelm Homberg, "Observations faites par le moyen du Verre ardent". *Histoire de l'Académie royale des sciences, Année MDCCII, avec les Mémoires de Mathematique & de Physique*, Paris: Chez Gabr. Martin, Jean-Bapt. Coignard, & Les Rreres Guerin, 1743, *Mémoires*, pp. 141 – 149.

同样在17世纪下半叶得到迅速发展的测量工具是液体比重计。1699年,翁贝格设计制造了一个简易而灵敏的液体比重计,这是一个细颈圆形瓶,颈部极窄,可以反映极少量液体的明显高度,颈部旁边还有一等体积的细管连通瓶身,用于灌注液体时排气。向瓶内灌满液体,颈部液面处做好记号,放在精密天平上称量,得出液体比重。再同法灌注另外一种液体至记号处,称重,得出其比重。他将这一液体比重计用来测量与一定量的碱发生中和反应所消耗的不同种类的酸的量,写成《对于不同酸精中含有挥发酸盐的量的观察》(Observation sur la quantité exacte des sels volatiles acides contenusdans les differens esprits acides)一文。[1] 由于没有考虑气体的重量,这一研究并不成功,未得出准确的酸碱中和当量。后来拉瓦锡在《论水的性质》(De la nature des eau)一文中,批评翁贝格的液体比重计与普通商用液体比重计一样缺乏准确度。[2] 但是翁贝格列出的一个不同温度下液体比重表却成为18世纪化学家的重要参考数据。

2. 新反应工具:透火镜

透火镜是一套凸透镜装置,自古代以来就用于点火、照明和奇观展示。据传说,当罗马舰队围攻叙拉古时,阿基米德用透火镜聚光点燃了敌军舰只。公元五世纪君士坦丁堡新建的索菲亚大教堂用透火镜照明。17世纪,透火镜多用于点火。波义耳曾用透火镜聚光分别点燃白色纸张和被墨水染黑的黑色纸张;观察到白纸比黑纸燃烧缓慢,遂得出结论说:光在白纸上面发生了散射。[3] 但是,作为一种加热工具,透火镜不能像火炉那样控制加热的强度和时间,因而化学家难以将其用于化学实验。加之透镜焦点固定,在

---

[1] Wilhelm Homberg, "Observation sur la quantité exacte des sels volatiles acides contenus dans les differens esprits acides", *Histoire de l'Académie royale des sciences, Année MDCXCIX, avec les Mémoires de Mathematique & de Physique*, Paris: Chez Gabriel Martin, Jean-Baptiste Coignard fils, H. Louis Guerin, 1732, *Mémoires*, pp. 44 – 51.

[2] Antoine-Laurent Lavoisier, "De la nature des eau", J. B. Dumas, E. Grimaux, F. A. Fouqué (eds), *Oeuvres de Lavoisier*. Vol. 3, Paris: Imprimerie Impériale, 1865, pp. 145 – 170.

[3] Robert Boyle, *Experiments and Considerations Touching Colours*, London: Printed for Henry Herringman, 1664, p. 103.

焦点附近安装放置化学反应容器很受空间局限。因而，在18世纪之前，只有勒弗夫（Nicaise Le Fèvre, 1615 – 1669）和迪克洛（Samuel Cottereau Du Clos, 1598 – 1685）等极少数化学家将透火镜用于化学反应。翁贝格说，"它的作用仅限于作为一种有趣的物件，没有其它用处"①。

1699年和1700年，冯·奇恩豪斯（Graf Ehrenfried Walther von Tschirmhaus, 1651 – 1708）在巴黎科学院的《皇家科学院院志与论文集》（*Histoire de l'Acade'mie royale des sciences avec les Memoires de Mathematique & de Physique*）上发表了改进透火镜制造工艺的方案。1702年，奥尔良公爵从冯·奇恩豪斯处购买了一架改进后的透火镜，放在皇家花园，供翁贝格使用。其透镜直径三四英尺，透镜焦点处再置一个较小的透镜，二次聚光，加热效率大大提高。改造后的透火镜提供了自上而下的光源，这样就能够在反应物下方放置承载反应物的容器，让化学家能够对反应过程做仔细观察，也能够对反应后的产物进行取样做进一步的化学分析了。而在此以前，"光束通过焦点时自下而上聚拢，人们不得不悬空举着想要看的物质，无法将其放在容器里"，导致燃烧一开始反应物便融化掉落在地上。② 看似只是一点改进，却解决了化学家的大问题。翁贝格写道："透火镜这种方式不但会让我们在化学原理的阐明方面取得重大进展，而且还会像显微镜和气体装置在它们的时代表现的那样，成为通向新物理学的一扇敞开的大门。"③

1706年，翁贝格又用透火镜进行了铁的煅烧实验。④ 1707年，他对金在

---

① Wilhelm Homberg, "Observations faites par le moyen du Verre ardent". *Histoire de l'Académie royale des sciences*, Année MDCCII, avec les Mémoires de Mathematique & de Physique, Paris：Chez Gabr. Martin, Jean-Baptiste Coignard, & Les Rreres Guerin, 1743, *Mémoires*, p.141.

② Wilhelm Homberg, "Observations faites par le moyen du Verre ardent". *Histoire de l'Académie royale des sciences*, Année MDCCII, avec les Mémoires de Mathematique & de Physique, Paris：Chez Gabr. Martin, Jean-Baptiste Coignard, & Les Rreres Guerin, 1743, *Mémoires*, p.141.

③ Wilhelm Homberg, "Observations faites par le moyen du Verre ardent". *Histoire de l'Académie royale des sciences*, Année MDCCII, avec les Mémoires de Mathematique & de Physique, Paris：Chez Gabr. Martin, Jean-Baptiste Coignard, & Les Rreres Guerin, 1743, *Mémoires*, p.149.

④ Wilhelm Homberg, "Observations sur le fer au verre ardent." *Histoire de l'Académie royale des sciences*, Année MDCCVI, avec les Mémoires de Mathematique & de Physique, Paris：Chez Gabriel Martin, Jean-Baptiste Coignard fils, H. Louis Guerin, 1731, *Mémoires*, pp.158 – 165.

透火镜下的玻化现象进行专门研究。① 由于透火镜的加热方式仅限于直接加热和强热,翁贝格以金属为实验对象,这就改变了之前化学以植物样本为主的研究惯例。鉴于历史上有机化学定量研究的难度和滞后性,甚至可以认为小小的透火镜对于反应物的规定性推动了 18 世纪无机化学的优先发展。不过,对于这一影响不应该夸大,因为翁贝格的透火镜实验次数少,规模小,对现象的解释也有不一致。拉瓦锡后来在《透火镜实验现象摘录》(*Extrait des expériences qui ont été faites sur le miroir ardent*)一文中指出,翁贝格的透火镜实验所使用的反应物不纯②,而且"只给出个别的事实,却没有尽可能展开"③。在另一篇文章《钻石实验》(*Expérience à tenter sur le diamant*)中,拉瓦锡提议:应该使用密闭容器重复进行金属煅烧实验。④

无论如何,透火镜开始成为 18 世纪化学实验室的常备工具。到了 18 世纪末,拉瓦锡和普利斯特列都使用透火镜加热金属氧化物,只是对反应过程给出了相反的解释。在拉瓦锡的公开演示实验中,整个透火镜装置庞大如战车,他本人站在车上,眼戴墨镜,躬身观察,其形象足以征服在场的每位见证人。

三、"后炼金术"实验

翁贝格的思想底色是实验物理学,具有丰特奈勒所说的"力学精神"

---

① Wilhelm Homberg, "Eclaircissemens touchant la vitrification de l'or au verre ardent", *Histoire de l'Académie royale des sciences*, *Année MDCCVII, avec les Mémoires de Mathematique & de Physique*, Paris: Chez Gabriel Martin, Jean-Baptiste Coignard fils, H. Louis Guerin, 1730, *Mémoires*, pp. 40 – 48.

② Antoine-Laurent Lavoisier, "Extrait des expériences qui ont été faites sur le miroir ardent", J. B. Dumas, E. Grimaux, F. A. Fouqué (eds), *Oeuvres de Lavoisier*. Vol. 3, Paris: Imprimerie Impériale, 1865, pp. 267 – 268.

③ Antoine-Laurent Lavoisier, "Extrait des expériences qui ont été faites sur le miroir ardent", J. B. Dumas, E. Grimaux, F. A. Fouqué (eds), *Oeuvres de Lavoisier*. Vol. 3, Paris: Imprimerie Impériale, 1865, pp. 267 – 268.

④ Antoine-Laurent Lavoisier, "Expérience à tenter sur le diamant", J. B. Dumas, E. Grimaux, F. A. Fouqué(eds), *Oeuvres de Lavoisier*, Vol. 3, Paris: Imprimerie Impériale, 1865, pp. 264 – 266.

(*l'esprit de mecanique*)①,但是同时也是17世纪下半叶炼金术的积极实践者。他成功制备了"戴安娜之树""博洛尼亚石"和白磷,名噪一时。这些实验采用炼金术的操作步骤和常用物质,却完全抛弃了哲人石和长生药的神秘主义色彩,目的在于研究物质性质本身。而为实验而实验是化学成为科学的前提条件。

1."戴安娜之树"

翁贝格与鲍德温、奎克尔等炼金术士有过密切的接触。在土伦主教的教廷时,他表现出对制取"哲人石"方法的熟悉。② 教廷里有一位炼金术士造出一枚金锭赠予他,想让他相信金属嬗变是可以实现的。翁贝格接受了金锭,用它换了400法郎,作为资费离开土伦去往罗马。翁贝格后来的论文涉及金属相互转换的可能性,但是表达多有模糊之处。1706年,他在《有关一种银溶液的观察》(*Observations sur une dissolution de l'Argent*)一文中批评"欧洲最伟大的一位化学家"由于没有认识到王水与硝镪水的混合物静置数月后性质的改变(只具有王水的性质,即只能溶解金而不能溶解银,且可以溶解原来组分中王水可溶解金的两倍),从而提供了一个关于银嬗变为金之后再溶于王水的错误解释。③ 可以说,在金属嬗变的可能性问题上,他的态度是模棱两可的。然而无论如何,传统炼金术的"净化""复活"等概念在他那里已经完全不见。

1692年,翁贝格发表了论文《对于各种不同金属植物的思考》(*Réflexions sur différentes végétations métalliques*),公布了制备"戴安娜之树"(Arbor Dianae)的实验步骤。"戴安娜之树"又称"哲人树"(Arbor Philosophorum),是银盐的一种结晶形式,晶莹剔透,状若珊瑚。戴安娜是古罗马宗教中主管

---

① Bernard Le Bovier de Fontenelle, *Éloges des académiciens ; avec l'Histoire de l'Académie royale des sciences en MDCXCIX*, Tome I, La Haye: Chez Isaac Vander Kloot, 1740, p.352.
② Bernard Le Bovier de Fontenelle, *Éloges des académiciens ; avec l'Histoire de l'Académie royale des sciences en MDCXCIX*, Tome I, La Haye: Chez Isaac Vander Kloot, 1740, p.359 – 360.
③ Wilhelm Homberg, "Observations sur une dissolution de l'Argent", *Histoire de l' Académie royale des sciences, Année MDCCVI, avec les Mémoires de Mathematique & de Physique*, Paris: Chez Gabriel Martin, Jean-Baptiste Coignard fils, H. Louis Guerin, 1731, *Mémoires*, pp.102 – 107.

畜牧和狩猎的女神,是带来生机的生育之神,这种晶体生成的过程也颇似树木生长,抽枝发芽。炼金术认为,自然界里树木生长和银矿形成是相似的过程,实验室制备"戴安娜之树"是对这一自然过程的人工模拟。一般的制备方法是用汞和硝酸银溶液进行反应,汞置换出银,整个过程需要数十天。翁贝格采用了新的方法,竟然仅仅用了一刻钟时间:

"用4格鲁司银屑与2格鲁司水银在不加热条件下混合,将混合物溶解于4盎司硝镪水,所得溶液倒入3个半塞提耶水,搅拌均匀,静置于一个瓶子里,用塞子塞住。取1盎司左右该物质放入小瓶,再在小瓶中放入豆粒大小的一块金合金或者银合金,合金需像黄油一样软。待小瓶中物质静置两三分钟后,便能够看到从合金球粒上垂直长出几丝细屑。这些细屑眼看着越来越长,再搭到邻近的枝杈上去,如同树木生长一般。合金球粒会变硬,变成一种白色土,而树枝状部分会具有真正的银色光泽。"[1]

根据赫弗的评论,翁贝格与200年前荷兰炼金术士冯·舒茨巴赫(Paul Eck von Sulzbach, 1440 – 1509)采用的方法是一样的,只不过他自己没有意识到这一点。但是,翁贝格否定了炼金术的基本观点,指出:人工制造的"植物"(指植物状物质)与天然生成的植物完全不同,而人工制造的"植物"彼此之间也很不同。因为生成各种人工"植物"和天然植物的基质(principe)不同,生成的机理也不尽相同。[2]这一物质鉴别和分类原则是具有现代化学意味的,即判断两种物质是不是同一种物质,不是看它们是否出自同一原产地或具有相似的表观性质,而是通过分析它们是否具有相同的基本成分以及相似的合成过程。

2. 磷光物质

磷是吸引17世纪自然哲学家的一类物质。"磷"(phosphore)一词取自

---

[1] Wilhelm Homberg, "Réflexions sur différentes végétations métalliques", *Mémoires de l'Académie Royale des Sciences, depuis 1666 jusqu'à 1699*[C], Tome X, Paris: La Companie des Libraires, 1730, pp. 171 – 179.

[2] Wilhelm Homberg, "Réflexions sur différentes végétations métalliques", *Mémoires de l'Académie Royale des Sciences, depuis 1666 jusqu'à 1699*[C], Tome X, Paris: La Companie des Libraires, 1730, p. 171.

希腊语"载光者"(Φωσφòρος),又被称为"晨星"(Lucifer),取自《旧约·以赛亚书》中的"发光之星,黎明之子"。在当时,"磷"不仅仅指非金属元素磷的多种单质和化合物,还指其他一些发光物质,例如"博洛尼亚石"和产于比利时博杜安(Baudouin)的"赫尔墨斯石"。磷物质或是在黑暗中散发神秘的幽光,或是燃烧时放射出灼目的火焰,很是能够满足"造物神奇,幻化无穷"的神秘主义想象。这些物质往往需要人工制备,然而制备并非易事,虽然已有公之于众的配方,但是往往因为细节缺失而难以成功模仿。因不易制得,所以人皆称奇;越是稀罕物,其加工过程越显得高深莫测。磷和磷光物质因而成为社会文化与化学技术一同制造出来的"化学稀罕物"(chymical exotica)。①

  翁贝格在当时为人所瞩目的工作之一便是制造博洛尼亚石。早在1603年,炼金术士卡斯卡里奥罗(Vincenzo Cascariolo)便从博洛尼亚附近的死火山上觅得一种发光的银白色顽石。他本想用这些石头炼制获得贵金属或者哲人石,却意外发现经过处理后的石头能够持续发光,"博洛尼亚石"就此出名。17世纪上半叶出现了关于这种物质的一些记述和专著,制备方法无外乎是在博洛尼亚某特定火山口采石后煅烧加热。然而,到了17世纪中叶,却鲜有成功制得的案例,巴黎科学院和伦敦皇家学会的自然哲学家们一度以为古法已然失传。② 1678年,翁贝格亲往博洛尼亚做实地考察。1687年,他在巴黎科学院展示了自己成功制备的博洛尼亚石。老莱默里在1690年版的《化学教程》中描述了翁贝格的方法:先用锉刀将石头表面清理干净,再将石头浸泡在白酒里,表面覆盖一层研磨小块原石得到的粉末,将石头晾干后,放在一个特定的炉子上煅烧。③ 即便有了这样的方法,翁贝格也不能保证自

---

① Lawrence M. Principe, "Chymical Exotica in the Seventeenth Century, or, How to Make the Bologna Stone", *Ambix*: *The Journal of the Society for the Study of Alchemy and Early Chemistry*, vol. 63. no. 2(2016), pp. 118 – 144.

② Lawrence M. Principe, "Chymical Exotica in the Seventeenth Century, or, How to Make the Bologna Stone", *Ambix*: *The Journal of the Society for the Study of Alchemy and Early Chemistry*, vol. 63. no. 2(2016), pp. 120 – 124.

③ Lawrence M. Principe, "Chymical Exotica in the Seventeenth Century, or, How to Make the Bologna Stone", *Ambix*: *The Journal of the Society for the Study of Alchemy and Early Chemistry*, vol. 63. no. 2(2016), p. 127.

己的每一次实验都成功。他发现,研磨石头粉末要用铜制研钵,如果用铁制研钵的话,加热后的石头则不能发光。最近,历史学家普林斯普(Lawrence Principe)重复了翁贝格在一篇未公开发表论文《关于博洛尼亚石的实验》(*Experiences sur la pierre de Bologne*)上的实验方法,证明翁贝格成功的关键在于使用具有一定密闭性的煅烧炉。① 这种炉子使得木炭不完全燃烧产生大量一氧化碳,一氧化碳作为还原剂夺取了硫酸钡(即原石主要成分)的氧原子,生成硫化钡和二氧化碳,而硫化钡含有微量杂质时发出磷光。

3. 白磷

翁贝格另一项重要的磷研究是制取白磷。1669 年,德国商人兼业余炼金术士布兰登(Hennig Brand, 1630 – 1692)依照炼金术的传统方法,用人尿液制取哲人石。他对人尿液进行蒸馏后,得到一种油状馏分,将这种馏分高温加热产生浓烟,再将浓烟鼓入水中,得到一种白色蜡状固体。该物质在黑暗中发出淡绿色微光,这便是有剧毒的白磷。几乎在同一时期,奎科尔也从人尿液中提取出磷。翁贝格拜访奎科尔后,获知其制磷方法。1692 年,他在巴黎科学院的实验室依照奎科尔的方法成功制得白磷,其步骤如下:

> 用小火将尿液缓慢蒸发,剩下一种几乎是干的黑色物质。将这种物质在一个洞里放置三四个月任其腐化(putrelier),然后拿出 2 磅该物质与 2 倍的沙混合。将混合物放入陶质蒸馏甑,封好口,将 2、3 品脱水倒进一个颈部稍长的玻璃接收容器,将蒸馏甑和接收容器接好,置于火上直接加热。先用小火加热 2 小时,再让火一点点变大,强火加热 3 小时。3 小时以后,先是有少量水状馏分(flegme)进入接受容器里,然后是少量的挥发盐(sel volatile),接着是大量黑色的恶臭油状物,最后是大团白色的磷物质出现,如同薄膜一样附着在接受容器的器壁上,或以沙

---

① Lawrence M. Principe, "Chymical Exotica in the Seventeenth Century, or, How to Make the Bologna Stone", *Ambix*: *The Journal of the Society for the Study of Alchemy and Early Chemistry*, vol. 63. no. 2(2016), pp. 134 – 135.

粒状落入容器底部。①

赫弗指出,正是翁贝格的工作让法国人第一次知道白磷的这种制备方法。② 实际上,翁贝格的《奎科尔的可燃磷制取方法》一文发表在《皇家科学院院志与论文集》上,将原来仅有少数几位炼金术士掌握的秘方传播到整个欧洲。炼金术实践一旦脱离秘传传统,进入公共空间,为知识共同体所共有,便成为了化学知识。

翁贝格在《对磷的各种实验》(Diverses experiences du phusphore)中进一步研究了磷物质的性质。他指出,存在两类磷物质:第一类日夜都发光,可以从尿、肉、骨、血、粪中提取;第二类需要置于阳光下一整天才能发光。这一分类相当于区分了今天所说的磷和磷光物质。他观察了磷的可燃性:"磷的火焰总是能够引燃樟脑,不管樟脑球有没有碾碎;人们可以看到樟脑燃烧地比硫和枪炮用的火药都要剧烈。"③他认为,磷不能被看作一种简单物质,但是它是尿液里最有油性的成分,集中在一种具有强可燃性的土里。他还发现,制取磷最好用刚饮过啤酒的人的尿液。这在今天看来是很有道理的,因为谷物里面富含磷。这些针对物质性质本身的研究已经完全褪去了神秘主义色彩。

四、化学基质的物质化

与很多"前拉瓦锡时期"化学家一样,翁贝格留给世人的印象是实验水平高超,但是理论上却没有什么建树。丰特奈勒称赞翁贝格追寻"自然界的

---

① Wilhelm Homberg, "Maniere de faire de phosphore brulant de Kunkel", *Mémoires de l'Académie Royale des Sciences, depuis 1666 jusqu'à 1699*, Tome X, Paris: La Companie des Libraires, 1730, pp. 84 – 90.

② Ferdinand Hoefer, *Histoire de la chimie, depuisles temps les plus reculés jusqu'à notre époque*, Tome II. Paris: Bureau de la Revue Scientifique, 1843, p. 309.

③ Wilhelm Homberg, "Diverses experiences du phusphore", *Mémoires de l'Académie Royale des Sciences, depuis 1666 jusqu'à 1699*, Tome X, Paris: La Companie des Libraires, 1730, pp. 110 – 115.

逸闻如同历史学家研究第一手材料"的同时,无意间透露出这位科学家在知识整合方面的弱点。① 20世纪著名化学史家帕廷顿在《化学史》一书中也说,翁贝格"在实验方面比理论方面要成功得多"②。然而,可以以一种更细微的视角看待化学家在分散、渐进和迂回的化学史上所做的理论努力。

翁贝格进入科学院之际,波义耳的微粒论和医药化学派的基质论之间的对立已经持续了20年有余。微粒论凭借实验物理学的成功显示出话语上的优势,但是尚处于想象层面的物质微粒无法直接解释化学过程;医药化学派的基质理论虽然与实际观察也有很大一段距离,但是火分析操作方法(燃烧、煅烧、蒸馏、发酵)在实验室一直普遍使用,"物质在火的作用下分解为硫、汞、盐三种基质"这一化学反应的火分析模型依然具有很大的影响力。面对哲学和实践两个层面之间出现的巨大鸿沟,需要建构化学理论来填补。而作为一位学院派科学家,理论建构本身也是翁贝格必然背负的职业期望。因此,翁贝格试图从理论上寻找新的平衡点。他在火分析模型的基础上引入了化学反应的合成模型,对化学基质进行了物质化的改造。

翁贝格进入科学院后,被指派的第一个任务是对《植物志》项目(*Histoires des plantes*)的实验结果进行评估。17世纪70年代开始,巴黎科学院开展了一项集体项目《植物志》。该研究的目标之一是用化学方法确定每一种植物的成分,即含有多少硫、汞、盐等,再将其成分组成与物性和药效联系起来。③ 作为对波义耳的回应,这一研究使用传统的蒸馏方法,令蒸馏过程更加标准化,并且采取温和加热的方式,以避免出现波义耳说的物质成分破坏或生成新物质的情况。到17世纪90年代,负责样品化学分析的布尔德兰(Claude Bourdelin, 1621 – 1699)对2000多个植物样本进行了蒸馏。这相当于传统的火分析模型在应用和影响上达到了最高峰。然而,翁贝格看到的结果却不尽如人意,有时候两种植物样本分析得出的组分一样,有时候同

---

① Ferdinand Hoefer, *Histoire de la chimie, depuisles temps les plus reculés jusqu'à notre époque*, Tome II. Paris: Bureau de la Revue Scientifique, 1843, p. 309.
② James R. Partington, *A History of Chemistry*, Vol. 3. London, Macmillan, 1962, p. 43.
③ Denis Dodart, *Mémoires pour servera l' histoires des plantes*, Paris: l' imprimerie royale, 1676, pp. 2 – 12.

一植物样本两次分析结果不一致。面对这种情况,他一开始想对蒸馏方法本身做一些改进,例如用酒精代替水做样本溶剂,或者将植物样本先用"矾精"(l'sprit de vitriol,即硫酸)浸泡再进行蒸馏。这些方法显然没有奏效。在考察大量实验结果之后,翁贝格得出结论说,"无法通过分析植物而完全了解其药效"①。也就是说,他否定了《植物志》项目采用的火分析反应模型。

同一年,翁贝格在《化学论文》(Essais de Chimie)中阐明化学学科的基本目标和方法时说:"化学是这样一门技术,它将化合物还原为组成它们的基质,又用火将不同的物质合成新的物质。"②在这一定义中,"还原"沿袭了医药化学派的火分析模型,"合成"则应和了波义耳的观点。在当时,像这样明确指出化学的另一半任务是合成且合成的结果是生成新物质是比较新颖的提法,因为人们普遍将物质合成看作一个类似于物理混合的过程,即便是像莱默里的畅销教科书《化学教程》也只强调"化学是将不同物质分离的技术,这些物质在一种混合物(mixte)中汇集"③。

医药化学派的火分析模型与基质理论是互为支撑的。翁贝格既然打破了前者,就需要为后者寻找新的支撑。他首先对物理学和化学进行了清晰的划界,提出,"基质"(principia)这个词可以分成两层含义,一种是哲学意义上的,是物质最根本的机械属性;另一种是经验意义上的,看得见、摸得着的。第一种基质的形状、组合和运动方法尚处于未知,而第二种基质却在现有条件下可以得到明确的辨别、恰当的操作以及合理的解释,化学家讨论的对象应该是第二种基质。如此一来,基质论与微粒论的矛盾被搁置一边,一种工具可操作性代替微粒论为化学基质提供了物质实在性。

翁贝格认为化学基质分为 5 种,即硫、汞、盐、土和水,其中硫是活性的,土是惰性的,其他 3 种元素是中性的。在 1702—1709 年连续发表的《化学论文》中,他结合大量化学现象对化学基质的性质进行详细的阐述。在总论之

---

① F. L. Holmes, "Analysis by Fire and Solvent Extractions: the Metamorphosis of a Tradition", *Isis*, vol. 62, no. 2(June 1971), pp. 128 – 148.

② Wilhelm Homberg, "Essais de Chimie", *Histoire de l' Académie royale des sciences, Année MDCCII, avec les Mémoires de Mathematique & de Physique*, Paris: Chez Gabriel Martin, Jean-Baptiste Coignard fils, Les Frères Guerin, 1743, *Mémoires*, pp. 33 – 52.

③ Nicolas Lemery, *Cours de Chymie*, Paris: Chez l' autheur, 1675, pp. 4 – 5.

后紧接着讨论了盐基质(总论与《论盐》篇并入一篇),第三篇及其续篇讨论硫基质(《化学论文第三篇·论硫基质》(*Suite des essais de chimie. Article Troisième. Du Souphre Principe*),《化学论文第三篇续篇》(*Suite de l'article trois des Essais de chimie*))①②,第四篇讨论汞基质[《化学论文第四篇·汞基质》(*Suite des essais de chimie. Art. IV. du Mercure*)]。③

  从表面上来看,翁贝格的基质理论只是在三基质理论的基础上增加了水和土两种基质,并且沿袭了斯多葛学派以来对于活性物质和惰性物质的划分。然而,帕拉塞尔苏斯派具有半精神、半物质性质的基质到了翁贝格这里,已经完全变成具体实在的化学基础物质。这种"物质性"主要反映在化学基质参与的具体化学过程当中。

  以翁贝格对硫基质的研究为例。前面提及,1702年,翁贝格观察在透火镜作用下金的煅烧现象。他将金块放在不同位置,观察三种现象:一、将金块放在凸透镜焦点位置。反应开始后,金化成无数小颗粒溅落。通过显微镜观察,发现这些小颗粒是金。二、将金块放在离焦点稍远一点的地方。反应开始后,金开始冒烟,变成一种半透明的深色玻璃状物质。反应结束后,称量这种物质,发现其重量比反应前金块的重量要轻。三、将金放在比第二种情况更加偏离焦点的位置。反应开始后,金只冒烟,缓慢反应,没有发生玻化现象。为了令反应继续进行,只得将金块又移至距离焦点稍近的位置,于是第二种情况中的现象再一次出现。

  对于上述现象,翁贝格提供的解释为:在第一种情况下,强热条件令金块直接还原为组成金的基本粒子。第二种情况是金分解为三种化学基质:

---

① Wilhelm Homberg, "Suite des essais de chimie. Article Troisième. Du Souphre Principe", *Histoire de l'Académie royale des sciences*, Année MDCCV, avec les Mémoires de Mathematique & de Physique, Paris: Chez Gabriel Martin, Jean-Baptiste Coignard fils, Hippolyte Guerin, 1730, *Mémoires*, pp. 88-96.

② Wilhelm Homberg, "Suite de l'article trois des Essais de chimie", *Histoire de l'Académie royale des sciences*, Année MDCCVI, avec les Mémoires de Mathematique & de Physique, Paris: Chez Gabriel Martin, Jean-Baptiste Coignard fils, H. Louis Guerin, 1731, *Mémoires*, pp. 260-272.

③ Wilhelm Homberg, "Suite des essais de chimie. Art. IV. du Mercure", *Histoire de l'Académie royale des sciences*, Année MDCCIX, avec les Mémoires de Mathematique & de Physique, Paris: La Companie Libraires, 1733, *Mémoires*, pp. 106-117.

上升的烟是汞基质,玻化反应是由硫和土两种基质混合而成的结果,"热将硫基质的粒子搅动起来,让他们相互穿透,一个硫粒子把两个土粒子分开"。由于硫和土是两种异质性的物质,其混合物的物质结构有较大的内部空间,可以更大程度地透光,所以混合物具有半透明性。又由于汞以烟的形式上升,剩下的玻化产物重量减少。① 对于第一种现象的解释几乎完全是波义耳式的;对于第二种现象的解释延续了传统的分解模型,但是参与反应过程的所有物质都是具体有形的,反应本身是机械运动。

  翁贝格紧接着又在透火镜下对银铅合金和银锑合金进行了煅烧实验。实验的结果是:银铅合金只是在表面形成一层厚粉末,没有发生玻化现象;银锑合金与金的煅烧现象相似。翁贝格依然用硫粒子的活性来解释玻化现象:因为银里面只含有极少的硫,却含较多的土,银铅合金被加热后,没有大量的硫粒子运动进入土粒子,因而玻化反应不能发生;但是锑里面含有较多的硫,因而能够产生玻化现象。在透火镜照射下发生煅烧的过程中,具有活性的硫将金的原子无限分散,待煅烧反应结束后,硫停止运动,金的原子之间间隙变小,所以煅烧产物不易溶解于盐精(即盐酸),也没有明显的冒泡现象。

  既然玻化反应的原因是硫基质的活动,而金属煅烧本身又是在光束照射下发生的,翁贝格很容易地将硫与光联系在一起。他得出结论说,形成光线的"光物质"与参与化学反应的硫基质在本质上完全是相同的。尽管光与火两种现象被自然哲学家经常联系在一起,亚里士多德的火元素和帕拉塞尔苏斯的硫基质在化学家那里也常被模糊混用,但是只有翁贝格给出了详细具体的实验步骤和完整的化学过程模型。在他的论述中,火、光和硫这三个历史上模糊的概念变为同一种具体的物质,其独特活性也只是一种机械驱动力,完全褪去了贯穿千年思想史的神性。1705 年,他进一步论证了"光

---

① Wilhelm Homberg, "Observations faites par le moyen du Verre ardent". *Histoire de l' Académie royale des sciences*, Année MDCCII, avec les Mémoires de Mathematique & de Physique, Paris: Chez Gabr. Martin, Jean-Baptiste Coignard, & Les Rreres Guerin, 1743, *Histoire*, p. 36.

物质"穿过透镜与锑和水银结合令其增重的过程。① 翁贝格对于增重现象的观察和化合反应模型的提出为后来拉瓦锡否定燃素理论、提出氧化理论打下了基础。

从1692年到1714年,翁贝格在《皇家科学院院志与论文集》上发表了60多篇化学论文。一直到1786年,《皇家科学院院志与论文集》上刊发的论文仍不断援引、重复和扩展他的各种实验,包括对金属锑、磷、有机物质的研究、金属煅烧、酸碱中和和透火镜应用等。这位站在炼金术与现代化学交界处的化学家在实验、理论和建制方面履行了自己的过渡型学者使命,推动化学从波义耳的反传统走向拉瓦锡的整合。赫弗称其"属于培根、伽利略、波义尔开创的实验哲学这一伟大学派"②。1952年,在翁贝格诞辰300周年之际,《自然》杂志评价他:"以原创性的观察和发现丰富了化学学科,有一些观察发现尽管带有炼金术色彩,却禁得住时间的考验。"③

(原载《自然辩证法通讯》2020年第7期)

---

① Wilhelm Homberg, "Suite des essais de chimie. Article Troisième. Du Souphre Principe", *Histoire de l'Académie royale des sciences*, *Année MDCCV, avec les Mémoires de Mathematique & de Physique*, Paris: Chez Gabriel Martin, Jean-Baptiste Coignard fils, Hippolyte Guerin, 1730, *Mémoires*, pp. 93 – 94.

② Ferdinand Hoefer, *Histoire de la chimie, depuisles temps les plus reculés jusqu'à notre époque*, Tome II. Paris: Bureau de la Revue Scientifique, 1843, p. 307.

③ "Wilhelm Homberg"[J]. *Nature*, vol. 169(1952), p. 16.

青年兰克与普鲁士国家

景德祥

【提要】 长期以来,兰克被视为普鲁士专制国家的支持者或代言人,这一总体印象虽不无依据,但忽视了两者关系漫长而复杂的发展过程。仔细考察兰克的书信以及其他相关史料,我们可以发现,青年兰克与普鲁士国家之间曾有过很深的隔阂。兰克与德国自由与民族运动的领军人物关系密切,他三个弟弟都曾受到普鲁士高压政策不同程度的冲击,他本人也一度因不满普鲁士的政治高压而打算放弃普鲁士的教职,移民巴伐利亚。兰克与普鲁士国家的合作关系,是在其史学研究得到了普鲁士政府的认可与支持之后才逐渐建立与发展起来的。

【关键词】 兰克　普鲁士　德国史学史　史学与政治

利奥波德·冯·兰克(Leopold von Ranke, 1795 – 1886)是19世纪德国最为著名的历史学家,也是至今在国际史学界影响最大的德国历史学家。他与普鲁士国家的紧密关系似乎是不言而喻的。这方面的证据确实非常多。例如,伊格尔斯就在其《德国的历史观》中指出,兰克曾就国家得出结论,"国家是如此有意义的单位,以至于它们本身就是目的,而且在追求自己的切身利益时,它们所做的只能是好事"[①]。这是兰克对国家的一般性评论,其中无疑也包括对普鲁士国家的肯定。更为具体的证据也比比皆是。例如,兰克曾应普鲁士政府之邀创办过《历史—政治杂志》、撰写过《普鲁士历史九书》、1841年被任命为"普鲁士国家历史学家",1865年又被封为普鲁士

[①] 格奥尔格·G.伊格尔斯:《德国的历史观》,彭刚、顾杭译,译林出版社2006年版,第100页。

贵族(其名 Leopold Ranke 由此变为 Leopold von Ranke)。除了这些外表的证据,我们还可以找到许多兰克对普鲁士国家及国王表达忠诚的言论。例如,1868年3月22日,在普鲁士国王威廉一世的生日期间,兰克献上了自己刚出版的《英国史》的最后一册。在附信中,兰克写道:"与以往一样,国王陛下在最近几年里也一直给予我您的恩赐。但愿我以后还能得到它!","这是普鲁士历代国王的光荣传统,即不参与国家治理或战争的科学家也不被最高层所忽视!而对于他们来说这又是一种收获,即他们知道,他们是被普遍的国家利益共同体所接纳的:这使他们的忠诚的奉献倍增——国王的幸福就是他们自己的幸福"①。5年后的1873年11月18日,兰克又给已是德意志帝国皇帝的威廉一世献上了自己的新书《普鲁士国家的起源》,并附上了一封同样谄媚的信:"这本书虽然只是我的《普鲁士历史九书》第1册的一个新版本,但实际上是一本新作。就皇帝陛下对我提出的、使我感到荣幸的、把我的精力用于研究最崇高的您的国家与皇室历史的要求,我在以前多本著作中作出了努力,但以前的努力都没有在这本书中多。但愿我没有失败。"②可以说,兰克对普鲁士国家的忠诚乃至阿谀逢迎,溢于言表。

但是,青年兰克并不是这样的,30岁以前的兰克与普鲁士国家之间曾有过深深的裂痕。

一

兰克与普鲁士国家的关系,开端于一场近乎"亡国"的经历。兰克原本不是普鲁士人,他的家乡,位于图林根地区温斯特鲁特(Unstrut)河畔的小镇维厄(Wiehe),在1795年兰克出生时还属于萨克森选侯国。1789年,法国大革命爆发。1792年,普鲁士与奥地利曾一度出兵干涉,但3年后普鲁士与法国签订了巴塞尔停战协定。1806年,普鲁士在萨克森的支持下再次举起反法大旗,兰克的家乡也因此被卷入战争的动乱之中。兰克在其1875年的自

---

① Leopold von Ranke, *Neue Briefe*, bearbeitet von Bernhard Hoeft, hg. von Hans Herzfeld, Hamburg 1949, S. 506–507.

② Leopold von Ranke, *Neue Briefe*, S. 609.

述中讲到,当时家乡维厄经常有军队或难民经过,威武的普鲁士骑兵给男孩兰克留下了深刻的影响。在看到诋毁普鲁士国王的传单时,他还曾感到愤怒。① 1806年10月14日,拿破仑军队与普鲁士军队在离维厄不远的耶拿与奥尔斯泰德鏖战。兰克与几个小伙伴听到炮声后一起奔上家乡的一个小山头向战场方向眺望,并在地上挖坑,试图在坑里更好地听到炮声。②普鲁士的失败似乎没有给少年兰克留下什么特别的记忆。1809年,兰克进入萨克森著名的普佛塔(Pforta)修道院学校学习。1813年,拿破仑军队从俄罗斯败退经过德国,萨克森再次成为战场。18岁的兰克亲眼看见拿破仑与随从一起从普佛塔学校校门口经过。③ 同年10月16—19日,反法同盟在莱比锡的"民族大会战"中取得对拿破仑军队的决定性胜利。兰克在普佛塔学校校门听到提尔曼(Johann Adolph Freiherr von Thielmann)将军宣布胜利的捷报。④

1814年4月,兰克从普佛塔学校毕业,到莱比锡大学学习神学与古典语言学。此时,德国土地上的抗法战争已经胜利结束,许多志愿参战的德意志青年,包括参加过具有传奇色彩的"吕佐夫志愿军团"的战士也进入了大学课堂,其中一些成为了兰克关系密切的同学,如兰克的学长(Obergeselle)施密特(Karl Friedrich Schmidt)、叙峰(Ernst August Süvern)都曾是吕佐夫军团的军官。⑤ 兰克在自述中承认,这些同学关于参战经历的讲述使他满怀德意

---

① 参见 Leopold von Ranke's Sämmtliche Werke, Band 53-54, hg. von Alfred Dove, Leipzig 1890, S.45。兰克一生做过四次自述,分别是在1863、1869、1875、1885年。四份自述内容各有侧重,篇幅都不长,覆盖时段最长的自然是最后一份。在兰克1886年去世后,四份自述与部分信件等文稿由其助手多佛(Alfred Dove)于1890年作为《兰克全集》的最后两册(第53、54册,合订本,即前引书)出版。

② 兰克在1863年的自述中说他听到了炮声,但在1875年的自述中则说没有听到。可能的是一开始是听到了,"没有听到"是指没有在小伙伴们挖的地坑里听到炮声,参见 Leopold von Ranke's Sämmtliche Werke, Band 53-54, S.12, S.46。

③ 参见 Leopold von Ranke's Sämmtliche Werke, Band 53-54, S.58。不过拿破仑军队此时还是由西向东地经过普佛塔学校校门口,在前往1813年5月2日发生的吕城(Lützen)战役的路上,不是在由东向西的最后败退之中。参见 Leopold von Ranke, Aus Werk und Nachlass, Band I, Tagebücher, hg. von Walter Peter Fuchs, München-Wien 1964, S.456。

④ Leopold von Ranke's Sämmtliche Werke, Band 53-54, S.46。

⑤ Dietmar Grypa(Hg.), Gesamtausgabe des Briefwechsels von Leopold von Ranke. Band 1: 1810-1825, Berlin/Boston 2016, S. XXVII。

志爱国激情。① 但是,1814—1815 年的维也纳会议给了兰克一个沉重的打击。萨克森由于在 1806 年年底又倒向了拿破仑,并得以晋升为王国,因而在维也纳会议上受到了严厉的惩罚,其包括维厄在内的大片领土被割让给普鲁士,成为普鲁士的一个"萨克森省"。兰克因此成为了"亡国奴",被迫成为了普鲁士人。兰克在自述中谈到,这一消息在莱比锡大学引发了"极其痛苦"的感受,而职业是律师的父亲却因以往与萨克森法律及司法机构的不愉快经历而欢迎这一时局的变化,并且鼓励儿子到普鲁士国家机关去谋公职。兰克也在自述中说,受父亲的影响,他也不再考虑"变天"的可能,愿意专心服务于普鲁士国家。②实际上,兰克对萨克森怀有深厚的感情,对家乡被割让给普鲁士深感痛苦,对普鲁士心存芥蒂。在莱比锡战役后,萨克森国王弗里德里希·奥古斯特一世被监禁于施威特(Schwedt),兰克于 1814 年 4 月 2 日写过思念国王的长诗(An den König)。1815 年 5 月,国王被释放,兰克又写下了为其欢呼与辩护的笔记,其中称此时的萨克森是"被卑劣地撕碎、分裂的国家"③。

1817 年 2 月 20 日,兰克在莱比锡大学通过了毕业考试,获得艺术硕士与哲学博士学位。④ 最迟自 1816 年年底起,兰克一直致力于撰写一部关于马丁·路德的著作,但由于涉及面太广,未能在纪念路德宗教改革 300 周年

---

① *Leopold von Ranke's Sämmtliche Werke*, Band 53 – 54, S.47.
② 参见 *Leopold von Ranke's Sämmtliche Werke*, Band 53 – 54, S.47。
③ 参见 Leopold von Ranke, *Aus Werk und Nachlass*, Band I, *Tagebücher*, S. 43 – 45, S. 259 – 261。
④ 长期以来,人们习惯性地认为,兰克是通过撰写一篇博士论文获得博士学位的。例如,德国学者约恩·吕森(Jörn Rüsen)与斯特凡·约尔丹(Stefan Jordan)在他们为兰克《近代史家批判》中文版撰写的编者导言中错误地把兰克 1824 年出版的第一本书《罗曼与日耳曼诸民族史 1494—1535》当作他的博士论文。译者孙立新指出了这一错误,但又认为兰克的博士论文是关于修昔底德的,参见利奥波德·冯·兰克著、孙立新译:《近代史家批判》,北京大学出版社 2016 年版,第 19 页。实际上兰克并没有写博士论文,也没有写硕士论文,而是按照传统的程序,通过一次口试获得艺术硕士及哲学博士双学位。20 世纪 80 年代以来,这一事实才逐渐被澄清,但还未被广为人知。参见 Siegfried Hoyer, Leopold von Ranke als Student in Leipzig, in: Karl Czok (Hg.), *Wissenschafts - und Universitätsgeschichte in Sachsen im 18. und 19. Jahrhundert. Nationale und Internationale Wechselwirkung und Ausstrahlung*, Berlin 1987, S. 217 – 225, S. 220; Günter Johannes Henz, *Leopold von Ranke in Geschichtsdenken und Forschung*, Berlin 2014, 2 Bde., Band I, S.24; Dominic Juhnke, *Leopold von Ranke. Biographie eines Geschichtsbesessenen*, Berlin 2015, S. 18; Andreas Dieter Boldt, *Das Leben und Werk von Leopold von Ranke*, Oxford/Berlin/Bern 2016, S. 86。

之际完成。这一研究一直持续到1817年年底。出于生计考虑,他不得不终止个人的研究,开始寻找工作。①他也因此与普鲁士国家产生关系。

1818年2月7日,仍然身处萨克森莱比锡的兰克给普鲁士的萨克森省政府写了一封求职信。该信表达了他申请梅尔泽堡(Merseburg)学校副校长职位的意愿,也谈了他选择教师这一职业并且决定在普鲁士任教的动机。兰克以第三人称写道,莱比锡大学毕业以后,"他最希望的就是,用自己学到的知识为祖国服务。他也思考过,可以做些什么:他认识到,国家的职业中没有一个会比青年的教育者,更合适他天生的爱好,更能让他在其中有望发挥作用。他收到了多个聘请,邀请他去这儿或那儿;但他在德国没有找到一个比普鲁士——这是他的祖国——让他更愿意在那里行使这个职业的国家。因为他自感认识到,只有这个国家以一种能够有望取得杰出成就的认真态度来抓青年的教育,并且尊重教师,让他们能够保持自己的本色。因此他决定,为这一国家服务"②。

这是一封虚实参半的求职信。首先,兰克此时的心思并不在于"用自己学到的知识为祖国服务",而是在于继续其个人的研究,但出于生计的考虑不得不找一份工作。而他在此情况下干什么工作的考虑,又是真实的,当老师确实最适合他的性格与天分。关于已经收到"多处聘请"而偏偏选择了普鲁士的说法与解释,也有很多水分。前一半是不真实的,而后一半与其说是在说服省政府,不如说是在说服自己服务于普鲁士国家,在阐述自我说服的心路历程。兰克在信中违心地称普鲁士为自己的"祖国",表示愿意为普鲁士服务,理由是他的观察与认识,即普鲁士国家十分重视青年的教育,并且尊重教师的个性。这里面既有部分符合事实的观察,更有自己主观的期待,在颂扬普鲁士的表面说明中隐藏着对普鲁士的一种"有条件的臣服"。

虽然给梅尔泽堡中学的求职信已经让原萨克森人兰克委屈了,但他并没有得到想要得到的职位,还有一次面向自己的母校普佛塔学校的求职也

---

① Dominic Juhnke, *Leopold von Ranke. Biographie eines Geschichtsbesessenen*, S. 19;另参见兰克1863年的自述,*Leopold von Ranke's Sämmtliche Werke*, Band 53 - 54, S. 31。

② Dietmar Grypa(Hg.), *Gesamtausgabe des Briefwechsels von Leopold von Ranke. Band 1*:1810 - 1825, S. 65.

没有成功。最后在莱比锡大学赫尔曼(Gottfried Hermann)教授的介绍下,兰克于1818年4月获得了柏林以东约50公里、奥德河畔法兰克福①的弗里德里希中学一个高中教师(Oberlehrer)的职位,专业是古代语言与历史。该校校长坡坡(Ernst Friedrich Poppo)是赫尔曼的学生,也是兰克的大学校友。同年夏天,兰克在柏林通过了教师职业考试,随后到法兰克福弗里德里希中学任教,由此进入了普鲁士国家体制,成为了一名普鲁士的"公务员"。

二

维也纳会议以后的德国,以青年学生为主体的德意志自由与民族运动风起云涌。在维也纳会议上,德意志邦国建立了松散而保守的德意志邦联(Deutscher Bund),使得那些参加过反拿破仑战争的激进学生极为失望,他们随即投入了争取实现自由与统一的民族国家的政治运动。反拿破仑战争中的风云人物、波恩大学教授与政治作家恩斯特·莫里茨·阿恩特(Ernst Moritz Arndt)、前吕佐夫军团军官、爱国体操运动的创始人弗里德里希·路德维希·扬(Friedrich Ludwig Jahn)等人成为他们的精神领袖。1815年10月,第一个德国大学生协会(Deutsche Burschenschaft)在耶拿大学成立。1817年10月18—19日,为纪念路德宗教改革300周年以及莱比锡战役胜利4周年,德国各地的大学生在瓦特堡举行盛大集会。同年9—10月,兰克曾与同学一起到莱茵河流域旅游,他是否也参加了瓦特堡集会,尚不得而知。② 在莱比锡大学期间,兰克已经受到德意志民族运动的影响,但还可以专心于学业与研究,而到了法兰克福之后,他很快就被深度卷入自由与民族运动之中。

1818年夏,在兰克来到法兰克福后不久,体操运动领袖扬(1778年生,被年轻的追随者昵称为"扬爸爸",Vater Jahn)也带领追随者来到这里,开展

---

① 德国还有一个美因河畔的法兰克福,下文的"法兰克福"都是指奥德河畔的法兰克福。
② 参见 Dominic Juhnke, *Leopold von Ranke. Biographie eines Geschichtsbesessenen*, S. 18。

宣传活动。兰克与其弟弟海因里希①慕名前往扬下榻的"金狮酒店"(Hotel zum goldenen Loewen)拜访，并与其彻夜畅谈。② 受扬的影响，兰克兄弟还计划在法兰克福建立一个体操运动分基地。但是，德国政治形势很快发生重大转折。1819年3月23日，激进青年桑德(Karl Ludwig Sand)刺杀了保守剧作家及沙俄间谍柯策布(August von Kotzebue)，在德国引发极大震动，德意志邦国开始严厉打压自由与民族运动。就桑德事件，兰克与弟弟海因里希有过激烈的争辩。出于对上帝的信仰，兰克坚决反对桑德的极端行为："你不可杀人！这是上帝的戒律！"③1819年7月，扬被当局拘捕。1819年8月1日，海因里希在从德国北部吕根半岛的返程中经过柏林，顺路探望了扬的母亲与妻儿，回到法兰克福后向兰克作了汇报。海因里希对扬被捕的愤慨也感染了兰克。④ 此时普鲁士的政治气氛已经十分紧张。柏林大学神学教授德维特(Wilhelm Martin Leberecht de Wette)因给桑德母亲写了一封同情其儿子的信而被撤职。但兰克不怕牵连，决定给法兰克福地区区长魏斯曼(Friedrich Ludwig August von Wissmann)写信，为扬申辩，信中提到了他与扬在1818年的交谈，其他一些细节可能来自海因里希的汇报。⑤ 他写道："首先，我知道，我保证：我可以发誓，人们所传言的在阿恩特与扬等首领之间的

---

① 为了行文方便，下文涉及的兰克的几个弟弟都只用其名，不用其姓，"兰克"只是指本文的主人公利奥波德·冯·兰克。
② Friedrich Heinrich Ranke, *Jugenderinnerungen mit Blicken auf das spätere Leben*, S. 105 – 106.
③ Friedrich Heinrich Ranke, *Jugenderinnerungen mit Blicken auf das spätere Leben*, S. 112.
④ 多米尼克·容克(Dominic Juhnke)在其《兰克传》中认为，兰克于1819年8月1日探访了扬的家人，但没有提供专门的史料依据，参见Dominic Juhnke, *Leopold von Ranke. Biographie eines Geschichtsbesessenen*, S. 31。该书此处的上下文引用的主要史料是海因里希的回忆录。而回忆录的记载很明确，是海因里希在从吕根返回法兰克福的途中在柏林看望了扬的家人，并在回到法兰克福后向兰克汇报了这次旅行的经历，包括扬及其家人的情况，参见，Friedrich Heinrich Ranke, *Jugenderinnerungen mit Blicken auf das spätere Leben*, S. 138 – 140。因此，基本可以肯定，兰克没有与弟弟一起或者单独去看望过扬的家人，否则这些都应该在海因里希的回忆录中有所反映。奥托·迪特(Otto Diether)在其著作《利奥波特·冯·兰克作为政治家》中推测，兰克应该是在听到海因里希关于扬及其家人的近况后才决定给法兰克福区长写信的，这个推测是比较合理的，参见Otto Diether, *Leopold von Ranke als Politiker. Historisch-psychologische Studie über das Verhältnis des reinen Historikers zur praktischen Politik*, Leipzig 1911, S. 61。
⑤ Dietmar Grypa(Hg.), *Gesamtausgabe des Briefwechsels von Leopold von Ranke. Band 1:1810 – 1825*, S. 95 – 101.

联络,过去与现在都不存在——我认识那些被指责的人,我得到其中一部分人的信任。我曾经与扬一起座谈到深夜。没有一件关乎祖国利益的事,没有一种关系,没有一件日常事务,不进入我们谈话的范围。'我们应该把小事情做好,改善学校、解放农奴,让乡村、城市秩序焕发生机,等等。这确实是历史的教训。基督教、宗教改革,所有轰轰烈烈开始的,都被鲜血污染了。血流的喷射熄灭了太阳的光辉。'这是他的学说。他的心是激动的,它向我打开了:如果他说了谎,那么就没有人说过真话。他尤其警告青年不要参加秘密社团。当(18)07—(18)13 年间每个人都在寻找秘密同盟,为爱国热情寻找同伴的时候,他一直是孑然一人。人们指责他带着匕首,但其中一把是菜刀,另一把是 1815 年他作为信使去巴黎时带的。人们把他视为秘密活动的首领,而他在给妻子的信中写道,'纯洁的良心可以帮助我们承受一切压力'。"

兰克还为因通信中有激烈言论而被捕的大学生辩护:"几个不小心的学生在他们的书信中写了几句荒唐的话。一封信里什么内容不会有呢? 一个年轻人什么话不会说? 谁在对书信的内容上纲上线(Wer saugt nun das Gift aus den Briefen?)? 人们在弗莱堡也抓了学生;又不得不放了他们。那些报纸,起初满是危言,开始沉默了。这就证明没有找到证据。"

兰克甚至认为,那些有激进言论的信件是极端分子伪造的,是"要让政府、国王确信阴谋的存在"。最后,兰克激动地对区长说:"高贵的先生,请您原谅我情绪的爆发。我不愿意也不能压抑它! 如果能让您与青年和解,我什么都可以做! 我写了我想写的话,哪怕引起您的不快,也值得。"

兰克显然是动情了。但是有学者指出,兰克其实并不了解实情。扬实际上在大学期间就参加过秘密社团,1810 年又与其他体操运动人士成立了"秘密爱国同盟"。后来 1848 年革命的爆发也表明,反对派的危险不是危言耸听。但这封信也说明了当时年仅 24 岁的兰克的单纯与善良。①

---

① 一年后,可能是为了在经济上支持扬的家人,兰克购买了扬的书桌,书桌于 1820 年 9 月被送到兰克在法兰克福的寓所,该书桌陪伴了兰克一生。参见 Dominic Juhnke, *Leopold von Ranke. Biographie eines Geschichtsbesessenen*, S. 31 - 32; Dietmar Grypa(Hg.), *Gesamtausgabe des Briefwechsels von Leopold von Ranke*. Band 1:1810 - 1825, S. XXVII, S. 177。

正值兰克为扬以及青年学生辩护的时候,德意志邦联加快了镇压反对派的步伐。1819年8月,德意志邦国代表在卡尔斯巴德召开会议,商讨如何遏制自由与民族运动。1819年9月,邦联会议正式作出"卡尔斯巴德决议",宣布所有散布敌视公共秩序或破坏现有国家机构基础之学说的大学教师都必须被开除,禁止所有大学生社团,曾参加过社团的大学生不得担任公职。大学生转学须有原校开出无劣迹证明。每个大学都必须设立一个政治监察人员。所有报纸、期刊及小册子出版后都必须接受审查。在美因茨要设立一个调查"革命活动"的邦联中心,监视全德意志邦联的反对派活动。另外,还加强了邦联对不服从乃至受革命威胁的邦国的强制权限。①

卡尔斯巴德决议虽然严厉,但对中学老师兰克暂时还没有什么威胁。不过,对于其弟弟海因里希就不一样了。兰克有4个弟弟,分别是1798年出生的海因里希、1802年出生的费迪南、1804年出生的威廉以及1814年出生的恩斯特。② 除了还很年幼的恩斯特,兰克的其他3个弟弟在1815—1825年都先后进入大学学习,成为大学生一代。由于年龄相近,兰克与大弟海因里希的关系尤其亲密,两人一起度过了童年。1806年10月,海因里希与哥哥利奥波德一起眺望耶拿与奥尔斯泰德战役,此段经历在他的回忆录里有着与兰克自述中同样的记述。他也在1811年步哥哥的后尘来到普佛塔学校上学,与哥哥成为同学。所以,我们可以在海因里希的回忆录中看到许多兰克在普佛塔学校的学习与生活情况。最迟自此时起,哥哥利奥波德就成了性格敏感脆弱的海因里希终身的监护人与精神依靠。1814年,兰克提前离开普佛塔,到莱比锡大学学习,写信成为了两人的主要联络途径。③ 海因里希经常给哥哥汇报自己的学习体会与精神焦虑。在没有哥哥照顾的情况

---

① Thomas, Nipperdey, *Deutsche Geschichte* 1800 – 1866, München 1983, S. 283.
② 参见 Andreas Dieter Boldt, *Das Leben und Werk von Leopold von Ranke*, Oxford/Bern/Berlin, 2016, S. 82, 也参见 Dietmar Grypa(Hg.), *Gesamtausgabe des Briefwechsels von Leopold von Ranke*. Band 1:1810 – 1825 中的相关信息。
③ 兰克1810—1825年收发的275封书信中,兰克本人写给他人的共102封,收到他人来信176封。其中与父母及弟妹的通信共206封,占总数的四分之三,而与大弟海因里希的通信就约占其中一半(共97封,收信46封,写信51封),参见 Dietmar Grypa(Hg.), *Gesamtausgabe des Briefwechsels von Leopold von Ranke*. Band 1:1810 – 1825, S. XVIII.

下,海因里希很快就出了问题。他因擅自离开学校去了同学家乡城市瑙姆堡(Naumburg),而受到了学校的严厉处罚。在兰克的帮助下,海因里希才得以毕业,并于1815年前往耶拿上大学。而耶拿大学又是德国学生运动最激进、第一个成立大学生会的大学,海因里希不可避免地卷入其中,成为学生会的会员。如前所述,1818年夏,兰克到法兰克福中学任教,大学刚毕业的海因里希前来投奔哥哥,正好碰上体操运动领袖扬来此地游说造势。海因里希不仅与哥哥一起拜访扬,与其彻夜长谈,而且追随扬到柏林,成为体操运动的积极分子。① 扬被捕与体操基地被禁后,他还去探望扬的家人,并在给朋友的信中表达了对此事的哀痛与不满。1820年1月4日,海因里希遭警察抄家,其书信被没收,本人也被带到警察局受审。他惊讶地发现,警察的桌上放着自己写给他人的信件。警察要求其解释那些信件中可疑的地方。海因里希作出了解释,似乎得以过关,但信件随后被警察没收,说是要转交给柏林的首相。②

为了给弟弟找出路,兰克建议海因里希申请到自己工作的中学当教师。但要进入公务员系统,就必须服兵役并通过教师职业考试。虽然很不情愿,海因里希还是听取了哥哥的建议,准备服兵役与考试。他也曾经向官方提出免除兵役的申请,但被告知因他参与了政治煽动,申请被拒。1821年年初,海因里希来到法兰克福附近的军营,开始为期一年的兵役,其间他又积极备考教师资格。同年6月21—23日,海因里希来到柏林赶考,考试委员会由几位柏林大学教授组成,其中一人就是哲学家黑格尔。前两天的笔试顺利完成,23日进行口试。有一位教授提问,体育是否对智育也有益?这原本是一个很普通的问题,但海因里希意识到,这在当时是一个很敏感的问题,因为他是扬领导的体操运动的积极分子,正在受到普鲁士国家的监视,过度褒扬"体育"的积极意义会引起嫌疑。不过他还是觉得应该坚持自己的学术良心,尽量平和地表达了体育有益于智育的观点,并沉着应对了哲学家黑格

---

① Friedrich Heinrich Ranke, *Jugenderinnerungen mit Blicken auf das spätere Leben*, S. 105 – 106.
② Friedrich Heinrich Ranke, *Jugenderinnerungen mit Blicken auf das spätere Leben*, S. 156 – 157.

尔的意外干扰,顺利通过了口试。①但是,到了 1821 年 11 月份,海因里希在法兰克福接到未被录取的通知,理由还是他参加过学生会与体操运动。最后海因里希只能离开普鲁士,到巴伐利亚纽伦堡教育协会主办的一所关爱贫困家庭的孩子及孤儿的慈善学校任教。②

弟弟海因里希的遭遇,兰克既是旁观者也是当事人,就其书信被抄走的事件,他比弟弟更为重视,认为问题严重(bedenklich)。他在写信时,也就更加小心了。1820 年 1 月 20 日他在给一位友人写信时,在信的末尾间接地警告对方"看:自 6 点起,我受到来访、学生的干扰,而现在海因里希又来了,要这封信,他简短地说,必须结束这封信。怎么办? 你在未来写信时要防范他"③。海因里希在回忆录中还提到一件事:大概是在 1821—1822 年之交,他在离住所不远的街上遇到兰克。兰克举着约瑟夫·格勒斯(Joseff Goerres)的著作《德国与革命》对海因里希说,"这里你就可以看到,你未来会遇到什么!"④格勒斯是自由与民族运动的头目之一,在该书中激烈抨击了当局对政治异见分子的迫害,包括近乎"活体解剖"的抄家行动。⑤可见兰克

---

① 对海因里希关于体育有益于智育的回答,黑格尔很不以为然,问他知不知道,"(古代)运动员是最愚蠢的人"? 海因里希觉得自己"知道",但自己的观点并没有被驳倒,就以苏格拉底作为反例进行辩解。黑格尔竟然回答道,"是啊,苏格拉底每天都在学校做操;但他也经常在家里跳舞,如果您到我家或在座的一位先生家里来,看到我们在跳舞,您会说什么?"海因里希感到,对黑格尔的不着调言论,在座的其他考官比他自己都要感到震惊,而且黑格尔也不是主考官,对考试成绩没有决定性影响,因此保持沉默,不再申辩,最后还是过了口试关。参见 Friedrich Heinrich Ranke, *Jugenderinnerungen mit Blicken auf das spätere Leben*, S, 219 - 220。

② 临行前,海因里希还跑到柏林,从普鲁士高压政策的代表人物、警察部司长兼文化部教育司长康普茨(Carl Albert Christoph von Kamptz)那里要回了 1820 年 1 月被没收的信件。听说这位年轻人要离开普鲁士,康普茨似乎又有些舍不得,说要找一个教职很容易,他只需写个"申请",就说时间已经过去很久了,自己的想法已经变了。海因里希虽然感到此人出乎意料的和善,但拒绝写检讨,义无反顾地离开了普鲁士。参见 Friedrich Heinrich Ranke, *Jugenderinnerungen mit Blicken auf das spätere Leben*, S. 258 - 259。

③ Dietmar Grypa(Hg.), *Gesamtausgabe des Briefwechsels von Leopold von Ranke*. Band 1:1810 - 1825, S. 130,编者在注释 9 中认为,这是在暗指 1 月 4 日海因里希的信件被警察搜查的事件。

④ Friedrich Heinrich Ranke, *Jugenderinnerungen mit Blicken auf das spätere Leben*, S. 227.

⑤ 格勒斯 1819 年出版的著作《德国与革命》(*Teutschland und die Revolution*)笔者还未找到,对其的内容,有一个侧面的介绍:Doris Fouquet - Plümacher, *Jede neue Idee kann einen Weltbrand anzünden. Georg Andreas Reimer und die preussische Zensur während der Restauration*, Frankfurt/M. 1987, S. 22, Anmerkung 18。

对此时的政治形势非常关心,弟弟被抄家让他感到普鲁士国家的高压政策会愈演愈烈,自己的处境也会越来越危险。

三

兰克的担忧不久便得到证实。1822年4月12日,普鲁士国王弗里德里希·威廉三世颁布了关于解除神职人员、青年的教师以及其他国家官员职务措施的最高内阁法令。按照该法令,对于表现出反对派思想或者妄图对国家制度与机关事务施加直接或间接影响的牧师与教师,普鲁士文化部长阿尔藤斯泰因(Carl Sigismund Franz Freiherr vom Stein zum Altenstein)、内政及警察部长舒克曼(Kaspar Friedrich von Schuckmann)可以不通过法院审判,自行决定解除其职务。另外,"任何一种煽动活动的参与者与支持者不得聘用或晋升,也不能得到公共资金的支持"。文化部部长在以后五年内,在任命任何一位新教师之前,有责任向内政部长索取申请人的政审报告。就上述事务,部长们可以主动出击,不必等待下级部门的举报,且可以忽略高级审查局的报告。①

这一法令使兰克感到普鲁士的高压政策陡然升级了。他与体操运动领袖扬的关系不可谓不密切,弟弟海因里希已经成为政府的打击对象,危险已经迫在眉睫。经过十几天的思考,他决定逃离普鲁士,向巴伐利亚移民。1822年4月28日,他向在慕尼黑一所中学任职的梯尔施(Friedrich Wilhelm Thiersch)写了一封紧急求助信。② 在信的开头,兰克还写了几句客套话,但很快就转入正题:

---

① 参见 *Gesetzsammlung für die königlichen preussischen Staaten*, Berlin 1822, S. 105 – 108;Dietmar Grypa(Hg.), *Gesamtausgabe des Briefwechsels von Leopold von Ranke. Band 1*:1810 – 1825, S. 300, Anmerkung 3。
② 参见 Dietmar Grypa(Hg.), *Gesamtausgabe des Briefwechsels von Leopold von Ranke. Band 1*:1810 – 1825, S. 279 – 281。编者格吕帕认为,兰克与梯尔施其实已经很熟,但为了迷惑巴伐利亚官员的眼睛,兰克在信中假装与他不认识,参见该书引论,S. XXXIII。不过这一说法有待商榷,因为信中谈了许多敏感的政治问题,既然这些问题都没有保密的必要,为什么要对通信人之间的关系保密呢?

"现在有一件急事迫使我给您写信。在普鲁士国家,对教学与教师的压迫以 4 月 12 日的法令达到了一个高度,以至于一个认真细心的人必须逃脱它。这个国家把我从在莱比锡的研究工作中聘请到奥德河畔法兰克福一所中学的一个高中教师职位上,(每年)薪金 600 塔勒尔,(每周)上课 20 个课时,我任此教职已经第四年了。但他撕毁了这一我与他在其以往一项法律基础上订立的协议。有谁自 1819 年以来不会预料到这事呢?"

兰克接着表示,他正在努力完成一项长期而艰难的历史研究,但现在客观形势让他无法实现这一目标。他强调(尽管这不符合实情),不是说他因煽动活动而受到了政治审查的牵连,或者有被解职的顾虑,而是因为"生活在一个以为将其所立足的道德基础从脚下抽走才可以继续生存的国家,是不可忍受的。他其实不是我的祖国:我对他没有义务"。

可见,此时在兰克的心目中,自己的祖国还是萨克森。他与普鲁士之间只是一种契约关系。普鲁士不仅不是祖国,而且还是一个不讲信用、不道德的国家,因此他有权利也必须离开。

兰克继续解释道,他原本也可以移民萨克森,但那里已经挤满了像他那样来避难的普鲁士人,而在其他邦国他连同乡都没有,所以他只能把眼光投向巴伐利亚的几个新教城市。慕尼黑也可以考虑,因为那里的图书馆很好。他询问梯尔施,是否可以帮他在上述城市的中学里找一个教古代语言与历史的高中教师职位,乃至一个"还说得过去的可以自由生活的工作关系"。最后,兰克还请梯尔施能看在"生育与养育了我们的母亲图林根"以及虽然分裂但避难者可以在各个邦国被接纳的德国的面上,给他一个聘请。他的专业能力,梯尔施可以去问他在普佛塔学校和莱比锡大学的教师以及法兰克福中学校长坡坡,他将不会后悔"向一个素昧平生的人伸出了援手"。在信中,兰克的心情是急迫的,姿态是很卑微的,说明他处于极度的精神危机之中。

这封求助信在兰克去世多年后才被发现,其中兰克对普鲁士国家的评价与他后来的相关表述截然不同,因此发现者称之为"一封奇怪的信"。① 兰克也将自己离开普鲁士的想法写信告知了在家乡维厄生活的父母。大弟海因里希在1822年5月7日的来信中说,父母感到十分震惊与焦虑,父亲觉得他一辈子为孩子付出的辛劳都白费了,嘱咐他千万不要在没有找到新工作前辞去现在的工作。②

兰克显然未能如愿移民巴伐利亚,不得不继续留在普鲁士。这使他连续几个月情绪低落,甚至有了后悔进入教师行业及普鲁士公职体制的想法。1822年8月初,他在给二弟费迪南的信中沮丧地写道,"自我们上次见面以来,我一直想着的,4月12日的法令,你应该从维厄那边听说了。我只希望,你们不要都入我这一行,它完全使我们成为公家的奴隶"③。

梯尔施给兰克的回信没有流传下来。但其内容则在兰克1824年6月底给其二弟费迪南的信中被提及,梯尔施帮不了忙的原因很简单:巴伐利亚有足够多的人可以当教师,不用聘请来自普鲁士的"外国人"。④ 而此时费迪南也因普鲁士的高压政策遇到了棘手的问题。

四

在二弟费迪南陷入危难之前,三弟威廉却先遭到了普鲁士高压政策的冲击。1804年出生的威廉于1822年10月入学哈勒大学神学系,并在次年3月就加入了名为"源泉会"的学生组织。1823年12月16日,哈勒警察逮捕了学生会骨干莫里兹·格罗舍(Moritz Grosser),但没有将其按照一般处置关入大学的学生禁闭室(Karzer),而是将他关入了警察局的监狱,800多名(也

---

① Hans F. Helmolt, Ein merkwürdiger Brief Leopold Rankes, in: *Beilage zur Allgemeinen Zeitung* (Ausgabe in Wochenheften), Heft 22, Nr. 105 – 107 vom 1. Juni 1907, S. 34 – 37; *Leopold Rankes Leben und Wirken*, Leipzig 1921, S. 18.

② Dietmar Grypa(Hg.), *Gesamtausgabe des Briefwechsels von Leopold von Ranke.* Band 1:1810 – 1825, S. 285.

③ Dietmar Grypa(Hg.), *Gesamtausgabe des Briefwechsels von Leopold von Ranke.* Band 1:1810 – 1825, S. 300.

④ Dietmar Grypa(Hg.), *Gesamtausgabe des Briefwechsels von Leopold von Ranke.* Band 1:1810 – 1825, S. 607.

就是几乎全部)哈勒大学学生因此上街抗议游行,要求释放格罗舍。威廉也参加了这次抗议活动。① 1824 年 5 月 14 日,正值威廉到大哥那里躲风头期间,同在哈勒大学上学的费迪南来信告知兰克,哈勒大学就参加学生会的学生作出处罚决定。按性质的严重性,分别开除 34 名学生在全德国的大学学籍,开除 70 名学生的哈勒大学学籍。威廉已被 5 人举报,如果他回到哈勒后不能否认参加过学生会,那就将被开除哈勒大学学籍。② 到 1824 年 6 月 20 日,兰克给大弟海因里希去信,告知威廉曾对他说,自己是参加过学生会,但然后就远离了,不必担心,但回到哈勒后威廉还是被开除了本校学籍,不过可以在其他大学上学,并且转学柏林大学。③

威廉所受的冲击刚过,费迪南的麻烦就到。费迪南在 1824 年 5 月 14 日给兰克的信中就提及,如果威廉想要在大学毕业后在普鲁士谋得一个公职,那么就必须还能在一个德国大学毕业,但如果被开除全德范围的大学学籍,那就很难办了。或许是威廉的事刺激了费迪南,使他对于能否在普鲁士谋得公职的事变得敏感了。费迪南即将在哈勒大学毕业,出于兄弟情谊,二哥海因里希决定帮他在自己刚去的纽伦堡学校介绍一个教职。但是,费迪南在哈勒大学已经与一个院长的女儿芳妮(Fanny Pollau)恋爱。对于他来说,到巴伐利亚纽伦堡工作只是一个权宜之计,未来还是要回到普鲁士谋一个公职。而纽伦堡学校因一些教员参与政治煽动,政治名声已经很可疑。这就使得费迪南犹豫了。6 月 23 日,海因里希给兰克来信说,费迪南因纽伦堡学校的教员曾参与政治煽动,担心去了纽伦堡,以后不能再回普鲁士担任公职了。这使海因里希感到非常痛苦,"自复活节以来,全校都等着费迪南的

---

① Dietmar Grypa(Hg.), *Gesamtausgabe des Briefwechsels von Leopold von Ranke*. Band 1:1810 – 1825, S.540, Anmerkung 4.
② Dietmar Grypa(Hg.), *Gesamtausgabe des Briefwechsels von Leopold von Ranke*. Band 1:1810 – 1825, S.586 – 587。当时,对大学生开除学籍的处罚分两种:一种是较轻的,只开除本校学籍,即 consilirt;一种是严厉的,开除全德国大学学籍,即 relegirt,被开除的学生以后不得在任何一所德国大学学习。
③ Dietmar Grypa(Hg.), *Gesamtausgabe des Briefwechsels von Leopold von Ranke*. Band 1:1810 – 1825, S.596 – 598.

到来,而现在却得到了这一消息"①。他希望大哥给予安慰,并指点如何解决这一问题。

兰克的回信显示出敏锐的政治警觉:"这是公共事务第二次介入我们兄弟之间的关系。"②"亲爱的弟弟,有谁比我更知道,你不关心政治、国家与统治,你只想当一名信奉基督教的平民与青年的教师?……当那个旧的嫌疑在你每做一件新事情时都在阻碍你,你会多么痛苦?"兰克为海因里希对事情进行了分析,认为关键在于费迪南从哈勒大学政府监察那里听说的那句话是否属实,即是否他去了纽伦堡以后就不能回普鲁士当公务员。因此费迪南必须亲自去柏林拜访警察部与文化部司长康普茨,去问个究竟。③

6月30日,兰克又给海因里希去信,告知已经决定让费迪南去拜访康普茨。在信的最后,他也告知了他对海因里希上次来信的一个新发现,"你来信上的邮戳是25日,不是你写信的23日。我打开时它没有封蜡,也就是可能由外人拆开过,但没有明显的损坏"。兰克显然明白这是官方人员干的,他感叹地写道,"我真希望,革命,或者人们所称的煽动等事情,从来就没有发生过,我们不必都因一种我们没有责任并且与我们无关的谬误而蒙受痛

---

① Dietmar Grypa(Hg.), *Gesamtausgabe des Briefwechsels von Leopold von Ranke.* Band 1:1810 – 1825, S.599 – 605.
② Dietmar Grypa(Hg.), *Gesamtausgabe des Briefwechsels von Leopold von Ranke.* Band 1:1810 – 1825, S.606 – 608.
③ 有趣的是,除了有有关政治的内容,兰克的回信充满了长兄对胸无大志,只想过安稳小日子的"老三"费迪南的鄙视以及对海因里希兄弟情的独占愿望。兰克写道,纽伦堡的学校有可能因政治原因而被取缔,海因里希或许可以在巴伐利亚或普鲁士当牧师,而费迪南则既不能在巴伐利亚当教师(因为"梯尔施已经给我写信说,那里不会聘请外国人,因为有很多国内人可以当教师"),也不能在普鲁士任公职,那就只能当"难民"了。但是,"最为重要的一点我还没说。如果费迪南坚定地支持你们的观点,那么他会被那个思想所震撼(ergriffen),如果他在寻找你们所寻找的东西,那我就会同意他忘掉新娘、希望、父母,跟随内心的上帝,可以说与你们不顾生死地结合在一起。不过,如果你认为,情况是这样,那么你就错了"。接着兰克写道,昨日,在收到海因里希来信之前,他就问过费迪南,什么是他所追求的最为幸福的状态。费迪南的回答是,"如果我能在托高(Torgau)的一所中学任副校长,能娶芳妮,教一门像样的课,并受到学生们的爱戴"。接着是兰克充满鄙夷的评价:"这就是他那知足的,不像我们那样的追求升华的灵魂。接着,"我真心热爱的弟弟是你,或许,我比费迪南更合适跟着你们走。"参见 Dietmar Grypa(Hg.), *Gesamtausgabe des Briefwechsels von Leopold von Ranke.* Band 1:1810 – 1825, S.606 – 608。

苦"①。既然知道海因里希的邮件受到官方审查,兰克的这句话,既是写给审查信件的官员看的,向官方发出友善信号,也写出了自己不愿意过度介入政治的心声。

7月5日,兰克又给海因里希去信,告知费迪南已经去柏林见了康普茨。康普茨对费迪南说,如果他去了纽伦堡,就很会招致怀疑,因为"你们的学校是邦联会议观察的对象",那他就必须通过行动来证明,他与煽动等思想原则没有关系。所以,费迪南就不能去纽伦堡了。对此,兰克深感悲伤,"我好久没有写过这样让我难过的信了"②。而这一消息对于海因里希的打击更大,在7月7日给兰克的回信中,他写道,"周三我们收到了布朗克的带有悲痛消息的、最为冰冷的信件","第二天早上我感觉胸中有一种奇怪的刺激,我咳嗽了,有一股热乎乎的东西涌上来——是血"。③

费迪南的事情给兰克兄弟带来了极大的折磨与痛苦,无疑也使兰克与普鲁士国家的关系雪上加霜。

五

但也就在1824年,兰克与普鲁士国家的关系发生了本质性的转折。这一转折来自兰克的处女作《罗曼与日耳曼诸民族史 1494—1535》及其附本《近代史家批判》的出版。兰克于1818年来到法兰克福以后,有机会广泛涉猎被撤销的法兰克福大学的旧图书馆的藏书,在阅读欧洲近代史书籍的过程中,他发现,不仅当时的英国流行小说家司各特(Walter Scott),而且近代著名历史学家圭恰尔迪尼(Francesco Guicciardini)等人也在书写历史时常常不以史料为依据,凭空捏造杜撰。④ 这成为兰克史学研究的一个突破口。他

---

① Dietmar Grypa(Hg.), *Gesamtausgabe des Briefwechsels von Leopold von Ranke*. Band 1:1810 – 1825, S. 610 – 614.
② Dietmar Grypa(Hg.), *Gesamtausgabe des Briefwechsels von Leopold von Ranke*. Band 1:1810 – 1825, S. 616 – 617.
③ Dietmar Grypa(Hg.), *Gesamtausgabe des Briefwechsels von Leopold von Ranke*. Band 1:1810 – 1825, S. 618 – 619.
④ *Leopold von Ranke's Sämmtliche Werke*, Band 53 – 54, S. 61.

决定,书写一部严格依据史料客观陈述历史事实的欧洲近代史著作。对这一研究,兰克极其重视,对外长期保密。即便对几乎无话不谈的海因里希,也是慎之又慎。他与海因里希最早提及这一计划,是在1820年3月底的一封通信中,也只是含糊地说他在写一本涉及15—16世纪历史的书。① 如前所述,1822年4月12日,普鲁士国王发布关于可以随时撤销有反政府思想的教师与牧师职务的法令,迫使兰克决定离开普鲁士,移民巴伐利亚,其中一个重要原因,也是担心自己被撤职后他的研究计划也将夭折。为了完成其著作,兰克多次向普鲁士政府写信,请求允许他借阅柏林王家图书馆的相关图书与手稿。到1823年年底,兰克开始与出版商联系出版事宜,同时又因此与普鲁士的出版审查制度狭路相逢。在兰克遗留的书信中,有一封出版商莱默尔(Georg Andreas Reimer)于1823年12月21日的回信,谈及书稿的审查问题。② 不知何故,兰克偏偏要找莱默尔出版自己的处女作。因为此时莱默尔正与普鲁士的审查制度代表人物康普茨进行着一场殊死的斗争。③ 就如何规避普鲁士的审查制度,兰克也有一番考虑与安排。一方面,他安排一位友人作为专家写审查鉴定,另一方面,他又于次年1月26日给莱默尔写信,询问是否可以在其出版社在莱比锡的分部出版。④ 莱比锡属于萨克森,普鲁士鞭长莫及。最后,《罗曼与日耳曼诸民族史1494—1535》及其附本《近代史家批判》得以于1824年12月出版面世。⑤

这两本书的推出过程还有许多鲜为人知的细节,值得以后专文详述。

---

① Dietmar Grypa(Hg.), *Gesamtausgabe des Briefwechsels von Leopold von Ranke*. Band 1:1810 – 1825, S. 150 – 153.

② Dietmar Grypa(Hg.), *Gesamtausgabe des Briefwechsels von Leopold von Ranke*. Band 1:1810 – 1825, S. 506 – 507.

③ 参见 Doris Fouquet‐Plümacher, *Jede neue Idee kann einen Weltbrand anzünden. Georg Andreas Reimer und die preussische Zensur während der Restauration*。

④ Dietmar Grypa(Hg.), *Gesamtausgabe des Briefwechsels von Leopold von Ranke*. Band 1:1810 – 1825, S. 537.

⑤ 即 Leopold Ranke, *Geschichten der romanischen und germanischen Völker von 1494 bis 1535; Zur Kritik neuerer Geschichtsschreiber*, Leipzig und Berlin 1824. 因过于仓促,兰克并没有写完1494—1535年罗曼与日耳曼诸民族的历史,而只是写到1514年,因此这本书被标为"第一册",但以后兰克没有出版第二册。在1874年再版时,书名中的1494—1535被改为1494—1514。

这里重要的是，它们成为了中学老师兰克投向普鲁士国家的敲门砖，或者说构建了两者之间来往的新维度、新桥梁，也可以说是兰克在危难中的突围武器。书籍出版后，兰克向亲友与名人寄出了赠书。名人主要分两组，一组是著名历史学家，如罗马史权威尼布尔（Barthold Georg Niebuhr）等人，一组是普鲁士政府高级官员，如文化部部长阿尔滕斯泰因、教育司司长康普茨、中学处处长舒尔策（Johannes Karl Hartwig Schulze）等人。兰克向他们都提出了可以说合情合理的要求。例如，他向尼布尔提出了为他到罗马查阅档案提供支持的请求。① 向阿尔滕斯泰因、康普茨、舒尔策则提出了更换工作，以便继续自己的研究的要求，如果他们觉得他已获得的成果有学术价值的话。② 就后三位而言，兰克的要求很快得到了积极的响应。1824 年 12 月 22 日，也就是兰克 29 岁的生日后的一天，康普茨回信，感谢他的赠书，问他"是否愿意在一所大学任教？"，并且表示对其弟弟费迪南未能得到托高（Torgau）中学的教职而表示遗憾，希望他能在另一城市如愿。③ 1824 年 12 月 24 日，舒尔策也发来了类似的积极回信。④ 这是普鲁士国家给兰克最好的生日礼物，也是最好的圣诞礼物。1824 年 12 月 26 日，康普茨又来信说，去大学任教的事，请放心等候文化部的消息，并且写道，"请继续您优秀的、仔细的研究工作，您可以见证，您生活在一个尊重与推崇真正的成就的政府之下"⑤。1825 年 3 月 21 日，文化部部长阿尔滕斯泰因来信，问兰克是否愿意去柏林大学任教，薪金是每年 500 塔勒尔。部长解释说，虽然这要比兰克当时在法兰克福中学 600 塔勒尔的年薪要低，但是大学还可以有不菲的讲课费。⑥ 改变命运

---

① Dietmar Grypa(Hg.), *Gesamtausgabe des Briefwechsels von Leopold von Ranke.* Band 1:1810 – 1825, S. 692 – 695.

② Dietmar Grypa(Hg.), *Gesamtausgabe des Briefwechsels von Leopold von Ranke.* Band 1:1810 – 1825, S. 688 – 689, S. 690 – 691.

③ Dietmar Grypa(Hg.), *Gesamtausgabe des Briefwechsels von Leopold von Ranke.* Band 1:1810 – 1825, S. 703 – 704.

④ Dietmar Grypa(Hg.), *Gesamtausgabe des Briefwechsels von Leopold von Ranke.* Band 1:1810 – 1825, S. 705 – 706.

⑤ Dietmar Grypa(Hg.), *Gesamtausgabe des Briefwechsels von Leopold von Ranke.* Band 1:1810 – 1825, S. 707.

⑥ Dietmar Grypa(Hg.), *Gesamtausgabe des Briefwechsels von Leopold von Ranke.* Band 1:1810 – 1825, S. 769.

的机会终于来临,兰克当然表示愿意。① 获此喜讯,兰克父母及弟弟都极感荣耀。饱受普鲁士高压政策折磨的二弟费迪南也来信说,"我亲爱的哥哥,普鲁士国家还是公平的,他不会不奖励成就,他立即认可它,并通过行动来证实这一认可。你的父亲因你感到极其高兴"②。1825 年 3 月 31 日,文化部发来正式的任命书,任命兰克为柏林大学历史学副教授,作为生病的维尔肯(Friedrich Wilken)教授的代课人。但条件是,如果维尔肯康复,兰克必须同意调到另一所大学任教。③ 兰克接受了这一条件,于 1825 年 5 月从法兰克福来到柏林大学,开始了其成果卓著、影响深远的学术事业。④

可以说,打击迫害政治异己,奖励培植专业人才,这是普鲁士国家的两面性。普鲁士通过对杰出人才网开一面的政策将兰克这位潜在的反对派争取到了自己的一边。⑤ "以忠诚加成就换出路与地位",这是未来兰克与普鲁士国家合作与交换的规则,兰克在此路上前行,最终获得了一个历史学家在普鲁士国家可能获得的最高地位与荣誉。当然,兰克之路也不是一帆风顺的,在初期,他还是继续有一些抱怨(如年薪太少),但到后期,他与普鲁士统治者的关系几乎是"亲密无间"了。如前所述,在兰克晚年与普鲁士国王的通信中,我们可以看到许多前者对后者的阿谀逢迎。但鉴于兰克青年时期的经历,我们可以认为,这只是其生存策略的一部分,不能代表其全部的人

---

① Dietmar Grypa(Hg.), *Gesamtausgabe des Briefwechsels von Leopold von Ranke*. Band 1:1810 – 1825, S. 770.
② Dietmar Grypa(Hg.), *Gesamtausgabe des Briefwechsels von Leopold von Ranke*. Band 1:1810 – 1825, S.773.
③ Dietmar Grypa(Hg.), *Gesamtausgabe des Briefwechsels von Leopold von Ranke*. Band 1:1810 – 1825, S.779 – 780.
④ 兰克还于 4 月 23 日向文化部写信,说自己有 2000 册图书以及其他家当,希望文化部能够提供从法兰克福到柏林的搬家费。但文化部于 5 月 11 日回信说因经费困难,无法提供资助,参见 Dietmar Grypa(Hg.), *Gesamtausgabe des Briefwechsels von Leopold von Ranke*. Band 1: 1810 – 1825, S.794, S.796。
⑤ 1824 年 12 月,在普鲁士决定聘任兰克为柏林大学副教授之时,兰克仍在监察部门的监视之下。在文化部部长阿尔藤斯泰因于 12 月 31 日给外交部长伯恩斯多夫(Bernstorff)及王室事务部部长维特根斯泰因(Fürst Wittgenstein)关于兰克的信件上,普鲁士政府煽动活动审查委员会副主席爵珀(Gustav Adolph Tzschoppe)作了批示,内容不详,参见 Dietmar Grypa(Hg.), *Gesamtausgabe des Briefwechsels von Leopold von Ranke*. Band 1:1810 – 1825,S. 280, Anmerkung 10。

生,实际上也不能代表其晚年人生的全部。那种曾经有过的,对普鲁士国家的叛逆姿态没有被遗忘,而是被储存在记忆的最底层。在其1875年的自述中,80周岁的兰克在谈到青年时代的经历时虽然有些轻描淡写,但并没有否定当年的自我。他说,"扬爸爸也到了法兰克福,我的弟弟被他代表的思想不可抵抗地吸引,并追随他到柏林一段时间。我也受这些思想影响,但没有达到那么高的程度;不过我也没有倒向对立的派别。我的一部分朋友所受到的暴力伤害,让我必然感到厌恶"①。

(原载《江海学刊》2020年第2期)

---

① *Leopold von Ranke's Sämmtliche Werke*, Band 53 – 54, S. 47.

对普列汉诺夫评价的几点思考

邓 超

【提要】普列汉诺夫是俄国马克思主义之父,在马克思主义发展史上是一位承上启下的重要人物。在过去的一个世纪中,国内外学术界对他的评价一直都在变化。这些学术争议根植于他跌宕起伏的人生历程,以及他对俄国发展道路的独特判断。今天看来,普列汉诺夫依然是坚定的马克思主义者,对马克思主义的发展作出过相当大的贡献。对历史人物的评价随着时间推移总会不断调整,这对普氏同样适用。在纪念十月革命一百周年之际,重新评价普列汉诺夫具有一定的必要性。

【关键词】俄国特殊论 民粹主义 俄国社会民主工党 十月革命

格奥尔基·瓦连廷诺维奇·普列汉诺夫是"俄国马克思主义之父",被列宁称为"教育了整整一代马克思主义者"的重要理论家。他也是俄国社会主义运动著名领袖之一,在马克思主义发展史上算得上是一位承上启下的重要人物。他是俄罗斯民族的文化巨人,素以学识渊博和著述众多而闻名于世。国内学术界对普列汉诺夫的评价一直都在变化,反映出不同时代的人们对世界社会主义运动认识和反思的不断深入。

一

19世纪后期,俄国社会发展特殊论在该国思想界广为流行。根据这种思想,俄国由于自身的独特之处,其社会发展路径不会与西方一样,因而俄国不应或不可再重复西方的资本主义发展阶段,即越过这一阶段直接迈向社会主义和共产主义。基于这一共同的信念,俄国出现了一些松散的知识分子团体,一般被称为民粹派。民粹派不是一种政党,也没有完整的理论学说。这些团体在理论旨趣和政治纲领上判若云泥,但是都怀抱拯救国家的巨大热情,不断抛出一套一套的国家发展战略。民粹派并非一群夜郎自大只知道鼓吹传统文化的保守分子,其中许多人对西方思想文化相当了解。他们不仅大力宣传圣西门、傅里叶乃至蒲鲁东等西方人的作品,还积极主张吸取西方文化的有益成果。民粹派的先驱赫尔岑和车尔尼雪夫斯基就是这方面的典型代表,著名的作家托尔斯泰和陀思妥耶夫斯基也属于广义的民粹主义者。在他们眼中,俄国政府与社会结构就是一个怪物,野蛮、愚昧、落后因而面目可憎,必欲摧毁而后快。正是因为上述观念,他们认为,有了西方的先进经验和成果作基础,俄国就获得了跳跃式发展的历史条件。按照他们的设想,首先在民粹派革命家的领导下,然后以俄国农村公社为基础,再加上西方社会主义革命的支援,俄国就可以越过资本主义阶段直接走进社会主义社会,从而既利用了西方的先进成果而又避免了其必然带来的社会弊病。乍听起来,这样的发展战略,可以使俄国以最小的代价和最快的速度,飞速赶上甚至超过西方,无疑对当时落后的俄国具有极大的诱惑力。普列汉诺夫在他的前期生涯中就是一位秉持上述理念的民粹主义者。

19世纪70年代,民粹主义运动在俄国一度非常活跃。部分民粹主义者相信,潜藏在人民中间原始和巨大的革命力量只需要帮助发动一下即可,另有一部分人则相信对民众进行教育和宣传的必要性。1873年,一些归国留学生同大量知识青年一起决定"到人民中去",另一些人则暗中策划激进的革命行动。尽管民粹主义者充满了激情,但是群众并不响应。雪上加霜的是,政府对他们进行了残酷的镇压,193次大规模审判和1877年的50次审判,标志着民粹主义者"到人民中去"阶段的悲惨终结。① 所以,民粹主义运动到19世纪70年代末期就陷入了困境。1880年至1881年,苦苦思索的普列汉诺夫先后在《土地平分》杂志上发表了许多文章。虽然他在这些文章中

---

① [美]尼古拉·梁赞诺夫斯基、马克·斯坦伯格:《俄罗斯史》(第七版),上海人民出版社2007年版,第362页。

依然坚持民粹主义的传统观点,但是已经表现出对民粹主义理论的怀疑和动摇。①

在怀疑、反思和批评俄国特殊论的过程中,普列汉诺夫逐渐成长为一名马克思主义者。普列汉诺夫思想转变的原因是多方面的,其中最重要的因素是他开始系统学习马克思和恩格斯的著作。他贪婪地研读马克思主义文献,"马克思的理论正像阿莉阿德尼的线一样,把我们从我们思想所陷入的矛盾的迷宫中引导出来了"②。经过一段时间的痛苦思考,他最终抛弃了民粹主义,接受了马克思主义。一旦掌握马克思主义的研究方法,对民粹主义的谬误立刻洞若观火。从1883年到1898年,普列汉诺夫除了致力于研究和传播马克思主义,还将其作为批评民粹主义的利器。这段时期,他写下了大量的文章和著作,其中影响最大的是:《社会主义和政治斗争》《我们的意见分歧》《论一元论历史之发展》和《论个人在历史上的作用》。通过这些著作,他一方面回顾了民粹主义思想发展的历史,揭示出民粹主义的理论来源是蒲鲁东和巴枯宁的无政府主义,另一方面梳理了唯物史观的由来和形成过程,指出马克思和恩格斯创立的唯物史观奠基于对前人成果的批判继承,"他的关于历史的理论第一次给了我们理解人类进化的钥匙"③。

民粹主义的理论基础是历史二元论,即认为人的能动作用与历史规律是两个独立因素。可是在普列汉诺夫看来,历史规律和人并非两个相互作用的独立因素,规律隐含在人类活动之中。人类在不同历史时期的劳动实践形成一定水平的生产力,在这个基础之上才能产生与之相适应的情感、意志和愿望。也就是说,"不是人们的意识决定人们的存在,相反,是人们的社会存在决定人们的意识"④。因此,普列汉诺夫认为,社会科学研究的基础应该是客观的事实而不是主观的愿望。那么,俄国早在19世纪60年代就已走上资本主义发展道路,这种趋势能够凭借主观愿望加以阻止吗?普列汉诺夫的考察表明,民粹派借以抵抗资本主义发展的"意志"根本没有可靠的现

---

① 高放、高敬增:《普列汉诺夫评传》,中国人民大学出版社1985年版,第42页。
② 转引自高放、高敬增:《普列汉诺夫评传》,中国人民大学出版社1985年版,第49—50页。
③ 《普列汉诺夫哲学著作选集》第2卷,生活·读书·新知三联书店1961年版,第510页。
④ 《马克思恩格斯选集》第2卷,人民出版社2012年版,第2页。

实依据。"没有一个政党能喊叫说:'停住吧,生产力,不要动,资本主义!'历史不注意革命家们的担忧,正如它不注意反动派的悲叹一样。"①尽管今天看来,普列汉诺夫的论证还存在很大的不足和缺点,然而毕竟是他大声疾呼,"在爆炸冬宫时,也应当同时炸毁我们的陈旧的无政府主义的和民粹主义的传统"②,率先给予民粹主义沉重打击,为马克思主义在俄国的确立奠定了基础。

普列汉诺夫阐释马克思主义的努力,后来遭到了某些批评者的攻击,给他贴上一枚"正统派"的标签。这个标签的含义与"改革派"相对,其实际用意是指,普列汉诺夫反对任何进一步发展马克思主义的企图。他对此做出的回应是,因为"尽管马克思的思想是十分明确和没有歧义的,在革命的理论和实践领域中却引起了许多误解",所以"只须阐明既定理论的真正意义,就已足够驳斥对它的那些故意歪曲了"。③他在这里表现出一定程度上的书生意气,他以为只要讲清楚道理,众人就会心悦诚服,然后便可推进伟大的事业。他抱定了"虽千万人吾往矣"的执拗脾气,倔强地坚持自己认为正确的观点。

事实上,普列汉诺夫除了传播马克思主义,还对历史唯物主义理论作出了重要的创新性贡献。普列汉诺夫一生勤于著述,成果丰硕,将唯物史观主要应用于三大领域:欧洲哲学史、俄国社会思想史和马克思主义文艺理论。从理论的原创角度而言,他在社会结构学说上提出了"五项论",深刻阐述了个人的历史作用,以及明确提出了地理环境对社会发展的作用是生产力的"函数"。④ 恩格斯曾经极高地评价了他的理论才能,有一次在给考茨基的信尾中说:"普列汉诺夫的几篇文章好极了。"⑤据说恩格斯还说过,普列汉诺夫的天才"不亚于拉法格,甚至不亚于拉萨尔","我认为只有两个人理解和掌

---

① [俄]格·瓦·普列汉诺夫:《普列汉诺夫文选》,人民出版社2010年版,第30页。
② [俄]格·瓦·普列汉诺夫:《普列汉诺夫文选》,人民出版社2010年版,第34页。
③ [俄]格·瓦·普列汉诺夫:《普列汉诺夫文选》,人民出版社2010年版,第37—40页。
④ 参见王荫庭:《普列汉诺夫对历史唯物主义理论的创新性贡献》,《南京政治学院学报》2008年第2期。
⑤ 《马克思恩格斯全集》第38卷,人民出版社1972年版,第236页。

握了马克思主义,这两个人是:梅林和普列汉诺夫"。① 普列汉诺夫在马克思主义领域的造诣之深,可以说从恩格斯逝世以后到第一次世界大战之前的将近20年时间之内,几乎无人能够匹敌。这段时期,"在国际共运和马克思主义队伍中,普列汉诺夫在理论上的威望是最高的,他在国际上的影响是超过列宁的"②。

更重要的是,普列汉诺夫在俄国早期无产阶级革命事业中也居功至伟。1883年,他同阿克雪里罗得、查苏利奇等人一起创建了"劳动解放社",这是俄国历史上第一个马克思主义组织。他也是俄国社会民主工党的创始人和领导人,在该党的第二次代表大会上,他被推举为大会的主席,并在中央领导人选举中,当选为党的总委员会主席。在俄国共产党的历史上③,只有普列汉诺夫担任过主席一职。他还是第二国际的创始人之一,参加了绝大部分第二国际代表大会的工作。他长期作为第二国际领导机构中的委员,为世界社会主义运动作出了很大的贡献。在列宁从普通革命者成长为革命领袖的漫长过程中,他的引导作用不可抹杀。也正是由于他的引荐,列宁才得以进入第二国际领导层。从某种意义上说,他是列宁的老师和伯乐。

毋庸置疑,在第一次世界大战之前,普列汉诺夫无论是在革命事业上,还是在学术研究领域,都是极其成功的。列宁对他的功绩给予过充分的肯定,"普列汉诺夫个人的功绩在过去是很大的。在1883—1903年的20年间,他写了很多卓越的著作,特别是反对机会主义者、马赫主义者和民粹主义者的著作"④。然而,为什么这样一位功绩卓著的理论权威到了晚年却在短短数年之间变成了"机会主义者"呢?要回答这个问题,需要从普列汉诺夫和列宁这一对师生的分歧谈起。

---

① 参见王荫庭:《普列汉诺夫生平简介》,载[俄]普列汉诺夫:《论一元论历史观的发展问题》,王荫庭译,商务印书馆2012年版,第389页。
② 高放:《普列汉诺夫在历史上的作用》,《江西社会科学》1994年第7期。
③ 俄国社会民主工党是俄共的前身。
④ 《列宁全集》第25卷,人民出版社1988年版,第294页。

二

　　普列汉诺夫比列宁年长 14 岁。普列汉诺夫在欧洲社会主义运动中声名显赫之时，列宁还只是一位名不见经传的年轻人。列宁之所以走上马克思主义道路，与阅读普列汉诺夫的著作有莫大关系。1895 年，早已熟读普列汉诺夫的列宁终于见到了这位劳动解放社的主将。他的著作是那么条理清晰，那么富有逻辑，列宁早就对他崇拜已久。在这次会见中，列宁给普列汉诺夫留下了深刻而良好的印象，后者则从他身上看到了俄国革命的希望。从此以后，两人建立了长期的亦师亦友的革命情谊，1900 年起还在《火星报》和《曙光》杂志的编辑出版工作中进行了密切合作。在此过程中，列宁时常就一些理论和现实问题向普列汉诺夫请教。王荫庭教授认为，如果要考察列宁主义的形成和发展，无法忽视普列汉诺夫所起的先驱作用。[①] 由此可见，两人在马克思主义理论上的深厚渊源。

　　随着时间的推移，两人之间的分歧逐渐增多。20 世纪初，列宁在俄国革命者中的地位开始迅速提高。1903 年以后，俄国社会民主工党内部产生了以列宁为首的布尔什维克与马尔托夫为首的孟什维克两大派别之间的斗争。在党的第二次代表大会上，有关党章第一条的争论中，普列汉诺夫站在以列宁为首的布尔什维克一边。然而，他又很快转向孟什维克一边。此后一个时期，普列汉诺夫对列宁的集中制建党思想多有指责，认为这种路线只会破坏党内民主。到 1905 年革命时期，普列汉诺夫在无产阶级领导权问题和一系列革命策略问题上同布尔什维克产生了日趋尖锐的对立。他认为，这场革命的性质是资产阶级民主革命，资产阶级是革命力量，而农民同时具有革命性和保守性甚至反动性。因此，无产阶级和农民不可能建立可靠的联盟等。

　　在随后的革命低潮时期，斯托雷平政府实施了各种各样严酷的特别法

[①] 参见王荫庭：《论普列汉诺夫对发展马克思主义辩证法理论的贡献》，《武汉大学学报》（社会科学版）1983 年第 3 期。

令。政府疯狂地镇压和迫害革命政党和群众，取缔工人组织。206家报刊被勒令停刊，200多名编辑受到审判，革命者纷纷出逃。① 在这种形势下，俄国社会民主工党内产生了严重的悲观情绪，面临着政治动摇、思想混乱和组织瓦解的局面。一部分人不再相信马克思主义，转而从宗教中寻求自我安慰，就连著名的无产阶级作家高尔基都动摇了。普列汉诺夫在险恶的环境下却坚定地站了出来批判取消派，通过大量著述批评马赫主义和宗教神学，勇敢地捍卫了马克思主义。他还同布尔什维克结成护党联盟，同心协力反对机会主义，因此与列宁的关系在这一时期有所缓和。但是随着斗争的深入，当普列汉诺夫竭力推动布尔什维克、孟什维克和取消派等一切派别团结统一之时，他同列宁的冲突再次加剧。1914年6月，列宁毫不留情地说"普列汉诺夫糊涂到不可救药的地步了"，"该摘掉假面具了，不然工人也许会不客气地把它扯下来！可怜的普列汉诺夫不知不觉地滚进了反马克思主义的知识分子小集团，滚进了资产阶级民主派的废墟"②。

总体而言，从1903年到1914年这段时期，普列汉诺夫同列宁的关系时好时坏。他与列宁在一些问题上存在原则分歧，但在另一些问题上却坚决支持列宁。列宁认为，普列汉诺夫在布尔什维克与孟什维克之间摇摆不定，采取了一种"特殊的立场"，因此是一个"特殊的孟什维克"，但仍然不失为一个无产阶级革命家。其实从这里也反映出普列汉诺夫的学者气质。一方面，从反对列宁的理由来看，他在理论和现实上一贯都有自己的独立见解，他认为真理在哪里就坚决站在哪里。另一方面，作为党的总委员会主席，他有维护党的团结的责任。考虑到劳动解放社的所有成员（除一人早逝外）后来都是孟什维克，而且孟什维克又是党内事实上的多数，普列汉诺夫采取的上述立场就可能获得更多同情的理解。

1914年，第一次世界大战爆发，列宁提出了著名的"帝国主义论"。他认为帝国主义是腐朽的、没落的、垂死的资本主义，是无产阶级革命的前夜。普列汉诺夫则认为，资本主义在欧洲，特别是在俄国，仍然有巨大的发展空

---

① ［美］尼古拉·梁赞诺夫斯基、马克·斯坦伯格：《俄罗斯史》，上海人民出版社2007年版，第393—394页。
② 《列宁全集》第25卷，人民出版社1988年版，第174、176页。

间。他同意考茨基的看法,即帝国主义战争只是工业资本主义国家在高度发展时期对农业区域进行征服的扩张政策。所以,此时的资本主义不仅不是垂死的,反而是得到强劲发展的表现。他还按照马克思曾经使用的方法,将战争区分为民族防御战和民族征服战,确定发动战争的罪魁祸首,从而根据具体情况采取不同立场。他认为,德国是入侵者,俄国是防御者,德军所到之处无恶不作,如果俄国战败则必遭奴役和剥削,因此俄国无产阶级应该与统治阶级一起共同反对侵略者。从此时到去世,他一直坚持这种护国立场。今天看来,他的态度其实同第二国际的大多数领袖没有什么两样,即首先应该捍卫国家利益。列宁认为,普列汉诺夫犯了社会沙文主义错误。普列汉诺夫对此拒不接受,两人展开了激烈的论战,至此已是公开的政敌。

1917年二月革命后,普列汉诺夫回到阔别已久的祖国。此时,列宁已提出了著名的"四月提纲",主张在俄国国内变帝国主义战争为国内战争,并实行社会主义革命。列宁认为,资产阶级临时政府不可能给人民和平、面包和自由,反而同反动势力一起镇压人民的反抗行动,因此不推翻资本的权力,不把政权掌握在无产阶级手中,就不能避免帝国主义战争,也就不能获得民主的非强制的和平。普列汉诺夫则对列宁的提纲提出了尖锐的批评,认为俄国当时的经济和文化相当落后,资本主义发展还很不足,远远没有达到进行社会主义革命的条件,强行推进只会给俄国带来灾祸。他的理论自信来自马克思,"按照马克思著名的说法,俄国的劳动居民不仅吃资本主义的苦头,而且也吃资本主义不够发达的苦头"[①],且"在一国的生产方式还促进生产力的发展而不是阻碍它的发展以前,它绝不会退出历史舞台"[②]。在他看来,社会主义革命必需的硬性条件是生产力高度发展、国内劳动居民具有极高的觉悟水平,以及雇佣工人构成国内居民的多数等。撇开这些条件不顾,只会像恩格斯当年所预言的那样,"最糟糕的事情,莫过于在运动还没有达到成熟的地步,还没有使他所代表的阶级具备进行统治的条件,而且也不可能去实行为维持这个阶级的统治所必须贯彻的各项措施的时候,就被迫出

---

① [俄]格·瓦·普列汉诺夫:《普列汉诺夫文选》,人民出版社2010年版,第416页。
② [俄]格·瓦·普列汉诺夫:《普列汉诺夫文选》,人民出版社2010年版,第418页。

来掌握政权"①。普列汉诺夫还进一步警告说,由于不具备条件,"他们所能组织的只是饥饿",其"必然后果就是残酷的经济危机","工人就会陷入比实现他们的企图之前更加不利得多的处境"②。正因为有马克思和恩格斯的论述做后盾,普列汉诺夫底气十足地反对列宁的主张,并斥之为"梦话"。

但是,随着形势的发展,"梦话"日益变为现实。十月革命前夕,普列汉诺夫对列宁及布尔什维克的批评都顾不上惯有的优雅了。他近乎恼怒地将一顶一顶的帽子抛给列宁,诸如"布朗基主义者""革命的炼丹术士""民意党人""无政府主义者""空想主义者"等。在他看来,以列宁为代表的布尔什维克实际上已经背弃了马克思主义理论,"我们现在的布朗基主义者列宁这一伙人……,早已没有马克思主义的气味了",他们"同我们俄国的布朗基主义即已经不存在的'民意主义'是根本没有任何区别的:同样的'阴谋',同样的'武装起义'(民意派分子说:造反),同样的革命者'夺取政权'"③。在这里,普列汉诺夫依然凭借的是马克思和恩格斯的相关论述:"由于布朗基把一切革命想象成由少数革命家所进行的突袭,自然也就产生了起义成功以后实行专政的必要性,当然,这种专政不是整个革命阶级即无产阶级的专政,而是那些进行突袭的少数人的专政,而这些人事先又被组织起来,服从一个人或某几个人的专政"④。列宁的马克思主义理论素养相当深厚,自然不会漠然视之。他在十月革命前写下《马克思主义与起义》,对普列汉诺夫进行驳斥。他强调了马克思主义关于武装起义问题的基本条件,"既然这些条件已经具备,那么不愿象对待艺术那样对待起义,就是背叛马克思主义,背叛革命"⑤。

在恢复俄国社会民主工党的统一失败之后,普列汉诺夫深居简出,埋头著述。仅从1917年2月到1918年1月近一年的时间里,他就发表了共计146篇文章和演说。这些作品后来都被收入《在祖国的一年》一书,并于

---

① 《马克思恩格斯全集》第10卷,人民出版社1998年版,第551—552页。
② [俄]格·瓦·普列汉诺夫:《普列汉诺夫文选》,人民出版社2010年版,第429页。
③ 《普列汉诺夫机会主义文选》下册,生活·读书·新知三联书店1965年版,第74—75页。
④ 《马克思恩格斯文集》第3卷,人民出版社2009年版,第358页。
⑤ 《列宁全集》第32卷,人民出版社1985年版,第236页。

1921年在巴黎正式出版。普列汉诺夫逝世之际,列宁在俄国成为拥有崇高威信的领袖,到20世纪20年代已经成为国际共产主义运动中公认的革命导师。然而,布尔什维克掌握政权的最初几年,面对的是接二连三的经济困境,并且经历了艰难的国内战争。1921年,即普列汉诺夫去世3年以后,列宁开始更加冷静地思考这位论敌的批评。他要求年轻党员认真研读普列汉诺夫的"全部哲学著作",这里的微妙之处在于,他并没有将阅读范围限定在1903年以前。他指出,"不研究——正是研究——普列汉诺夫所写的全部哲学著作,就不能成为一个自觉的、真正的共产主义者,因为这些著作是整个国际马克思主义文献中的优秀作品"①。有一次布哈林前往探视病榻上的列宁,惊讶地发现他正在阅读普列汉诺夫的《在祖国的一年》。列宁当即解释说,"这里有很多真理"②。这说明列宁晚年在一定程度上承认了昔日老师的合理之处,表现出一位马克思主义者勇于反思的高贵品质。

三

很少有人否认,普列汉诺夫和列宁都是马克思主义的大师。他们在十几年的论辩中,所依据的都是马克思主义。可是,他们都指责对方背叛了马克思主义。面对这种局面,同时代的人们都很难辨别谁是谁非。因为在马克思主义的造诣上,极难有人超越他们。退一步而言,即使大师犯错,也是大师级的错误。如此说来,后世学人就无从置喙了吗?有学者指出,"思想认识问题应让历史来证明和宣判"。幸好我们有历史可以参照,从而获得了后见之明。

首先,革命形势不可能由少数人制造出来。关于这一点,马克思、恩格斯和列宁以及普列汉诺夫本人都有论述。马克思和恩格斯在《新莱茵报·政治经济评论》第4期的书评中写道:"这些密谋家并不满足于一般的组织革命无产阶级。他们要做的事情恰恰是要超越革命发展的进程,人为地制

---

① 《列宁选集》第4卷,人民出版社2012年版,第419—420页。
② [美]路易斯·费希尔:《列宁的一生》,彭卓吾译,北京图书馆出版社2002年版,第1060页。

造革命危机,使革命成为毫不具备革命条件的即兴之作。在他们看来,革命的唯一条件就是他们很好地组织密谋活动。他们是革命的炼金术士,完全继承了昔日炼金术士固定观念中那些混乱思想和偏见。"①恩格斯也曾指出:"把革命的发生归咎于少数煽动者的恶意那种迷信的时代,早已过去了。现在每个人都知道,任何地方发生革命动荡,其背后必然有某种社会要求,而腐朽的制度阻碍这种要求得到满足。"那么,"研究这次革命必然爆发而又必然失败的原因。这些原因不应该从一些领袖的偶然的动机、优点、缺点、错误或变节中寻找,而应该从每个经历了动荡的国家的总的社会状况和生活条件中寻找"②。列宁对此也有明确的认识,他认为,"在马克思主义者看来,毫无疑问,没有革命形势就不可能发生革命,而且并不是任何革命形势都会引起革命"③,"马克思一向都是这么说的。革命既不能制造,也不能规定顺序。革命不能预订——革命是发展起来的"④。他还说过,"要举行革命,单是被剥削被压迫群众认识到不能照旧生活下去而要求变革,还是不够的;要举行革命,还必须要剥削者也不能照旧生活和统治下去。只有'下层'不愿照旧生活而'上层'也不能照旧维持下去的时候,革命才能获得胜利。这个真理的另一个说法是:没有全国性的(既触动被剥削者又触动剥削者的)危机,进行革命是不可能的"⑤。

普列汉诺夫成立劳动解放社向俄国宣传马克思主义之时,俄国资本主义仍处于起步阶段。资本主义早期的弊病在一个仍处于帝制阶段的国家本来就已经造成了极大的混乱,却遇上了先进思想武装起来的革命政党。经过几十年的思想准备,再加上十几年的残酷革命斗争的淬炼,社会主义政党无论在组织上、思想上和人员储备还是在社会动员等方面都日渐成熟。总之,夺取政权的条件已然齐备,急于实践理想的布尔什维克已经无法忍耐。一战的爆发,更是起到了火上浇油的效果。战争的不堪重负、持续加剧的经

---

① 《马克思恩格斯全集》第10卷,人民出版社1998年版,第333—334页。
② 《马克思恩格斯文集》第2卷,人民出版社2009年版,第351—352页。
③ 《列宁选集》第2卷,人民出版社2012年版,第460页。
④ 《列宁全集》第29卷,人民出版社1985年版,第392页。
⑤ 《列宁选集》第4卷,人民出版社2012年版,第193页。

济混乱和民众的强烈不满,本来就已使俄国危如累卵,而此时一个思想先进、组织严密的政党登高一呼,许诺民众一个美丽新世界,结果自不待言。回头再看,恰恰是普列汉诺夫在这一过程中,起到了关键的作用。① 因为正是他将马克思主义引入了落后的俄国,导致社会主义政党的成熟领先于资本主义的发展。而且,革命力量的积蓄与他多年来热情的呼唤不无关系,等到想要阻遏,已经来不及了。据列·格·捷依奇②回忆,普列汉诺夫晚年时常被一个问题反复折磨:"我们在落后的、半亚洲国家的俄国宣传马克思主义,是不是开始得过早了呢?"③

其次,马克思主义理论在许多方面都是非常宏观的,在个别细节问题上没有给予精确的表述。在实践层面,这种理论固有的倾向就给后来的革命家留下了一定的弹性或者灵活性。比如,列宁就曾明确提出:"既然建立社会主义需要有一定的文化水平(虽然谁也说不出这个一定的'文化水平'究竟是什么样的,因为这在各个西欧国家都是不同的),我们为什么不能首先用革命手段取得达到这个一定水平的前提,然后在工农政权和苏维埃制度的基础上赶上别国人民呢?"④而且,经典作家在他们的历史条件下所作的某些具体论断已被历史发展所扬弃,马克思主义理论还需要不断与时俱进。更何况,恩格斯已经明确说过:"在一切哲学家那里,正是'体系'是暂时性的东西,这恰恰因为'体系'产生于人类精神的永恒的需要,即克服一切矛盾的需要。但是,假定一切矛盾都一下子永远消除了,那么我们就达到了所谓绝对真理,世界历史就完结了,而世界历史虽然已经无事可做,却一定要继续发展下去——因而这是一个新的不可解决的矛盾。……我们把沿着这个途径达不到而且任何单个人都无法达到的'绝对真理'撇在一边,而沿着实证科学和利用辩证思维对这些科学成果进行概括的途径去追求可以达到的相

---

① 参见张光明:《十月革命的历史必然性问题》,《国际共运史研究》第 7 辑,人民出版社 1989 年版。
② 列夫·格里高利耶维奇·捷依奇是普列汉诺夫的好友,劳动解放社成员,后为孟什维克。普列汉诺夫晚年经常和捷依奇在一起,据说曾经向捷依奇口授"政治遗嘱",后被学界断定为伪作。十月革命后,捷依奇脱离了政治活动。
③ 高放、高敬增:《普列汉诺夫评传》,中国人民大学出版社 1985 年版,第 621 页。
④ 《列宁选集》第 4 卷,人民出版社 2012 年版,第 777 页。

对真理。"①一言以蔽之,真理都是相对的,体系是暂时性的,只有方法才是主要的起决定性作用的东西。

不过话说回来,即使运用了正确的研究方法,也不能保证使用这种方法的人随时随地都能得出正确的结论。更现代的研究方法可能会得出错误的结论,相反更落后的方法却可能会得出正确的认识。换言之,方法的正确并非结论正确的充分条件。再者,相同的思想,在两个怀着不同目的的人那里,常常有着不同的意义。因此,对同一个理论的理解和把握也会因人而异。普列汉诺夫自认为,他所制定的俄国社会主义发展路线严格遵循了马克思和恩格斯的论述。而列宁对社会主义的基本认识,虽然与马克思、恩格斯原先的设想有所不同,却还是在相当程度上继承了马克思的某些思想和主张。② 比如,马克思1856年就曾提出,普鲁士农民革命与工人运动相结合,就有争取社会主义的可能性。针对第二国际理论家对于俄国生产力条件不够的责难,列宁这样为自己辩护:"可是他们谁也没有想到问一问自己:面对第一次帝国主义大战所造成的那种革命形势的人民,在毫无出路的处境逼迫下,难道他们就不能奋起斗争,以求至少获得某种机会去为自己争得进一步发展文明的并不十分寻常的条件吗?"③

最后,历史趋势需要较长时间才能充分显现,而政局变迁往往只在朝夕之间。众所周知,一般与特殊、整体与部分、战略与策略,都是持久的话题。在普列之争的问题上,如果我们分清历史趋势和局部策略,或许就能得出相对公允的评判。就俄国历史发展的大趋势而言,马克思早就指出,俄国"一旦倒进资本主义怀抱以后,它就会和尘世间的其他民族一样地受那些铁面无情的规律的支配"④。自1861年起,俄国就启动了资本主义进程。而一旦进入这个过程,俄国就必须按照资本主义发展道路前进。这不是出于某种神秘的、无法解释的天命或外部力量的强制,而是因为俄国缺乏能够拉动自身脱离这条轨道的内部能量。尽管列宁及布尔什维克轻而易举地夺取了政

---

① 《马克思恩格斯文集》第4卷,人民出版社2009年版,第272—273页。
② 参见杨奎松:《十月革命前后列宁的社会主义主张与实践》,《俄罗斯研究》2013年第1期。
③ 《列宁选集》第4卷,人民出版社2012年版,第777页。
④ 《马克思恩格斯选集》第3卷,人民出版社2012年版,第730页。

权,但是迎接他们的是接踵而至的困难、危机和冲突。最终在付出了巨大代价之后,布尔什维克才得以艰难地维持新生的政权。为了给国家一个喘息和恢复的机会,列宁不得不实行新经济政策。同样,斯大林推行的强迫工业化,也是为了大力发展生产力,弥补由于资本主义充分发展的缺位而带来的困境。苏联解体之后,俄国重新走回资本主义道路,也是这一逻辑的延续。普列汉诺夫的过人之处在于,他过早地看清了这个逻辑。然而,他却在嗷嗷待哺的人民面前,将胜利推迟到遥远的未来。列宁的超凡之处在于,他敏锐地观察到电光石火的革命时机,毫不迟疑紧紧抓住那"震撼世界的十天"。所谓"虽有智慧,不如乘势",这正是列宁的特质。布尔什维克的历史时刻已然到来,而普列汉诺夫却固执地给人民大讲"最简单的道理"。

随着人类知识的积聚和历史境遇的变迁,对历史人物的评价总会不断调整。普列汉诺夫的言论和思想,在中国和苏联曾经长期遭到批判和否定。改革开放以后,国内学术界开始逐渐冷静平和地重新评价普列汉诺夫。他对马克思主义的坚持和发展,以及在俄国哲学史和社会思想史方面的成就得到了广泛的肯定。在他的祖国,苏联时期的理论界对他的评价一直不高,但是苏联解体以后,却出现了戏剧性的转变。许多人转而认为,当年普列之争,前者是对的,后者是错的。更有甚者,有人根据普列汉诺夫临终前一年某些文章和著作伪造出所谓的"政治遗嘱"。① 即使对遗嘱的真实性持否定态度,一些学者仍然坚持认为,不能忽略其潜在研究价值。至此看起来,普列汉诺夫似乎在一定程度上赢得了"胜利"。然而如若他活着看到这一切,这个"胜利"却会如同昔日的失败一样令他痛苦,因为他一定不愿意看到祖国的发展被自己不幸言中,更不愿看到毕生为之奋斗的事业遭到重挫。总之,他个人的荣辱与事业的成败根本不可等量齐观。

普列之争可谓是短暂的 20 世纪的一个侧影。理解这个复杂的世纪,进而理解他们的争论对于现在和将来的意义,需要从历史深处寻找答案。克罗齐的名言"一切历史都是当代史"之所以一直被反复引用,就是因为它准

---

① 参见王丽华:《普列汉诺夫真留有"政治遗嘱"吗?》,《国外理论动态》2006 年第 6 期,第 12 页;另参见欧阳向英:《普列汉诺夫"政治遗嘱"真伪辨》,《马克思主义研究》2013 年第 7 期,第 135 页。

确地道出了历史研究的某种特质。况且,学术潮流总是在不断交替、消长或扬弃,因而不同历史时期会凸显一些旨趣,而抑制另一些偏好。另外,学者之所以言人人殊,是因为每个人都有自己的思考习惯和研究倾向。无论如何,"人民的幸福是最高的法律"。

论阿克顿的历史哲学

张文涛

【提要】阿克顿认为自由是历史的一条主线,试图以自由的进步为线索构建他的历史哲学。在他看来,宗教是自由之母。基督教是自由思想的来源,不仅否定专制,倡导主权在民,而且是人权思想的源头。宗教自由思想是近代欧美政治革命的深层原因。不过,教会并不总是自由思想的捍卫者,反而在某些历史时刻利用权力对自由构成压制。在这种二难困境下,他诉诸良知,认为基于神圣天启的个人良知,是真正宗教的内在品质。他试图以良知来量度自由,却无法说明什么是良知的进步。阿克顿试图调和信仰与自由二者的努力并不成功,但他所提出的自由史观仍然是一项值得重视、且有待完善的历史哲学。

【关键词】阿克顿　历史哲学　自由　宗教　良知

阿克顿勋爵(1834—1902)是英国历史学家、钦定剑桥近代史讲座教授。对于这样一位重要学者,学界的认识始终存在较大分歧。乔治·古奇说阿克顿是"当时英国人中间最有学问的人"①,在《十九世纪历史学与历史学家》这本有广泛影响的著作中,专门以一章的篇幅论述阿克顿与梅特兰。该书单独成章的有尼布尔、兰克和蒙森,并列成章的有麦考莱、弗劳德等。由此可见古奇对阿克顿的重视。古奇的论述涉及了阿克顿学术活动和思想的许多方面,突出阿克顿对道德问题的讨论,而对阿克顿本人极为看重的自由

---

① [英]乔治·古奇:《十九世纪历史学与历史学家》,耿淡如译,商务印书馆1997年版,第603页。

史观未作深入分析。美国学者 J. W. 汤普森的《历史著作史》称其为"剑桥学派的真正创建人"①,不过除了说他学识渊博和道德问题的判断力很强,根本没有提及他的自由史观。

在 20 世纪比较重要的几本英国史学理论著作中,阿克顿遭到了集体性忽视。继阿克顿勋爵之后担任钦定剑桥近代史讲座教授一职的约翰·伯里,在《进步的观念》中没有提到阿克顿一次。在柯林武德的名著《历史的观念》中,阿克顿的名字仍然没有出现。柯林武德论述"19 世纪晚期的历史编纂学"时,称这个时期从事历史研究的那些人,对于所做研究的理论很少有什么兴趣。在简单评点巴克尔、麦肯齐等之后,匆匆得出结论,说这是斯塔布斯和梅特兰的时代。在沃尔什的《历史哲学导论》一书中,阿克顿终于出场了,但这一次只是作为一句论述的注脚。沃尔什写道:"有时候据说是历史学指明了某种教训,而这些教训一定是采取了普遍真理的形式,阿克顿勋爵有名的格言'一切权力都使人腐化,绝对权力则使人绝对腐化',就是一个例子。"②

已故哈佛大学教授布林顿(Crane Brinton)的论文《阿克顿勋爵的历史哲学》③,是少数专门讨论阿克顿历史哲学思想中比较深入系统的一篇。该文突出了阿克顿要从历史中揭示普遍适用性的思想,也对其自由观做了较多分析。但作者的论证逻辑是自由服从于道德,因而得出这样的结论"每个人都有权遵从自己的良知,不变的道德法有永恒的力量统治他的良知。这就是他的历史哲学"。作者进一步批评说,阿克顿的历史哲学倾向于一个既定的完成系统,没有为成长留下余地。的确,阿克顿对于道德问题的过分强调,有时容易给人造成这种错觉。但如果是这样,阿克顿所谓"自由的进步史"就是一句空话。不能忘了,阿克顿说过,道德并不是固定的东西,"我们没有通用的法典;我们的道德观总在变动;你们不得不考虑时代,人们所属的阶级、环境的影响,学派中的掌门,讲坛上的宣教者,他们无意识遵从的运

---

① [英]J. W. 汤普森:《历史著作史》,谢德风等译,商务印书馆1996年版,第455页。
② [英]沃尔什:《历史哲学导论》,何兆武、张文杰译,北京大学出版社2008年版,第30页。
③ 参见 Crane Brinton ,"Lord Acton's Philosophy of History", *The Harvard Theological Review*, Vol. 12, No. 1 (Jan., 1919), pp. 84-112.

动,等等"①。同样,良知也有一个不断发展的过程,"对良知的发展、改善和捍卫是人类历史进程中最伟大的成就"②。

不能不说,人们对阿克顿历史思想的认识之所以出现如此大的差异,与阿克顿本人有很大关系。作为一名历史学家,他生前并没有完成任何系统性的历史著述。我们今天所知阿克顿主要论著,都是由他人在他死后整理出版的。《近代史讲稿》(Lectures on Modern History)成书于1906年,《自由史论》(The History of Freedom and Other Essays)成书于1907年,《法国大革命讲稿》(Lectures on the French Revolution)成书于1910年,《自由与权力》(Essays on Freedom and Power)成书于1948年。阿克顿的大量通信和评论性文章仍然有待整理。曾写过出色阿克顿传的学者希梅尔法伯称阿克顿是个"不解之谜",也是"自相矛盾之谜"。③ 某种程度上可以说,阿克顿从理论上整合历史过程的伟大抱负并没有得以实现。我们可以从枝蔓丛生的论述中,大致勾勒出阿克顿历史哲学的基本内容。

一、自由是历史的主线

在主编《剑桥近代史》时,阿克顿曾给各位作者写过一封信,表达了他对普遍史的理解:"我所理解的普遍历史,有别于所有国家的历史的联合,它不是一盘散沙,而是一个连续的发展;它不是记忆的负担,而是对心灵的启发。它在连续中前进,对这个连续性而言国家是次要的。我们也将讲述国家的历史,但不是为了它们自己的目的,而是因为涉及并附属于更高的序列,即关于他们为人类的共同命运所作贡献的时间和程度加以处理。"④这段话包

---

① [英]阿克顿:《自由与权力》,侯健、范亚峰译,译林出版社2011年版,第23页。
② [英]阿克顿:《自由与权力》,侯健、范亚峰译,译林出版社2011年版,第281页。
③ 参见格特鲁德·希梅尔法伯:《阿克顿:生平与学说》,载阿克顿《自由与权力》,侯健、范亚峰译,译林出版社2011年版,第13—14页。
④ [英]阿克顿:《近代史讲稿》,朱爱青译,上海人民出版社2007年版,第263页。这段话也被收入《剑桥近代史》序言中,参见 Cambridge Modern History, Edited By A. W. Ward Litt. D, G. WProthero Litt. D Stanley Leathes M. A. Preface, Volume 1, New York, The Macmillan Company, 1902.

含了三个基本内容:一、历史不是国家史的联合,而是人类的共同命运;二、历史在不断进步;三、国家的历史要根据对人类共同命运的贡献加以处理。阿克顿的思想在《剑桥近代史》这部被誉为"20世纪前四十年英语世界纪念碑式的历史著作"[1]中得到了贯彻。

在此前1895年就任钦定剑桥近代史讲座讲授的就职演说中,阿克顿曾对此有过更为详细的阐述。如在论及民族与文明的关系时,他说:"如果我们所要说明的是思想而非事件,是观念而非武力,是赋予历史学以尊严、典雅和知识价值的精神财富,以及它对于提升人类生活的作用,那么我们就不会用民族现象来解释普遍现象,用风俗来解释文明。"在将近代史解释为一种"进步运动"时,他高度赞扬了哥伦布、马基雅维利、伊拉斯谟、路德与哥白尼等人的成就,并说:"类似的结果随处可见,一代人见证了所有这一切。它是新生活的觉醒:世界在新的轨道上旋转着,为一种前所未有的力量推动着。过去的许多年代为一种信念所支配,认为世风日下,社会不久就要毁灭;为陋习和坟墓中的主子的意志所左右。但16世纪出现了,它准备尝试未曾尝试的经验,满怀信心地展望着充满无穷变化的未来。"共同命运是有无数新观念共同造就的结果,"这些观念充满生机和活力,展翅越过海洋和疆界,使得在一个孤立国度的封闭状态中寻求事物的原有秩序成为徒劳。它们强迫我们涉足于比我们更为广大的社会,熟悉遥远的异域风情,攀登更高的山峰,沿着主要方向,与不可能是一个国家所造就的格鲁豪杰、圣者和天才生活在一起"[2]。

以上三个方面,不仅是阿克顿个人的认识,也是启蒙时代历史哲学的共同特点。孔多塞在《人类精神进步史纲要》中就表达了同样的思想。黑格尔在《精神现象学》中从认识的发展角度将人类精神发展划分为五个阶段:意识、自我意识、主观精神、客观精神和绝对精神。在《历史哲学》中,黑格尔更是根据精神自由的程度对历史进行分期,将东方世界称之为世界历史的少年时期,将希腊世界称之为世界历史的青年时期,将罗马世界称之为世界历

---

[1] Josef L. Altholz, "Lord Acton and the Plan of the Cambridge Modern History", *The Historical Journal*, No. 3(1996), p.723.

[2] [英]阿克顿:《自由与权力》,侯健、范亚峰译,译林出版社2011年版,第5—6页。

史的壮年时期,将日耳曼世界称之为世界历史的老年时期。据此,世界历史因而呈现出一幅不断进步的图景。

阿克顿曾用更为简练的术语对这种思想加以概括,即自由史,并称之为"一条历史哲学的原则"。他说:"自由是古代历史和现代历史的一个共同主题:无论是哪一个民族、哪一个时代、哪一个宗教、哪一种哲学、哪一种科学,都离不开这个主题。"①这一看法,可以说抓住了启蒙精神的核心,即康德所谓人类摆脱自身的不成熟状态。孔多塞用"精神进步"诠释的是这个主题,黑格尔用"精神自由"诠释的是这个主题,马克思用"人的解放"诠释的也同样是这个主题。

历史哲学往往是博学者的专利。孔多塞的博学主要集中于数学与自然科学领域,因而他对精神进步的理解,更加突出科技进步的作用。黑格尔的博学是全方位的,作为德国古典哲学的集大成者,他更加重视对人类认知能力的考察,这在某种程度上也影响了其对社会事务的判断。马克思对于精神世界和生活世界的理解更是代表了一个时代的高峰,他从社会生产方式的演进来说明人类不断解放的过程,具有强大的思想穿透力。但这种思想如果被不成熟的环境与不成熟的人们所误解和运用,也容易形成对思想与生活的强制。阿克顿的博学主要集中于历史、政治与宗教领域。也正是由于看到众多历史、政治与宗教现象的复杂性,使得他对于自由史的理解充满矛盾。从历史长河看,人类的自由固然在不断进步,但不同语境下的自由并不总是进步的同义词。

按照阿克顿自己的说法,起码有 200 种以上的自由定义。可见,人们对这个问题的理解差异很大。阿克顿本人对于自由的论述也比较驳杂,但可以看出有如下主张:

1. 自由是最高的政治目的。阿克顿说:"自由并不是达到更高政治目的的手段,它本身即是最高的政治目的。"他承认,自由在国家中的增长,有时可能助长庸俗,鼓励偏见,甚至可能妨碍有益的立法,削弱战争能力以及限制帝国的疆界。不过,他坚持认为,"一个高尚的灵魂宁愿自己的祖国贫弱

---

① [英]阿克顿:《自由与权力》,侯健、范亚峰译,译林出版社 2011 年版,第 273 页。

和微不足道但自由,也不愿她强大富足却遭受奴役,宁可做阿尔卑斯山间一个疆域狭小、对外界毫无影响的卑微共和国的公民,也不愿做一个雄霸半个亚欧的强大独裁国家的臣民"①。他心中的自由,主要是个体的自由,而不是群体的自由。因而在诸如民族主义、社会主义这类主题上,他是持批判态度的。

2. 自由与特定的语境相联系。阿克顿并不认为自由可以脱离时代和环境,而是要与历史结合在一起讨论。他说:"自由蕴含着许多表面上人们看不出来的内容——它们的存在依附于众多的条件……自由无法同它得以产生和存在的事物割裂开来,否则就会成为无源之水,无本之木。"②他将历史看成是自由精神在不同时代的展开。

3. 自由不仅仅意味着保障权利,同时也意味着承担义务。阿克顿在各种论著中更多强调人们对于自由权利的追求,对于暴政的反抗,称"我所谓的自由意指这样一种自信,每个人在做他认为是自己的分内事时都将受到保护而不受权力、多数派、习俗和舆论的影响"③。但他同时也指出个人自由不能与集体义务相脱离,"自由不是人生应当追求的全部事物的总和或替代物;它的含义确实应当加以限定,其界限则变动不居;文明的发展增加了国家的权利和责任,并把越来越多的负担和限制加之于国民"④。他还说,"只有当人们学会遵守和服从某些法则之后,自由才开始真正出现。在此之前,自由表现为无拘无束的放纵和无政府状态。所以,我们切不可把自由视为原始社会的表现形态"⑤。这里,阿克顿触及现代政治学的核心思想,即需要在群己权界内讨论自由问题。

4. 自由是一个进步的过程。作为维多利亚时代的历史学家,阿克顿与那个时代的许多人一样,抱有进步信念,视历史为自由不断进步的过程,"自由不是天赋的而是后天习得的;它不是处于静止的僵化状态。而是处于不

---

① [英]阿克顿:《自由与权力》,侯健、范亚峰译,译林出版社2011年版,第44页。
② [英]阿克顿:《自由史论》,胡传胜等译,译林出版社2001年版,第5页。
③ [英]阿克顿:《自由史论》,胡传胜等译,译林出版社2001年版,第5页。
④ [英]阿克顿:《自由史论》,胡传胜等译,译林出版社2001年版,第21页。
⑤ [英]阿克顿:《自由与权力》,侯健、范亚峰译,译林出版社2011年版,第274页。

断努力和不断生长的状态;它不是一个起点而是一个运行的结果"①。这也是他毕生想做的事,著述一部不断生长的自由史。

5. 自由是对权力的批判和反抗。由于广博的历史知识,他敏锐地看到,在所有使人类腐化堕落和道德败坏的因素中,权力是出现频率最多和最活跃的因素。他说出了那句著名的格言,即"权力导致腐败,绝对权力导致绝对腐败"。因而,约束权力正是他自由史思想的一个核心内容。他告诉我们,围绕着集权还是限权和分权所展开的斗争是人类历史发展的动力。历史上的各种斗争,诸如宗教之间的斗争、种族之间的斗争、政治形式之间的斗争,实际上都是各种权力为增强和维护自己或弱者为捍卫自己而进行的永恒努力。在对暴力的坚持不懈的抵抗中,自由发挥了战斗的威力,自由获得了拯救并得到了发展。②

阿克顿的自由史观念深受洛克、埃德蒙·柏克和麦考莱等人的影响,但也与他们有很大不同。阿克顿的自由史观更大程度上是强调人类不断追求自由的精神,而不仅仅是确立权力分立原则,或者用制度保障各种权利。他承认不同时期权力制衡和权利保障的重要性,但同时也看到其走向异化的可能。用他自己的话说:"每一条统治原则单独实行起来,都容易走向极端,引起反抗。君主制僵化为专制,贵族制蜕化为寡头制,民主制政体膨胀为人数至上。"③对于民主政体引起的极端后果,他特别以古代雅典为例进行说明。他写道:"在一个值得纪念的时刻,公民大会上的雅典人宣布,他们痛恨阻止他们为所欲为的主张。既有的力量无一能够约束他们;他们决意不受任何义务的束缚,除了他们自己制定的法律外,他们不受制于任何法律。获得解放的雅典人民,就是以这种方式成了一个暴君……就像法兰西共和国一样,他们把失败的将领处死。他们不公正地对待附属国,使他们失去了自己的海上帝国。他们掠夺富人的财产,直到迫使富人与国民公敌串通一气。他们的罪恶在苏格拉底的殉难中达到了顶峰。"④因而在他看来,制度的历史

---

① 参见[英]阿克顿:《自由与权力》,侯健、范亚峰译,译林出版社2011年版,第273页。
② [英]阿克顿:《自由与权力》,侯健、范亚峰译,译林出版社2011年版,第295页。
③ [英]阿克顿:《自由与权力》,侯健、范亚峰译,译林出版社2011年版,第42页。
④ [英]阿克顿:《自由与权力》,侯健、范亚峰译,译林出版社2011年版,第35页。

常常是一种欺骗和幻觉的历史。他举例说,法国三级会议1789年在凡尔赛召开之时,有着比《大宪章》更久远、比平民院更可敬历史的西班牙国会也举行了会议,但是他们立刻就请求国王不必征询他们的意见,凭借他自己的智慧和权力进行改革。① 制度的进步从长期来看并不可靠。既然如此,他必须为自由精神寻找更为坚实的基础。在阿克顿看来,这个基础就是宗教。

二、宗教是自由之母

阿克顿是生于那不勒斯的英国人。其祖父曾担任那不勒斯王国首相,故阿克顿家族在那里有着显赫的地位。阿克顿的母亲来自神圣罗马帝国贵族达尔伯格家族,她对天主教有着坚定的信仰。阿克顿三岁时,父亲病逝,母亲嫁入英国辉格党自由派体制下的名门望族。在继父格兰维尔勋爵和母亲安排下,阿克顿8岁时进入奥斯科特圣母学院接受天主教教育。16岁那年,他被送到慕尼黑大学,师从德国著名天主教学者多林格学习。在多林格影响下,阿克顿试图将英国自由主义与天主教信仰双重背景结合起来,构建一条以自由进步史为线索的历史哲学。在一篇纪念多林格的文章中,他这样写道:"他不追求任何目标,不服从任何理论,除历史研究之外不受任何引诱。这使他能够以人所能得到的最宽广的归纳来构建他的历史哲学;他比其他任何历史学家都更依赖神性,比所有神学家更多地受惠于历史。"②这也是他自己思想的真实写照。

在分析古代各种法律和政治制度的局限性时,阿克顿说,人类社会应当遵循的法则不能从世俗中得到,必须要有超越性的来源。他称当斯多噶学派提出真正的自由在于服从神意时,已经离基督教的精神只有一步之遥,"是斯多噶学派将人类从专制统治的奴役中解放出来,他们开明而崇高的生命观,在古代与基督教国家之间的断裂处架起了一座桥梁,指明了通向自由之路。斯多噶学派认识到,几乎没有什么东西可以保证一国法律的英明与

---

① 参见[英]阿克顿:《自由与权力》,侯健、范亚峰译,译林出版社2011年版,第27—28页。
② [英]罗兰·希尔:《阿克顿勋爵》,冯克利等译,中国方正出版社2017年版,第430页。

公正,一个民族全体一致的意志和民众的同意皆容易出错,因而他们把眼光投向那些狭隘的屏障和拙劣的制裁之外,去寻求调节人类生活和社会生存应当遵循的原则。他们让世人知道,有个更高的意志处在人类的集体意志之上,有个更高的法律支配着梭伦和莱克尔加斯的法律"[1]。但直到基督教的出现,这条路才真正有了具体方向。阿克顿视宗教为自由之母,认为基督教在自由思想发展史上,有如下价值:

1. 否定专制思想。在阿克顿看来,当基督最后一次访问耶路撒冷圣殿时说"恺撒的归给恺撒,上帝的归给上帝",具有特别的历史意义,因为"他是以保护良知的名义,赋予世俗权力它从未有过的神圣,也给它加上了它从未承认过的束缚;这是对专制的否定,是自由的新纪元的开始"[2]。专制,无论来自教会还是世俗政府,来自集体还是个人,都是阿克顿一直批判和否定的对象。

2. 倡导主权在民思想。王权与教权的斗争是中世纪欧洲长达数百年的历史现象。阿克顿指出,双方都愿意承认主权在民,把它视为权力的直接来源。如圭尔夫派的托马斯·阿奎那说过,"不信守义务的国王,即丧失了让人服从的权利……在人民规定的范围之外,任何政府皆无权征税。一切政治权力皆源于民众的选举"。当然吉伯林派马西利乌斯持有同样认识,认为法律的权威来自人民;没有人民的同意,它就没有效力。阿克顿认为他们在某些方面比洛克或孟德斯鸠看得更远,深深领悟到了如今统治着近代世界的那些原则。[3]

3. 宗教自由是世俗自由的源泉。阿克顿说,对于宗教自由的追求不仅是早期基督徒、古代教父、教会法学家和修士们的远大抱负,也是宗教改革的先行者伊拉斯谟、它的最有名的受害者托马斯·莫尔爵士等人的远大抱负。[4] 教徒们使自由成为神圣、将之归于上帝的伟大政治思想,教导人们尊重他人的自由如同自己的自由,保护自由要出于对正义和仁慈的热爱,而不

---

[1] [英]阿克顿:《自由与权力》,侯健、范亚峰译,译林出版社2011年版,第45页。
[2] [英]阿克顿:《自由与权力》,侯健、范亚峰译,译林出版社2011年版,第49页。
[3] 参见[英]阿克顿:《自由与权力》,侯健、范亚峰译,译林出版社2011年版,第55—56页。
[4] 参见[英]阿克顿:《自由与权力》,侯健、范亚峰译,译林出版社2011年版,第72页。

是出于仅仅把它当作一种权利要求。即使处在世俗激情的不利影响之下，宗教事业为自由而作出的贡献，并不少于任何一种明确的政治思想。① 正是在宗教自由精神影响下，世俗自由逐步得到发展。

4. 宗教平等是人权思想的来源。阿克顿将近代欧洲的人权思想也归为宗教改革的间接产物。宗教改革虽然历经曲折，甚至在某些时候成为世俗专制帮手，但最终"结束于一种平等的要求，即每个人在履行天职时都不应当受到其他任何人的约束——这是个带着风暴和破坏力的信条，是人权的内在实质和革命颠扑不破的专题"②。

当然，仅有自由精神和思想，自由并不能得到实现。阿克顿主张为信教自由而抗争世俗权力的压制，是重要一环。但这并不是件容易的事情。即便如改革者路德，也不免走向与世俗权力的合流。至于加尔文，则在迫害塞尔维特事件中令人诟病。所以反抗的能力并不意味着建设的能力。对于胡格诺战争之后的《南特敕令》，他这样评价说，它是一个比满足前一代德意志人要求的《奥格斯堡宗教和约》更自由的计划。但敕令不是会产生持续影响、一代接一代发展下去并越来越多地改变未来的哲学指导原则之一。它是一个解决方案，而不是发展方案。③ 阿克顿认为当宗教改革转变为政治改革时，这是一个进步。在这一方面，尼德兰革命走在了英国、美国和法国政治革命的前列。阿克顿从宗教方面而不是从资产阶级的兴起方面诠释了导致这些政治革命的深层因素。

在他看来，1566年开始的尼德兰革命，根源在于宗教。他专门引用了西班牙国王菲利普二世的一段话，即："关于宗教裁判所，我的愿望是它能像以前那样并按所有法律——人的法律和神的法律——的要求由裁判官加以执行。这件事是我所深切关心的，我要求你们执行我的命令。将所有犯人处死，折磨他们让他们不能因为法官的忽视、软弱和不诚实而逃脱。"然后加以评论说，通过暴力计划，菲利普二世将宗教改革变为了革命；菲利普二世试图以他的意志取代自治，不仅激起了天主教徒和贵族的反对，更是引发了难

---

① 参见[英]阿克顿：《自由与权力》，侯健、范亚峰译，译林出版社2011年版，第68页。
② [英]阿克顿：《自由与权力》，侯健、范亚峰译，译林出版社2011年版，第11页。
③ 参见[英]阿克顿：《近代史讲稿》，朱爱青译，上海人民出版社2007年版，第132—133页。

对付的民主派和新教徒的运动。通过乌得勒支同盟,他们建立了联邦,该联邦成为世界上最强大的政权之一,并成为第一个革命的源头。①

关于英国革命,阿克顿也在宗教中找到根源。他称独立派不是为他们的宗教而战,而是为信教自由而战。在他们的信条里,没有给英国人凌驾于其他民族之上的特权留有位置,也没有给独立派高居其他教会之上留有余地。所有这些是体系的严格逻辑产物,是他们关于教会组织的信条的直接结果,这也给了他们的自由主义以无价的宗教基础。② 1688 年的光荣革命,虽然不具有共和色彩,因为"权力没有从社会中的贵族分子转到民主人士手中。自由政府的各个要素,宗教自由、全民教育、解放奴隶、贸易自由、救济穷人、出版自由、责任内阁及辩论公开等都没有在代表议会的决议或《权利法案》中提及"。但光荣革命仍有其重要意义,它确立了契约政府的原则,议会成为行政和立法中的最高权威。③

关于美国革命,正如赫尔曼·芬纳所言,阿克顿"高度赞扬了美国的人权学说"④。他认为同样有着宗教思想的基础。在他看来,殖民地人民抛弃了宪章和宪法的论点,而是根据自然法,更准确地说是根据神圣权利而行动的。这种革命精神从 17 世纪的教派那里传承下来。一个康涅狄格州的传教士早在 1638 年就说过:"根据上帝自己的应允,人民有权选择地方长官。那些有权任命政府官员和地方长官的人,也有权为权利设定范围和限制,并凌驾于其上。"⑤埃德蒙·柏克对于殖民地发表的著名演讲,同样强调的是这项原则,"人类的自然权利肯定是神圣的。任何公共措施如被证明损及这些权利,就应誓死反抗这种措施,即使根本无法制定出使其失效的法典。人们只应听命于一个至高无上的理由、一个高于所有形式的立法和行政的理由"。阿克顿评论说,这项原则,即人民绝不能把命运交付给他们无法控制的权

---

① 参见[英]阿克顿:《近代史讲稿》,朱爱青译,上海人民出版社 2007 年版,第 109—110 页。
② 参见[英]阿克顿:《近代史讲稿》,朱爱青译,上海人民出版社 2007 年版,第 159 页。
③ 参见[英]阿克顿:《近代史讲稿》,朱爱青译,上海人民出版社 2007 年版,第 186 页。
④ Herman Finer, "Acton as Historian and Political Scientist", *The Journal of Politics*, No. 4 (1948), p. 620.
⑤ [英]阿克顿:《近代史讲稿》,朱爱青译,上海人民出版社 2007 年版,第 257 页。

力,在美国革命中得到了确立。①

总而言之,他认为近代欧美的种种政治革命,大致皆有宗教自由观念的影响。这种说法固然有一定道理。基督教世界的人民,借上帝之名进行反抗自然是最方便也有号召力的手段。然而若将视野投向非基督教世界,人们马上就会发现,这种解释力其实是很弱的。借助某种神秘的方式来鼓动人心,是反抗者常用的手段。中国两千多年前的陈胜吴广就已经运用得十分熟练。但我们并不因此就能得出结论,人们对上天有虔诚的信念,并且为着信念而战斗。现实生存的压力,作为贵族的阿克顿勋爵终究是不容易感受到的。身处工业革命时代,他始终看不到生产方式的改变需要社会提供相应的管理法则,不能不说是一种遗憾。

三、良知是宗教的真正品质

尽管从基督教中看到自由精神,从政治革命中看到了宗教思想的影响,但无论如何阿克顿不是教会的辩护士。他的人生经历与学术研究,让他深深感受到教会对自由事业带来的伤害。

1859年,阿克顿25岁时,担任了英国天主教杂志《漫谈者》(Rambler)的主编,强调信仰与知识、宗教与科学应当和睦相处。1862年,杂志由双月刊改为季刊,刊名也变更为《国内外评论》(The Home and Foreign Review),但仍坚持一贯的主张。这引起英国越山主义者枢机主教威斯曼、主教曼宁等人的不满,他们将之视为对教会权威和教义的威胁。

1863年,在比利时梅赫伦召开天主教大会。自由派蒙塔朗贝公爵在会议上敦促天主教会与民主制度和解。他主张为了让真理能自由表达,教会最好宽容错误,而不要动用迫害和宗教裁判所去力图压制。同在这一年,多林格在慕尼黑召集和主持天主教学者会议,试图说服主教们支持一种主张教会权威和自由探索精神之间的过渡办法。② 这些事件让罗马感受到了某

---

① 参见[英]阿克顿:《自由与权力》,侯健、范亚峰译,译林出版社2011年版,第70页。
② 参见[英]埃蒙·达菲:《圣徒与罪人:一部教宗史》,龙秀清译,商务印书馆2018年版,第198页。

种不安,教会通过种种方式施加压力。在1864年4月份《评论》中的《与罗马的冲突》一文中,阿克顿宣布了停刊决定。他表明了杂志的办刊宗旨,"《评论》的目标是阐明宗教和世俗知识的既定结论之间存在着和谐关系,表现科学方法与教会运用的方法之间真正的和解及友善"。同时也表明了不得不停刊的原因。"不对这个教令的合理性和正当性进行审查,就让理智和良心作出让步,或因为权威被滥用便抛弃权威,这两种做法同样都是罪过。一方是背叛了道德,另一方是背叛了信仰。"① 但情况向着更为不利的方向发展。

在曼宁等越山主义者的怂恿下,教皇庇护九世于1864年12月发布通谕《何等关心》(Quanta Cura),并附上一份所谓的《邪说目录》(Syllabus of Errors)。这份目录谴责了80个命题,其中最后一条是"罗马教宗可以而且应该与进步、自由主义和新文明和解"正是杂志试图达成的目标。此举引起轩然大波。后世学者认为,这是"烧毁教廷通向现代世界的桥梁"②。

1867年,是两位使徒圣彼得和圣保罗殉道1800周年纪念日,庇护宣布要于1869年召开一次梵蒂冈大公会议,目的是要解决19世纪的不信教与理性主义的问题。他认为两种思潮正在破坏基督教。此外,他也想强化教会的立场,以对抗充满敌意的社会与政府。曼宁和其他主要的越山派主教宣示要在会议上将"教皇无误论"定为信条。一直以调和自由精神与宗教信仰为己任的阿克顿感到有责任阻止这样的事情发生。在1869年10月份的《北英评论》(The North British Review)上,阿克顿公开表明他的立场,评论了不久前出版的一本德文著作《教皇和公会议》。阿克顿说,如果"永无谬误说"得到普遍的坚持,那是因为"神父们的天主教教义向现代教皇的天主教教义的过渡,是利用故意的谬误完成的。用以支持永无谬误说的整个传统结构、法律和教义,以及教皇们的实际专制制度,都是建立在欺骗的基础上"③。1869年12月,梵蒂冈大公会议开始。阿克顿提前来到罗马,充分利用与英国时任首相格拉斯顿的友谊以及与欧洲宗教和政治界的关系,展开活动,时

---

① [英]阿克顿:《自由与权力》,侯健、范亚峰译,译林出版社2011年版,第184—208页。
② [英]埃蒙·达菲:《圣徒与罪人:一部教宗史》,龙秀清译,商务印书馆2018年版,第372页。
③ [美]格特鲁德·希梅尔法伯:《阿克顿:生平与学说》,载阿克顿《自由与权力》,第6页。

间长达半年之久。不过他的努力未获成功。1870年7月18日,"教皇无误论"获投票通过。但教廷很快将没有能力维护自身的尊严。1870年9月22日,意大利军队进入罗马,教皇沦为"梵蒂冈之囚"。这是一个历史性的事件,标志着教皇在罗马长达1500年的世俗统治自此结束。

尽管阿克顿尽量淡化"教皇无误论"对他带来的影响,但我们依旧能在他此后的著述中看到由此带来的精神和情感伤害。在后来的剑桥《近代史讲稿》中,阿克顿专门用一章的篇幅"反宗教改革运动"来论述教会在路德宗教改革后的种种举措。其中特别提到三点:一是1542年在罗马设立的"最高宗教法庭"(the Holy Office)。阿克顿指出,现在它成了罗马及其一部分和中央集权的一个因素,"违法者受到作为教会统治者的教皇的审判,并由教皇作为国家的统治者将他烧死"①。二是支持耶稣会的成立,以维护教皇的绝对权威。三是召开特兰托宗教会议并颁布禁书目录。阿克顿说,"通过这种办法,他们作出了控制民众读物的努力,承担起销毁新教学者和像马基雅维利之类的作品的义务,并纠正特别是历史学家的犯禁文章"②。之所以要特别提到禁书目录,大概与"教皇无误论"之后,他的一封公开信被罗马列入禁书目录不无关系。③

在宗教自由精神与教会压制的紧张关系中,阿克顿需要为自由继续寻找新的合法性依据。阿克顿认为,这个依据就是良知。1882—1887年,英格兰教会曼德尔·克莱顿主教出版《宗教改革时期教皇制度史》,邀请阿克顿撰写评论。阿克顿作出了著名的答复,"我不能接受你这样的标准:我们不应像评价他人一样评价教皇和国王,而应当采取一个有力的假定,即他们是不会犯错误的……权力导致腐败,绝对的权力导致绝对的腐败。大人物往往是坏人物,即使在他们运用影响而非权威之时。当你再补充上权威造成的腐败趋势或确定性时,就更是如此。最为有害的异端邪说,莫过于那种认为职权使人神圣的观点"。阿克顿还将他与克莱顿历史观念的差异进行界

---

① [英]阿克顿:《近代史讲稿》,朱爱青译,上海人民出版社2007年版,第84—85页。
② [英]阿克顿:《近代史讲稿》,朱爱青译,上海人民出版社2007年版,第91页。
③ 参见罗兰·希尔:《阿克顿勋爵》,冯克利等译,中国方正出版社2017年版,第320页。

定,"这就是问题的症结所在,是辩护史学和良知史学的区别所在"①。

阿克顿所谓的良知,主要有四个方面的特点:其一,良知是属于个人的东西,"良知的至高无上性否认那种固定僵化的标准。每一个人都必须按照他自己的标准去判断事物"②。其二,良知的核心是内心深处的灵光,内心深处的灵光必定会坚定地为追求自由而战斗。③ 其三,良知来自天启。他认为善恶观念不是国家、民族、绝对多数人才能拥有的崇高特权。当人们将它界定为人类本性中的某种神圣东西的时候,它的作用是要让这种至高无上的内心声音能够冲破周围人们公开表达出来的意愿和既定习俗,从而来限制权力。通过这种假设,精神就变得比国家更为神圣,因为它来自天启,同时也因为它关注的是永恒问题,脱离了政府的世俗利益。这就是良心自由得以发展的根源,也是所有其他自由为了使权力不危害人类最崇高的价值而需要限制权力的根源。④ 其四,良知本身也有一个进步的过程。对良知的发展、改善和捍卫是人类历史进程中最伟大的成就,是任何生活领域都应当遵循的首要宗旨,也是使得宗教成为真正宗教的内在品质。⑤

问题在于良知到底是什么?良知的进步如何衡量?"真正宗教"在哪里?这既是一个理论问题,也是一个现实问题。正如阿瑟·柴尔德所说,"真正的困难在于,道德的理论是含混不明的"⑥。我们在阿克顿这里找不到答案。他自己也一定感觉到了麻烦。阿克顿的好友玛丽·格拉斯顿曾对他抱怨道,"您总是在否定——根本没有人确切知道您的真实观点——您不断推翻,撕碎稿纸,而不是挺立起来有所建树"⑦。大概这绝不是个别人的感受,在《自由史论》前言中,费尔斯说,"那些最仰慕他的人也能感受到有一种失败感在主宰着阿克顿。在一个笔记中他对自己说他的一生都荒废了"⑧。

---

① [英]阿克顿:《自由与权力》,侯健、范亚峰译,译林出版社2011年版,第256—257页。
② [英]阿克顿:《自由与权力》,侯健、范亚峰译,译林出版社2011年版,第280页。
③ [英]阿克顿:《自由与权力》,侯健、范亚峰译,译林出版社2011年版,第284页。
④ [英]阿克顿:《近代史讲稿》,朱爱青译,上海人民出版社2007年版,第14页。
⑤ [英]阿克顿:《自由与权力》,侯健、范亚峰译,译林出版社2011年版,第281页。
⑥ Arthur Child, "Moral Judgment in History", *Ethics*, No.2(1951), p.307.
⑦ [英]罗兰·希尔:《阿克顿勋爵》,冯克利等译,中国方正出版社2017年版,第407页。
⑧ [英]阿克顿:《自由史论》前言,胡传胜等译,译林出版社2001年版,第8页。

阿克顿为什么不能写就一部"自由史"著作,通过历史进程的展开来贯彻他的历史哲学呢?这是一个耐人寻味的问题。尽管他曾对自由作出过界定,但这种界定本身是存在问题的。如果将自由理解为一种目标,那么这种目标在人世间永远不可能有完美实现的可能。奥古斯丁在《上帝之城》中曾对"属地的和平"与"属天的和平"作出过深刻辨析。奥古斯丁认为,由于人们的欲望千差万别且相互冲突,"属地的和平"不是真正的和平,只有"属天的和平"才是值得追求的、具有永恒意义的和平。阿克顿同样有这种认识,认为自由必须具有永恒性和超越性色彩。也正是出于这种认识,尽管他承认特定语境下的制度对于自由的促进和保障作用,但他始终对于制度的局限性有着清醒的认知。假如阿克顿将寻找上帝作为历史的目标,那么他就不是在阐述一种历史哲学,而是在阐述历史神学。无论添加多少历史细节,他不能将自己的历史观与奥古斯丁的历史神学真正区分开来。如果将自由理解为一种进步的过程,这或许正是阿克顿想做的事情,那么他需要建立衡量进步的尺度和标准。阿克顿试图用来自天启的个人良知作为判断自由进步的依据。而对于良知,他不仅无法说明其具体内容,更是无法令人信服地找出历史上良知不断进步的序列,尽管他相信存在这个序列。阿克顿的困惑,某种程度上也是启蒙时代哲人们的共同困惑。康德也表达过类似的进步信念,但承认自己不能找到历史前进的规律。康德还特别说过,关于自由,我们唯一可把握的就是其不可把握性。

　　阿克顿的博学令时人称道,但他的知识结构是有缺陷的。他的博学主要体现在历史、政治与宗教领域。有一件逸事颇能说明这种情况。同时代的银行家、作家约翰·拉伯克爵士曾邀人开列"精选图书一百种"书单,以满足维多利亚时代后期人们的求知欲望。阿克顿曾于1883年和1884年开列出两份书目。玛丽·格拉斯顿对于阿克顿的书目有这种印象,认为包含太多的宗教,科学方面的则太少。[①] 对于哲学领域尤其是德国古典哲学的无视,以及对于经济学、自然科学领域进展的漠然,使得以良知为线索构建"自由史"的总体性历史哲学成为难以完成的任务。

---

① [英]罗兰·希尔:《阿克顿勋爵》,冯克利等译,中国方正出版社2017年版,第373—374页。

但这并不意味着关于书写一部人类的"自由史"缺乏可能性。在更早的时代,黑格尔已经就精神自由史发表过系统主张。与阿克顿同时代的历史学家巴克尔,已经从科学知识积累与财富增长的角度阐述了文明史的发展进程。另一个更为重要的同时代人物马克思,则从经济基础与上层建筑的关系中分析了人类争取自由和解放的途径。他们与阿克顿一道,代表了19世纪人们对于人类自由发展历程的认识高度。不过,若以今天的眼光来看,如何书写自由进步史,这依旧是一项有待完善的工作,而不是已经完成的工作。

(原载《史学理论研究》2019 年第 3 期)

附录:学术交流报道

对史学宏大问题的回归

2012年5月7—10日,世界历史研究所跨学科研究室全体成员以"宏观视野下的历史研究"为题,赴上海、南京进行学科调研,其间围绕国内外宏观历史研究的基本情况、国内外宏观历史研究的成就和不足、宏观历史研究的必要性以及如何开展宏观历史研究等问题,分别与华东师范大学历史系、上海师范大学历史系、南京师范大学社会发展学院从事世界史和中国史的专家学者进行了座谈。其中,与上海师大历史系师生的座谈强调"全球化背景下跨学科研究方法具有必然性",并在《社会科学报》对此次座谈进行了详细报道。以下为报道原文:

条块化和纯历史研究的苗头不可忽视

姜南(中国社会科学院):传统公认的历史学的跨学科,是跨历史学与其他学科的研究,比如,20世纪初就有跨学科研究,当时主要是跨历史学、经济学和社会学。二战后主要是跨人类学、心理学等。我们的跨学科包含这些内容,但还有重要的不同,我们强调的是在历史学内部的研究。这些年使用原始资料的越来越多,研究的问题也越来越细致深入,这是学科成熟的标志。但是从整个学科来看,存在两个苗头,一是重视条块化的研究而忽视全局的研究,二是重视纯历史现象的研究而忽视历史与现实的结合。所以为了加强对世界历史中一些宏观的重大的以及与现实联系比较密切的问题的研究,就必须要加强跨学科研究。世界历史中的跨学科,还包括跨越历史学范围内的二级、三级学科,也就是比较宏观的研究。宏观视野下的历史研究在历史上的时间跨度和空间跨度比较大,实际上也就是跨学科的研究。我们应该注意到宏观的与微观的历史学研究如何才能结合得更好。

我想讲两个结合,第一个结合是我们向国外学习与向我们传统史学学习的结合。我们世界史的学者在向国外学习,吸收他们的专业化知识和理论,一直到后来,应该说学习还是相当有成果的。实际上我们世界史的学者在借鉴中国传统史学知识和修养,我们在这方面好像还比较欠缺。其实中国史学传统源远流长,其思想也非常博大精深。我们就守在中国,我们都是中国人,在学习方面有得天独厚的优势,因此今后在这方面是不是需要加强学习?第二个结合是宏观研究与微观研究的结合。实际上历史研究是多种风格并存的,虽然我们今天主题讲的是宏观史学,但是并不意味着我们要否定微观史学,而且微观史学要做好也非常不容易。比如说,法国有一部著作叫《蒙塔尤》,就是很典型的一个微观史学的研究成果,如果能做到这个地步,我觉得在微观史学上,也就达到了一个相当高的高度了。宏观史学也是一样,研究难度比较大。把宏观史学和微观史学结合起来,应该说是个非常高的要求。

构建世界史宏观视野是可取的

李春放(中国社会科学院):现在全球化已经到了新的时代,做历史要有新的思路。像麦克尼尔的那种世界史研究是很少的,他曾任美国世界史协会主席。他的著作《西方的兴起》很有名,但是他后来承认了,这本书中他有西方中心论的思想。他在一次发言中提到,他期待中国的学者能以中国的视角来平衡西方中心论,因为中国毕竟是一个历史感很强的民族。比如,司马迁的《史记》就是一部跨学科的世界史研究,两千多年的历史,不仅仅是政治史,还有经济史的研究。我写了一本书《全球国际体系的演进》,写了十年,现在还没出版。我想用跨学科的方法研究。

裔昭印(上海师范大学):对于全球视野下的世界史研究、全球史视野下的文化史编纂,是我最近一直在考虑的问题。关于整体世界史的建构与思考,在国际上曾经有些人在研究,其中最有影响的包括麦克尼尔和本特利。

麦克尼尔的《西方的兴起》一书,以全球史视野建构一个世界文明的发展进程。他提出了文明扩散论,注意文明的交流,试图建构一个整体的世界史。他的比较大的特点是宏观的视野,这点是很可取的。实际上也如他自己所说,《西方的兴起》中,还是有很多缺陷的。其中一点就是很难脱离西方中心论的思想,这点他自己没有说,他对欠发达地区的关注是很不够的。当然他还是很有信心的,觉得自己做得不错,同时他还注意到了缺陷,有人批判他实际上忽略了社会史。第二个人是本特利,1993年他写了一本书叫《旧世界的遭遇:前现代时期的跨文化接触和交流》,1996年他发表了《跨文化交流与世界史的分期》。他注重文明交流在历史传承中的作用,按照吴于廑的话来说,这其实是文明的横向交流的一个问题。根据文明的传播状况,他把历史分为六个时期。它有一个缺陷就是要注意各自内部的各种运动和内在的发展动力,就像魏特夫写的东方专制主义。机械化时代以来就有一个所谓的宏大叙事规律,要想说清楚其实是不那么容易的。所有的文明都应该有它自己的特色,所以要研究它们的共性和差异也是很重要的。马克·凯斯兰斯基等人写了一本书《西方文明简史:未完成的遗产》。它的第一个特点是多角度、多层次地叙述了西方文明史的历程,它注重政治史、文化史和社会史的结合,也注重重大历史事件与日常生活的结合。第二个特点是抛弃了线性和片面的思维方式,注意到西方文明遗产的积极方面和消极方面。第三个特点是关注到边缘的历史。

世界史内如何跨学科

张旭鹏(中国社会科学院):近年,世界史包括全球史的研究,其实有一个非常好的视角:它把一些专业集合起来,把一些学科集合起来。而在专业化形成之前,史学研究是集体行为,历史编纂是国家性的行为,其研究重点是民族史。另外,史学的专业化是一种建制,也就是说历史研究很难一个人完成,需要集体的合作。20世纪以后,后现代主义强调个体性的东西,以前研究民族或大型的结构,现在就改为研究诸如人的思维、记忆等问题。近年,在中国史学界出现一种对宏大问题的回归。在运用宏观视角研究世界史的时候,有以下四种模式:比较史学、全球史、跨民族史和区域史。在编纂世界史的时候如何克服欧洲中心主义?文化都是有立场的,这是很正常的现象。各个中心主义都是存在的,但自全球化以来最终胜利的是西方,这里面有其必然性。在欧洲中心主义的话语表述中,现代性是一个很重要的概念,一般人认为它是单一的。有人提出另类的可替代的东西,阿里夫·德里克说这是没有意义的,因为非西方的现代性也是根据西方提出的,它是一个伪命题。西方的中心主义不仅是一种权力话语,而且已经制度化了,不管是从政治体制或者经济体制还是从思维模式上很难摆脱它。中国人撰写历史,也是以中国为立场的。多元一体可能是比较理想的模式,但是如何操作还是值得考虑的问题。

陈恒(上海师范大学):从当代学科发展趋势来看。跨学科研究很有价值、意义,也很引人入胜。跨学科研究有两个特点:第一个特点是跨学科至少是两个学科,而且是一个新学科;第二个特点是跨学科所涉及的内容往往是传统学科没法解决的问题,因而只能借用其他学科的方法或综合方法来解决问题。跨学科研究的主题大多跟我们人类文明发展、社会发展等重大问题有着密切联系。尤其是那些普遍性问题、共性问题。比如环境问题,绝对不是一个国家一个地区可以解决的问题,必须进行跨学科研究,协同合作,提出解决方案;再比如城市发展问题,绝不是靠行政干预手段来解决问题的,是要靠规划学家、地理学家、历史学家、经济学家、人口学家等各个领域的专家共同努力,一起提出解决方案,所以必须跨学科。

从历史角度看,学科发展在西方也是经历了从一般到专业化的过程,但是过度专业化带来了弊端,出现了很多问题,因此需要综合研究。至于跨学科研究如何落实到世界史?在世界史内如何跨学科?这是我们要思考和解决的问题,这个问题在实践中确实很难做,但却是我们世界史同仁努力的方向。

从专业历史杂志角度来看,最早的历史杂志是1859年德国创办的《历史杂志》,至今已有一百多年历史了,而1929年法国《经济与社会史年鉴》杂志的出现,就是从专业杂志到跨学科杂志的发展历程,可以说这是最早的一份跨学科杂志。据我观察,真正以跨学科命名的专业杂志是美国学者于

1959年创办的《社会与历史的比较》杂志,这可能是比较早地真正以比较眼光,着力提倡进行跨学科研究的杂志。到1970年,美国又创办了《交叉学科历史杂志》,该杂志的作者都是借鉴别的学科中的思想、方法来解决世界历史问题。值得当代中国学者借鉴。

文科跨学科研究前景不错

国春雷(中国社会科学院):刚才几位老师都是从时间的维度和空间的维度来探讨宏观视野下的世界史研究,我想是否可以打破学科建制,从学科这一角度来探讨这一主题。我来说一下中国的跨学科研究现状。新中国成立以后20世纪50年代的时候,有一批老专家老学者曾经进行过跨学科研究的尝试性工作。但是由于"文革"被中断,直到1985年,钱学森召开了交叉学科大会,自此以后,交叉学科或者说交叉科学开始成为一个时髦的词,风靡于学术界。发展到今天,形成了四个鲜明的特点:第一个特点是学科的跨度加大,方法日趋复杂,学科界限越来越模糊。第二个特点是科学研究中自觉地组织化程度提高,学科封闭,越发没有市场和发展空间。第三个特点就是人文与社会科学成为跨学科研究的活跃领域,开始向自然科学和技术大规模的渗透。关于这一点,我是不太认同的,因为我做了一些跨学科研究中心的调查,包括中国的跨学科研究中心及其作品,根据我的调查总结,观点恰恰是相反的。我们国家,在跨学科领域活跃的应该是自然科学,而人文学科的活跃程度与其是没法相比的。第四个特点是社会开始不断接受跨学科研究的价值观,反过来推动了高校的跨学科教育。20世纪90年代,高校开始流行建立数理基地、文史哲基地、大文科基地,后来出现了双学位、多学位,社会上也提出一种口号,呼吁复合型研究人才,这种人才就业可能更方便,反过来推动高校的教育进行反思。从2002年北大开始设立跨学科专业。其实从20世纪90年代以来,文科跨学科研究的基地有几个做得比较好,例如:中山大学、厦门大学、北京师范大学。这几个学校的历史系都采用了历史人类学的研究方法,分别对华南社会和华北社会进行了卓有成效的研究。国家对文科类跨学科的研究还是很重视的,2011年3月份的时候,全国哲学社会规划办公室就国家社科基金重大项目进行了书面征求书,找了11家研究机构做这个调查报告,全都是跟跨学科有关的,国家的资助力度和政策支持还是很充足的,所以我觉得文科类跨学科研究前景还是不错的。

  李文明(中国社会科学院):刚才谈到,每个国家写自己的历史,肯定是以自己为中心,我觉得我们国家也是以自己为中心,只不过我们的声音在国际上比较小,别人听到的比较少,所以让人感觉到西方还是中心,我们不是中心。我们现在要开展跨学科研究是非常有必要的。在经史子集中,"经"由哲学系研究,"史"由历史系研究,"集"由文学系研究,子部就是大量跨学科的内容。但很少有人研究,哲学会涉及一点,但不是其中心。北大成立的生物化学跨学科研究,其实化学是从物理里面分出来的,生物是从博物学分出来的,博物学又是从百科全书分出来的。这个百科全书就是刚刚所说的年鉴学派,他们就是在研究百科全书,这个学科从大到专,再慢慢往回走,其实这也不是轮回。微观研究和宏观研究,我认为都是有必要的,之前过分注重宏观,觉得微观研究有新意,现在过分注重微观研究,也觉得没新意了。所以应当提倡跨学科研究。

(原载《社会科学报》2012年7月5日第5版)